国际比较视角下的中国发展经验与理论研究

侯永志　张永生　刘培林　等著

中国发展出版社

图书在版编目（CIP）数据

国际比较视角下的中国发展经验与理论研究 / 侯永志等著 .
北京：中国发展出版社，2018.10
（国务院发展研究中心研究丛书 . 2018 / 李伟主编）
ISBN 978-7-5177-0919-0

Ⅰ . ①国… Ⅱ . ①侯… Ⅲ . ①中国经济—经济发展—研究
②社会发展—研究—中国 Ⅳ . ① F124 ② D668

中国版本图书馆 CIP 数据核字（2018）第 216583 号

书　　　名：国际比较视角下的中国发展经验与理论研究
著作责任者：侯永志　张永生　刘培林 等
出 版 发 行：中国发展出版社
（北京市西城区百万庄大街 16 号 8 层　100037）
标 准 书 号：ISBN 978-7-5177-0919-0
经　销　者：各地新华书店
印　刷　者：河北鑫兆源印刷有限公司
开　　　本：710mm × 1000mm　1/16
印　　　张：28.25
字　　　数：339 千字
版　　　次：2018 年 12 月第 1 版
印　　　次：2018 年 12 月第 1 次印刷
定　　　价：90.00 元

联 系 电 话：（010）68990630　68990692
购 书 热 线：（010）68990682　68990686
网 络 订 购：http://zgfzcbs. tmall. com//
网 购 电 话：（010）88333349　68990639
本 社 网 址：http://www.develpress. com. cn
电 子 邮 件：bianjibu16@vip. sohu. com

“国际比较视角下的中国发展经验与理论研究”课题组

负 责 人：侯永志　张永生　刘培林

协 调 人：卓　贤　贾　珅　施戍杰

其他成员：陶平生　刘　勇　刘云中　宣晓伟
孙志燕　何建武　龙海波　刘小鸽
沈俊杰　马　磊　刘文革　徐东良
曹冬英　李　彬　王智波　吕　芳
廖　涵　谢　靖　胡鞍钢　任　皓
鲁钰锋　周绍杰

总　序

充分发挥高端智库作用，努力推动经济高质量发展

李伟

进入2018年以来，我国经济运行总体保持平稳发展态势，同时，国际国内形势出现了一些明显变化。从国际看，美国单方面挑起的贸易摩擦呈升级之势，经济问题政治化倾向加重，各国经济复苏步伐分化，外部环境不确定性明显增加。从国内看，短期总需求面临一定的下行压力，部分地区正在经历转型阵痛，经济处在转向高质量发展的关键时期。

面对错综复杂、稳中有变的形势，必须看到我国经济基本面总体平稳、稳中向好的大局，必须认识到只要各地区各部门坚持以习近平新时代中国特色社会主义思想为指导，坚持稳中求进工作总基调，贯彻新发展理念，落实高质量发展要求，以供给侧结构性改革为主线，坚决贯彻落实党中央去杠杆、控债务、严监管、控房价、强环保等战略政策，充分发挥好我们自身的优势，灵活高效运用宏观经济政策，做好政策协调，我国就完全有能力有条件妥善应对各种风险挑战，继续保持良好发展势头，稳步推进高质量发展。

变化是当前时期经济发展的突出特征。中国经济能否适应变化、

驾驭变化，使其朝着有利的方向发展，以此为契机加快推动经济由高速增长向高质量发展转变，是我们必须高度关注的问题。总体看，我国经济结构正在加快重塑，存量问题和风险隐患正在逐步化解，新一轮改革开放举措正在加快落地，国际经济秩序正在加快调适，发展方式转变和新旧动能转换已经进入承上启下、不进则退的关键时期。2018 年前三季度的情况显示，我国经济发展保持平稳，供需关系更趋平衡，质量和效益明显提升，去杠杆取得积极成效，创新驱动作用持续增强，补短板也有重大进展。综合判断，我国经济在结构深度调整的过程中，延续了过去几年稳中向好、稳中有进的局面，为转向高质量发展创造了稳定的宏观环境。

从长期看，世界经济大变革大分化大调整的趋势还将持续相当长一段时间，这是我国推动高质量发展的世界背景与时代背景。国际上，保护主义明显抬头，政治经济环境更加复杂多变，可能对我国转向高质量发展的进程造成干扰；在国内，结构转型、动能转换过程中经济也可能面临下行压力，存量问题集中处置的阵痛难以避免。但更要看到，变化带来风险，同时也孕育着机遇。经过 40 年改革开放，中国的综合实力大大增强，在国际事务中的代表性和发言权大大增加，经济发展的基础更加牢固，内需空间广阔，政策回旋有余地，抵御冲击的韧性明显提高，完全有能力有条件长期保持高质量发展的良好态势。

具体而言，我国经济增长内生动力增强。一是需求拉动强劲。当前我国拥有约 4 亿中等收入人群，是全球最大的商品消费市场之一。随着消费结构不断升级，高品质产品的需求，医疗、教育、文化、保健、养老、旅游等服务消费需求，都将释放巨大潜力。二是产业升级持续发力。新技术新产业层出不穷，新业态、新模式不断涌现，新零售、共享经济、体验经济等方兴未艾。三是深化改革拓展新空间。全面深化改革破除旧的体制机制约束，清除不适应经济社会发展的制约因素，改善营商环境，提高资源配置效率，激发市场主体活力，将极大增强我国经济增长内生动力。

我国宏观政策回旋空间较大。近年来，面对经济下行压力，我们保持战略定力，坚持不搞“大水漫灌”式强刺激，而是创新宏观调控思路和方式，有针对性地进行预调微调，实现了经济社会持续稳步发展，也为今后一段时期宏观政策预留了空间。2017 年，政府负债率为 36.2%，较上一年下降了 0.5 个百分点，政府债务规模相对 GDP 而言增速较低，财政政策空间潜力较大。2018 年，我国主动将赤字率调低到 2.6%，财政预算安排地方专项债券 1.35 万亿元。在去杠杆、控债务、严监管的背景下，资金流动性客观上会出现结构性偏紧，我国广义货币增速一定程度偏低，货币政策也有调整的空间。

我国具有孕育新一轮产业革命的土壤。目前正在孕育的新一轮产业革命，主要以信息技术为基础，信息技术与智能制造、新能源、新材料等领域创新融合发展，提高产品质量和生产效率，提供多样化、智能化、个性化产品，从而满足消费升级需求，甚至创造新需求。催生新一轮产业革命有两个重要条件，一个是强大的市场需求，另一个是信息技术的高度普及。我国是全球最大的商品消费市场之一，2017 年我国社会消费品零售总额已与美国大体相当。同时，我国互联网普及程度高，信息技术应用广泛。2017 年底，中国网民规模达 7.72 亿人，互联网普及率达到 55.8%，超过全球平均水平 4.1 个百分点。这都为我国孕育新一轮产业革命培育了肥沃土壤，提供了广阔空间。新旧动力的接续和融合，正在释放出源源不断的动能。

我国具有应对重大挑战的制度优势。几十年来，依靠社会主义集中力量办大事的制度优势，我国取得了经济社会建设的巨大成就。新中国成立初期，我们集中有限的物力、财力和技术力量，集中开展重大项目建设，奠定了社会主义工业化的初步基础。改革开放以来，我们又集中力量完成一大批举世瞩目的项目建设，有效应对了1997年亚洲金融危机和2008年国际金融危机的冲击。当前，我们仍然需要也更有能力发挥集中力量办大事的优势。一是加强宏观政策协调，努力克服部门和地方政策分散、冲突、空白等问题，形成互补有效的政策体系，有效应对内外部冲击。二是集中优势兵力打好防范化解重大风险、精准脱贫、污染防治攻坚战。三是集中资源突破核心技术，打破经济发展的技术瓶颈，增强经济发展的自主性。

高质量发展是一场耐力赛，需要一步一个台阶的推进。面对各类风险挑战，我们既要坚持底线思维，做最坏的打算，做最充分的准备，牢牢守住不发生系统性风险的底线，有序排除风险隐患，有效应对外部不确定性冲击，为高质量发展创造有利条件；也要坚定信心，任何困难都阻止不了中国人民对美好生活的向往，任何外部阻力和遏制都不能削弱中华民族实现伟大复兴的决心。

国务院发展研究中心作为直接服务党中央、国务院的政策咨询研究机构，2015年底被确定为首批国家高端智库建设试点单位后，全面启动实施质量提升、人才优化、国际交流合作、成果传播、支撑保障和党的建设六大工程，积极探索中国特色新型智库的组织形式和管理方式，加快建设国际一流高端智库。去年以来，我们牢牢把握为中央决策服务的根本方向，紧紧围绕党的十九大作出的一系列重大决策部署，深入扎实地开展调查研究，形成了一批政策价值较高、社会影响较大的研究成果。现将其中部分适于公开发表的成果，结集成“国务院发展研究中心研究丛书2018”正式出版。这是该丛书自2010年面世至今连续第九年出版。

今年的丛书共包括13部著作，其中，《百年大变局——国际经济格局新变化》《“一带一路”经济走廊：畅通与繁荣》两部著作是国务院发展研究中心重大研究课题报告，《国际比较视角下的中国发展经验与理论研究》《新工业革命的中国战略》《面向未来的创新型人才发展：制度与政策》等11部著作是各研究部（所）的重点研究课题报告。

在此，我们真诚感谢中央和地方各级领导同志以及各界读者多年来给予我们的肯定和鼓励，同时也热切希望继续得到领导、专家、读者们的关心、支持和帮助，尤其是期待听到对于这套丛书的批评与建议。

推进高质量发展，是实现“两个一百年”奋斗目标的必然选择。紧密团结在以习近平同志为核心的党中央周围，依靠广大人民群众，坚定不移地走高质量发展道路，为实现中华民族伟大复兴的中国梦而不懈奋斗，是时代赋予我们这代人的光荣使命。我们愿与社会各界一道，脚踏实地、努力开拓，共同投身于这一伟大的历史进程。

2018年11月

（作者为国务院发展研究中心主任、研究员）

目　录

专题报告十七

行政生态视角下非洲国家复制中国发展模式可行性分析

总报告

国际比较视角下的中国发展经验

发展是一个漫长而艰巨的过程。中国曾经长久地深陷于低收入发展的泥潭：1900 年中国的人均 GDP 相当于美国的 13%，到了 1950 年新中国成立之初这一数据下降为 5%，中国一度沦为全球最贫穷国家之一，当时全世界只有 10 个国家的人均 GDP 低于中国。自 1950 年以来，中国实现了远高于全球和发展中国家平均水平的经济增长，是近 70 年全球年均经济增速最高的经济体。在这 70 年当中，中国从一个极端贫困的低收入国家跃升为上中等收入国家，按经济总量计算已经成为世界第二大经济体，在 2010 年超过美国成为全球第一制造业大国，并且实现了全人类有史以来最大规模的减贫。

支撑中国经济发展的是一系列战略、政策和制度创新，但要清楚识别其中一般性的发展逻辑并不容易。解释中国发展成就的国内外研究已有很多，但有不少的认识是片面的。要全面理解中国发展经验的内在规律，不仅要对中国过去的发展进行客观总结，也需要通过国际比较特别是与其他发展中国家经济发展过程的比较来梳理分析；不仅要在理论逻辑上自洽、站得住脚，也应在经验事实上经得起检验，由此得出的政策含义才能对未来的发展具有可靠的指导意义。

一、对中国经济增长经验通常的认识及其问题

中国自 20 世纪下半叶以来的高速增长是 20 世纪最大的一项经济研究课题。发展经济学和中国问题的研究者对于中国经济增长的分析已有很多，在这些研究中不乏有些正确的认识，但是也有些研究存在一些偏差：有的在前提假设上有违基本的事实依据，有的在经济发展理论逻辑上存在缺陷，有的在关注点上过于细碎化而丢弃了经济发展的主线和深层逻辑。本部分对已有的分析中国经济发展经验的通常的认识进行梳理评论，指出其主要的不足和问题。

（一）对中国发展经验的通常认识

1. 新自由主义的解释

新自由主义是在古典自由主义思想基础上建立起来的理论体系，着重从制度层面认识经济发展的推动因素。其主张的国家发展道路以市场化、私有化、自由化、国际化为基本特征，在这一思想指导下形成的典型发展主张就是“华盛顿共识”。从新自由主义的观点来看，中国之所以能够实现以往的高速经济增长，主要是由于中国自 1978 年以来实行的改革开放，包括价格改革、国有企业改革、对民营经济开放市场、对外开放等制度变革，符合其所主张的市场化、私有化、自由化道路。当然，也有一些研究者提出，中国的改革开放并不是完全套用“华盛顿共识”的主张，而是有条件地、有选择地、灵活地、渐进式地应用了新古典经济学的“药方”。这种观点虽然相对于极端的新自由主义有所改良，但本质上没有脱离要依靠市场化、私有化实现经济发展的认识。

2. 结构主义的解释

结构主义发展理论兴起于20世纪五六十年代，其将一国的经济增长视为经济结构转变的结果，重点关注有助于推动以工业化为主要目标的经济结构升级战略和政策。在特定的发展条件下，结构主义观点不排斥甚至比较重视通过发挥政府作用来推动产业发展、结构升级，但在具体的结构目标、政策手段等方面，结构主义并没有形成一致的认识。具体到对中国经济高速增长的解释，比较有代表性的是林毅夫等人提出的以发挥比较优势为导向的发展战略观点。这一观点认为，支持一国经济增长的最佳产业结构是与该国要素禀赋结构相一致的、能够充分发挥其比较优势的产业结构。中国在改革开放之后取得的经济发展成就，主要是因为改变了计划经济时期以重工业优先发展为导向的、违背比较优势的赶超战略，实行了以劳动密集型产业为主导的、符合比较优势的结构战略。

3. 新政治经济学的解释

新政治经济学是近30年来取得较大发展的一个西方经济学分支，主要特征是用新古典经济学的理论框架分析政治学主题，主要关注政治治理和政府行为的分析，把经济发展作为政府实行良政的结果。运用新政治经济学思路解释中国发展的分析主要有：钱颖一等提出的“市场维护型财政联邦制”，周黎安等提出的“官员晋升锦标赛”，许成钢提出的“分权式威权制”等等。这些研究虽然具体侧重有所区别，但总体而言，其共同之处是认为中国经济高速增长的重要推动力来自于1978年后中国在特定政治体制下实施财政分权改革从而对地方政府形成强大经济发展激励的结果。

4. 其他解释

除上述观点外，还有些研究者从社会、文化等方面对中国经济增长成就提供了解释。例如，一些人口经济学家提出“人口红利”观点，认为通过实行计划生育等政策，中国在较长一段时期内出现了有利的人口结构转变，造就了历史性的、无法重复的经济增长。再如，一些学者提出的“文化说”，认为重视储蓄和教育的文化是中国经济成功的主要因素。

（二）对中国发展经验通常认识的不足

以上几类观点具有各自的局限性。比如新自由主义观点无法解释很多发展中国家发展市场经济时间比中国长，市场自由度、对外开放水平更好，但都没有实现快速发展。而结构主义观点难以解释的是，为什么很多与中国结构条件相近、结构选择相同的发展中国家，发展速度也没有中国快。新政治经济学观点提出的解释，有些在经验事实上就站不住脚（如“官员晋升锦标赛”），更重要的是，其重点刻画的分权治理结构特征，同样有很多发展中国家也具备，但其增长也没有赶上中国的速度。

更具体地说，现有的常规性观点存在如下问题。

1. 对新中国成立后至 1978 年之间的发展成就和作用认识不够

以上对中国发展经验的诸多认识首先存在的一个重要的共性问题是，对新中国成立后至 1978 年之间的发展成就和作用认识不足。大部分分析或以明示，或以默认，中国经济增长的成就主要体现于 1978 年之后，而在 1978 年之前的发展是不如人意的。所以，与其说这些研究讨论的是“为何中国的经济增长比其他发展中国家速度更快”，不如说其讨论的是“为何 1978 年后的中国经济增长比 1978 年之前的中国经济增长速度更快”。

首先，这种看法不符合中国发展的历史事实。1953 ~ 1975 年，中国经济增长的年均增速达到6.2%。如果剔除“三年困难时期”和“文化大革命”的最初四年，计划经济时期中国的经济增速高达10.6%。无论以任何标准来看，这一时期的经济增速都是十分可观的。改革开放前后相比，计划经济时期经济增长更突出的特点主要是震荡比较大。

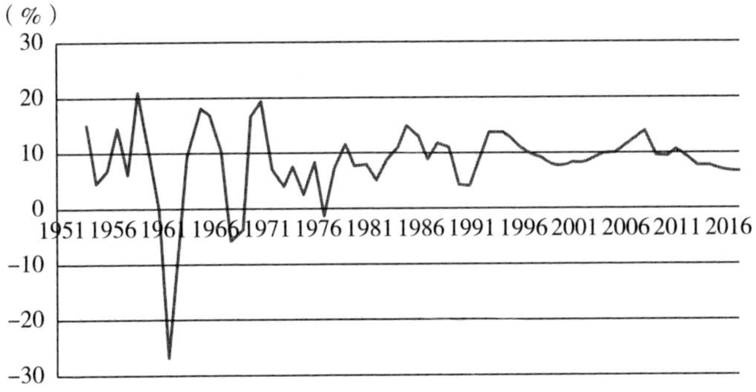

图1　中国GDP增速（1952～2016）

数据来源：国家统计局。

其次，仅以经济产出的增长并不足以衡量新中国在1978年之前的发展成就。人们大多知道，以人均收入衡量在1978年中国排在低收入国家的末尾，但人们了解不多的是，彼时中国在人均寿命、人均受教育年限、学龄儿童入学率、成人识字率等许多发展指标方面已经达到中等收入国家的中游水平。这些发展指标的提高需要物质基础的支撑，但绝不是仅靠物质的增长就能够实现。与许多有增长、无发展的中低收入国家相比，中国在1978年之前的发展是更加全面和普惠的。

表1　中国人口平均预期寿命与不同收入水平国家平均水平对比　单位：岁

	1960年	1970年	1977年
高收入	68.5	70.6	72.7
上中等收入	49.8	60.2	64.5
下中等收入	45.5	50.9	54.4
低收入	39.1	43.5	46.4
中国	43.7	59.1	65.3

数据来源：世界银行数据库。

再次，中国在1978年之前的发展从工业体系、基础设施、人力资源、社会建设、政府能力等许多方面为改革开放后的高速增长进行了储备，对此应该有合理的评估。比如，如果没有1978年之前的粮食育种技术突破、农田水利基础设施建设、农业化学投入品产出能力的发展，1978年后中国实行农业改革的效果可能就会打折扣。后文对其他发展中国家的经验研究将进一步说明，那些在工业化前期没有奠定足够基础的发展中国家在中等收入阶段的发展将是多么被动。

总之，要理解中国经济发展的经验，不能因为个别时期的低谷、混乱而整体地否定1978年之前的经济发展成就和经验，也不能割裂1978年前后两段时期的经济发展，不能简单地用“计划与市场”“封闭与开放”来区别两个阶段，应当尽可能客观地、整体地、联系地认识新中国成立以来的经济发展经验。下文的分析将表明，中国在1978年之前和之后两段时期的深层次发展经验和发展成就所具有的相关性，不同于人们以往的认识。

2. 对经济发展过程中政府与市场的关系、政府应发挥的作用认识不够完整

对中国发展经验的现有解释共同存在的另一个问题是对经济发展过程中政府与市场的关系、政府应发挥的作用认识片面。在有些分析看来，政府作用和市场作用是对立的、非此即彼的关系，市场要发挥更大作用，政府就要少发挥作用；经济要发展，就要无限制地发挥市场的作用，无限制地减少政府的干预。

以上认知的理论前提首先在事实上难以成立。从其他国家的发展经验来看，那些成功迈入高收入国家行列的工业化国家在工业化阶段普遍实施了关税保护、产业补贴、特惠信贷、技术封锁等产业政策，即便是当今时代，这些国家的政府也仍然是经济活动中重要的直接参与者，通过多种政策手段来影响干预市场交易、要素配置和产业发展。被自由主义学者们视为发展制度模板的工业化国家实际上从来没有实行过新古典经济学理论描述的“完全竞争的市场经济”。

其次，“市场能够发挥作用的领域政府就要退出、市场失灵的时候政府才能补位”这类认识对于政府与市场的关系存在着偏差。“市场”不是抽象的，也不是从天而降的，而是一系列具体、实在的规则和约束的集合，市场经济要良好运转，需要在产权界定、合约履行、市场秩序管理等方面进行有效的制度建设和适时不断的维护调整，需要在市场交易场所、交通基础设施等硬件保障方面进行持续投入。可以说，市场本身就是“最基本、最终极的公共品”。这种公共品显然无法依靠市场主体的“自由竞争”来创造，只能由供给公共产品的责任人来提供。越是发达的市场经济，越需要完备、复杂的制度规则约束体系和高效的交易基础设施，也就越是需要成熟、高效的政府作用。

在中国和所有其他国家的发展过程中，政府始终都是至关重要的深度参与者。即便是在经过改革开放四十年的今日中国，按照人们的普遍认知，政府仍然在经济活动中发挥着重大作用。因此，讨论新中国成立后七十年的经济发展经验，就必须对经济发展过程中的政府作用有正确认识，要充分深入地了解经济发展历史过程中政府实际采取的各类政策措施，要客观中立地评估政府诸种行为对经济发展的长短期影响，要务实辩证地认识政府作用与市场作用的关系。

3. 对国家经济发展过程中政治因素的影响考虑不足

经济制度和政策影响经济发展，而制度和政策的制定是各方利益团体（或其代表）进行政治博弈的结果，一国的政治力量格局对国家经济发展的道路、方向、模式有着重大影响。同时，任何的经济制度和政策都是依靠执政、行政来具体落实的，政治行为人的约束、激励和能力决定了经济发展战略和政策的实施效果。因此，“政治和经济从来没法分开，经济学从来都是政治经济学”。但是自20世纪以来，经济学的发展走向已经偏离了经济学的传统道路。新古典经济学和结构主义几乎从不涉及政治范畴，而新政治经济学主要局限于政治领域内部进行分析，很少把政治与经济真正联系起来讨论其相互影响。

讨论一国的经济发展经验，从国内政治而言，应当考虑国家社会基础和财富分配结构所决定的政治格局对于经济发展战略和政策制定的影响。否则，我们将很难理解为什么一些已经为现实证明有益的发展战略和政策在有的发展中国家就是不能够实行。还应当思考国家和执政党能力发展对于经济发展战略和政策实施效果的影响，否则我们将很难理解为什么相似的发展战略和政策在不同发展中国家的成效可以相差巨大。

讨论一国的经济发展经验，从国际政治而言，必须历史地、具体地考虑国际政治格局形势、国际关系对于发展战略政策制定及实行效果的影响。全球发展问题专家、“休克疗法之父”杰弗里·萨克斯2014年在BBC发表文章分析为何激进的经济改革在波兰能够成功但是在俄罗斯却经历失败时，道出了国际政治影响经济发展走向的历史真相，“（在经济濒临崩溃、改革需要外部援助的情况下）波兰获得了债务减免，俄罗斯却面临着美国和欧洲的全额催债。波兰得到了及时而慷慨的经济援助，俄罗斯却只接到几批国际货币基金组织的专家团。……我花了二十年时间，想了很多，读了很多，慢慢明白为什么当时美国对于波兰事务如此高瞻远瞩，对俄罗斯却残忍地忽视：西方世界之所以在经济和外交上如此提携波兰，是因为它能变成北约在东欧扩张的桥头堡，波兰是西方阵营的一员，因此是值得帮助的；而美国的领导人看待俄罗斯，正如劳埃德乔治和克莱蒙梭在凡尔赛看待德国一样——被击败的敌人就应该被碾过，何谈帮助？”

二、从其他国家的历史对比中认识经济发展经验事实

对发展经验的认识经由发展经验的对比产生，片面的对比容易造成片面的认识。上文所述的通常认识所存在的问题，是因为其对中国的认识主要来自于中国不同时期经济发展的经验对比。本部分将梳理其他典型发展中国家在不同历史时期的经验，以此为参照横向对比，可以更加全面地认识中国经济发展经验的一般性和特殊性。本部分讨论的目的不是全面梳理世界经济发展史，对其他国家的发展经验回顾不求面面俱到，而是选取有典型性、代表性、内在共性的若干组经济体，截取其与中国有一定对比意义的发展区间，进行对比说明，以为下一步讨论中国经验提供基本事实参照。

（一）四组典型的经济发展经验

1. 非洲国家战后的发展经验

从战后经济发展的初始条件来看，非洲国家与中国较为接近。二战结束后的30多年时间里，为数众多的非洲殖民地经过不断斗争先后赢得政治独立，建立了主权国家。受到殖民地经济模式的影响，非洲国家独立时普遍处于以初级产品出口为主的经济结构，工业极为落后，纺织、服装、食品等日常消费品和钢铁、农机、化肥、机床等基本生产资料都需要进口。与新中国刚成立时类似，非洲国家独立后

面临的主要任务就是通过加快推进工业化来摆脱经济上的贫困落后状态。

受战后发展思潮的影响，许多非洲国家在20世纪60年代至80年代的20多年时间里，采取了“非洲社会主义”的发展模式，这段时期是非洲国家经济发展历程中增速较快的一段时期。其主要做法包括：大力发展国有经济，各国在经济领域内先后不同规模地实行了企业国有化、民族化政策，土地改革政策和赎买或征用外国农场主土地政策，建立了一批新型国营企业；制定和实施不同期限、不同层次的经济发展计划；实行赶超型的工业化战略，为了推动本国工业发展，模仿拉美和亚洲一些国家实施进口替代；等等。这一时期，尽管很多非洲国家的社会主义模式实行并不彻底，但总体来看，经济发展的成就依然很大。1961 ~ 1974年，非洲的国内生产总值年均增长率达到5%，人均GDP从130美元增长到390美元，接近中国的2.5倍，对外贸易发展迅速，出口额从1960年的53.9亿美元增至1975年的359.2亿美元。

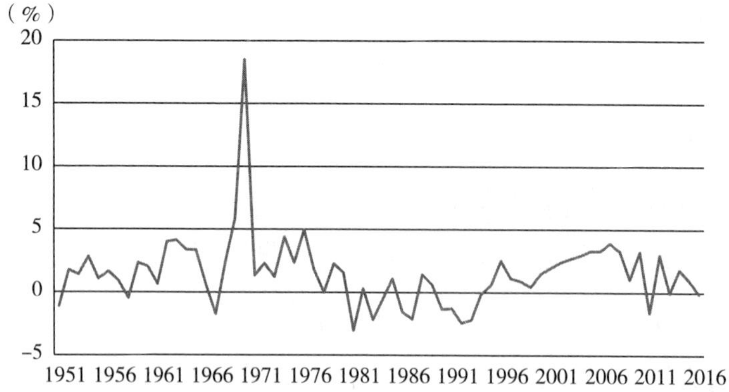

图2 非洲国家人均GDP增速（1951 ~ 2016年）

数据来源：Maddison全球增长数据库。

但六七十年代的“非洲社会主义”模式与中国同期的发展模式也

有一些差异。一是非洲工农业的发展很不协调。非洲国家在工业化过程中忽视农业发展，造成农业衰退，缺粮问题严重。多数非洲国家在独立后把经济建设重点放在能够创汇的经济作物和矿产品上，农业投资普遍不足。20世纪60年代后，非洲人均粮食产量转入负增长，粮食自给率也由独立之初的98%下降到80年代的50%。而计划经济时期的中国更加重视农业发展，1950～1976年中国的粮食总产量年均增长3.5%。二是资本积累能力差，投资对初级产品出口和外资依赖较高。农业发展缓慢，农业剩余不足以支撑工业资本投入，非洲只好一面加大初级产品出口力度，一面不断增加举债。1960～1980年，非洲贸易总额占GDP比重保持在40%～60%的区间，其中初级产品出口占有很大比重，而中国同期贸易依存度基本都处于10%以下。1970年非洲国家外债为132亿美元，1980年增至1269亿美元，增加近十倍。三是工业发展后劲不足，基础工业没有很好建立起来。20世纪60年代大多数非洲国家都致力于工业化，但投资能力不足极大限制了工业发展。非洲大陆工业产值占国内生产总值的比重1960年为8.6%，1980年也只提高到10%，以后甚至呈下降趋势。20世纪80年代，只有少数非洲国家拥有为数不多的冶金、化工和机器制造工业。四是基础设施、社会民生等长期发展能力建设滞后。非洲的交通运输、电信、水电等基础设施十分落后，1980年，撒哈拉以南非洲铁路总里程仅有6.5万公里，铁路密度是中国的一半，有11个国家根本没有铁路。断电、停水在许多国家是经常发生的事。20世纪80年代，非洲是全球成人文盲率最高的地区，许多国家高达80%～90%，只有7国普及了小学教育。每万人中仅有1.4名医生，是中国的1/10。

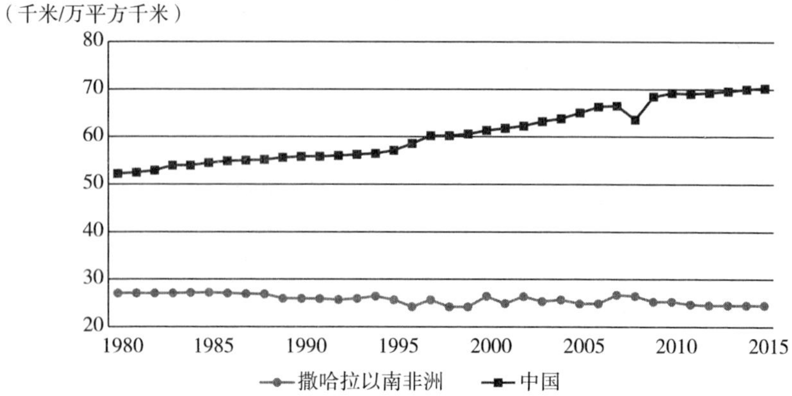

图3 非洲铁路里程密度与中国对比

数据来源：世界银行数据库。

上述特征决定了非洲经济存在明显的结构性矛盾和较强的脆弱性。20 世纪 70 年代中期后，在内外部风险冲击的影响下，经济发展遭遇严重困难。在外部，1974 ~ 1982 年西方世界发生了两次经济危机。发达国家为了转嫁危机，肆意压低农矿初级产品价格，提高工业品、粮食和消费品价格，同时又实行贸易保护主义和高利率政策，制造关税壁垒，限制非洲初级产品进入西方市场。非洲农、矿产品价格同西方国家工业产品价格之间的剪刀差越来越大。例如，1972 年非洲用 38 吨剑麻或 7 吨棉花可换回 1 辆卡车，到 1980 年则需要 138 吨剑麻或 28 吨棉花才能换回 1 辆卡车。非洲国家那种仅依靠一两种农、矿产品出口的单一经济结构还没来得及改造，就遭受到了不合理的国际经济秩序所带来的冲击。在内部，1973 ~ 1984 年非洲接连发生 3 次大旱灾，有些国家连年发生水灾或虫灾，灾区波及 40 来个国家，不同程度受害人口高达 2.5 亿。

在这些冲击下，非洲经济社会发展遭受重大挫折。1976 ~ 1985 年，非洲经济年均增速仅有 1.6%，仅相当于之前 15 年经济增速的 1/3，不少低收入国家出现负增长。贸易逆差和外债问题也愈发严重，1986

年非洲国家经常项目逆差达到116亿美元，外债达2000亿美元，约占全世界发展中国家外债总数的20%，占非洲国内生产总值的50%，年出口收入的3～4倍。

为了改变20世纪70年代后半期出现的发展速度减慢势头，非洲国家在80年代相继提出了一些“全非性”的发展战略方案。其中最具有代表性的是1980年4月非洲统一组织经济特别首脑会议通过的《拉各斯行动计划》。该计划认为非洲国家经济出现困难主要是由不利的外部条件造成的，尽管经济结构存在缺陷，政府的政策也有失误，但都不是决定性因素。随着非洲经济形势的恶化，世界银行等国际机构开始重视非洲的发展问题。世界银行在80年代就撒哈拉以南非洲经济问题发表5个研究报告，同国际货币基金组织一起向非洲国家提出了“结构调整计划”的建议。它们的报告指出，70年代中期以后非洲经济发展的失败，不利的外部环境是次要的，主要原因是非洲国家自己的决策错误、管理能力差、政府腐败，建议非洲减少政府经济干预，发展私有制和市场经济，放松对物价、汇率、贸易的控制，紧缩财政、控制货币供应、压缩信贷，精简机构、消除腐败等等。

面对严峻的形势，为了求生存、谋发展，近40个非洲国家在20世纪80年代先后接受并实行了世界银行的“结构性调整方案”。然而随后的现实是，非洲国家的经济调整与改革并未取得预期效果。相反，除了毛里求斯、加纳等个别国家之外，绝大多数非洲国家不仅没有摆脱困境，还导致矛盾加剧或者出现了新的问题。比如，贸易自由化严重打击了非洲民族工业，非洲本地产品受到进口商品大量排挤，民族企业生产成本也因货币贬值引起的进口原料、设备、技术和中间产品价格的上涨而大幅度增加，80年代后非洲制造业增长显著放缓。“结构调整方案”为了平衡国际收支和财政赤字，一味要求非洲国家扩大经济作物的生产和出口以增加外汇收入，但对于如何改造单一经济结构却只字不提。经济作物的大量出口引发国际市场价格的下降，出口收入减少，反而又加剧了增加出口的压力，导致恶性循环，非洲国家继续深陷于初级产品为主的殖民地经济结构。私有化改革和政府精简导致大量企业职工、政府职员下岗，失业率高企，削减政府开支导致教育、卫生的投入下降，许多贫困人口因此而失去了受教育和医疗的机会，贫困问题严重，收入分配恶化。外部援助加深了非洲债务负担，自主发展机会进一步丧失。世界银行等机构为非洲提供的“改革资金”主要是商业贷款，需要支付本金并且偿还高额利息。到80年代后期，非洲支付给世界银行和国际货币基金组织的债务本息远远超过从两个机构得到的贷款，非洲实际上成了国际机构的资金提供者。1993年由国际金融机构和联合国提供的援助中，非洲占45%，在欧洲联盟提供的援助中，非洲占64%。非洲接受的外援占GDP比重是拉丁美洲的15倍多，是南亚的近8倍。

20世纪90年代中后期，非洲国家普遍实施的经济结构调整由于引发诸多经济社会问题并受到多方批评而逐渐销声匿迹，取而代之的是各种以减贫脱贫为名目的经济发展战略与政策，如非洲统一组织制定的《非洲发展新伙伴计划》和众多非洲国家制定的各类减贫战略文件。这些减贫和发展文件名义上是非洲国家自主制定的，但文件的起草通常是在世界银行等机构人员参与下完成的，并且文件在实施前要经过国际机构的审查与批准。从内容上看，这些计划字里行间充满了对外债减免、外部援助和外国投资的渴望，而附加条件大同小异，核心都是保持宏观经济环境稳定，支持私营部门发展，努力创造良好投资环境以吸引外资流入等等。可以说，这些经济发展战略与政策基本上是经济结构调整计划的延续或翻版。20世纪90年代中后期至2008

年国际金融危机爆发前的10余年间，非洲经济出现一段持续增长的黄金期。但2008年以来非洲内部和周边接二连三的经济政治危机，对非洲经济产生巨大冲击，使得非洲经济结构的脆弱性再次显露无遗。

2. 拉丁美洲国家的经济发展经验

相比于非洲，拉丁美洲国家的工业化起步较早，两次世界大战对拉美国家的破坏也相对较低，战后拉美的经济发展基础条件在发展中国家当中是比较好的，一些拉美国家在二战结束时就已处于中等收入水平。在经过20世纪上半叶的工业化起步阶段后，拉美国家为了加快经济发展速度，与许多发展中国家一样，走上了进口替代工业化的道路。尽管不同国家在实施时间和具体政策上不完全相同，但是主要做法比较相近，包括设立保护性产业，构筑关税壁垒甚至禁止外国资本的进入，建立国有企业和国营公司对产业发展进行干预，通过国家采购创造需求，等等。

到20世纪60年代，拉美国家的进口替代工业取得了一定成效。在整个50年代，全地区的经济年均增长率为5.4%，制造业年均增长6.6%。按照世界银行数据，拉丁美洲1960年的人均GDP已经达到3630美元（以2010年不变价美元衡量），接近上中等收入国家的门槛（按2010年美元标准是3976美元）。从结构来看，1965年拉丁美洲工业增加值比重达到32.8%，拉美主要国家一般消费品的进口基本上被国内产品替代。

拉美国家这一时期的进口替代战略也存在一些结构问题。在供给侧，工业发展的资本自我积累途径没有建立起来，造成了一系列矛盾。拉美国家实行进口替代的主要是一般消费品，但对生产这些产品的机器设备、中间产品乃至原材料还要大量依靠进口。传统初级产品的出口创汇几乎全部投入到进口替代工业部门中，仍然难以满足工业化的

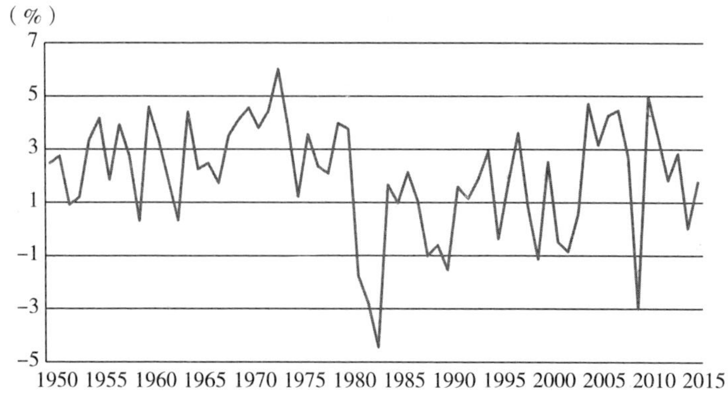

图4 拉丁美洲国家人均GDP增速（1951～2016年）

数据来源：Maddison全球增长数据库。

资金需求。为了解决发展资金问题，拉美国家从20世纪60年代中期开始增加举债和引进外国企业，外资逐渐成为拉美工业化的重要资金来源。1960年，外资占拉美投资总额比重为6%，70年代中期增加到10.9%，到80年代初期猛增到17.8%。外资的大量流入，维持了拉美经济的相对繁荣，但也导致拉美外债的急剧膨胀。在很多工业部门，如金属机械、机器制造、化工、石油化工、电力以及耐用消费品等，都有跨国公司的参与。这些外国企业从母国公司和相关国家大量进口资本品、原材料和技术，并要求拉美国家支付大量服务费和各类补贴，导致原先的进口替代工业化发展模式异化为“逆进口替代工业化”，完全背离了战略的初衷，也使得拉美绝大多数国家陷入了高额外债的陷阱。到80年代初，拉美外债总额已达到出口总额的300%以上，到期应偿付的债息额占到出口额的40%以上，债务压力已不堪重负。

在需求侧，长期存在的收入分配问题恶化了国内消费结构和总需求的增长，导致工业部门的产能不能充分释放，生产和资金循环受到很大影响。从世界范围来看，拉美国家长期处于收入差距最大的行列。根据世界银行的数据，拉美地区在20世纪60年代的基尼系数为0.53，而撒哈拉以南非洲、南亚、东亚和太平洋地区、经合组织国家则分别为0.49、0.317、0.346、0.329。拉美的收入分配问题一方面与其历史有关，在殖民地时期拉美的土地、矿产资源、教育机会等的分配就严重不平等。但更重要的是，在拉美国家独立之后，由于其社会治理不力，不平等的社会结构不但保留下来，甚至有的还进一步加剧。例如，拉美很多国家采取了不同程度的土地改革政策，但是由于对农户保护不足，不少土地被地主重新兼并，大量失地农业人口不得已进入城市，在就业难以保障的情况下成为贫困人群。60年代中期，拉美国家开始从一般消费品的初级进口替代阶段向生产农机、汽车、飞机等耐用消费品和资本品的高级进口替代阶段转变，但由于收入分配结构极不合理，多数人口的购买力低下，国内消费需求不足与生产能力迅速扩张的矛盾尖锐，库存增加、生产能力大量闲置的问题十分严重。

上述供给侧和需求侧的问题相互联系、彼此反馈，导致拉美国家的经济结构十分脆弱，在20世纪80年代初期终于爆发了严重的债务危机。1983年，拉美国家的经济增速降至–2.8%，跌到了战后历史最低谷，经济危机还引发了社会、政治领域的剧烈动荡，战后30年积累的国力大幅削弱。

从80年代中期开始，拉美国家在内外部压力之下开始实施结构改革，以期稳定本国经济和恢复增长。1985年美国财长提出“贝克计划”，一方面要求世界银行等机构为拉美国家提供资金支持，另一方面则要求拉美国家实行私有化、开放国内市场、放松对外资的限制、改革税收体系、实现价格自由化，等等。1990年，“华盛顿共识”进一步系统提出了规范拉美国家经济改革的10条政策，着重强调财政纪律和公共资源配置方式的改革，主张私有化、金融贸易自由化、放松利率汇率及投资管制，这是典型的新自由主义改革。90年代初期开始，拉美国家纷纷采纳“华盛顿共识”的建议，1995年卡多佐开始领导巴西实现经济转型，标志着新自由主义发展模式在整个拉美大陆居于支配地位。

从拉美国家90年代之后的发展情况来看，新自由主义改革不仅没有解决经济增长的动力问题，反而使以往的结构矛盾进一步恶化。20世纪90年代，拉美地区平均经济增速为2.8%，2000 ~ 2007年在全球经济上行周期的平均增速也只有3.6%，明显低于20世纪60年代5.4%和70年代6.1%的水平。不平等的社会结构没有改变，贫困问题始终突出。根据拉美经委会的报告，1980年拉美国家有1.36亿人生活在贫困线以下，到1990年增加到2亿人，到2002年上升为2.2亿人。产业结构升级缓慢、依赖外资发展的情况没有改变，90年代墨西哥、巴西、阿根廷等拉美大国先后发生了金融危机，2008年国际金融危机后，拉丁美洲成为全球经济衰退持续时间最长的地区。2016年，拉丁美洲人均GDP为9200美元，从1960年的3600美元算起，花费了半个多世纪的时间才在中等收入区间域实现了不到6000美元的增长，而中国实现同样的收入跨越只用了9年时间（2008 ~ 2017年）。

3. 苏联经济发展的经验教训和苏联解体的再认识

苏联作为社会主义和计划经济体制的开创者、20世纪的一个重要强国，对中国过去的发展有着重要影响，深刻认识苏联经济发展的经验教训对于更好理解中国的发展经验至关重要。

苏联经济发展模式在二战之前就已基本建立，其主要特征是实行生产资料的社会主义公有制、实行高度集中的指令性计划经济体制、实行优先发展重工业的工业化战略。在到苏联解体之前，这套发展模式框架保持了近半个世纪，取得了显著成就。从发展速度和水平来看，

1917～1987年，苏联的国民收入增长了140多倍，工业总产值增长了近320倍。1964～1982年，苏联经济平均增速达6.1%，超过西方各国。按2010年美元计算，苏联人均GDP在80年代最高时达到9830美元，已经接近高收入国家的门槛。从工业化高度来看，1980年代，苏联工业总产值占世界的1/5，20多种主要工业品产量位于世界领先地位，工业体系比较完备，是世界上仅有的三四个能够制造所有工业产品的国家之一。从社会发展来看，苏联在教育、卫生、文化等方面都取得了很好的成绩，到80年代时很多社会发展指标接近或达到高收入国家的水平，在数学、力学、核动力学、宇宙学等基础科学领域处于世界先进行列。此外，苏联在军事科学技术和国防建设方面也达到了堪与世界最强国家抗衡的能力。

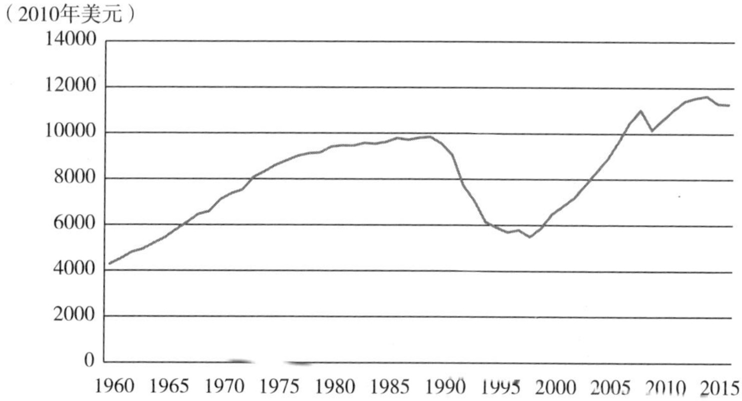

图5　苏联/俄罗斯人均GDP

数据来源：根据Maddison全球增长数据库和世界银行数据库计算。

然而，在七十年的发展中取得巨大成就的苏联却在1991年骤然解体，其解体原因为何，这是认识苏联发展模式无法回避的重大问题，也是深刻理解中国发展经验必须直面的课题。围绕着苏联解体原因的争论接近三十年，不少人特别是新自由主义者认为计划经济体制的弊端是造成苏联经济停滞乃至崩溃的根本原因，但这种看法值得推敲。苏联模式的确具有不少结构性弊病，包括生产粗放、投资效率低、劳动者和管理人员激励不足、产业结构特别是工业结构严重失衡，等等。但是这些问题都存在多年，为什么偏偏在80年代末导致了严重危机呢？而且苏联早就认识到这些问题并努力试图改革，“改革失败”的深层次原因是什么？这是更加重要和需要回答的问题。

在我们看来，苏联在其发展过程中的主要历史教训有以下两个方面。

一是没有适时发展起独立自主的工业技术创新体系，长期依靠从西方国家引进先进技术设备支撑工业基础技术升级，在70年代中期美国控制西方技术输出后，工业技术升级陷入巨大困境。苏联经济发展模式粗放、生产投资效率低下为人诟病，其直接原因是其工业技术进步特别是基础工业技术发展效率不高。而苏联技术进步缓慢，主要与其在二战前既已建立的主要依靠引进西方国家先进技术的工业技术升级策略有关。苏联作为工业化起步相对较晚的后发国家，引进吸收西方先进技术是一条技术发展的捷径。利用欧美国家在20世纪发生的几次严重的经济危机，苏联以较低的代价获得了大量先进设备和技术，并通过规模庞大、能力极强的应用开发和制造体系来快速消化、模仿、复制，在20世纪80年代之前实现了工业技术的即时跟进。在西方能够进行技术转让的情况下，这种技术进步模式可以维持。然而，70年代末，美国出台了《出口管理与控制法》，对西方的高科技出口开始严格管理，并随后利用苏联入侵阿富汗事件，开始禁止西方向苏联出口高技术，包括之前已经限制的军事技术和进一步扩大的计算机、电子、光纤、半导体等民用技术，限制西欧国家在苏联投资建厂。苏联从外部引进新技术的通道基本切断，基础技术自主创新能力短时间难以发展起来，这是苏联经济增长在80年代大幅放缓的一个重要原因。

二是长期的霸权主义思维下处理国际关系出现战略失误，导致无法深度参与和利用国际产业分工，其主导的工业体系人口规模难以扩张，导致工业升级的社会基础丧失。工业升级极大地依赖于分工深化，而分工深化的条件是数量不断扩大的基本工业配件要有充足的专业技术人员维护和发展，一个完整的工业体系所需的工业人口大致是基本配件数量的5～10倍，因此，分工深化最重要的基础支撑是工业人口规模。到20世纪下半叶，基本工业配件数量增加到3000万种以上。工业化程度较高的大国要维持工业体系不断发展，在本国工业人口难以持续增加的情况下，必须建立一个分工较为紧密的工业经济联合体。美国借助其主导构建的国际金融体系，在保留经济主导权的条件下将民用产业转移到相关国家，扩大了工业体系人口，并能够集中力量发展技术更加复杂的高科技产业。而苏联在沙俄时期形成的国际强权思维影响下，处理国际关系较为霸道，导致能够建立紧密产业联系的国家很少，其主导的工业体系人口规模远低于美国。这一方面限制了苏联工业升级的能力，另一方面也迫使苏联在冷战进入白热化阶段后不得不把有限的劳动人口集中到军事工业和重工业领域，消费品和服务业生产受到极大压抑，人民生活水平难以提升，由此埋下了严重的政治和社会隐患。人们常常批评苏联经济体制下对劳动者的物质激励不足，但激励是需要有消费品和服务的生产能力作为基础的，没有消费品的增量产出，增加激励只会导致物资分配出现混乱，因此苏联模式下的生产激励不足，表象是体制问题，实质是产业结构不平衡、消费品生产能力约束的问题。人们还常常批评苏联产业结构失衡的问题，其实苏联早就意识到这一问题并多次试图调整产业结构，但是其在国际政治中的长期被动局面限制了结构调整的空间。

4. 东亚经济的追赶经验

二战之后，东亚经济体的发展水平多居于非洲和拉丁美洲之间。其经济发展任务则与其他地区发展中国家类似，即要改变相对单一、初级的经济结构，改变贸易逆差和在全球市场体系中的从属地位。其采取的发展模式也具有相似特征，主要是在发展战略方面实行进口替代工业化，对进口替代部门实行高度保护，通过利率管制、价格控制等来保证财力、物力、人力等向进口替代部门集中，建立国有性质的企业，确立国有工业在国民经济中的主导地位，等等。

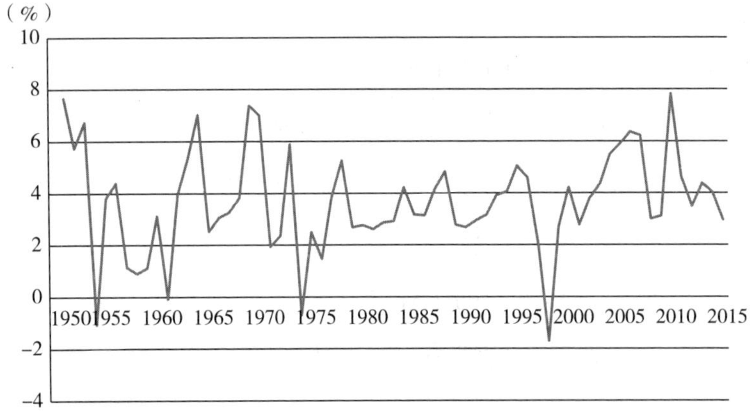

图6　东亚经济体人均GDP增速

数据来源：Maddison全球增长数据库。

到20世纪60年代，东亚经济体的进口替代取得了成效，单一型经济结构得到改善，一定的工业基础得以建立，一些能直面市场竞争的工业集团也培育起来。随着发展，初期进口替代面临的内外部环境也发生一定变化，包括：相对于显著增长的工业产能，国内市场基本饱和；对原材料、机器设备和中间投入品的进口累积了一定的外汇缺口，创汇压力加大；西方发达国家正面临产业结构调整，一些传统工业部门向低成本地区转移，如果接手，将会大大带动工业发展和技术水平提高。

为应对这一变化，东亚开始在工业制成品领域向出口导向转变，但这种出口导向并不是在完全自由开放的贸易体制下进行的，而是有着很强的政府扶持干预。例如韩国在 60 年代确立了全面促进出口的战略重点，为了实现大规模出口的目标，韩国政府采取“个别育成”的方式，把有限的资金和外汇向大企业倾斜，确立了这些企业的垄断地位。对于新升级进入的重工业部门，实际上仍然采取进口替代的方式进行培育。70 年代，韩国采用集中投资的方式，利用金融税收杠杆来扶植引导企业，缩短了企业成长发育的时间。到 80 年代，东亚国家这种循环往复采用出口导向和进口替代相结合、循序渐进推进产业升级的策略持续取得成效，钢铁、机械、石化等重化工业也发展起来。

从发展战略思路来看，东亚国家与非洲、拉丁美洲发展中国家有很多相近之处，但是相近战略政策的实际效果差异却很大，这有一定外部因素的影响，但同时也与其一些内部特征有关。

首先，是东亚国家的储蓄率显著高于其他地区，高储蓄支撑了高投资。1960 ~ 2002 年，日本、新加坡、韩国的平均投资率分别为 32%、34%、28%，而同期阿根廷、巴西和墨西哥平均投资率分别只有 20% 左右。更有特点的是，东亚国家的高储蓄率和较为合理的收入分配关系并存。二战后，日本、韩国等东亚国家纷纷实行了土地改革，提高了农业生产率，为收入平等打下基础。在工业化取得显著成效后，东亚国家也多制定了反哺农业政策，加大对农民保护和农业财政转移支付力度，缩小城乡差距。在城市，通过公有住房、公共医疗等改善城市低收入阶层的生活，对奢侈品、财产、赠与等实行高税率，实现了再分配效果。这些措施使得东亚地区在经济高速增长的同时有效控制了收入差距，成为“库兹涅茨”假说的一个例外。

其次，东亚国家普遍重视教育与人力资源发展。早在20世纪60年代，东亚经济体的人力资本水平就已经高于大部分中低收入国家。1965年，东亚地区基本普及了初等教育。东亚地区还十分重视职业培训，为发展大量熟练劳动力提供了有利基础。

最后，东亚国家在工业化达到一定阶段后也比较注重基础研究和自主研发能力的提升，研发投入力度也比较大。例如韩国从1978年开始每年制订“基础科学研究实施计划”，以加强对基础科学研究活动的支持。

当然，东亚的发展模式也不是十全十美的，对外部的依赖不可避免会增加宏观金融风险，对政府的监管和风险应对能力提出挑战。1997年亚洲金融危机爆发后，曾经被认为十分成功的东亚模式遭到了广泛质疑。一些人认为政府过去对经济的强力干预是金融危机产生的原因。这种看法需要商榷，实际情况也可能是因为政府没有实行有效的监管。以韩国的情况为例，在亚洲金融危机爆发前的一段时期，韩国政府实际正从积极的产业政策和投资监管中退出。监管放松之后，大企业财团纷纷大举借债扩张生产，在钢铁、汽车等领域进行重复投资，造成严重的产能过剩问题，负债过高，周转不灵而破产。过去对外开放为此提供了极大便利，大量国际资本特别是短期资金流入导致了外债激增，为危机埋下了伏笔。

（二）从上述对比中（不包括与苏联的对比）得出的经验事实

1. 战后发展起步阶段的发展战略和政策思路具有共性

20世纪50年代到70年代，无论是最终实现成功赶超的东亚后发经济体，还是后来长期陷于低收入陷阱的非洲贫困国家，以及起点相对较高但是在中等收入阶段发展有所反复的拉丁美洲国家，都是以政府制定和实施带有强烈赶超目标的工业化战略和扶持特定产业发展的政策组合来开启战后发展追赶之路的，没有一组国家在完全竞争的、开放的市场条件下实施赶超。

2. 进口替代战略的实施取得不同程度的成效

横向比较，不同组别国家在发展起步阶段的追赶成效有所区别。20 世纪 50 ~ 70 年代，总体上东亚经济体的经济发展速度最快，拉丁美洲和非洲的经济相对慢一些。造成这种差别的可能因素包括进口替代产业选择的不同，以及政府是否能够为进口替代产业的发展创造有利条件。

纵向比较，三组国家在这一阶段的经济增速均好于之后，特别是拉丁美洲和非洲国家，其长期经济增速前后变化的纵向差异远远超过了这一阶段与东亚经济体增速的横向差异。

3. 外部周期性冲击下，不同组别国家经济增长都受到短期影响，影响程度取决于经济对外依赖度而非结构问题的程度

20 世纪 70 年代中期发生的全球性周期冲击下，三组国家增长都受到了一定影响。其中，东亚、非洲的短期下滑幅度较大，拉美国家受到的影响相对较小。从结构条件来看，东亚经济体优于非洲和拉美。但在贸易依存度上，东亚（34%）和非洲（52%）比拉美国家（29%）更高。说明此时的增长衰退主要是外部需求侧，而非内部供给侧的因素。

4. 激进的结构调整无助于应对外部冲击的影响，反而会引发一系列不良的经济、政治、社会后果，损害长期发展能力

短期冲击发生后，应当以有效的宏观政策对冲，结构性问题则应在长期以渐进的改革加以解决。非洲、拉丁美洲由于外债压力和政治因素，被迫接受国际组织建议的激进“结构调整方案”，结果是短期衰退演变为20世纪80年代的长期衰退。东亚只是适时改革了已具有一定竞争力的传统替代产业，在重化工业领域依然采取进口替代，在80年代重新恢复快速增长。直至今日，东亚经济体都未实施过类似于非洲、拉美国家的激进结构调整，但很多东亚经济体已经顺利跨过或者接近高收入门槛。

5. 结构条件不会自动具备，结构条件变化也不会自动引导相应产业升级

按照传统结构主义观点，最优的产业结构及其变化适应于要素禀赋结构及其变化。但是很多非洲国家无论是在战后30年的进口替代阶段，还是在20世纪80年代后的激进自由化改革后，均未能有效建立起与其低成本劳动力相适应的劳动密集型产业。这说明，结构条件远非要素禀赋结构这么简单，还包括一系列其他因素。一些拉丁美洲国家和东亚经济体都曾在发展到上中等收入阶段时尝试发展特定的重工业，但前者无论是在进口替代阶段还是在激进自由化改革之后，重工业都没有很好发展起来，而后者则依靠产业政策取得成功。这说明，结构条件变化也不能自动引导相应产业升级。

6. 结构调整具有相当程度的路径依赖和不可逆特性，在结构改革和结构选择问题上一旦出现战略性失误，后果极为严重

实施赶超型的结构战略需要相应的政治、社会基础，结构调整会导致政治、社会基础发生长期变化。从过去的现实经验来看，无论是拉美还是非洲国家，在实行过不当结构调整后又想要重新回归先前结构战略的尝试，还未有任何成功范例。

三、理解经济发展过程的一个理论框架

理论是能够系统、一致、自洽地解释已有经验观察的逻辑体系。前文提出的几点经验观察足以说明新古典经济学、结构主义等西方主流理论对过去全球经济发展经验有限的解释能力，因此，其对于中国经济发展经验分析的说服力也就不足了。本部分将在梳理各国发展经验的基础上尝试提出一个理解经济发展过程的理论框架，并在下一部分以此框架来更好地认识中国经济发展的经验。本部分提出的理论框架从生产力、生产关系、上层建筑三个层面依次展开。

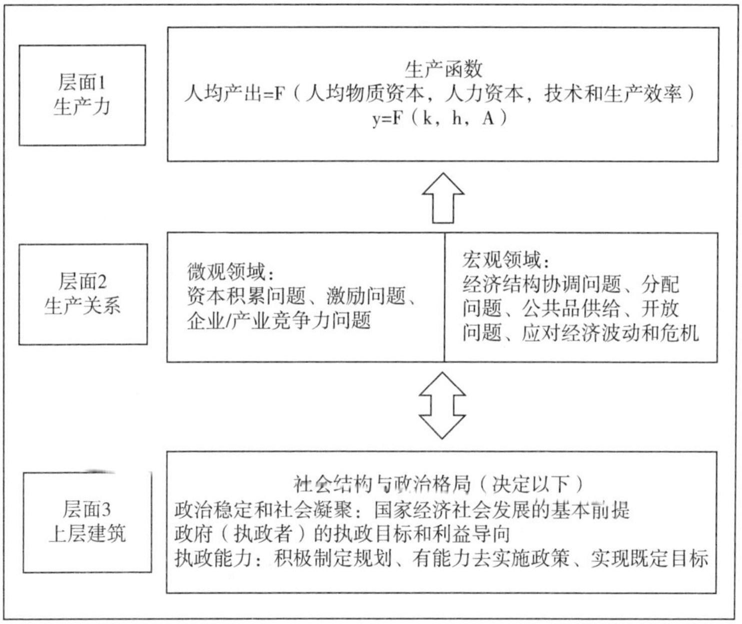

图7 理解经济发展过程的一般性框架

（一）发展核算的新观察

发展核算（Development Accounting）是利用跨国宏观数据来分析

各类生产要素对人均收入国别差异解释力的统计分析方法。其基本做法是以生产函数为基础，建立人均产出（y）与人均物质资本投入（k）、人均人力资本（h）、全要素生产率（A）三类因素的统计关系，而后比较得出不同国家由各类生产要素差异造成的人均产出差异。

发展核算的经典结论是，人均收入国别差异的影响因素中，全要素生产率（TFP）的差异要显著超过另外两类要素差异的影响。例如，斯坦福大学经济学家琼斯在《经济增长手册》相关章节的基准测算表明，2010年全球人均收入国别差异中有70%要归结于TFP的国别差异，而另外两种生产要素差异的影响总计只有30%。

上述结论是新古典经济学和新自由主义的重要实证基础。因为既然人均收入差异主要是由“效率”（全要素生产率）的差异决定的，而不是物质资本和人力投入，那么低收入国家要发展，重点就应着眼于实施有助于提高“效率”的政策。全要素生产率虽然是统计剩余，其中包含了技术进步的影响，也包括资源配置效率等因素的影响。但是在新古典经济学家们看来，技术进步速度是相对稳定的，提升全要素生产率，主要就是提升资源配置效率。而在一般的认识中，市场的资源配置效率自然远胜于政府。总结下来，让市场更多发挥作用，资源配置效率就能够更快提高，低收入国家就能够更快实现追赶。

然而，上述推演存在逻辑缺陷。经典的发展核算是以世界所有收入水平的经济体放在一起比较得出结论。如果生产要素对收入增长贡献度随收入水平变化而有结构性差异，那么无视发展阶段的政策建议就会对实际产生误导。

根据我们的重新测算，可以发现，如果以低收入和中等收入经济体为样本进行发展核算，其结论将发生重大变化——中低收入经济体人均收入差异有75%左右要归结于人均资本存量的差异，也就是说，中低收入国家与高收入国家差距最大的生产要素是物质资本积累水平，而不是生产效率（图 8）。这意味着发展中国家在中低收入阶段要快速增长，重点是要进行快速的物质资本积累。

这一实证观察的变化将是下文理论阐释的逻辑起点。

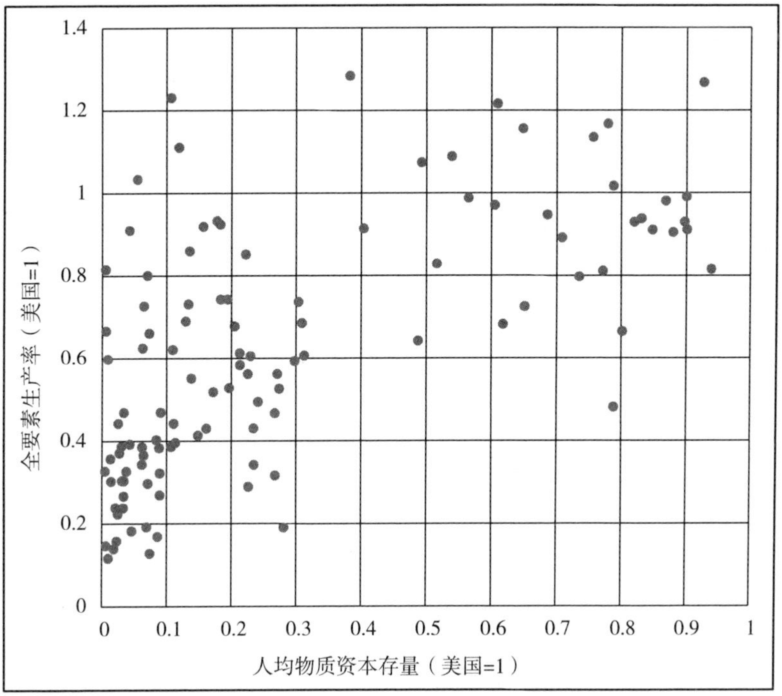

图8　世界各国相对美国的人均资本存量和全要素生产率（美国=1）

数据来源：根据Penn World Table 9.0计算。

（二）经济发展过程的理论阐释：经济制度层面

上文指出了在生产要素层面，中低收入经济体经济发展最重要的任务是物质资本积累，而不仅是提高全要素生产率。下面将围绕如何快速实现物质资本积累来阐述这对于中低收入国家制定和实施发展战略、政策等的要求。下文的讨论以问题为导向，提出并阐述发展中国家要实现快速的资本积累和最终的成功赶超，应当解决好的七个任务。

能够配套解决好相关问题的战略政策就是有益于发展的战略和政策。

1. 资本积累任务决定了后发国家工业化战略和政策的选择

前面已经说明了资本积累的重要性。实现资本快速积累的要求首先对于工业化战略选择有很强的含义。不同产业比较，工业部门的资本吸纳能力是三次产业部门当中最强的（资本边际产出递减效应最小）。同时，进行生产资料再生产的重化工业是主要面向资本积累的，而农业、服务业、轻工业则主要是面向消费的。因此，要快速积累物质资本，就要以在工业特别是重工业部门投资发展为重点。这是后发经济体在工业化战略上具有重工业赶超倾向的原因。

对于低收入后发国家来说，其实现快速的资本积累面临的主要难题在于：第一，不像先发工业化国家那样有可供提取生产剩余的殖民地；第二，本国企业技术水平落后，在自由开放的市场中难以与先发国家的企业进行竞争，竞争力差的结果是企业效益低下，没有利润也就难以积累资本。中低收入国家要让本国企业在竞争力不足的情况下有赢利能力，必须尽可能隔绝外部竞争，同时在国内通过提供补贴、降低税收等方式尽可能地为要扶持的产业提供收益来源。这些正是进口替代政策的着眼点。

总结起来，发展中国家在由工业后发导致的一系列约束下，要进行较快的工业积累，在自由、开放的市场经济下难以实现，必须依靠行之有效的进口替代性质的产业政策干预。

2. 资本积累任务也极大影响后发国家所有制结构和资源配置方式的选择

如果进行力度较大的工业扶持，也对建立相应的所有制结构具有要求。这是因为，无论用何种政策扶持特定产业，其动用的本质上都是公共资源，受扶持企业积累的资本权益理应由公众享有，否则战略、政策很难得到人民的支持。同时，如果进行了国有化，企业的劳动者收入也可以向下调节以增加资本收入。这是赶超战略、进口替代政策要求建立国有企业的原因。

支持特定工业部门发展，要从国内汲取资源，最终都要通过向其他产业部门实行剪刀差以提取剩余。存在剪刀差的情况下，市场对于物资套利的激励较高，因此需要政府对物资配置进行深入干预。

3. 工业赶超战略下经济结构协调是一道难题

工业赶超战略不可避免地会造成经济结构一定程度地发展失衡。这是工业赶超必须承受的代价，只能根据具体国情和结构条件在赶超和平衡之间进行适度权衡。

一是三次产业结构的不平衡。要重点发展工业，意味着农业和服务业的资本投入受到限制。但初级产品行业通常又是工业提取剩余的部门，如果不能发展，也会限制工业积累的速度。要维持赶超，需要在三次产业的发展特别是工农业发展之间力争协调。

二是轻工业和重工业的协调。优先发展资本密集度更高的重工业，所需要的资本投入更高，但是重工业建立起来后，其他产业的资本积累和产能提升可以大大加速。先发展轻工业需要的资本投入相对较低，但是轻工业的利润较薄，依靠市场周转来回笼产业升级资金所需的时间周期更长。因此，重工业对于工业积累的要求具有“前紧后松”的特性。工业赶超的期限压力在很大程度上决定了工业结构升级路径的选择。

4. 社会建设水平和收入分配结构影响资本积累能力

从消费投资结构来看，要加快资本积累，还需要压抑消费，增加国民储蓄。家庭部门对消费压抑的承受能力很大程度上与收入分配结构、社会保障等因素有关。社会越平等、基本保障越强，家庭部门进行储蓄的激励和能力就越高，储蓄率就越高，资本积累能力就越强。因此，国家对公共产品的供给效率越高，对收入差距的调节能力越强，工业赶超成功的机会就越大。

5. 外部资金对实行工业赶超的作用有限、成本较高

如果发展中国家的内部储蓄能力不足以支撑工业资本积累，还有一条有诱惑力的“捷径”，就是依靠发达国家的富余资金。外部资金有两类性质。其中，债权性质的资金特点是风险规避、极为短视，不会真正投入发展中国家需要长期发展的、具有一定失败风险的扶持产业，而是以短期投机为主，快进快出、大进大出极易引发经济危机。对于股权性质的资金，由于对工业赶超国家的所有权结构有所担心，为了降低“政治风险”，常常会插手东道国内政，与东道国相关利益集团结合，威胁国家经济主权和公众利益。安全的工业赶超应当以本国的资本积累能力为基础，依靠外部资金虽然能短期解渴，长期则很容易埋下危机隐患。

6. 实行工业赶超需要为应对宏观经济冲击和波动留有余地

即便实行计划经济的国家，实际上也难以完全封闭，因此也不可避免会受到外部经济冲击，同时，工业赶超战略下内部的结构问题也有可能引发经济波动。对于一般的经济体，应对短期的总需求负面冲击，以通常的扩张性财政政策、货币政策即可对冲。但实行工业赶超战略的国家，通常政府财力、家庭财力都已捉襟见肘，消费品的配置也受到管制，因此很难有实行扩张性宏观政策的空间。在外部短期风险出现后，如果工业赶超国家无力应对，短期冲击就可能演化为长期性的衰退。

7. 实现工业成功赶超必须适时建立自主的工业技术研发体系

资本积累和工业赶超是不断持续推进的动态过程，在物质资本积累达到特定产业技术最适的合理水平后，要防止资本边际产出快速下降导致的低效率粗放型增长，必须以工业技术进步带动产业升级，实现内涵式增长。技术进步不是简单实现的，即便有可供引进吸收的成熟技术，也需要在生产实际中通过不断地“干中学”来充分掌握以发挥出最大效率。而当工业升级到接近先发国家技术前沿时，技术引进的难度和成本将极大提高。由于技术研发具有较长的周期性，为此必须提前布局建设工业技术自主研发体系。

（三）经济发展过程的理论阐释：政治治理层面

战略和政策是由具体的决策者制定和推动的。前文的分析说明，发展中国家要顺利实现工业赶超，需要在结构战略选择、资源配置机制、产业政策制定、经济结构协调、社会事业发展、收入分配调节、对外经济关系处理、宏观经济风险管理等方面建立一整套适合国情、相互配套的战略政策体系。同时，能够持续有效地加以落实。

决策者和政策执行者不是靠经济理论驱动，而是依靠政治治理体系来激励和管理。这意味着发展中国家的工业赶超要取得成功，最终要落脚到有效的政治治理。与经济发展重点相关的有以下三个方面。

1. 经济成功发展需要有效地维持政治稳定和社会团结

政治稳定和社会团结是国家实现持续发展的基本前提，许多发展中国家都面临不同族群之间、不同阶层之间、不同地域之间、不同利益集团之间长期矛盾的困扰。利益协调不好，国家会陷入无休止的政治冲突（有不同形式的具体体现）和社会分裂之中。同时，经济和政治之间存在循环反馈联系，政治领域的动荡一定会反映到经济、社会领域的混乱、矛盾，而经济领域的混乱、矛盾反过来又会加剧政治领域的失衡。

2. 经济成功发展需要决策者保持有利于长远发展的目标导向激励

弱的政府不可能是有效的政府，但强的政府也可能是低效的政府，因为强势的政府可能会把注意力放在社会攫取而非国家发展方面，这就是“诺斯悖论”。在发展中国家，国家经济发展好坏与政府的激励关系密切。要实现持续发展，必须通过政治治理体系建设实现各级政府的有效发展激励。

3. 经济成功发展需要决策者和政策执行者具有卓越的执政能力

发展中国家不仅在经济发展方面缺乏经验，在政治治理方面也缺乏经验，执政能力不强，导致很多正确的战略和政策效果不如人意，或者根本无法实施。制度学习模仿的直接成本是极低的，但是引进在他国制度后还能成功复制则是十分困难的。要保障战略和政策的实施效果，必须持之以恒地加强执政能力建设。

四、中国经济发展成功的主要经验

（一）选择了符合国家长远发展需要的现代化战略

结构战略是决定各领域发展、关系国家长远的重大决策。新中国在成立七十年的时间里取得的经济成就，首先得益于新中国成立后确立的重工业优先发展的结构战略选择。如前所述，重工业优先发展是“紧缩当下、惠及长远”的战略安排，需要当下付出较多，但是如果能够成功，可以极大加速后期的工业发展。如果没有之前的工业化战略推动建立起来的重工业提供上游工业品支撑，20 世纪 80 年代支撑中国经济快速发展的农业和轻工业将会像非洲国家那样要以很高代价从国外进口机器设备和工业原料，低成本劳动力比较优势将难以发挥作用，经济发展必定要受到很大影响。也许有人认为新中国成立后我们可以选择轻工业优先发展。但实际上，从当时我国的发展水平、产业基础等条件来看，与当时的日、韩还有不小差距，发展轻工业无法与其竞争。而且很多发展中国家都在实行进口替代，需求也是一个问题。外部支持上，日、韩可以从美国引进轻工业品生产设备，而我国可以合作的社会主义国家轻工业产能也很有限。如果轻工业产品主要依靠自己消费，势必会降低资本积累和工业化速度，走向非洲国家的低水平进口替代路径。当然，如果从国家安全的角度看，当时的国际形势下走重工业优先发展道路就是我们的唯一选择了。

改革开放后，根据国情的变化和发展的新需要，我们提出了“三步走”的发展战略目标，并围绕总体目标战略在发展的不同领域相应制定了加快沿海地区发展战略、粮食过关战略、人口发展战略、以科教促发展战略、新时期国际战略等。随着现代化的推进，我们不断丰富、发展了“三步走”战略，并在创新发展、区域发展、开放发展、社会发展等领域形成、完善了具体的发展战略。党的十八大以来，根据“两个一百年”的现代化目标，提出了“五位一体”总体布局、“四个全面”战略布局，以及科教兴国战略、人才强国战略、创新驱动发展战略、乡村振兴战略、区域协调发展战略、可持续发展战略、军民融合发展战略等适应发展新要求的具体战略。党的十九大紧扣我国社会主要矛盾变化，根据新时代的发展要求，提出了面向2050年的发展战略目标和战略安排，为新时代的发展指明了方向。

（二）注重建立与时代发展要求相适应的体制机制

重工业优先发展战略要取得成功，最重要的是要获得广大人民的政治认同，因此必须要求精英阶层放弃与企业控制权相联系的剩余索取权，这需要发展公有制经济，实施土地改革，控制物资配置，限制收入分配差距，建立平等、公正的社会。党在新中国成立后通过社会主义改造，在不长的时间里就建立起了符合工业化战略的经济体制。难能可贵的是，这套体制实际上要求社会精英更多地为工业发展贡献剩余。

20 世纪 70 年代末 80 年代初，在比较完整的国民经济体系和工业体系已经建立的前提下，在中国人民的生存问题基本解决的背景下，针对计划经济体制存在的弊端，中央适时推动改革和开放。通过四十年的改革，中国建立了比较完整的市场经济体制。在这个体制下，市场的作用得到充分的发挥，政府的作用得到更好的发挥。

（三）始终注重社会建设，为经济发展提供了坚实的社会基础

社会发展是体现中国社会主义制度优越性的重要领域。计划经济时期，中国依靠一些有特色的制度安排，在物资资源较为匮乏的条件下，务实、普惠地提供了教育、医疗等基本公共服务，保障了全体人民的基本民生需要，城乡人民的健康水平大大提高，人均预期寿命从1949 年的 35 岁迅速提高到 1977 年的 65 岁以上，巨大成就令世人瞩目。

改革开放后，人民生活不断改善，减贫事业实现巨大成就。按照世界银行的国际贫困标准，1981 ~ 2013 年中国减少贫困人口 8.53 亿，占全世界减贫人数的 75%。按照联合国开发计划署《2013 年人文发展报告》的口径测算，中国的人文发展指数 1980 年为 0.407，2012 年达到 0.699，提升幅度在所有国家中排名靠前。2012 年的世界排名已经高于东亚、太平洋地区国家以及金砖国家的平均值，处于中等人文发展水平国家上游位置。社会事业的发展既是我们发展的目的，反过来也能够有力地推动经济发展。根据宾州大学世界表的数据测算，过

去七十年中国是人力资本增速全球最高的国家之一。

（四）较好地处理了对外经济联系和国际关系

计划经济时期，在主要资本主义国家对中国实行经济封锁、拒绝与中国建交的情况下，中国仍努力与其他国家开展贸易、技术设备引进、矿产资源联合开发等合作。在发展资金极为稀缺的情况下，中国依然坚持“既无内债又无外债”的态度，体现出了自力更生、独立发展的战略定力。在自身并不富裕的情况下，慷慨援助了不少发展中国家，为国际关系发展打开了局面。

改革开放后，对待开放采取积极稳妥的态度，实行渐进式扩大开放。在国家应对外部风险不够强大的情况下，对跨境资本流动进行了较为严格的管理，比较好地管控了外部风险输入通道。坚定支持和拥护全球化发展，创造性地提出了共建“一带一路”倡议，打造“人类命运共同体”的理念为越来越多的人接受，这一倡议顺利实施，将为中国自身的现代化和相关国家特别是发展中国家的工业化起到巨大推动作用。

（五）危机应对处理及时果断，发展具有极大韧性

各类内外部危机是发展过程中不可避免的。重要的是危机发生后能否有效应对。回顾全球过去的增长经验不难发现，可能在几年当中实现年均10%以上的发展中国家比比皆是，但是如果时间拉长到10年以上，能够达到持续高速发展的国家就寥寥无几了。其主要原因是，多数发展中国家应对危机能力不强，短期冲击常常转化为长期衰退。

中国在这方面的能力值得称道。从计划经济开始，大大小小的各类风险冲击就在不断发生，有一些在当时令很多人感到极度悲观的

危机，但中国都能够顺利渡过。每次复苏极快，陷入衰退的时间通常1 ~ 2年。

（六）坚持理论和道路自信，不断增强中国共产党驾驭发展过程的能力

整体来看，发展经济学理论和不同时期流行过的发展思潮，都不能满足指导发展中国家的现实需要。我们始终坚持把马克思主义的普遍真理与中国实践相结合，制定中国发展的方针和政策。当然，在这个过程中，我们也学习了其他国家有益的发展经验。特别值得强调的是，作为执政党，中国共产党始终坚持不断提高自身驾驭发展过程的能力，始终能够结合中国的国情条件和发展的现实需要制定发展的战略、方针、政策，并能够把制定的战略政策方针落到实处。中国在过去的发展中，面对体制问题、结构矛盾，能够一以贯之地坚持以慎重、稳妥、渐进的方式推进改革，无论国际环境风浪多大，都能够避免体制的颠覆式变化，有力保持了社会和政治的长期稳定。

五、对中国未来发展的启示

（一）结合时代背景和基本国情变化，明确2050年发展战略的具体内容和主要遵循

当前，世界发展的新旧矛盾叠加，国际政治经济格局和秩序处于大调整时期；我国正在向高收入国家和社会主义现代化强国迈进，在不久的将来还会成为全球第一大经济体。这些情况变化意味着风险与机遇的并存。党的十九大提出了我国到2050年的发展战略目标，在此基础上，我们应当结合新时代的发展环境变化和新阶段的发展要求

变化，制定2050年发展战略的具体内容，以为新阶段的发展提供更加明确的方向性的指导。

（二）要充分发挥各类市场主体的积极性、创造性

新时代的发展充满新的挑战，要顺利实现既定的战略目标，需要社会各阶层全力以赴，共同奋斗。各种类型的市场主体都是新时代发展的重要参与者。我们要凝聚全社会的共识，激发各类市场主体参与现代化建设的积极性、创造性，最大限度地汇聚各方形成发展合力。对于国有企业，要通过制度改革，使其更好地在国民经济基础领域发挥支撑作用。对于市场环境中形成的人为垄断、反竞争商业模式要进行坚决抑制。

（三）坚持“以人民为中心”的发展思想，解决好分享问题

让广大人民群众共享现代化的发展成果，是社会主义的目标追求，是党坚持全心全意为人民服务根本宗旨的重要体现。为此，必须坚持经济与社会的协调发展，必须坚持全面发展。在目前矛盾和人民诉求比较集中、突出的问题领域，要积极创造条件，下大力气增加产品和服务的供给，要进行更加有效的制度安排，使全体人民朝着共同富裕方向稳步前进。

（四）把对外开放和自身能力提高真正结合好

随着新时代的发展，国际国内对我们的要求和期待水涨船高，我们要力争成为经济全球化和国际交往的“压舱石”和“稳定器”，这是对我们能力发展的极高要求和巨大考验。进入开放发展的新阶段，在坚持全面开放的同时，提高对外开放的质量，使对外开放能够更快

地提高自身的发展能力地积极探索能够有效提高知识和技术研发水平的开放合作新模式。

（五）坚持党对社会主义现代化建设的统筹领导

社会主义现代化建设需要发挥市场在资源配置中的基础性作用，也需要更好地发挥政府的作用。政府要发挥好作用，核心是要提高国家治理能力。决定国家能力的关键，是执政党的能力建设。中国七十年的发展经历充分证明，只有中国共产党才能领导中国社会主义现代化建设。新时代的发展，在政治、经济等领域也会遇到不少挑战，要保证现代化事业向着预定方向顺利前进，不走偏、走歪、走回头路，就要坚持党对社会主义现代化建设的统筹领导。

执笔人：侯永志　卓　贤　贾　珅

专题报告一

现代化理论和中国现代化研究综述

世界现代化起步可以追溯到 18 世纪中叶，世界现代化研究则始于 20 世纪中叶。在 20 世纪后 50 年里，现代化研究出现三次高潮（图 1–1），形成了众多学术理论和流派。中国的现代化过程是世界现代化的重要组成部分，中国对现代化的理论研究对世界现代化理论也作出了重要贡献。

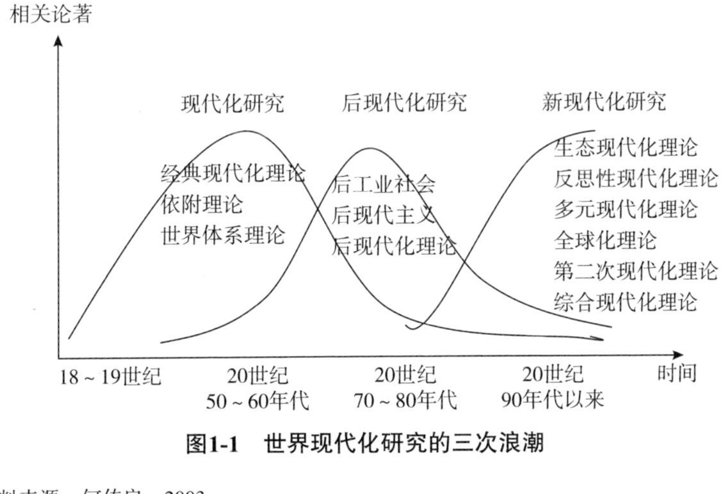

图1-1　世界现代化研究的三次浪潮

资料来源：何传启，2003。

一、关于现代化的十种理论

现代化的理论研究包含了十种理论，即经典现代化理论、依附理论、世界体系理论、后现代化理论、生态现代化理论、反思性现代化理论、多元现代性理论、全球化理论、第二次现代化理论和综合现代化理论，这些理论可资我国现代化建设参考。

（一）经典现代化理论

经典现代化理论诞生于20世纪五六十年代。它是对18世纪工业革命以来世界现代化进程的一种理论阐述。它并不是一个单一理论，而是不同思想的一个集合。它缺少统一的系统表述。一般而言，经典现代化理论包括一般理论和分支理论，而且有不同流派（图1-2）。

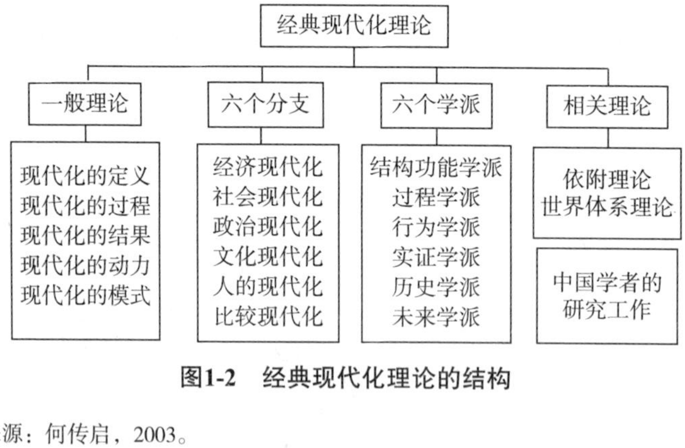

图1-2　经典现代化理论的结构

资料来源：何传启，2003。

在经典现代化理论中，不同学派和不同学者对现代化的理解和定义有所不同。尽管如此，学者们普遍接受现代化的两个基本内涵：①指发达国家工业革命以来发生的深刻变化；②指发展中国家追赶世界先进水平的发展过程。同时，关于现代化理论的学术争论一直存在。

美国学者 Bendix（1967）认为，现代化是 18 世纪工业革命以来人类社会的一种深刻变化，是从传统社会向现代社会的转型过程；它既发生在先行国家，也存在于后进国家追赶世界先进水平的过程中。美国学者布莱克（1966）认为，人类事务（Human affairs）经历了三次革命性转变：第一次是从动物（Per-human）向人类社会的转变，第二次是从原始社会向文明社会的转变。第三次是从传统文明社会向现代社会的转变。第三次转变就是现代化。

布莱克（1976）认为，现代化过程包括四个阶段：①现代性的挑战；②现代化领导的稳固；③经济和社会的转型；④社会整合。罗斯托（1960）认为，经济发展可以分为五个阶段：①传统社会阶段；②为起飞创造前提条件的阶段；③起飞阶段；④成熟阶段；⑤高额的大众消费阶段。亨廷顿认为，现代化过程有九个特征：革命性、复杂性、系统性、全球性、长期性、阶段性、趋同性、不可逆、进步性（Black，1976）。学者们把传统农业社会的特点归纳为传统性，把已经完成现代化过程的国家的现代工业社会特点称为现代性；传统性和现代性是相对的，也是不对称的。不同学者对现代性的认识有一定差别，但现代性具有一些基本特征，现代性在不同领域有不同表现。

经典现代化理论在解释发达工业国家 18 世纪 60 年代至 20 世纪 60 年代的发展过程时比较成功，在解释发展中国家追赶发达国家工业化水平的过程时也还可用，但在解释发达工业国家 20 世纪 70 年代以来的发展时就遇到了麻烦，基本上不适用。

（二）依附理论

依附理论是 20 世纪 60 年代兴起的一种国际政治经济理论。它试图用核心国家和边缘国家的依附关系，来解释边缘国家的欠发达现象，并把欠发达归咎于外部原因（图 1–3）。在现代化理论谱系中，依附理论的地位和作用是有争议的。历史经验表明，不同国家不太可能齐步走，世界现代化过程必然伴随发达和欠发达现象。尹保云（2001）认为，依附理论可以大致分为三种类型：结构主义依附理论、激进的依附理论、依附发展理论。

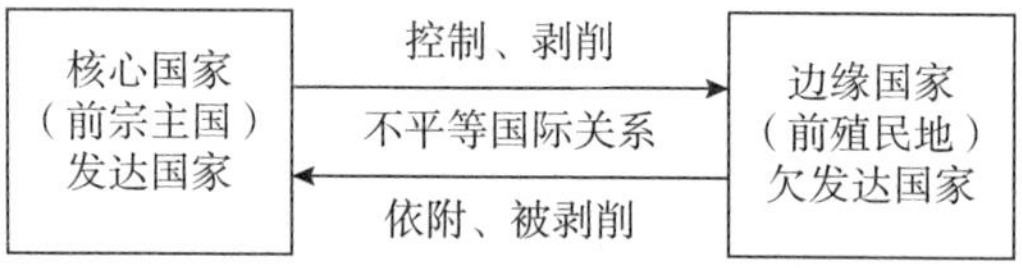

图1-3　依附理论的示意图

（三）世界体系理论

世界体系理论是 20 世纪 70 年代兴起的一种有广泛影响的理论。它试图用中心—半边缘—边缘地区的依附关系、世界劳动分工和阶级冲突等变量来分析世界体系的历史演变，从而解释 16 世纪以来的世界发展史（图 1–4）。现代化是一个世界运动，必然导致世界体系的变化，世界体系的变化必然影响国家的现代化，但是，经典现代化理论本身没有世界体系层次的分析。考虑到现代化过程必然导致世界体系的变化，建立关于现代化过程的世界体系的理论解释，是有意义的。当然，世界体系理论和依附理论一样，都是一种独立存在和自行演变的学术思想。

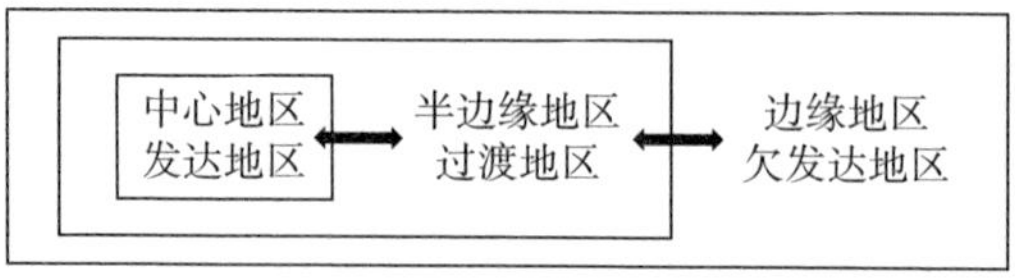

图1-4　世界体系理论的示意图

经济体系：单一体系，不等价交换；国家地位：可变化，上升或下降；变化趋势：两极化，差距扩大。

政治体系：多个体系并存；国家地位：边缘化或中心化；变化趋势：霸权周期，物质、贸易和金额变化。

（四）后现代化理论

后现代化理论并不是一个完整的理论体系，而是关于后工业社会、后现代主义和后现代化研究的一个思想集合。后现代化理论主要有三个来源：对经典现代化和现代性的批判性重构、后工业社会的未来学展望、后物质主义和后现代文化的实证研究等。美国学者贝尔（1973）把社会发展分为三个阶段：前工业社会、工业社会和后工业社会。他从五个方面刻画后工业社会：①经济方面：从产品生产经济转变为服务性经济；②职业分布：专业和技术人员阶级处于主导地位；③中轴原理：理论知识处于中心地位，它是社会革新与制定政策的依据；④未来的方向：控制技术发展，对技术进行鉴定；⑤制定决策：创造新的“智能技术”。

美国学者哈桑（1987）认为，后现代主义的主要特征包括破坏性、不确定性、破碎性、反正统性、非我性和内在性等。后现代主义是相对于现代主义的一种思潮，它建立在对现代主义和现代化运动的反思和批判的基础上。美国学者殷格哈特（1997）认为，历史发展不是线性的，从传统社会向现代社会的转变是现代化，从现代社会向后现代社会的转变是后现代化（图 1–5）；1970 年以来工业化国家发生的变化是后现代化，发展中国家发生的变化是现代化；从现代化向后现代化的转变包括政治、经济、性和家庭、宗教观念等的深刻变化，如从物质主义到后物质主义、从现代价值到后现代价值、从生存价值到幸福价值；现代化的核心目标是经济增长，通过工业化和系统的技术应用来扩大有形产品；后现代化的核心目标是使个人幸福最大化，追求生活质量和生活体验；在专业化、世俗化和个性化方面，后现代化是现代化的继续。文化变迁具有路径依赖性，后现代化的文化变迁包括后现代主义的兴起。

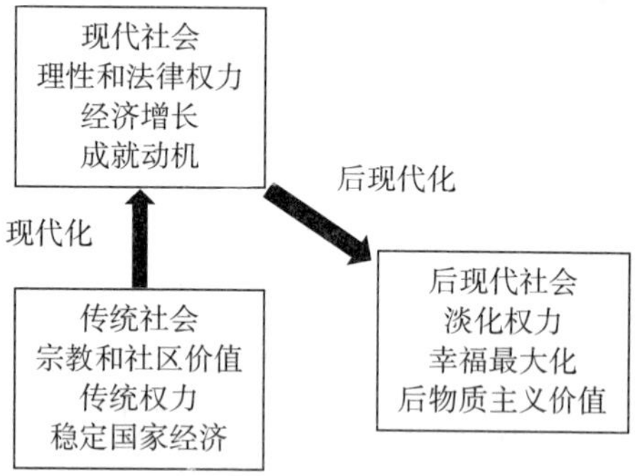

图1-5　从现代化到后现代化

资料来源：Inglehart（1997）。

德国学者查普夫（2000）认为，后物质主义社会、后工业社会、后现代社会、信息社会、风险社会、感性社会等概念，在语义上都没有像“现代社会”这个概念更具有生命力。他赞成美国学者帕森斯的观点，发展（现代化、变迁）是容纳、价值普遍化、分化和地位提高的综合体。查普夫教授认为，经过冲突论和创新论“淬火”的现代化理论，是解释世界现在和未来发展的合适的理论模式，现代社会需要继续现代化。根据查普夫的看法，美国杜克大学图亚江教授把这种现代化称为“第二种现代化”或“新现代化”（Tiryakian，1991）。

（五）生态现代化理论

荷兰学者摩尔（2001）认为，最先是20世纪80年代早期，少数西欧国家如德国、荷兰和英国，首次提出生态现代化理论。这种理论主要以欧洲经验为基础，描述一种新模式：追求经济有效、社会公正和环境友好的发展。这是经济和环境的双赢模式；经济增长与环境保护相互协调，经济增长与环境压力脱钩。生态现代化的核心是预防、创新和结构转变。

中国学者何传启认为，生态现代化是现代生态和环境意识引发的世界现代化的生态转型，是现代化与自然环境的一种互利耦合（图1-6）；它包括从物质经济向生态经济、物质社会向生态社会、物质文明向生态文明的转变，自然环境和生态系统的改善，生态效率和生活质量的持续提高，生态结构、生态制度和生态观念的深刻变化，以及国际竞争和国际地位的明显变化等。

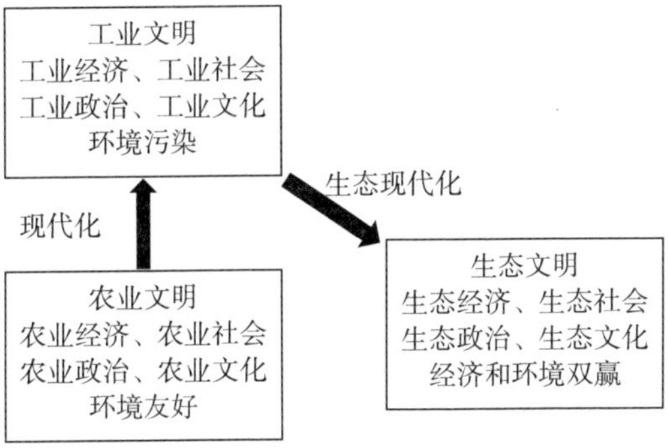

图1-6　生态现代化理论的示意图

资料来源：中国现代化战略研究课题组等（2007）。

（六）反思性现代化理论

德国学者贝克（1986）认为：①在19世纪，普通现代化分解了农业社会的结构，建立了工业社会；与此相似，今天的反思性现代化正在分解工业社会，并产生另一种现代性，这种新出现的现代性就是风险社会。②世界现代化包括两个阶段，即普通现代化和反思性现代化；普通现代化是从传统社会向工业社会的转变，反思性现代化是从工业社会向风险社会的转变，反思性现代化是现代化的现代化（图1-7）。③工业社会的现代性是普通现代性，风险社会的现代性是反思现代性；普通现代性是第一现代性，反思现代性是第二现代性等。④普通现代性指1800 ~ 1950年的工业社会的特征。普通现代性是一个半现代状态，它阻止进一步的现代化。反思现代性指风险社会的特点，如社会不平等的个性化、不确定性、风险全球化、民主对话、结构性失业、部分雇佣和工作安全性的退化等。

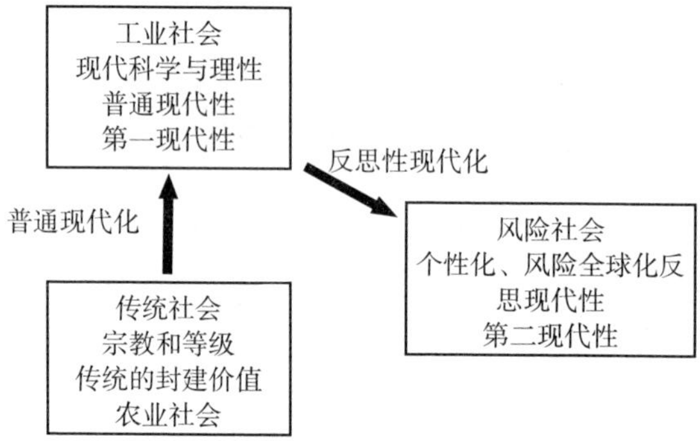

图1-7 反思性现代化是现代化的现代化

（七）多元现代性理论

20世纪90年代以来，文化多样性和文化多元化引起广泛关注。这种思想在现代化研究领域产生了共鸣，“多元现代性”逐步成为一个学术时尚。以色列学者艾森斯塔特（2003）认为：多元现代性是关于现代时期的历史和特征的某种观点，它与20世纪50年代的经典现代化理论的阐述不同。经典现代化理论认为，现代性最初在欧洲出现，然后扩散到世界各地，并被后进国家照单全收。现代性确实蔓延到世界大多数地区，但没有产生一个单一的文明或一种制度模式，而是产生了几种现代文明的发展或至少多种文明模式。现代社会和正在现代化的社会的多元性和多样性，远远超出了人们以往所承认的程度。现代性具有多种文化方案和制度模式。多元性和多样性被视为不同现代社会独特面貌的主要决定因素。

（八）全球化理论

关于全球化没有统一定义。狭义理解是经济活动的全球联系和相互依赖的扩展，广义理解是经济、政治、文化、社会和环境等领域进行的、复杂的国际化过程。当国际化达到一定程度时，比如说超过50% 的国家介入国际化过程的时候，这就是真正的全球化。关于全球化理论，没有统一的理论表述，只有不同学者的观点并存。英国学者赫尔德等（2001）认为，全球化可以追溯到人类文明的早期阶段，从大约 1 万年前到现在，全球化可以分为四个主要阶段：前现代的全球化（1 万年前 ~ 公元 1500）、现代早期的全球化（1500 ~ 1850 年）、现代的全球化（1850 ~ 1945 年）和当代的全球化（1945 年至今）。当代全球化是各个领域和各个方面的全球化的历史性汇合和集中。全球化分为 4 种类型：密集的全球化、分散的全球化、扩张的全球化和稀疏的全球化。

（九）第二次现代化理论

中国学者何传启（1998 a，b，1999，2013）提出第二次现代化理论。第二次现代化理论不仅是一个广义现代化理论，也是一种人类文明理论，它使现代化理论与人类文明理论形成一个有机的整体（图 1–8）。它把 18 ~ 21 世纪的世界现代化分为第一次和第二次现代化两个阶段。如果说第一次现代化是以发展工业经济、建设工业社会为特征的经典现代化，那么第二次现代化是以发展知识经济、建设知识社会为特征的新型现代化。

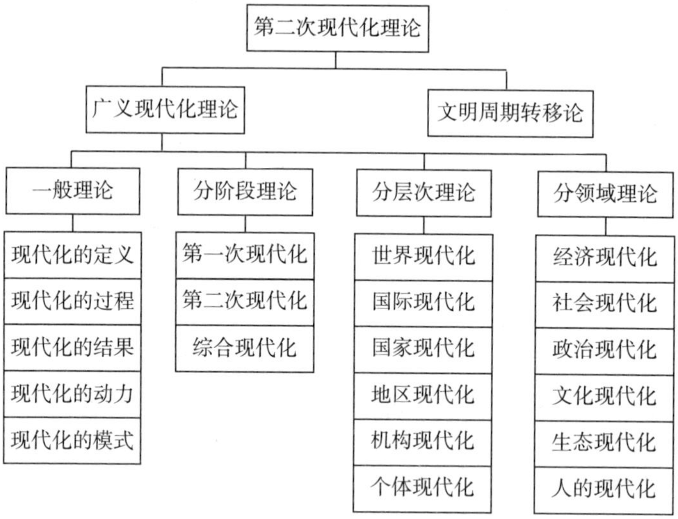

图1-8　第二次现代化理论的结构

资料来源：何传启（2003）。

现代化指 18 世纪工业革命以来人类文明的一种深刻变化，它包括从传统政治向现代政治、传统经济向现代经济、传统社会向现代社会、传统文化向现代文化转变的历史过程及其变化；它既发生在先行国家，也存在于后进国家追赶世界先进水平的过程中。概括地说，现代化是现代文明的形成、发展、转型和国际互动的复合过程，是文明要素的创新、选择、传播和退出交互进行的复合过程，是追赶、达到和保持世界先进水平的国际竞争。从 18 世纪到 21 世纪末，世界现代化过程可以大致分为两大阶段：其中，第一次现代化指从农业时代向工业时代、农业经济向工业经济、农业社会向工业社会、农业文化向工业文化的转变过程和深刻变化；第二次现代化指从工业时代向知识时代、工业经济向知识经济、工业社会向知识社会、工业文化向知识文化的转变过程和深刻变化。第二次现代化不是人类历史的终结，将来还有新的发展。两次现代化的结果是不同的，文明共性和传统性持续存在并发生作用（表 1–1）。第一次现代化的结果是第一现代性、特色性、多样性和副作用的形成，在不同领域有不同特点。第二次现代化的结果是第二现代性、特色性、多样性和副作用的形成，在不同领域有不同表现。与此同时，国际体系、国家状态和国家地位也会发生变化。

表1-1　传统性、现代性和人类文明的共性

领域	文明的共性	传统性	第一现代性	第二现代性
经济	分工、交换、货币、贫富	农业经济，手工的、分散的、自给自足	工业经济，工业化、市场化、标准化、非农业化	知识经济，知识化、生态化、全球化、非工业化
社会	家庭、教育、医疗、犯罪	农业社会，家族的、稳定性、教育不普及	工业社会，城市化、福利化、流动化、普及义务教育	知识社会，信息化、郊区化、绿色化、普及高等教育
政治	政治、军队、外交、权利	专制的、封建的、宗教的	民主化、法治化、科层化	知识化、国际化、分散化
文化	语言、艺术、宗教、道德	宗教的、迷信的、宿命论、依赖性	世俗化、理性化、大众文化、物质价值	文化多元化、文化网络化、文化产业化、生活质量
环境	改变环境、适应环境	开发自然、适应自然、因地而异	经济主义、控制自然、征服自然、生态环境破坏	生态平衡、守护自然、互利共生、经济环境双赢
个人行为	性别角色、衣食住行、礼仪	保守的、被动的、等级的、社区价值	开放性、参与性、平等性、成就感、个人利益	创新、学习、个性化、幸福感、自我实现

注：文明的共性指在人类文明进程中始终存在的文明要素，它们的内涵或特点可能会发生变化。

资料来源：何传启，2010。

（十）综合现代化理论

中国学者何传启（2003）提出综合现代化理论，它是第二次现代化理论的一个路径理论。它适合于目前没有完成第一次现代化的发展中国家。这些国家通过两次现代化的协调发展，有可能迎头赶上世界先进水平，达到发达国家第二次现代化水平（图 1–9）。综合现代化是发展中国家的一种现代化现象，是两次现代化的协调发展和持续向第二次现代化转型的复合过程，是现代文明的形成、发展、转型和国际互动的复合过程，是文明要素的创新、选择、传播和退出交替进行的复合过程，是追赶和达到世界先进水平的国际竞争。发展中国家在综合现代化阶段，可以采用生态现代化原理和绿色发展模式，走绿色工业化和绿色城市化的发展道路，降低现代化过程的环境压力和生态成本。虽然发展中国家的环境压力和生态成本也会先升后降，但它们的数值有可能小于发达国家。

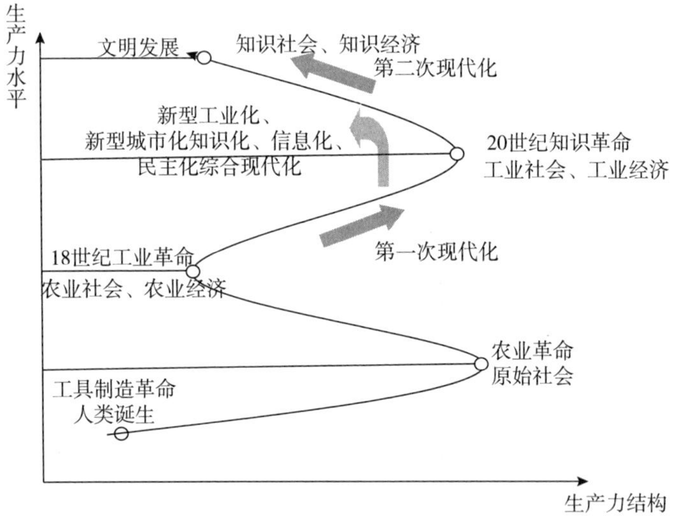

图1-9　综合现代化的示意图：一条现代化运河

注：综合现代化路径是适合发展中国家的一条基本路径。

综合现代化是一个迅速变化的过程，它不会是一帆风顺的，它伴随着痛苦、挫折、牺牲和人们不希望看到的副产品。综合现代化拒绝浪漫主义、空想主义和理想主义，它需要思想和实干。综合现代化必然导致社会结构的改变和权利的再分配，一部分人受益，一部分人受损。这就需要理解和尊重，需要对牺牲者给予补偿，对贡献者给予奖励。

二、我国现代化思潮及理论研究综述

（一）中国现代化运动的历史分期

从第一次鸦片战争爆发到新中国成立的一百余年的历史进程中，中国的现代化运动可以分为三个发展阶段。

第一阶段：从 1840 年的鸦片战争到 1895 年的中日甲午战争。这一阶段所追求的现代化主要表现为物质层面的现代化，以“坚船利炮”“自强”“求富”为目标。第一次鸦片战争的爆发，打破了清政府天朝大国的梦幻，使一些有识之士痛定思痛，开始萌发了解西方、认识西方和学习西方的理性要求，于是，学习西方的“坚船利炮”“师夷长技以制夷”便成了当时思考的主题。从 19 世纪 60 年代开展的洋务运动，以“自强”“求富”为目标，开始了以工业化为主要内容的中国早期现代化运动。然而，甲午战争的炮声很快使这一切化为泡影，中国的现代化运动也因此遭受严重挫折。

第二阶段：从 1895 年甲午战争失败到 1911 年辛亥革命。这一阶段现代化的核心是政治制度的现代化，以宪政、共和为目标，经历了维新、新政到革命的过程。1898 年的百日维新，标志着在中国现代化进程上开始了政治制度的变革。政治改革的浪潮加速了中国经济社会的现代化进程。1911 年的辛亥革命，以共和政治的形式，将政治制度的现代化推向了一个新的高度。

第三阶段：从 1912 年共和告成到 1949 年中华人民共和国成立。这一阶段以民主和科学为目标，所追求的是思想和文化的现代化，以新文化运动为起点，以马克思主义在中国的胜利为终结。

（二）中国现代化思潮的历史演变

以20世纪中国几次大论战为线索，考察现代化思潮发展的脉络，从一个侧面探索中国近百年尤其是“五四”以来现代化思潮演变的曲折过程，可以使我们获得可贵的历史启示。

第一，从“中体西用”到“西化”“中西互补”的演变过程。中国现代化的历史进程表明，现代化并不是一个单向的历史过程，而是外部刺激与内部回应两者相结合的过程。具体来说，就是近代西方的冲击与东方国家本身作出反应的一个错综复杂的过程。对于受西方资本主义侵略的中国来说，自强图存的第一回应是强烈的民族主义，其具体措施就是模仿西方的先进技艺。因此，对现代化认识的最早的理论概括一般都是西方化。而西方冲击在传统知识分子思想中激起的最大回应是文化回应，即东西两种不同文化体系的冲突，于是，在中国便爆发了关于东西文化观的大论战。这场大论战从自强运动开始，一直延续不断，而在“五四”前后的新文化运动中达到了高潮。从自强运动到“五四”运动是中国现代化运动的初级阶段，在这一阶段中，最早提出的现代化口号是“中学为体，西学为用”。这个口号的实质是一种“防御性现代化”，其中心思想突出的是一个“保”字——保种、保教、保国、保民，在“保”的前提下进行“变”，即在中国的旧“体”的框架内引进西方的器用。辛亥革命以后，“中体西用”论的思潮日趋衰落。到“五四”前后，陈独秀、胡适等人宣扬以民主和科学精神为主要内容的“西化”主张，试图通过接受近代西方文明来全盘否定中国的传统文化，这就彻底否定了“中体西用”论。而梁启超则主张拿西洋的文明来扩充中国的文明，拿中国的文明去补助西洋的文明，这就是所谓“中西互补”论，其实质是以重新“孔化”来代替“西化”。

第二，从“农化”到“工化”的演变过程。“农化”与“工化”

的论战与关于中西文化的论战基本上是同时展开的。以农立国论的代表人物是章士钊，他提出了“返求诸农、以安本国”的观点。以工立国论的代表有恽代英、杨铨、杨明斋等人，他们用马克思主义的基本原理批判了“以农立国”论的观点。到了30年代，随着中国本位文化与全盘西化之争的展开，以农立国与以工立国的争论也开始活跃起来。在这次论战中大致有四派：一派主张复兴农村，振兴农业以引发工业；一派主张先发展工业，振兴工业才能救济农村；一派主张先农后工；还有一派主张农工并重。现在看来，各派提出的有关中国经济的自主发展、农业是基础等思想，至今仍然具有启迪意义。

第三，从“中国本位”“全盘西化”到“现代化”的演变过程。东西文化之争到了20世纪20年代后期逐渐沉寂下来。然而，从30年代初开始，新的文化论战又爆发了。论战的一方是以陶希圣等为代表的“中国文化本位”论，另一方是以胡适为代表的“全盘西化”论。论争的结果以“全盘西化”派的失败而告终。在论争中，无论是主张西化论者还是主张中国文化本位论者，都逐渐产生一种新的认识，即用“现代化”这个新概念来取代“西化”“中国化”等概念。30年代的文化论争是20年代文化论争的继续和扩大，从“东方化”引出中国本位的观点，从“西化”引出“现代化”的观点，表明中国思想界对中国发展道路的思想认识正在逐步深化之中，把现代化的基本概念确定为工业化、科学化、合理化、社会化，也在这些年中基本形成。

（三）中国现代化的理论

1. 农业现代化理论

农业现代化内涵的传统观点认为，农业现代化的主要目标是在物质上用现代工业装备农业，实现水利化、化学化、机械化、电气化、信息化，这是农业现代化的物质基础；在技术上用现代科学技术装备农业，实现高产化、良种化、耕作制度与农业结构优化、栽培技术规范化、资源利用高效化和节约化；在经济上用现代的经济管理科学指导农业，实现商品化、农工贸易一体化、土地经营规模化、农业生产服务社会化；保护资源，减少污染，净化农田和农村环境。近年来的新观点则认为，农业现代化的内涵不仅包括农业部门生产关系的运动，还包括制约、支撑农业部门发展的社会经济内容，如农村非农产业发展水平，农村城镇化水平，农村经济的总体发展水平以及农民的素质水平等。这种观点的主要依据是：第一，在现代社会条件下，农业生产活动同其他部门的生产活动紧密结合，农业消费品往往需要多个生产部门的加工环节才能最终完成；同时，农工商、贸工农生产经营方式使得作为第一产业的农业部门同第二、第三产业相互渗透、交叉和融合，因此，只有从更广阔的社会经济舞台上，才能反映出农业水平的全貌，客观真实地反映农业现代化的程度。第二，农业作为一个特定的生产部门，虽然有一定的相对独立性，但它的发展要直接受到农村社会经济条件的直接制约，因此，农业现代化的内涵就应当包含一些必不可少的社会经济内容。有关论者则认为，以上两种观点可以长期争论下去，但在实际工作中应当以全面发展农村的社会经济作为农业现代化的建设目标，如果只是单一发展农业，试图孤军深入地实现农业生产部门的现代化，那既不现实，也不会获得成功。

2. 工业现代化理论

我国的工业现代化经历了一个曲折的发展过程。新中国成立初期，由于缺乏建设社会主义经验，因此，只能照搬苏联高度集中的单一公有制计划经济体制模式，其结果是给我国社会主义建设带来了严重的后遗症，阻碍了社会主义经济的发展。中共十一届三中全会以后，党总结历史的经验和教训，将工作重心转移到经济建设上来。1982 年召开的中共十二大，第一次提出了新时期的经济发展战略目标，这就是从 1980 年到 2000 年，在不断提高经济效益的前提下，力争使我国的工农业总产值翻两番，即从 1980 年的 7100 亿元增加到 2000 年的 28000 亿元左右。为了实现这个目标，大会提出要将农业、交通和能源、教育和科学作为国民经济长期发展的战略重点。同时，还提出了分两步走的战略步骤，即前十年主要是打好基础，积蓄力量，创造条件；后十年进入一个新的经济振兴时期。1987 年召开的中共十三大，将“两步走”的战略发展为“三步走”的战略：第一步，实现国民生产总值比 1980 年翻一番，解决人民的温饱问题；第二步，到 20 世纪末，实现国民生产总值再翻一番，使人民生活达到小康水平；第三步，到 21 世纪中叶，使人均国民生产总值达到中等发达国家水平，人民生活比较富裕，基本实现现代化。

3. 政治现代化理论

中国政治的现代化应该包括以下两个方面的内容：其一，为了创造有利于整个国家稳步发展的改革开放局面，必须从重新确立国家、社会及个人三者之间的关系着手。这就需要注重秩序、规范化和均衡的具体化，确保互相沟通的渠道畅通，宣扬爱国主义思想，增强法制观念，消除地方之间的差距以及社会各阶层或个人之间的不平等现象。其二，必须从制度上保证党和国家政治社会的民主化、经济管理的民主化、整个社会生活的民主化。只有在牢牢把握基本要求的前提下，不断加强社会主义的民主和法制建设，发展安定团结、生动活泼的政治局面，才能使人民当家作主和国家长治久安得到根本的保障。

4. 文化现代化理论

文化作为一种社会形态，具有相对的独立性，因此，中国文化在其现代化的发展过程中，必须走综合创新的道路。首先，必须旗帜鲜明地确立具有中国特色的社会主义文化的主导地位。建设有中国特色的社会主义文化，要以马克思主义为指导，以培养有理想、有道德、有文化、有纪律的公民为目标，发展面向现代化面向未来的、民族的、科学的、大众的社会主义文化；立足于马克思主义与中国当代实践相结合，通过批判性吸收中国传统文化和世界文化的优秀成果，形成一种具有时代特色的全新文化，以进取的精神将中国文化推向世界。其次，破除传统文化中的以政治伦理为本位的观点，树立起独立的人文精神和民主精神，充分发挥个人的价值，调动个人创造的主动性和积极性，只有这样，才能真正建立一种充满活力的社会主义新文化。再次，破除传统文化中重政治、伦理，轻经济、科学的观点，大力发展经济和科学技术，为两个文明建设提供坚实的基础。总之，中国文化的建设和发展是一个非常复杂的问题，它既要根植于一定的经济政治基础之中，又有自身的相对独立性和自我发展的独特规律。

5. 教育现代化理论

所谓教育现代化，是指使教育从传统迈向现代，以便与现代社会的发展同步。在我国，现代化的教育主要体现在以下几个方面：其一，素质教育。素质教育虽然是为了克服应试教育给学生造成沉重负担、造成学生片面发展等现象而提出来的，但从宏观的背景来看，素质教育也是现代化的教育对学校教育的必然要求。传统教育的缺陷在于，片面强调科学教育，忽视人文教育；在科学教育中，重视科学知识教育，忽视科学精神和科学方法论教育；在人文教育中，偏重人文知识教育，忽视人文精神教育。要从根本上改变这种状况，就必须注重培养学生使之具有扎实的知识基础、丰富的文化底蕴和孜孜以求的科学精神，使他们在走出校门以后，能够适应社会日益发展的需要。其二，主体性教育。现代化的教育还要求弘扬人的主体价值的教育。在传统的教育观念中，学生仅仅是学校教育中被改造的对象，因此，作为客体的受教育者难以通过能动的主体活动来发展自身的素质。而主体性教育则强调学生在学习中的主体性和能动性作用，主张教育的目的是全面发展受教育者的整体素质。为此，在教育活动中，应培养学生独立、创造、进取的精神和主体意识以及自我教育的能力，为其不断发展和完善自身打下良好的基础。其三，全民教育。随着国与国之间的竞争特别是综合国力的竞争日趋激烈，全民教育也就成为国际社会发展教育的共识，用全民教育取代精英教育便成为教育现代化中的应有之义。其四，终身教育。传统的教育观念把人一生的教育仅局限在正规的学校教育之内。而终身教育则把人的一生视为一个持续发展的连续过程，强调人的不断学习、不断进步和不断发展，这就意味着我们的教育应从单一的学校教育向成人继续教育和非正规教育扩展。同时，终身教育对学校教育也提出了新的要求，主张学校教育的任务不再只是向受教育者传授知识，更重要的是培养受教育者的持续的发展能力和现代化的价值观念。

6. 法制现代化理论

所谓法制现代化，是指一个国家和社会伴随着社会的转型而相应地由传统型法制向现代型法制转化的历史过程。在这一过程中，该国家和社会的法律制度以及法制运转机制都将发生重大的质的变化，其标志是法制更加适应发展着的和变化了的各种社会实践需要，并且能够充分体现现代社会的各种价值目标和价值需求。它的特征表现为：其一，法制现代化是一个从传统法制向现代法制转变的历史过程，在这种历史性的转变过程中，社会法律的整体面貌将发生巨大的变化。其二，法制现代化既是一个世界性的历史过程，又是一个国度性的历史过程。其三，法制现代化是一个从理想目标转化为现实目标的历史过程。而要实现法制的现代化，必须具备以下条件：①必须有以宪法为核心的较为完备、协调配套的法律制度体系，使国家治理有法可依；②法律一旦颁布并生效，就具有不容置疑的法律效力和权威性，国家的一切活动必须依法办事；③执法机关在执行法律的过程中，必须严格执法，对于违反法律的现象和行为必须依法追究；④国家机关工作人员和普通公民都必须自觉遵守法律，将法律作为其行为的规范和守则，并运用法律来行使他们正当的合法权利和维护自己的合法权益。以上四个方面既是实现形式法治的基本条件，也是国家实现法制现代化的主要标志。

三、中国特色社会主义现代化的特征

中国特色的社会主义现代化，不仅意味着生产力的极大提高和科学技术的巨大进步，而且意味着社会主义的振兴与腾飞以及中国优秀传统文化的再现辉煌。其主要特征表现为：其一，先进性与革命性的统一。中国特色的社会主义现代化是一种融先进性与革命性为一体的四维新模式，即以现代化为目标，以社会主义为方向，以改革开放为途径，以共产党的领导为保障。其二，世界性与民族性的统一。中国特色的社会主义现代化，既要学习和借鉴发达国家的先进经验和技术，跻身于世界经济的大舞台，又要发扬中华民族独立自主、自力更生的精神，增强民族的自信心和凝聚力，勇于开拓，勇于创新，以振兴中华扬我国威。其三，现代因素与优秀历史传统的统一。中国特色的社会主义现代化，既要促进社会各种现代要素的生长、发育和成熟，实现面向现代化的社会经济、政治、文化结构的变革和转型，又要继承中华民族的优良传统和优秀文化遗产，做到古为今用，推陈出新。其四，建设现代化与振兴社会主义的统一。在现代化建设的过程中，我们不但要实现“三步走”的战略目标，在21世纪中叶基本实现现代化，而且要充分发挥社会主义制度的优越性，创造比资本主义更高的生产力。其五，以经济建设为中心与促进社会全面进步的统一。中国特色的社会主义现代化，既要坚持以经济建设为中心，又要坚持两个文明一起抓，促进社会的全面进步和人的全面发展。

执笔人：刘云中　任　俊（首都经济贸易大学）

参考文献

[1] 何传启. 东方复兴：现代化的三条道路. 北京：商务印书馆，2003

[2] Bendix R. Tradition and Modernity Reconsidered[J]. Comparative Studies in Society and History，1967. IX（3）：292–346.

[3] Black CE. The Dynamics of Modernization[M]. New York：Harper&Row，Publishers. 1966.

[4] Black CE（ed.）. Comparative Modernization[M]. New York：The Free Press，1976.

[5] Rostow W. The Stages of Economic Growth：A Non–Communist Manifesto[M]. Cambridge：Cambridge University Press，1960.

[6] 尹保云. 什么是现代化. 北京：人民出版社，2001

[7] Bell D. The Coming of Post–Industrial Society：A Venture in Social Forecasting[M]. New York：Basic Books，1973.

[8] Hassan I. The Postmodern Turn：Essays in Postmodern Theory and Culture[M]. Columbus：Ohio State University Press，1987.

[9] Inglehart R. Modernization and Postmodernization[M]. Princeton，New Jersey：Princeton University Press，1997.

[10] 查普夫. 现代化与社会转型（第二版）. 陈黎，陆成宏译. 北京：社会科学文献出版社，2000

[11] Tiryakian E. Modernization：Exhumetur in Pace（Rethinking Macrosociology in the 1990s'）[J]. International Sociology，1991，6（2）：165–80.

[12] 中国现代化战略研究课题组等. 中国现代化报告2010：世界现代化概览. 北京：北京大学出版社，2010

[13] Beck U. Risk Society：Toward a New Modernity [M]. London：Sage. [1986]1992.

[14] Eisenstadt SN. Comparative Civilization and Multiple Modernities [M]. Leiden：Brill. 2003.

[15] 赫尔德等. 全球大变革：全球化时代的政治、经济与文化. 杨雪冬等译. 北京：社会科学文献出版社，2001

[16] 何传启. 知识经济与中国现代化. 光明日报，1998-04-07

[17] 何传启. 知识经济与第二次现代化. 科技导报，1998（6）：3-4

[18] 何传启. 第二次现代化：人类文明进程的启示. 北京：高等教育出版社，1999

[19] 何传启. 第二次现代化理论：人类发展的世界前沿和科学逻辑. 北京：科学出版社，2013

[20] 何传启. 现代化科学：国家发动的科学原理. 北京：科学出版社，2010

[21] 何传启. 现代化研究的十种理论. 理论与现代化，2016（1）：22-29

[22] 熊吕茂. 近年来我国现代化理论研究综述. 常德师范学院学报（社会科学版），2003（3）：18-22

[23] 沈杰. 现代化理论的发展进程与新近探索. 北京青年政治学院学报，2006（12）：28-34

[24] 饶旭鹏，周娟. 现代化理论的回顾及对中国的启示. 中国石油大学学报（社会科学版），2016（8）：66-70

[25] 周毅. 现代化理论的六大学派及其特点. 当代世界与社会主义（双月刊），2003（2）：121-126

[26] 孟庆瑞. 现代化理论的研究及评价. 理论与现代化，2003（4）：32-36

[27] 曹方俊. 现代化理论与中国的现代化道路. 齐鲁学刊，2007（5）：136-139

专题报告二

公共权力与发展资源的动员和配置

工业化乃至整个现代化是社会发展的必然趋势，成为世界各国努力追求的发展目标。由于各国国情不同、生产力水平不同，各国选择实现现代化的路径也会有所差异，从而形成各具特色的发展道路。新中国成立以来，中国从一个极端贫困的低收入国家逐步跃升为上中等收入国家，成为世界第二大经济体。在此过程中，中国不断适应国情世情变化，逐步形成中国特色社会主义发展道路，进一步拓展了发展中国家走向现代化的实现路径。纵观中国现代化发展所取得的伟大成就，离不开强有力的政治领导和制度安排。本专题主要从发展资源动员和配置的视角，基于不同时期中国资源动员能力的案例事实审视中国模式的关键要素，即如何通过公共权力实现对发展资源的有效动员，如何通过发挥政府与市场的作用实现对发展资源的高效配置，这也是理解中国现代化发展道路的重要切入点。

一、发展资源动员的有效手段：公共权力的解释

无论是社会主义市场经济体制的制度模式，还是中国经济发展的增长模式，都是以一个强大的政府为背景[①]。从广义上讲，这种模式依赖于具有中国特色的政党制度，即中国共产党在长期实践中形成的“一党领导、多党合作”政党制度。正如有学者指出，中国模式成功的基本经验可以概括为：强有力的政党及在党领导下的权威政府；诱致性制度变迁和渐进式改革；经济改革“理性超前（激进）”和政治改革“理性滞后（保守）”的非对称组合；坚定不移地坚持市场化的改革方向，但又高度警惕和反对市场原教旨主义[②]。不难看出，强有力的政党及在党领导下的权威政府是第一条经验，足见其对中国模式形成的重要性，是发展资源动员的有效手段。

通常来讲，成熟的现代化国家往往需要一个强有力的中央集权政府，并按照一套有效的制度框架设计，运用各种有效手段促进经济社会发展。由于公共权力来源于人民，使得建立在民主基础上的国家权力机关拥有合法性权力。显然，中国现代化发展符合上述基本特点，但同时也具有一些特殊性，即公共权力的属性差异，主要包括权力主体、权力结构、权力运作三个方面。

（一）公共权力的主体构成

从本源上讲，国家的一切权力属于人民，中国共产党带领全国

① 沈越：“强政府与中国模式——基于历史渊源与体制比较的分析”，程思富、李翀、薛宇峰主编，《外国经济学说与中国研究报告（2011）》，社会科学文献出版社2011年版。

② 俞可平、黄平等：《中国模式与“北京共识”——超越“华盛顿共识”》，社会科学文献出版社2006年版。

人民开展经济建设，依托国家机构对公共事务进行管理。在公共管理过程中，公共权力具体由相关部门及其政府官员掌握并行使，用以处理公共事务、维护公共秩序、增进公共利益。与此同时，通过对社会组织进行功能性重组，依靠国家力量把它们组织起来，成为公共权力的一部分。本专题所指的公共权力，不仅包括政府部门，还包括党的机构和一些被赋予社会功能的社会组织，即党的机构+政府部门+功能性社会组织。究其实质而论，仍然是党集中领导下的单一主体来源，国家机构作为实现党的意志的执行部门，而功能性社会组织成为政府向社会的延伸。可以说，发展资源的有效动员离不开这样的权力主体架构，它能够确保权力构成的相对集中，权力运行的高效顺畅。

（二）公共权力的结构特点

随着中央与地方关系的不断调整，体现了不同时期中国发展方式的特点。改革开放前，公共权力高度集中于中央，主要体现为领袖权威，通过个人威望实现对全国发展资源的动员，比如，人民公社运动、三线建设、“上山下乡”运动等。改革开放后，公共权力结构的金字塔形逐步趋于扁平化，权力伴随着市场经济的发展逐步下放到地方，通过理顺中央与地方的财权事权进一步激发区域发展潜力，比如，各类经济特区和开发区设立、区域间合作平台搭建、央地合作模式创新等。总体来看，公共权力结构呈现金字塔型特点，但同时也注重发挥地方积极性，赋予地方充分的人事权和财权，但无论怎样调整变化，中央政府都有足够的权威去推进各项改革和制定各种政策，从而实现集中统一领导。

（三）公共权力的运作方式

发展资源的有效动员更需要一套科学合理的权力运作方式。在实际的政治过程中，公共权力的运作方式通常是通过党与政府之间相互关系体现出来的。改革开放前，社会必须通过大规模的政治动员方式组织成为高度集中和封闭的社会结构，要求以更强的权力集中体制完成国家经济建设任务。改革开放后，各类市场主体不断完善，多元化的社会结构逐步形成，要求以更活的权力分工体制完成国家经济发展任务。以党政分工为特征的嵌入型党政关系为国家健康发展奠定了制度基石，通过采取自上而下的组织方式确保公共权力的有序运转。由此可见，党政关系大致经历了从一元化为特征的政党治理到以党政分工为特征的党领导政府治理的转变过程，体现了与市场经济相适应的权力运行方式。

二、发展资源配置的基本方式及制度安排

发展资源不仅包括土地、矿藏、森林、山岭等自然资源，也包括各类国家公共资源和经营性国有资产，都是国家发展的物质基础。资源配置是否科学高效，决定一个国家经济发展水平。因此，必须发挥市场在资源配置中的决定性作用和更好发挥政府作用，真正用好市场和政府两种方式。一般来说，经济发展大多是市场自我运行的结果，更多是依靠市场手段进行自我调节，政府发挥作用的空间有限，这在许多西方发达国家尤为如此。然而，政府除了实施需求管理政策外，还可以实施更为积极的供给管理政策。尤其是在我国计划经济向市场经济转型过程中，政府发挥作用的空间没有明显减少，强政府仍然是资源动员与配置的重要前提。

（一）计划经济时期：中央集权的指令性国家动员

在我国社会主义建设初期，一方面，由于工业体系尚未形成，需要通过国家集中积累、国营企业集中投资进行扩大再生产；另一方面，由于生活水平低下，消费品种类有限，需要通过对粮棉油等主要日用品采取计划性集中控制。因此，要在一个很低的起点上快速启动大规模经济建设并非易事，需要相应的经济体制和制度安排为支撑。社会主义改造重塑了农民、企业等经济主体，与这些经济主体组织形式改变相配套的，是宏观层面管理方式和机制的重构，由此逐步确立了计划经济体制，这一时期的最大特征就是中央高度集权和国家统一动员。

生产资料的单一公有制和高度集中的计划经济体制极大地增强了政府动员和配置资源的能力，使紧缺的物资、能源能够配置到优先发展的产业中区，这正是中国能够突破贫困的恶性循环——“贫困陷阱”的重要经验[①]，客观上也为改革开放以后的经济发展创造了物质条件。总体来看，主要制度安排包括：以统购统销为核心的物资管理制度、政府对生产要素价格的管理制度、政府的指令性计划生产管理，以及经济发展计划的编制。这些具有内在逻辑一致性的政策和制度，从总体上都服务于当时加速实现工业化和赶超发展的目标。特别是在“大跃进”之后的调整时期，中央通过对地方经济计划权、财政管理权、基本建设审批权、物资管理权等的逐步收回，有效遏制了国家经济发展过程中的严重混乱局面，重新构建了高度集中的中央管理体制。

社会主义计划经济体制的建立，顺应了作为发展中国家与工业化、现代化先行国家有着较大差距这一特殊历史条件的要求。与此同时，高度集中的计划经济体制在运行过程中出现的一些问题，也引起对中

① 郑有贵：《中华人民共和国经济史（1949—2012）》，当代中国出版社2016年版。

央集权的指令性国家动员的反思。比如，以群众运动的方式进行经济建设，片面追求工农业生产的高速度，修改指令性计划指标并追求不切实际的高指标，成为经济领域“大跃进”的重要表现，从而导致国民经济的严重比例失调和严重困难。又如，以人民公社化运动的方式进行农村社会经济体制变革，片面强调“一大二公”，严重侵犯了集体和群众的利益，挫伤了农民的生产积极性，给农村经济带来非常严重的影响。

（二）过渡转轨时期：地方分权的计划性市场调节

从计划经济、商品经济再到市场经济，我国开始放弃从苏联接受过来的社会主义模式，逐渐从以公有制经济为主体转向多种经济成分并存。在这种情况下，发展资源的配置方式开始由政府计划性指令向有计划的市场调节转变，具体包括指令性计划、指导性计划和市场调节三种管理方式。随着经济体制改革的全面推进，国民经济实现了快速增长，计划和市场作为资源配置的重要手段，在经济建设中都发挥了重要作用。总体来看，主要制度安排包括：以家庭联产承包为主要形式的农业生产责任制、以经济特区为主要形式的对外开放、以计划内产品国家核定价格和计划外产品市场供求决定价格为主要特征的生产资料价格双轨制。这些具有探索性改革实践在建立社会主义市场经济体制中不断丰富完善，这一时期的最大特征就是稳步有序放权和有计划的市场调节。

有计划的市场调节主要体现在大幅度削减指令性计划，逐步扩大指导性计划和市场调节范围。比如，在生产领域，多数行业开始取消指令性计划，主要农产品和各工业部门纷纷向市场调节转轨；在流通领域，国家突出宏观管理，对煤炭、钢铁、木材、水泥等少数重要物资实行计划分配制度，对全社会商品零售总额实行指导性计划；在分配领域，国家逐步缩小指令性计划面扩大市场调节比重，城镇取消凭证供应的配给制。全民所有制和多种成分经济的改革发展，为商品市场和要素市场的发育奠定了坚实基础，经济管理权逐步下放到企业，市场微观主体不断发展和壮大，市场对资源配置的基础性作用逐渐显现，高度集中的中央管理体制弊端日益凸显。

与此同时，经济特区的设立赋予了地方更多的自主权，为深化经济体制改革提供了重要经验。党的十二届三中全会通过的《中共中央关于经济体制改革的决定》明确指出："今后必须继续放宽政策，按照既要调动各方面的积极性、又要实行统一对外的原则改革外贸体制，积极扩大对外经济技术交流和合作的规模，努力办好经济特区，进一步开放沿海港口城市。"随着改革开放的深入推进，中央赋予一些沿海港口城市更多自主权，积极吸引外商投资，外向经济格局进一步形成，由此倒逼资源配置方式的市场化改革进程，有力推动了国家现代化进程。"三步走"战略与经济体制改革目标的确立，标志着我国社会主义初级阶段经济指导思想形成。

（二）市场经济时期：市场高效配置与政府宏观调控

以邓小平南方谈话和中共十四大为标志，我国改革开放和现代化建设事业进入新的历史时期，社会主义市场经济体制建立并逐步完善，中国成功加入世界贸易组织，价格、财税、金融、投资和计划体制改革迈出重大步伐。一方面，市场配置资源的方式更为高效，从市场对资源配置的基础性作用到决定性作用，在长期实践过程中经历了极其复杂的变革。另一方面，更好发挥政府作用要求进一步转变政府职能，建立健全宏观经济调控体系，加强对经济运行的有效调控。这一时期的最大特征就是资源配置方式更为多元、配置效率更加高效，政府宏观调控能力逐渐增强，但最根本的还在于党的集中统一领导基础逐步夯实。由于市场经济还处在不断发展完善过程中，不同阶段的制度安排及特点也有所不同，具体可以分为以下两个阶段。

第一阶段是从党的十四大至党的十八大，即社会主义市场经济建立时期。在这一进程中，更加注重发挥好市场在资源配置中的基础性作用，但同时也没有削弱政府的宏观调控能力，特别是有效应对两次金融危机的冲击，加快经济发展方式转变。由此可见，通过国家主导的行政力量推动市场经济发展，妥善解决了发展中的各种复杂矛盾，确保经济长期保持较高增速。这一阶段的制度供给重点围绕构建城乡统筹的要素市场和有效开放的竞争市场机制展开，主要制度安排包括：实行单一的市场价格制度、以调整中央与地方分配关系为特点的分税制、以市场竞争机制为特点的投融资制度、以公司制为特点的现代企业制度、以按劳分配为主体、多种分配方式并存的个人收入分配制度，以及以财政政策、货币政策、产业政策等为主要手段的宏观调控机制，等等。

第二阶段是从党的十八大至今，即社会主义市场经济发展完善时期。可以说，这也是必须长期坚持并不断发展完善的过程，市场在资源配置中的决定作用更加突出，相对前一个阶段的发展，通过全面深化改革，市场经济体制日趋完善，除事关国家安全和国计民生等战略资源外，其他发展资源基本交由市场配置，政府自身也通过行政体制改革更好适应新时代市场经济发展需要，逐步构建一个市场机制有效、微观主体有活力、宏观调控有度的经济体制。这一阶段的制度供给重点围绕构建全面开放的统一市场和公平竞争的市场环境展开，主要的制度安排包括：资源和要素价格形成机制、市场准入负面清单制度、以“准入前国民待遇 + 负面清单”为特征的外商投资管理制度、以公平为核心的产权保护制度、以简政放权为主要特征的行政审批制度、由事前审批向事中事后监管转型的市场监管制度，以及覆盖全民、城乡统筹的居民基本养老医疗制度，等等。

三、不同时期发展资源动员能力的案例考察

公共权力作为发展资源动员的有效手段，在不同时期发挥的作用也有所不同，有的是通过高度集权模式以指令性计划方式开展资源动员，有的是通过有限分权模式以放活地方自主权方式进行资源动员，有的则是通过国家宏观调控依托市场完成资源动员。无论是哪种动员形式，都是基于强有力的政党及在党领导下的有效政府为前提的，只是不同时期影响效果不同，因此，本专题主要针对不同时期的发展特点选取代表性案例，进一步考察发展资源的动员能力及成效。

（一）“三线建设”案例：政治动员的独特力量

自 20 世纪 60 年代中期开始，大批工厂企业、职工干部和重要物资等从东部一线地区迁到内地，中央财政资金大量投向三线地区。三线建设成为这一时期经济建设的重中之重。在财力上，1965 ~ 1980 年，国家累计向三线地区投资 2052.68 亿元，占同期全国投资的 39.01%，而在三线建设高峰的“三五”计划期间，这一比例更是高达 49.43%[①]。在人力上，从全国特别是工业比较发达的东北、华东、华

① 徐有威、陈熙：“三线建设对中国工业经济及城市化的影响”，《当代中国史研究》2015年第7期。其中，数据来自《三线建设》，1991年，第32页。

北地区调集大量的科技人员、熟练技术工人、管理人员、领导干部支援三线建设。在物力上，从一线地区搬迁了一批工厂、科研院所、大专院校到三线地区落户，调集大量的高精尖设备和材料以及各类商品支援三线建设。由于国防安全的需要，“三线建设”客观上促进了工业在西南内陆地区的发展，由此带动了交通等基础设施延伸到内地，三线地区建成了门类比较齐全的工业体系和以大中城市为核心的八大新工业区，对国家工业化和城市现代化发展产生了深远影响。

由此可见，三线建设本身就是一场兼具“备战与发展内地工业”双重目标的大规模经济建设，同时也是在特殊历史条件下进行的政治经济建设运动。这种大规模的工业化运动主要吸收苏联等国家的经验，认为国家动员式的发展更快、更有效。虽然在建设后期和内地城市化发展进程中存在一些偏差和失误，但也较快地实现了新中国建立起“一个强大的战略后方基地”和“一个独立的、比较完整的工业体系和国民经济体系”的重大目标，体现了计划经济时期发展资源动员的特点。不难看出，计划经济时期的资源动员能力主要取决于政治动员，也就是通常所讲的举国体制。相比于其他资源动员形式，政治动员更加强调绝对服从，而不会过多计较经济成本，加之实行高度集中的计划管理体制，使得政治动员在发展资源动员中具有独特力量，特别是在启动相对落后地区工业化方面，采取政治动员式的指令性计划是市场无法取代的，在特定的历史时期具有积极意义。

（二）经济特区案例：地方动员的市场活力

自20世纪70年代末，为了充分利用外国资金和先进技术到国内进行生产，大力发展对外加工工业，邓小平提出了创建经济特区的设想[①]。1980年8月，五届全国人大常委会第15次会议批准了在广东省深圳、珠海、汕头和福建省厦门设置特区，标志着经济特区的正式诞生。1988年4月，七届全国人大一次会议审议通过建立海南经济特区。经济特区成为改革开放初期我国开展经济体制改革试验的重要创举，它从引进外资最需要的地方开始，从要素市场到产品市场、从局部改革到全面改革，逐步引进了市场经济体制[②]。可以说，中央探索设立经济特区，允许对外经济活动实行特殊政策和灵活措施，给予地方以更多的主动权，使之发挥优越条件，先走一步，把经济尽快搞上去，充分体现了经济分权的思想。1980～1984年，深圳、珠海的平均增速分别为58%和32%，远远高于10%的全国平均增速；汕头和厦门的平均增速分别为9%和13%，与全国平均增速不相上下。更为重要的是，经济特区在经济体制改革方面的一系列探索[③]，为我国改革开放和现代化建设奠定了制度基础。

由此可见，经济特区是为确立我国对外开放格局和实施沿海地区发展外向型经济战略进行的有益探索，同时也是过渡转轨时期在局部地区实行有计划的市场经济的典型样板。改革开放40年来，深圳、珠海、汕头、厦门、海南5个经济特区，勇当体制改革“试验田”和对外开放“窗口”，为中国特色社会主义现代化建设探索新路，进一步彰显了独特的政治优势和体制优势，较好适应了不同时期经济社会

① 1979年4月邓小平首次提出开办“出口特区”，后于1980年5月正式改名为“经济特区”，经济特区的设置标志中国改革开放进一步发展，它诞生于20世纪70年代末和80年代初，成长于90年代。截至目前中国大陆地区共有6个经济特区，分别是1980年建立的深圳、珠海、汕头、厦门，1988年建立的海南和2010年建立的喀什。

② 徐现祥、陈小飞：“经济特区：中国渐进改革开放的起点”，《世界经济文汇》2008年第1期。

③ 到1987年，深圳已经在计划体制、企业体制、价格体制、流通体制、财政体制、信贷体制、外贸外经管理体制、外汇管理体制等方面进行了改革试验。

发展需要。这种经济特区模式也是在吸收西方发达资本主义国家先进经验基础上形成的，能够真正解放思想、大胆实干，逐步改革长期实行的计划经济体制。实践经验也表明，发展才是硬道理。计划经济时期搞的统收统支、单纯用行政办法这一套，既不利于提高经济效益，也不利于发挥地方的积极性，传统资源动员方式和能力已经不能适应改革开放后发展的新要求，多种经济成分并存情况下需要进一步激发各市场主体的活力。因此，在中央的统一计划下，给予地方充分的经济决策权，市场配置资源的效率不断提升，地方政府开始扮演发展型政府的角色。

（三）农村改革案例：国家调控的有序引导

农村改革的突破最早始于小岗村的家庭联产承包责任制。进入 20 世纪 90 年代，由于大量农村资源流向工业领域，粮食总产和亩产量停滞不前。面对粮食连年减产和粮价上涨的压力，国家采取宏观调控有效引导，同时发挥市场配置资源的作用，制定出台一系列政策措施。从短期看，主要采取政府调控市场手段，从 1995 年起实行“米袋子”省长负责制和“菜篮子”市长负责制，保障市场有效供应、价格总体稳定。从长期看，积极推进农村领域改革，将以家庭联产承包为主的责任制和统分结合的双层经营体制，作为农村经济一项基本制度载入宪法，延长土地承包期 30 年不变，允许土地使用权有偿转让。深化农村税费制度改革，最终取消农业税，进一步调动农业生产者积极性。深化粮食流通体制改革，提出按保护价敞开收购农民余粮、粮食收储企业实行顺价销售、粮食收购资金封闭运行的三项政策，加强国家粮食宏观调控能力。此外，大规模开展以水利为重点的农业基础设施建设，以植树种草、水土保持为重点的生态环境建设，以公路、电网、供水、通信为重点的农村生产生活设施建设。1992 ~ 2012 年，农民人均纯收入由 1992 年的 784 元，增加到 2012 年的 7917 元，按可比价计算约为 1992 年的 3.5 倍。农村交通更加便利、环境有所改善，城乡经济社会发展一体化格局逐步形成。

由此可见，农村改革相比其他改革而言更具系统性和复杂性，同时也更考验国家对农村资源的动员能力。这是因为，在计划经济体制和传统工业化发展战略下，农业、农村成为最薄弱的环节，已经不能适应市场经济发展需要，必须通过有效探索进一步激发农村资源的潜力。一方面，要充分发挥市场配置资源的决定性作用，更好调动农民生产积极性，稳步推进土地市场化改革；另一方面，通过顶层设计更好发挥国家宏观调控的职能，有序引导努力构建城乡一体化发展的体制机制。自 2004 年以来，中央一号文件连续 14 年聚焦“三农”问题，重点围绕增加农民收入、提高农业生产能力、农业基础建设、城乡统筹发展、社会主义新农村建设等重大战略进行资源动员。可以说，农村改革实践贯穿于不同发展时期，虽然各个时期资源动员的方式有所不同，但其资源动员的目标却不尽一致，即补齐农村发展短板，实现城乡融合发展。特别是进入市场经济时期，所有改革举措都更加强调市场的作用，国家宏观调控重点在于稳步推进市场化，有效防范市场风险，为农村改革可能导致的失误进行政策性兜底，对于发展资源动员的合法性和公平性具有重要作用。

四、对于中国现代化发展道路的几点启示

回顾新中国成立近 70 年特别是改革开放 40 年的发展历程，中国成功实现了现代化的起飞和持续发展，主要得益于顶层设计、基层实

践和制度创新的有机结合。从发展资源动员和配置的视角看，中国现代化发展道路是在改革开放的进程中不断形成的，同时也依赖于改革开放前高度集权计划经济体制打下的坚实基础，二者不能孤立割裂开来，都是现代化发展的统一整体。纵观中国现代化发展道路，其演进脉络及特点可以大致归纳为“一条主线、两种手段、三类关系、四个阶段”①。结合对不同时期发展资源动员能力的案例考察，由此得出以下几点启示。

（一）必须坚持集中统一领导下的合理分权

政治稳定是国家持续健康发展的根本前提，许多发展中国家都面临着不同族群、不同阶层、不同地域之间的利益冲突，如果利益协调不好，国家就会陷入无休止的政治冲突和社会隔阂，无法真正启动国家的现代化进程。相比之下，目前实行的中央集权制避免了因权力分散造成的相互争夺和资源内耗，特别是对于中国这样一个大国而言，更需要通过权力集中实现对地方有效治理。也正是因为这种权力的高度集中统一，才使得对发展资源的动员更有效，更有利于经济体制的成功转型。改革开放前，人民群众生活在一个高度集中和封闭的社会系统内，经济、社会和政治功能都内嵌于行政架构之中。由于不断的社会革命，造就了改革开放初期比较平均的社会结构。可以说，以一元化为特征的党政关系为国家初步现代化奠定了必要的物质基础，政

① “一条主线”指的是公共权力来源的单一性，即党集中领导下的权威政府，发展资源动员和配置都是围绕这条主线展开的；“两种手段”指的是发展资源配置的两种方式，即政府和市场，发展资源动员和配置必须处理好政府与市场的关系；“三类关系”指的是公共权力运行中的三个方面，即法治、民主与分权，发展资源动员和配置必须有一套合理的运行制度规则；“四个阶段”指的是自建国初期开始至今发展的重要阶段，即新中国成立（1949年）—改革开放初期（1978年）—社会主义市场经济体制确立（1992年）—社会主义市场经济发展完善（2012年）—新时代的社会主义市场经济（至今）。

府能够使其不受利益集团左右，从而更加关注长远的经济发展，也为改革开放奠定了相对稳定的政治和社会环境。随着国家现代化进程逐步推进，地方政府在经济社会发展中赋予更多自主权，在市场经济体制中形成了相互竞争的区域发展格局，但这并没有改变公共权力的集中统一特性，只是在既有的权力体系架构下实现部分权力由中央让渡给地方。

（二）必须坚持政府与市场的有效配合

前已提及，发展资源配置方式主要依靠政府和市场，只有真正发挥市场在资源配置中的决定性作用和更好发挥政府作用，才能确保经济体制的成功转型。然而，在经济体制转型初期，主要是通过政府主导资源配置，但这并不意味着市场本身是政府主导的被动接受者，中国的市场发育从一开始就具有自发演进的特点，政府只是对已经存在的市场加以引导，允许并鼓励其发展壮大。尽管改革开放以来促进中国经济获得高速增长的因素是多重的，但是中国采取的政府主导型过渡战略对促进经济发展发挥了重要作用[①]。与此同时，随着市场边界的逐步扩大，政府主导的方式也开始发生变化，配置资源更多依赖于市场自我调节，这是因为市场机制下的自由竞争有利于优化资源配置，政府只需要从宏观层面对市场运行进行合理调控。此时，如果政府仍沿用过去那种指令性计划配置资源，不仅不利于经济体制的成功转型，也会影响中国的现代化发展进程。可以看到，正是由于政府主导的发展模式与市场机制作用的有机结合，在长期探索适应过程中逐步达到一种动态平衡，才造就了中国经济增长奇迹。

---

① 常辉："大卫·科兹的社会主义观"，《当代世界社会主义问题》2010年第2期。

（三）必须毫不动摇以改革开放倒逼发展

中国的社会主义市场经济是伴随改革开放而不断发展起来的。在这个过程中，需要建立一套与之相适应的权力运行规则，或者说是支撑市场经济发展的制度基础。正如有学者指出，中国改革发展中所谓的特色，不是意识形态基础上的一系列政策药方，而是一个特定的政治和制度框架内灵活适应迅速变化的反应过程[①]。从中央集权下的指令性国家动员，到地方分权下的计划性市场调节，再到市场高效配置与政府宏观调控并举，体现了市场经济的法治精神。与此同时，通过国家与社会之间的适度分权，进一步调动了地方经济发展的积极性，而改革开放的不断深入又倒逼政治体制改革有序推进。因此，一条成熟的现代化发展道路，不仅体现在经济发展的物质层面，还体现在制度架构的不断完善和公共精神的逐渐成熟，即公共权力的运行必须遵循法治规则，充分发扬民主，更好体现发展资源动员的基层共识，同时给予地方更多活力，真正实现由管制型政府向发展型政府转变。

（四）必须善于把握社会发展历史大逻辑

众所周知，不同历史阶段都有其不同的发展特点，必须按照社会历史发展的客观规律推进国家现代化，同时结合中国国情选择符合自己的现代化道路。不可否认，每个阶段的转换都有其历史偶然，但内在却蕴含着历史必然，即社会发展的历史大逻辑。中国现代化道路成功最重要的一点，就是善于把握时代发展大势，根据不同发展阶段的历史特征，主动进行自我改革、自我反思和自主发展。一是通过自我改革不断完善体制机制。比如，中国善于把握改革开放的历史窗口，

① Sarah Cook，"China's Development Model：What is there to Learn？，http：//www.iss.nl/DevISSues/Articles/China-s-development-model What-is-there-to-learn.

对早已显示诸多弊端的高度集权的计划经济体制进行改革，权力下放、分权让利提上日程。在产权地方化、财政分权和任命制等制度背景下，发展型地方主义兴起，地方政府开始致力于发展当地经济。二是通过自我反思不断调整资源配置方式。比如，中国勇于开展思想大解放讨论，充分借鉴外国经济建设和管理先进经验，创造性提出建设经济特区的伟大设想，探索在特区范围内逐步引入市场手段，实行有计划的商品经济。三是通过自主发展不断提升社会凝聚力。比如，中国敢于面对困难迎难而上，充分发挥举国体制的制度优越性，能够在不同发展阶段有效组织动员全社会力量参与现代化建设。

执笔人：龙海波

参考文献

[1] 《中华人民共和国国民经济动员史》编写组. 中华人民共和国经济动员史（1949—1978）. 北京：军事科学出版社，2014

[2] 潘世伟等. 中国模式研究. 上海：上海社会科学院出版社，2016

[3] 俞可平，黄平等. 中国模式与“北京共识”——超越“华盛顿共识”. 北京：社会科学文献出版社，2006

[4] 郑永年. 中国模式：经验与挑战. 北京：中信出版社，2016

[5] 郑有贵. 中华人民共和国经济史（1949—2012）. 北京：当代中国出版社，2016

[6] 常辉. 大卫·科兹的社会主义观. 当代世界社会主义问题，2010（2）

[7] 高建. “中国模式”的争论与思考. 政治学研究，2011（3）

[8] 沈越. 强政府与中国模式——基于历史渊源与体制比较的分析. 程思富，李翀，薛宇峰. 外国经济学说与中国研究报告. 北京：社会科学文献出版社，2011

[9] 徐现祥，陈小飞. 经济特区：中国渐进改革开放的起点. 世界经济文汇，2008（1）

[10]徐有威，陈熙. 三线建设对中国工业经济及城市化的影响. 当代中国史研究，2015（7）

专题报告三

现代化过程中的中央地方关系：中国的实践

一、引言

本专题试图探讨中国在中央地方关系上的实践，梳理相关的战略与举措，提炼中国在处理中央地方关系上的一般性和特殊性，其成功的做法和不足之处，以期为中国中央地方关系的未来演变提出政策建议，并总结可供其他国家借鉴的经验和方案。由于中央地方关系涉及政治、经济、社会等方方面面，难以在一个报告中事无巨细地加以详尽讨论，本专题将站在现代化转型的视角，侧重分析中国的中央地方关系在其现代化进程中的演变，尤其是在带动经济社会发展方面所起到的特殊作用。

众所周知，不同地区展开激烈竞争从而形成的地方竞争模式，是当前中国中央地方关系的一个重要特征，它对于推动中国经济社会的快速发展，具有十分关键的作用。地方竞争模式的形成，与中央地方关系的演变密不可分，它是相关的财政、税收、土地、政绩考核等一系列制度安排下的产物。那么，为什么中国的中央地方关系下能够形成这种独特的地方竞争模式？实际上，地方政府展开互相之间的竞争，在许多国家都是司空见惯的现象，众多研究者早就地方政府的税收竞争等议题展开过分析（Tiebout，1956等）。但几乎没有国家的地方竞争像中国这样全面、激烈，能够对整个国家的经济社会发展等方面造成如此大的影响。为什么中国会如此呢？

尽管大多数研究者将分析的重点集中在改革开放时期，探讨1978年以后的中央地方关系战略和政策的演变，如何逐步导致了相应的地方竞争模式（周飞舟，2014等）。但也有一些学者将目光拓展到改革开放之前甚至新中国成立以前。事实上，即使在计划经济时期，中国的中央地方关系安排也迥异于苏联模式，中央政府集权的程度，远远比不上苏联。例如中国在计划经济时期中央政府控制生产和分配的产品数量，最高不到600种，而苏联则达到了5500种（甘阳，2007）。如何合理地赋予地方权力、调动地方的积极性，是计划经济时期中国中央地方关系战略安排的一个思考重点。毛泽东在《论十大关系》的讲话中，就明确提出了要发挥"中央与地方两个积极性"（毛泽东，1956）。也有学者指出，新中国在成立后的中央地方关系安排上之所以会采取更侧重于地方分权的做法，既与解放前所沿袭的根据地模式有密切关系（Shirk，1993；刘海波，2005），也是当时中国的经济发展水平和工业化程度偏低、中央政府集中管理能力不足所不得不采取的举措（秦晖，2003）。

借鉴以上的研究思路，本专题试图把对中国地方竞争模式及其背后中央地方关系的分析，放到更为宏观的历史背景下加以探讨。首先总结当前中国地方竞争模式和中央地方关系安排的重要特征，其成功和不足之处；其次，分析中国的中央地方关系在历史进程中的演进，提炼其中的一般性规律；最后，在现代化转型的视角下对中央地方关系模式进行评价，并就中国未来中央地方关系的制度安排提出相关的政策建议。

二、当前中国中央地方关系的重要特征

如前所述，中国当前的中央和地方关系涉及方方面面，如何能够抽取其本质特征，做到不挂一漏万呢？限于篇幅，本部分试图从中国中央地方关系的独特性出发，围绕着富有中国特色的地方竞争模式，侧重从中央和地方关系中制度的配置、运行和实施效果三个层面展开分析，揭示那些与其他国家具有明显不同的重要特征。

（一）中央和地方关系的制度配置

中央和地方关系的制度配置包括政治、经济、外交、军事等各个方面，这里着重分析的是中央和地方的权力配置，以及相应形成的对于人、财、物支配的各种制度安排，探究那些塑造形成地方竞争模式的关键性制度因素。

1. 中央[①]拥有统一领导权力

《中华人民共和国宪法》（2004 年）第 3 条和第 110 条规定，中央和地方的国家机构职权的划分，遵循在中央的统一领导下，充分发挥地方的主动性、积极性的原则，地方各级人民政府都是国务院统一领导下的国家行政机关，都服从国务院。与此同时，从中央和地方权力划分的角度来看，中央拥有的“统一领导权力”在宪法和相关的法

① 文中所论述的“中央”，指中央层面的权力机构，一般包括党和人民政府，即通常所称的“党中央国务院”，更宽泛意义上也包括人大和政协等机构；与此相对，文中的“地方”指地方层面（省及省以下）的权力机构，即地方各级党和人民政府等。若非作明确的区分，文中的“中央政府”等同于“中央”，“地方政府”等同于“地方”。

律上并没有明确的界定。由此，一方面，中央拥有的是最高权力，地方政府需要“始终与中央保持高度一致”。地方政府必须对中央出台的所有政策坚决地加以贯彻执行。另一方面，相对于地方而言，中央的最高权力没有范围和边界。只要中央政府有意愿，可以随时对地方上的任何事务进行干预①。一些单一制国家中，中央也会拥有对地方政府的绝对权威，例如英国的中央议会（即威斯敏斯特议会）能够制定或否决包括地方议会在内的所有法律提案，然而中央绝对权力的使用同时受到法律的明确规范和限定②。相比之下，中国中央政府一方面拥有最高的权力，另一方面其最高决策权力对地方事务的干预范围之广、程度之深和随意性之大，在各国中也是仅见的。

2. 地方承担绝大部分的执行任务，拥有执行过程中的自由裁量权

虽然中央拥有不受范围限制的绝对权力，但在绝大多数事务中，中央只是做出决策，执行则是由地方来承担的。在此过程中，中央拥有决策、部署、监督和考核的权力，具体的落实则交由地方政府。换言之，中央与地方的权力是按照政策的制定、落实、监督和考核等各个环节做纵向的划分，而并非像一般国家那样按照政策的影响范围做横向的切割③。

在上述“中央决策、地方执行”的模式下，呈现出中央和地方

---

① 《宪法》第110条规定，“地方各级人民政府对本级人民代表大会负责并报告工作”，又同时规定，“地方各级人民政府对上一级国家行政机关负责并报告工作”，因此，地方政府的职责是既对“本级人大负责”又对“上级政府负责”的双向负责制，然而如果两者发生冲突如何协调解决，相关的法律没有明确的界定。在现实中，中央政府（上级政府）的权力是压倒性的，地方政府（下级政府）必须执行中央（上级）的任何决策。

② 参见戴维·维尔逊等：《英国地方政府》，北京大学出版社2009年版，第29～31页。

③ 中央地方权力划分的“影响范围原则”是指如果政策的影响是局部性的，则由地方政府拥有该项政策的各项权力（从政策制定到具体落实）；如果事务的影响范围是全局性的，则由中央政府拥有事务的相关权力。也有的研究将其称为“外部性原则”，参见楼继伟（2013：24）

“头小身子大”的格局，即中央政府的相对规模远远小于一般的水平。从中央政府公务员和中央本级财政支出所占的比重就可以看出，我国中央本级的财政支出只占全国财政支出的 14.6%，而英国、美国和法国均高于 50%，经济合作与发展组织国家平均为 46%；中央政府公务员仅占公务员总数的 6%，而世界平均水平在 1/3 左右（楼继伟，2013）。

理论上国家规模越大，中央政府越需要强势，才能有助于控制国家局势和维护统一稳定。在现有的中央地方权力配置中，虽然中央在决策环节拥有绝对的权力，但限于自身有限的规模，中央必须通过各级地方政府层层委托代理以落实自身的决策。因此，各级地方政府拥有在政策实施过程中的相应自主权，又由于中央的统一决策常常难以完全符合各地千差万别的情况，在执行中地方政府保留了相当程度的自由裁量权。“中央拥有决策上绝对权威”“地方具有执行上自由裁量权”的权力格局，形成了中央和地方双方互为依靠、互为制约的状态，一定程度上缓解了“国家庞大”和“中央政府规模较小”，以及“中央政令一统”与“地方情况多样”之间的矛盾。

3. 中央和地方呈现“上下一般粗”“事权共担”的格局

在“中央决策、地方执行”模式下，中央决策大多是由中央的各具体职能部门来做出的，又通过各级政府层层下达和贯彻执行。为了保证中央决策能够贯彻到位，不同层级政府的部门设置往往是相一致的，形成“上下一般粗”的格局。即使是较为基层的政府，也是“麻雀虽小、五脏俱全”，其职能部门的设置也需要与上级政府大体保持一致。

与此同时，由于中央和地方的责权是根据决策和执行的不同环节做纵向的划分，这意味着中央和地方在同一项事务上共同行使事权，即中央和地方是“事权共担”的。那么，一项政策的成功与否，与中央政府的决策部署、中间层级政府的传达贯彻以及基层政府的落实执行都有非常密切的关系。因此，在“事权共担”的格局下，很容易形成各级政府责权不清的局面。

（二）中央和地方关系的实际运行

在“中央决策、地方执行”模式下，中央到地方的各级政府形成了层层委托代理的组织关系，在具体政策事务的操作中，中央政府（上级政府）是委托人，地方政府（下级政府）是代理人，中国中央和地方的委托代理关系具有其鲜明的特征。

1. 中央到地方的各级政府之间常采取层层转包的方式

在组织理论中，政府部门选择由自身来执行某项事务，还是将其外包给其他主体，取决于各种事务的不同性质。例如垃圾收集，政府可以在不同公司进行选择以形成有效竞争，又较为容易观察和评估公司行为的实际效果，因此垃圾收集经常成为政府进行外包的事务；与此相对，对警察服务的工作绩效评价要困难得多，而且将警察服务外包还会涉及权力行使合法性以及单个或少数供应商形成垄断等问题，所以由政府部门来提供警察服务是更为常见的（Moe，1984）[①]。

类似地，在中央地方的职责划分中，是由中央部门直接来执行具体政策，还是交由地方来承担政策实施，理论上也应该取决于不同政策事务的性质而加以区别。例如全国性事务最好由中央部门自身来实施，以减少地方在执行过程中的扭曲，毕竟地方政府也会有着自身的

① 参见Terry M. Moe（1984）“The New Economics of Organization”，*American Journal of Political Science,* Vol.28，No4：739–777。转引自诺斯等：《交易费用政治学》，中国人民大学出版社2011年版，第59~60页。

利益考虑，并不总能按照中央的政策意图行事。而一些与居民日常生活密切相关的事务，即使会有全国性的影响（例如教育、医疗中某些类型的服务），由于地方政府具有信息优势，所以经常由地方部门来具体实施①。

如上所述，中国的中央地方责权分配，在绝大多数事务中都是按照决策、执行、监督和考核的不同环节作纵向划分的。因此，与上面基于影响范围、信息复杂程度作横向划分不同，中国中央到地方的不同层级政府通过层层委托代理关系而将众多的政策事务层层转包至基层政府②。具体而言，中央会就某些特定的事务做出决策部署，同时将目标和任务分解到各省，随后省级政府又会将目标分解到市级政府，如此层层分解，一直到基层政府。目标和任务的分解还经常以下级政府向上级政府签署责任状的形式加以明确。例如在节能减排领域，中央挑选相应的指标（如碳排放强度等），并确定全国的目标（如年均下降数值），同时又定下各省的目标；各省接到任务后，又会制定辖区内各市的减排目标；各市也如法炮制，层层转包至最基层的政府。

2. 中央到地方的委托代理行为的特点是等级关系、结果导向和强激励

要更好理解中国中央到地方各级政府层层转包行为的特点，可将其与另外两种委托代理行为加以比较：一种是科层制（Hierarchy）③下政府事务的执行（类似于上述的警察服务提供）；另一种是政府向市场主体的外包（Subcontract，类似于上述的垃圾收集外包）。在科

① 有研究称其为“信息处理的复杂性原则”，即信息处理越复杂、越有可能造成信息不对称的事项，越应让地方政府管理。参见楼继伟（2013：24）。

② 有研究称为“行政发包制”，参见周黎安（2014，2017）。

③ 这里的科层制（Hierarchy）指韦伯所定义分析的、标准的官僚体制（Bureaucracy）。参见韦伯：《支配社会学》，广西师范大学出版社2004年版。

层制下不同层级政府的事务执行，一是存在严格的权力等级关系，上级指挥、监督和考核下级，上级权力的行使对下级具有强制性，即下级必须在上级的命令下行事，对上级的安排，下级无权公开反对或不参与①；二是明确的规则，上下级权力如何分配，下级在执行过程中如何行使权力，如何实施奖惩，都有各种详细严格的规范；三是弱激励环境，上级给予下级执行任务中的足额经费，下级没有经费的剩余索取权。换言之，标准科层制下各级政府委托代理关系的特点是等级关系、规则导向和弱激励②的。

在政府外包的委托代理行为中，一是相对平等的契约关系，委托方和代理方的权力是对等的，双方都拥有选择的权力，政府可以选择其他的第三方主体，企业对合同不满意也可以主动退出；二是侧重于结果，政府将事务外包给非政府主体后，最为看重的是最终结果如何，对于如何完成则相对不注重。三是强激励环境，承包方拥有剩余的索取权，因此代理方有足够强的激励。因此，政府外包中委托代理的行为是契约关系、结果导向和强激励。

在中国从中央到地方各级政府层层转包的委托代理行为中，首先也具有严格的权力等级关系，中央（上级）政府相对于地方（下级）政府拥有绝对的权威；其次在具体政策事务的执行上，也更多强调地方的责任，更为看重最终的结果，即所谓“谁家的孩子谁家抱”“地

① 尽管不能公开反对或不参与，但是下级也可以通过怠工、欺瞒等方式加以消极应对，因此上级权力尽管对于下级而言是压倒性的，但权力行使的效果也在于下级的配合，所以上下级权力关系的有效性在很大程度上取决于双方的一致性意愿，参见Moe（1984）。

② 威廉姆森（Williamson，1999）从激励强度、行政控制和纠纷解决三个角度来比较科层（官僚）组织与市场组织的不同，科层组织的特征是低激励强度（职业安全性高、薪酬水平稳定），强行政控制（各种规章制度）和倾向于在组织内部解决问题（而非像市场中组织一样常常通过外部的法律途径解决契约纠纷）。参见Williamson（1999）Public and Private Bureaucracies：A Transition Cost Economic Perspective，The Journal of Law，Economics，& Organization，15（1）：306-342，转引自诺斯等：《交易费用政治学》，中国人民大学出版社2011年版，第409-410页。

方政府负总责”；再次，地方所面临的也是强激励环境。在过去的财政承包制下，地方“交够中央的，剩下就是自己的”，分税制的建立极大地提升了中央财政的汲取能力，形成中央地方利益分享的格局；但土地财政等一系列制度和行为的演变仍保证了地方拥有较强的剩余索取权。所以，中国中央地方的委托代理行为总体上具有等级关系、结果导向和强激励的特点。

中国中央地方的委托代理关系是非常独特的，它既保留了科层制的等级权力关系，又具有外包制下的结果导向和强激励特征，同时拥有了官僚体制和市场体制的某些特征。有研究认为，这种委托代理关系类似于行政组织边界之内的内部发包制，即在一个统一的权威之下在上级与下级之间嵌入了发包的关系，将外包制的灵魂置入科层制的外壳（周黎安，2014）。

（三）中央和地方关系的实施效果

中央和地方关系的实际效果，需要从经济、社会、生态环境等多方面探究其成绩和不足，也可以从短期和长期的角度来加以考察。中央地方关系制度安排的绩效，不仅要看在短期内是否取得成功，也要看其长期内是否稳定、能否随着环境的变迁而不断地适应[①]。

1. 地方政府之间展开激烈的竞争，推动各地经济社会的迅猛发展

在中国已有中央地方关系的制度安排下，各地方政府之间展开了激烈的竞争。众多研究指出，中国的地方竞争模式在推动各地经济社

① 制度安排能否适应（adaption）环境的变化，能否随着外在条件的不同而不断地演化升级（evolution）而不发生蜕变腐化（decay），是考察制度效果的重要角度，参见North（1990）和福山（2012：17）。

会发展中发挥出重要的作用（张五常，2004 等）。如前所述，其他国家的地方政府之间也会展开不同程度的竞争，那为什么中国地方竞争会如此激烈？此外，又怎能保证这些竞争会导致良好的结果，不是竞劣（Race to the bottom）而是竞优（Race to Top）呢？

对于这些问题，需要结合中国中央到地方委托代理关系的特点进行分析。首先，地方竞争的兴起要有相应的强激励，使地方政府官员有足够的动力来参与竞争。在中央地方的委托代理环境下，各级地方政府成为相对独立的利益主体，强激励既源于权力等级关系中从上到下的考核晋升制度，又来自于各种事务执行过程中的剩余索取权。在层层转包的过程中，上级政府常常通过责任书、绩效考核的形式，选择不同的指标（例如 GDP、投资和财政收入增速等）对下级政府及其官员进行考核评比，在地方主要官员（地方党委和政府的正副职领导）的提拔使用过程中具有重要的影响①，由此对地方主要官员产生很强的晋升激励。对于地方普通干部（如地方部门的领导等）而言，他们并不直接参与到地方主要领导的晋升竞赛中，而是更关注自身的实际利益。对他们的激励一方面来自地方主要领导的直接压力，另一方面源于剩余索取权。由于目前省以下各级地方政府仍多保持着“财政包干制”的安排，地方干部的各种实际待遇（薪酬、养老、医疗等）都与地方的经济发展和财政收入水平密切相关，加上一些针对性的政策

① 有研究将此类基于各种指标绩效对地方官员进行考核提拔的现象称为“政治锦标赛”，参见周黎安（2007，2017）等。已经有众多研究根据不同的方法和数据，对地方官员的相关绩效表现（如地方的经济增长率）和晋升结果进行了实证分析，大多数研究证实了两者之间的正相关关系（张军等，2008），然而这种正相关关系能否解释为因果关系，还有待进一步的讨论。换言之，在控制了其他条件后，官员的绩效表现好（地方经济增长快）与晋升快之间确实存在一定的正相关关系，但是难以进一步判断，究竟是因为官员干得好所以被提拔，还是因为他已经步入晋升的快车道，所以将其放到经济增长绩效更好的重要地区进行锻炼。在组织部门的干部提拔中，后一种情况也是经常发生的。

举措（例如全民招商中各个部门都投入到招商引资，并针对个人有相关的考核奖励等举措），从而使得地方普通干部也有相应的强激励参与到地方竞争中。

其次，地方政府要足够的手段来参与竞争。现有从中央到地方的层层委托代理行为是结果导向的，中央（上级）政府将各种任务分包给地方（下级）政府，在进行绩效考核时，能否达到相应的目标最为重要，至于如何达到这些目标，地方政府具有相当程度的自由裁量权，因此已有中央地方的委托代理环境赋予了地方政府进行政策创新的较大空间。此外，各级地方政府在参与竞争时并非被动地等待地方经济的变化，而是非常积极主动参与其中，从招商引资、产业发展到园区建设，地方政府在本地经济社会发展中扮演着主导性的角色。在此过程中，地方经济与地方企业的发展息息相关，地方官员和相关的企业家也形成极其密切的关系。

最后，市场对地方竞争的行为和结果产生相应的约束机制。在地方竞争模式下，各级地方政府都深深介入到本地经济的发展中，由此带来的问题是如何保证地方政府成为企业的“扶持之手”而非“掠夺之手”，毕竟在地方政府拥有剩余索取权和自由裁量权的情况下，如何防止地方政府对企业的为所欲为，是地方竞争模式能否取得成功的关键。此外，良好的晋升激励考核取决于考核结果的真实性和有效性，如何保证上级政府能够获取关于下级政府官员行为的真实信息，也是委托代理行为中普遍存在的难题。在中国的地方竞争模式中，对地方政府官员行为的约束、上级政府对下级政府官员考核的有效性和相关信息的真实性，在很大程度上都来自于市场竞争的保障。

市场中的组织（如企业）和政府组织一样都会采用科层制的管理形式，然而市场组织往往会比政府组织更有效率的原因是因为市场竞争的存在。因为从长期看，正如自然选择的机制实现了物种的优胜劣汰，有效的市场竞争也可以把无效率的经济组织淘汰出去（Alchian 1950）[①]，对于政府组织而言，却不存在这样的市场竞争机制。但在中国的地方竞争模式下，中央到地方层层委托代理并加以考核的模式，巧妙地结合并利用了市场竞争的机制，它主要体现在两个方面。一是防止地方政府对企业的不当行为。一般情况下，地方的产业和企业在跨区域的地区、全国乃至全球市场上竞争，所以地方产业和企业的绩效表现要受到更大范围市场竞争的检验和证明。如果地方政府对企业采取"关门打狗"等攫取性的行为，那么会对企业的竞争力和绩效造成负面效果，直接影响地方的财政收入和经济增长等指标，使其在绩效考核和晋升竞赛中面临不利的局面；与此同时，地方政府此类的不当行为，也导致对地方营商环境的负面评价，由此对地方未来的招商引资、产业发展等多个方面带来明显的阻碍。二是保障竞争结果的真实性。由于地方竞争模式下的重要考核指标例如 GDP、财政收入、投资等都与地方产业和企业的市场竞争息息相关，于是市场竞争在检验着地方产业和企业表现的同时，也间接地保证了地方指标的真实性。换言之，不排除个别地方会在考核指标上作假，然而长时间、大规模的造假行为却是难以持续的，因为它最终无法获得市场竞争检验的认可。

2. 已有地方竞争模式也带来经济发展与社会事业、生态环境保护不平衡等一系列问题

上述市场竞争机制在地方竞争模式中的作用发挥，有着明确的限制。首先地方政府的众多事务，并不属于市场竞争的范围，例如社会

① Alchian, Amen A. 1950. Uncertainty, evolution and economic theory, *Journal of Political Economy*, 58 (June): 211~221.

事业（教育、医疗）和生态环境保护，导致的结果是地方政府更为注重经济方面的各项指标，而忽视社会发展、环境保护等其他方面的事务。其次缺少市场竞争的约束，即使上级政府将指标考核扩展到社会事业等领域，也会面临严重的信息不对称问题。

经济方面的考核之所以富有成效，一是因为指标的简洁性和有效性，GDP、税收和投资等几个数值，已可以反映地方基本的经济状况；二是市场竞争使指标的长期造假行为很难成为现实；三是经济领域指标的竞争有利于地方掌握更多的剩余索取，地方在推动经济增长上是与中央高度激励相容的。但在社会事业等非经济方面，选择何种指标反映情况就是一个棘手的问题，中央（上级）如何准确获知地方（下级）各种信息，则是一个更大的问题。这些领域信息不对称的消除主要依赖上级对下级的监督考核，在中央和地方这种“层层转包”“头小身子大”的委托代理环境中，仅仅依靠上级的监督是难以保证考核信息真实性的。此外，地方加强社会事业、生态环保等方面事务在一定程度上会有碍于短期的经济表现，在这些事务上地方与中央是激励不相容的，所以地方（下级）在这些事务上有更强的动机来做表面文章以应付中央（上级）的督查。

更为严重的是，在已有竞争模式下，尽管可以通过市场竞争机制在一定程度上防止地方政府对企业的不当行为，然而却难以较好规范地方政府官员在与地方企业打交道过程中的利益输送。地方竞争模式中，地方政府和地方企业的利益高度相关，一些地方主要官员和企业家结成相当紧密的关系，结果导向的考核又对于地方官员的行为难以构成持续有效的约束，造成了较为普遍的官商勾结、官员贪腐等问题，难以构建界限明晰和行为规范的政商关系，以及有效防治地方官员的腐败行为成为现有地区竞争模式的软肋。

三、中国中央地方关系的历史变迁

以上分析了中国中央地方关系的制度配置和实际运行，以及地方竞争模式的优劣表现，与其他国家相比，中国的中央地方关系和由此形成的地方竞争模式，具有相当的独特性。那么中国的中央地方关系为什么会具有上述的特征？

在回答上述问题之前，必须提及与中国中央地方关系相关的一些历史背景和现象：一是国家治理规模的庞大。中国国土辽阔、人口众多、地区差异显著，由此导致的治理规模和治理负担，只有极少数国家可以比拟。大国和小国的治理规模不同，需要采取的治理模式也迥异（周雪光，2013）。二是辽阔治理疆域的绵延。中国在数千年的变迁中能基本维持其庞大的疆域，这也是各国历史少有的甚至仅有的。绝大多数的传统帝国在向现代民族国家转型中，落入到四分五裂的境地（葛剑雄，1994）[①]。三是国家实力的剧烈变化。作为一个大国，中国在传统社会的经济实力曾处于全球前列，但也逐渐处于长期停滞增长的状态；近代则逐渐被西方远远超过，滑落至“落后挨打”的境地，最近几十年中国的国家实力和人均收入水平又经历了戏剧性的快速增长（麦迪逊，2003）[②]。这些背景条件深深影响着中国中央和地方关系所采取的模式和所具有的特征；反过来，中央地方关系的制度安排及其演变，也对造成上述现象有重要作用，是理解上述现象的关键因素。

---

① 这里仅指出事实，并不预设价值判断，即对“统一”全面肯定和对“分裂”全面否定，或者是相反。正如葛剑雄指出，“统一”和“分裂”在历史上均有推动社会进步的正面和负面作用，参见（葛剑雄，1994：79，220～243）。

② 对于中国实力和发展水平变迁的评价，尤其是与其他国家的历史比较，仍存在着一些争议，但总体趋势较为明确。参见麦迪逊（2003：29～33），彭慕兰（2003）。

（一）中国中央地方关系制度安排的历史传承

古今中外的任何国家，均有“长治久安”的目标，为了实现这个目标，会派生出各种各样的中央地方关系模式。从组织学的角度来看，这些中央地方关系的组织模式必然涉及“信息不对称”等各种难题，许多制度安排都是针对解决各种组织困境而逐渐产生和演变的（米勒，2014；周雪光，2017）[①]；与此同时，一国的中央地方关系模式又会受到所在国家的疆域规模、地理环境、文化观念和历史传统等多种因素的影响，一个国家的中央地方关系有着明显的路径依赖（path-dependence）特征，如同钱穆所言：“某一制度之创立，决不是凭空忽然地创立，它必有渊源。”[②]因此要理解中国的中央地方关系模式，既需要从“长治久安”组织目标和“信息不对称”等组织难题等普遍性因素出发，也要结合中国疆域规模、地理环境、文化观念和历史传统等特殊性因素，来更好地解释中国中央地方关系制度安排产生和演变的逻辑。

在中国中央地方关系的模式中，无论是在传统中国，还是在当代中国，有三个重要特征是延续数千年、古今一以贯之的。一是中央的权力很大，但中央本级的相对规模却又很小。二是中央采取层层委托的办法交由地方来执行具体政策。在实际事务中，中央政府不与百姓直接打交道，只有基层政府才直接临民。三是中央与地方形成的委托代理关系中，常常采用具有强激励特征的分成或承包

---

① 参见盖瑞·米勒：《管理困境：科层的政治经济学》，格致出版社2014年版；及周雪光：《中国国家治理的制度逻辑：一个组织学研究》，生活·读书·新知三联书店2017年版，第20~29页。

② 参见钱穆：《中国历代政治得失》，生活·读书·新知三联书店2017年版，第5页。

的办法[①]。

为什么上述制度安排和特征可以在中国绵延几千年而持续呢？自秦始皇废除“分封制”、设立“郡县制”以来[②]，由秦所开创的“中央集权大一统”框架就成为中国中央地方关系的基本模式，经过汉朝调整和巩固后，又经历魏晋南北朝门阀政治的反复，后经唐宋明清达到其较为成熟的状态，其最为核心的观念和制度安排一直延续至今。

秦之所以采用“郡县制”，主要的考虑是要防止重蹈东周时期天子（中央）孱弱、诸侯（地方）纷争的局面，解决所谓“外重内轻”[③]的问题。此后传统中国的历代王朝都大致继承了秦朝的做法，中央集权体制借助于“普天之下，莫非王土；率土之滨，莫非王丞”的大一统观念，将儒家的“君君臣臣、父父子子”伦理道德和法家的明确、公开、严苛治理技术结合起来，通过士大夫官僚阶层的具体实施，以达到“礼乐征伐自天子出”的目标，从而保障中央对地方的有效控制和王朝的长治久安（阎步克，1996；韦伯，2010）[④]。

要在广土众民的中国传统王朝实行中央集权体制，会遇到很大困难。一是在传统社会中，政府对社会、中央对地方的汲取能力事实上很弱。只有在现代财政体制下，政府的税收才可能占到一个国家总

---

① 典型的例子是传统中国体制下，地方向中央缴纳的税赋具有明显的承包性质。即中央向地方确定一个定额的租税额，地方官员将征收来的规费与租税中支付自身的行政经费和向中央缴纳定额后，拥有剩余额的索取权。“县官的收入，无论增加或减少，朝廷是不管的。实际上，朝廷是把这一块地方包给县官了，县官只要把每年规定的银子定额上缴国库，就算尽职了。”参见韦伯：《中国的宗教——儒教与道教：韦伯作品集》，广西师范大学出版社2010年版，第 99~101 页；及冯友兰：《三松堂全集》，转引自周黎安：“行政发包制”，《社会》2014年第6期，第10页。

② 秦建国初期，对于是保留周朝的分封制度，还是建立“海内为郡县、法令由一统”的郡县制度，有过激烈的争论，最终秦朝选择了“分天下以三十六郡”，在全国建立起严密的以郡统县的行政体制。参见周振鹤：《中国地方行政制度史》，上海人民出版社2005年版，第6~7页。

③ 传统文献中常常将中央称为“内”、地方称为“外”，“外重内轻”指中央权力削弱、地方权力过大；相反“内重外轻”则指中央权力过大、地方权力不足。

④ 参见阎步克：《士大夫政治演生史稿》，北京大学出版社1996年版；及韦伯：《中国的宗教——儒教与道教》，广西师范大学出版社2010年版。

收入的20%以上，中央的财政收入占到总财政收入的50%以上，而在传统王朝，政府的收入占比往往不到5%，中央本级支出所占的比重就更少①。在国家财政汲取能力孱弱的情况下，难以供养大量的官僚阶层，官员数目尤其是中央政府层面的官员数目相对是很少的。清朝晚期的国家人口已经逾亿，但官员整体仍不过数万人（张仲礼，1990）。要依靠如此之少的官员去治理如此之大的国家，难度可想而知。二是具体治理技术和手段的不足。中国的疆域辽阔，但传统王朝的交通、信息等具体技术相对落后，虽然帝国也试图通过各种途径加以改善（例如国家建立专门的驿站体系来传送公文等），但中央对地方的具体事务要做到时刻的有效监控，几乎是不可能的。

为了应对以上的困难，实现中央对地方的有效控制，中国传统王朝的中央集权体制发展出了一系列相应的制度安排。首先中央拥有在任何事务上的绝对权威，将最高决策权力掌握在中央手中，并通过人事任免等一系列举措来牢牢控制各级地方官员的命运。其次中央收缩管辖事务的范围。尽管在理论上中央可以对地方上的任务事务进行管辖，但在实际中还是着重在税赋和治安上，所谓“皇权不下县”，地方上的众多公共事务基本上是由地方乡绅组织的民间社会来提供和管理的。最后采取结果导向的层层委托代理体制。由于官员整体尤其是中央层面的官员数目很少，不得不采取层层委托代理的方式来执行具

① 参见金观涛、刘青峰：《开放中的变迁——再论中国社会超稳定结构》，法律出版社2011年版，第13页，第38页。也有的研究者持不同看法，认为在中央集权之下，传统中国“国家财政收入占比率过低”的说法并不成立。但对于传统中国税赋水平较低，某种意义上反映了国家能力的不足，已经是对中国传统国家的基本共识。这里的关键在于中央能够征收到的税赋与农民实际交纳的税赋存在着巨大的差异，所以从中央角度来看，名义税赋并不高；但由于在税赋征收过程中官吏的贪腐行为，从农民实际交纳的角度来看，税赋水平相当高。参见秦晖：“开启西儒会融的新路——文化现代化与中国知识人（下）”，《战略与管理》，2002年第5期，第86页；及于建嵘：《岳村政治——转型期中国乡村政治结构的变迁》，湖南文艺出版社2013年版，第51~55页。

体的事务。虽然在有些王朝（例如唐、金、元），如果地方有重要事务，中央政府也会派出官员前去处理，组成行台省，但这只是临时性办事机构，一旦问题解决，行台省完成任务便终结使命，派出官员则立刻撤回到中央（周振鹤，2005）[①]。在幅员辽阔、治理技术有限的条件约束下，中央到地方的层层委托代理关系必然存在着非常严重的信息不对称问题。换言之，要使地方官员按照中央的要求办事，完成中央交办的任务，因此要有合理的激励机制安排，用以克服信息不对称和激励不相容的组织难题。在这样的激励机制下，中央无需知道有关地方的事无巨细的信息，而地方官员即使缺乏中央的有效监督，也有足够的动力完成中央的任务，于是结果导向的层层承包体制便成为中央地方委托代理关系中的最重要形式之一。

应当说，中国传统王朝上述中央地方关系的一整套观念和制度安排，适应了所在的环境和当时的技术条件，一定程度上解决了官僚组织所存在的信息不对称和激励不相容的难题，总体上来看是有效的，它也有助于解释为什么传统中国能够持续数千年而保持大一统的格局。新中国成立以来所采取的中央地方关系模式，虽然表面形式和具体做法上与过去相比已经有了非常大的差别，却仍然继承了传统王朝中央地方关系制度安排的精髓，也具有“中央拥有绝对权威”“中央决策、地方执行”，以及“结果导向的层层委托代理”等一系列根本性的特征。之所以会如此，一方面是源于传统中国中央地方治理模式的有效性，另一方面也说明制度的演变，具有很强的黏性和路径依赖性（North，1990；福山，2012），它是由中国所面临的自然环境和禀赋条件、拥有的文化观念和历史传统所共同影响决定的。

① 参见周振鹤（2005）《中国地方行政制度史》，上海人民出版社2005年版，第70页。

（二）中国中央地方关系演进中的“集权—放权循环”

虽然中国传统王朝的中央地方关系模式有许多令人称道之处，中央集权体制对维持大一统格局也有着重要的贡献，但是上述中央地方关系制度安排也远非成功，而是存在着致命性的缺陷，中央地方关系无法达到稳定的局面，总是处于不断集权—放权的周期循环之中。

从历史上看，各个传统王朝一直困扰于或者“内轻外重”或者“内重外轻”的难题之中。“内轻外重”是指中央集权不足，对地方控制不力，经常导致地方势力坐大乃至割据叛乱。例如安史之乱直接导致了强大的唐王朝开始走向了下坡路，而清末的地方士绅势力的崛起和割据也是导致清王朝灭亡的根本因素之一。由“内轻外重”而带来“地方造反”的事例在中国几千年王朝史上不胜枚举。

“内重外轻”则指中央集权的不断加强和地方权力的不断削弱。为了维护统一和防止地方分裂，历代王朝采取了逐步加强中央集权的各种措施，对于地方的监督和制约措施可说是叠床架屋，从而使得地方权限和自主性越来越小。钱穆曾经批评道：“自汉迄唐，就已有过于集权之势。到宋、明、清三朝，尤其是逐步集权，结果是地方政治一天天地衰落。”[①] 中央集权的不断加强必然造成地方的发展能力和实力越来越弱，反过来也直接和间接地导致了整个国家的僵化和弱化，难以抵御外敌的入侵。例如北宋亡于金人之手，南宋又亡于蒙古铁骑，这一亡再亡的重要原因之一就是中央过于集权、地方无权而导致的地方实力过于羸弱。故文天祥感叹道：“本朝惩五季之乱，消除藩镇，一时虽足以矫尾大之弊，然国以寖弱。故敌至一州，则一州破；至一县，

① 参见钱穆：《中国历代政治得失》，生活·读书·新知三联书店2017年版，第154页。

则一县残。”[①]

由此可见，在传统王朝的中央地方关系模式下，中央集权不足则易于产生地方的分裂，从而带来国家的动荡；中央集权过度则使得地方僵化，又有损于整个国家的实力。这个关于如何处理中央和地方关系、合理划分中央地方权限的难题，困扰了中国传统王朝几千年，一直到清朝覆灭也未能真正解决。

新中国成立以后在中央地方关系模式上继承了传统王朝所采用中央集权体制，随之也面临中央和地方如何合理分配权限的难题。在计划体制下，更多实行的是中央的集权和统一控制，难以有效调动起地方发展的主动性和积极性。虽然毛泽东在《论十大关系》中已经明确认识到：“我们不能像苏联那样，把什么都集中到中央，把地方卡得死死的，一点机动权也没有”[②]，并强调要发挥“中央和地方两个积极性”。然而地方在计划体制下很难拥有发展的自主权，也缺乏相应的手段和举措。计划体制下中央集权过度，在激发地方积极性上存在明显不足，也造成整个国家的经济活力不足。

改革开放以来，中央向地方、政府向企业和个人赋予了更多的自由和权利，地方发展的正当性得到初步的承认，由此激发了地方的活力和创造力，各地经济社会得以迅猛发展。然而，在原有计划体制松动、中央逐渐向地方放权的同时，也产生了一系列的问题。正如江泽民在《正确处理社会主义现代化建设中的若干重大关系》中所指出的：“有的地方和部门过多地考虑本地区、本部门的局部利益，贯彻执行中央的方针政策不力，甚至出现了上有政策、下有对策，有令不行、

① 参见《宋史·文天祥传》，转引自周振鹤：《中国地方行政制度史》，上海人民出版社2015年版，第73页。

② 参见毛泽东：“论十大关系”，政治局扩大会议讲话，《人民日报》1976年12月26日。

有禁不止的现象。”[①]改革开放的实施较好解决了“地方发展活力不足”的问题，但也带来了如何保证中央权威和令行禁止的矛盾。当前，中国的中央与地方关系仍然陷入“治乱循环”的困境，“一放就活、一活就乱、一乱就收、一收就死”的局面使得中央地方关系不断处于集权与放权的进退失据之中。

中国传统王朝的“周期循环”和新中国成立以来的“治乱循环”，虽然表面形式有很大的差异，但内在逻辑却有着很强的一致性，它们都根源于中央地方关系所采取的特定模式，即中央集权体制下中央和地方关系难以稳定、权责难以合理划分的致命缺陷。

在中央集权体制下，中央在理论上可以对一切事情进行决策，但在实际中绝大多数事务又是层层委托地方来执行，由此马上导致“中央的统一决策”如何符合“各地实际情况以执行”的难题，中国幅员辽阔、人口众多、各地差异明显，更是大大加剧了“中央统一决策”和“地方各自执行”之间的矛盾。为了缓解这个矛盾，中央集权制下采取了中央地方纵向分割各项事权，中央拥有名义绝对权威、地方拥有实际执行中自由裁量权，中央和地方“名实互补”“名实制约”的制度安排。但中央地方这样的权力分配格局具有极强的不稳定性，地方在执行事务的实际过程中，很容易借助于自由裁量权、信息优势等手段背离中央的意图，逐渐架空中央的决策；发展到一定程度，中央必然要收权，大幅加强集权以防止地方的离心离德。然而中央的集权也不能一味地加强下去，否则又会慢慢面临地方僵化、整个国家缺乏活力的局面。因此中央在收权到一定阶段后，基于形势的变化，又会逐渐倾向于放权，由此导致中央地方关系不断处于集权—放权的循环局面。

① 参见江泽民在十四届五中全会闭幕时的讲话，“正确处理社会主义现代化建设中的若干重大关系”。

中央集权体制下中央地方关系的不稳定会带来一系列的负面影响。首先中央和地方都无法对未来产生稳定的预期。如同 North（1990）所指出，制度安排一个最为重要的作用是用以减少不确定性，从而降低整个社会运行的成本①。但在中央地方集权放权的循环中，中央采取相机抉择的方式，地方拥有的权力得不到切实保障，双方都没有办法形成稳定预期以减少未来的不确定性，从而带来许多机会主义行为。其次中央地方关系制度安排的演进陷入僵局而难以不断优化。制度安排既要稳定以减少不确定性，又要能够随着环境变化而逐渐适应优化。但中央集权制下中央和地方的权力安排一方面总是处于不断集权放权的临时变动中，另一方面外部环境的变化也难以促成中央地方权力制度安排更为合理的调整，中央地方关系的演进陷入某种僵局之中，对国家的整体制度变迁带来不利影响。

（三）中国中央地方关系模式的古今异同

在中国传统王朝中，中央地方关系上述不稳定的状况带来的根本威胁或是地方分裂，或是难以抵御外敌，最终均会影响到帝国的安危。而在当代中国，由于实现了中央对军队的统一领导，形成了“兵民分治”的局面②，中央地方权力格局的变化已不会对国家的统一和稳定造成直接的影响。

---

① 如同道路上红绿灯制度的设立，可以减少通行中的不确定性以使交通更为顺畅。参见North，Douglass. 1990. Institutions，Institutional Change and Economic Performance. Cambridge University Press，转引自诺思：《制度、制度变迁与经济绩效》，上海三联书店2014年版，第4页。

② 传统帝国和现代国家的一个重要区别是能否实现“兵民分治”。所谓“兵民分治”，指在国家治理上中央政府独立执掌兵权，垄断全国军事武装力量，地方政府则治理地方民众和处理民众事务。中国传统王朝一直致力于“兵民分治”，但囿于军事、交通、财政等各种条件的限制，难以完全做到。在现代国家“兵民分治”的实现，成为维护国家政权稳定、实现有效治理的一个重要保障。参见曹正汉：“统治风险与地方分权：关于中国国家治理的三种理论及其比较”，《社会》2014年第6期，第63页。

当代中国中央集权制与传统王朝相比，最为重要的变化之一是管辖事务范围和治理能力的大大扩张。传统王朝是“皇权不下县”的，基层地方政府的主要事务是征收税赋和维护治安。但现代国家的管理事务的范围和深度均大大地扩张了，无论是各项基础设施的建设、教育医疗等公共服务的提供，还是普通百姓的衣食住行，都在政府的管辖事务范围之内。由此带来的结果便是官僚阶层的大幅扩张，不仅表现在官员数目的突飞猛进上，也表现在官僚阶层链条的延伸上，即从过去的中央—州—县三级体制变成了中央—省—市—县—乡（镇）的五级体制，官僚阶层的影响力通过五级体系可以一直深入到村，这是传统王朝远远难以比拟的。

目前的中央集权体制下，政府管辖事务的增长以及随之而来的官僚体系的膨胀，尤其是地方官员阶层的扩张，影响极其深远。从有利的方面来看，深深介入各项事务的地方各级官员对于各地经济社会的发展至关重要，在合适的制度安排和激励措施下，可以激发出巨大的地方活力。正如地方竞争模式所表现的那样，政治上的激励考核制度与经济上的市场竞争体制相结合，体现了传统的中央地方关系模式在市场体系下的变通性和适应性，中央集权体制加上市场经济体系，爆发出了非凡的经济能量。

从不利的方面来看，传统王朝的地方官员在结果导向的委托代理体制下，拥有一定的自由裁量权和剩余索取权，其贪腐行为难以得到有效的杜绝，从比比皆是的历史事件中就能得到佐证。但由于传统王朝下政府真正管辖事务有限、官员数目也少，所以官员的贪腐行为，其规模受到客观条件上的制约。但在以经济建设为中心的当前环境下，中央集权制与市场经济体制的结合带来的结果是官员密切介入到各项经济事务中去，由此造成的官员腐败行为及其后果都是非常严重的。

如果地方分权导致腐败行为蔓延，就会触发中央重新加强集权的举动，防治腐败成为驱动当前中国中央地方集权分权的重要因素之一。

四、现代化转型视角下中国中央地方关系的演变方向和政策建议

无论是传统王朝还是当代中国，其所采取的中央地方关系模式对维持国家统一、推动经济发展等方面有许多可圈可点之处；但与此同时在“中央决策、地方执行、层层委托代理”的中央集权体制架构下，中央统一决策在地方经常难以得到有效落实，地方拥有的自主权利也无法得到真正保障，从而中央和地方的关系永远处于不断集权—放权的波动之中。那么有什么办法可以使中国的中央和地方关系跳出上述的循环困局之中吗？

（一）中央地方关系中的“政府集权”和“行政集权”

事实上，不仅中国受困于中央和地方关系的制度安排，在历史上有许多国家也有类似的困扰。如同托克维尔当年对大革命前法国的中央集权体制的评价：一方面中央政府可以将触角伸向社会任何领域，逐渐控制了地方城市的一切事物，中央政府能够调动一切资源，道路交通、公共服务、慈善公益等政府事业大力推进。正是有了非常强大但又实行开明专制、到处维持秩序的中央政府的推动，在大革命之前，事实上法兰西开始富裕和全面发展起来。另一方面，中央政府的规则和命令在具体执行过程中常常走样，难以达到预期的效果，“条规强硬严峻，实行起来软弱松怠”，中央集权惧怕任何与其分权的行为，“这个政府是如此地富于侵夺性和专制特征，但一当它遇到最微小的反抗，

它便不知所措，最轻微的批评也会使它惶惶不安，简直到了风声鹤唳草木皆兵的地步”[①]。一个既专制又软弱、既强大又脆弱的中央集权体制，是大革命会在法国突然爆发，而旧君主体制却一下子土崩瓦解的重要原因之一。

那么怎样来解决中央集权体制的弊病呢？托克维尔对两种中央集权进行了区分，一种是政府集权（governmental centralization），一种是行政集权（administrative centralization）。前者是“诸如全国性法律的制定、本国和外国的关系问题、与全国各地都有利害关系”等事情的领导权的集中。后者是“诸如地方建设事业、国内某一地区所特有”事情的领导权的集中。托克维尔认为第一种中央集权是有益的，是一个强大繁荣的国家所必需的，第二种中央集权是有害的，是必须制止的。因此一个理想的中央地方关系应该是中央进行政府集权，地方进行行政集权，即“中央办大事、地方办小事”。

托克维尔认为法国的中央集权制之所以产生问题，重要原因之一是中央“行政集权过度”。与之相对照，托克维尔盛赞英国中央的政府集权所能达到的程度，“国家就像一个单独的人在行动，它可以随意把广大的群众鼓动起来，将自己的全部权力集结和投放在它想指向的任何地方”。类似地，托克维尔对美国的中央地方权力配置也大加称赞：“美国不存在行政集权，……，但美国的政府集权也达到了很高的水平。不难证明，美国国家权力的集中高于欧洲以往任何一个君主国家。”[②]

因此，一个现代国家，既要有强大的中央“管大事”，以保持国家稳定和统一，以及重大政策在全国的执行；又要有自由的地方“管

① 托克维尔：《旧制度与大革命》，商务印书馆2010年版。
② 托克维尔：《论美国的民主》，商务印书馆1997年版。

小事”，以保障地方事务的安排能够符合地方百姓的需要，切实保障地方的活力。相比之下，中央集权制下中央无论什么事理论上都要管，却又层层委托给地方执行，这样无论大事、小事都是各级政府在齐抓共管，很容易产生责权不清的结果。

（二）现代化转型视角下的中央和地方关系

表面上看，一个理想的中央地方关系就是要做到“中央管大事、地方管小事”，似乎过于简单了。但细究之下，却并非如此。大事、小事如何区分？实践中的政府事务异常复杂，哪些算大事？哪些算小事？如何保障中央在管大事时能得到地方的支持、地方在管小事时不受到中央的干扰？一旦中央和地方就事务管辖和具体执行产生矛盾和争议，又如何加以调处解决？等等一系列问题都反映了要在一个国家实现“中央管大事、地方管小事”，绝非那样容易。

事实上，“中央管大事、地方管小事”的背后是一系列观念、制度和技术的支撑，只有在进入到现代社会以后才有条件实现，在传统的专制主义王朝下是做不到这点的。现代国家在中央地方关系安排上之所以能够实现“中央管大事、地方管小事”，有个重要前提，即个体权利（individual right）观念的产生和确立以及基于其上的社会政治制度的建构。这个前提包含着三个要素：一是对个体权利的承认；二是个体权利成为社会政治制度的基础；三是主要根据规则来调整权利。首先，伴随着现代化过程的，是传统社会有机体（村庄、庄园、行会、家族等）的逐渐解体，个体逐渐成为社会的最基本单位，承认和维护个体权利成为现代社会的核心价值。其次，在个体权利的基础上，通过契约的方式产生现代的社会政治组织和相关的制度安排。再次，个体之间以及社会组织之间的权利调整主要根据正式的规则加以规范[①]。

在专制主义王朝下，权力授予是从上到下的，因此中央的权力是难以分割的，一旦分割就会意味着权力不稳。在个人权利为基础的人民主权社会中，权力授予是从下到上的，不同层级政府的权力根本上都来自于人民的授予。不同范围的人民主体授予相应层级政府的权力，一个地方的人民赋予地方政府权力、全国人民则赋予中央政府权力，两者之间的权力若产生冲突，则由契约规则（法律）加以调整。

在上述条件下，哪些算大事，应由中央负责，哪些算小事，应由地方负责，根本上是不同范围人民主体来动态调整所决定的。一个地方的民主责任制越完善，其所承担的事务就可能越充分。从法国、日本等具有较强中央集权体制特征的国家的近期变化来看，中央不断向地方分权的趋势，与地方民主的发展是密不可分的。而契约规则（法律）在调整权利主体的权力范围时，发挥着决定性的影响。无论是美国的法院体系、德国的联邦宪法法院、法国的宪法委员会还是日本的中央地方纠纷处理委员会，一旦中央与地方产生纠纷，一般都会由专门的机构按照现有相关法律进行仲裁，司法体系在调节中央和地方关系时常起着关键的作用。

（三）中国中央和地方关系的未来方向和政策建议

1.“中央管大事、地方管小事”一直是中国中央和地方关系改革的重要原则和方向

在已经出台的一系列重要政策文件中，明确划分中央和地方的权责范围，以推动实现“中央管大事、地方管小事”，一直是中国中央

① 参见金观涛：《探索现代社会的起源》，社会科学文献出版社2010年版，第11~14页。

地方事权关系调整的重要方向。例如早在2003年《中共中央关于完善社会主义市场经济体制若干问题的决定》（十六届三中全会）中，明确提出了按照具体事项的影响范围原则来划分中央和地方责权的改革思路："合理划分中央与地方经济社会事务的管理责权。属于全国性和跨省（自治区、直辖市）的事务，由中央管理，以保证国家法制统一、政令统一和市场统一。属于面向本行政区域的地方性事务，由地方管理，以提高工作效率、降低管理成本、增强行政活力。属于中央和地方共同管理的事务，要区别不同情况，明确各自的管理范围，分清主次责任。"

在十年后的2013年《中共中央关于全面深化改革若干重大问题的决定》（十八届三中全会）中，有关中央与地方事权划分的表述为："建立事权和支出责任相适应的制度。适度加强中央事权和支出责任，国防、外交、国家安全、关系全国统一市场规则和管理等作为中央事权；部分社会保障、跨区域重大项目建设维护等作为中央和地方共同事权，逐步理顺事权关系；区域性公共服务作为地方事权。中央和地方按照事权划分相应承担和分担支出责任。中央可通过安排转移支付将部分事权支出责任委托地方承担。对于跨区域且对其他地区影响较大的公共服务，中央通过转移支付承担一部分地方事权支出责任。"

近年来，中央地方责权关系的调整越来越多地集中到"财政事权和支出责任"上来，正如楼继伟（2013）所指出[①]，当年的分税制改革只是在收入侧调整了中央和地方的分成比例，但在支出侧却延续了以往的做法，由此导致中央和地方在事权划分上的不科学和不合理，因此财政事权和相应支出责任的调整，便成为中国中央和地方关系改

① 参见楼继伟：《中国政府间财政关系再思考》，中国财政经济出版社2013年版。

革的重中之重。在2016出台的《关于推进中央与地方财政事权和支出责任划分改革的指导意见》（国发〔2016〕49号文），就中央与地方财政事权和相应支出责任的划分提出了更为明确的意见："体现国家主权、维护统一市场以及受益范围覆盖全国的基本公共服务由中央负责，地区性基本公共服务由地方负责，跨省（区、市）的基本公共服务由中央与地方共同负责；将所需信息量大、信息复杂且获取困难的基本公共服务优先作为地方的财政事权；信息比较容易获取和甄别的全国性基本公共服务宜作为中央的财政事权。"

在中央与地方财政事权和支出责任的划分中，基本公共服务领域又成为改革的突破口，2018年2月最新出台的《国务院办公厅关于印发基本公共服务领域中央与地方共同财政事权和支出责任划分改革方案的通知》（国办发〔2018〕6号文）中，将义务教育、学生资助、基本就业服务、基本养老保险、基本医疗保障、基本卫生计生、基本生活救助、基本住房保障等八大类18个基本公共服务事项，首先纳入中央与地方共同财政事权范围，由中央与地方共同承担支出责任，以人员或家庭为补助对象或分配依据，优先和重点保障。

2. 进一步推动中央地方关系的法治化、建立和完善中央和地方关系的调节机制，以及加强地方民主负责制

如上所述，中国改革开放以来中央和地方关系的调整，一直遵循着按照事物的不同属性来划分中央和地方权责的改革方向，以逐步实现"中央管大事、地方管小事"的目标，且逐步将改革的重点放到财政事权和支出责任领域，取得了一定的进展。

与此同时，中央地方关系的调整不能仅仅局限在财政领域，根据以上对于现代化转型的分析，中央和地方关系制度安排的变化，本质上是各方权利格局的调整，涉及对个体权利的承认和保障以及与此相关的社会政治制度的建立等一系列领域。因此，要推动中央地方关系的进一步改善，还需要在其他领域推动改革，否则在已有中央集权体制下要仅仅依靠财政领域的事权和支出调整来理顺中央地方关系，是很困难的。未来应当着重在以下三个方面继续推进中央和地方关系的改革。

一是推进中央与地方关系的规范化和法治化。在目前的事权划分改革中，已经明确了“适度加强中央事权和支出责任，国防、外交、国家安全、关系全国统一市场规则和管理等作为中央事权”，以及将“区域性公共服务作为地方事权”的方向。由于完全属于中央的事权和完全属于地方的事权都是少数，而且是相对比较容易厘清的，绝大多数财政事权，都会是中央和地方的共担事权，其中中央委托地方执行的事权又会占据绝对的比重，这些事权的划分将会是改革的难点。目前大量的这种事权划分很多依据的是各个职能部门的红头文件，充满了随意性和不确定性。因此，要将中央和地方事权划分的法治化，尤其是中央各部门委托地方事务的规范化作为突破口。

此外，目前许多规范中央和地方关系的重要制度安排，只是通过行政文件的方式加以确定，其权威性和规范性的程度有待提高，应及时将这些行政文件上升为法律法规，例如中央和地方税收安排等一系列文件。与此同时，应该考虑制定相关的《中央与地方关系法》或《中央地方事权划分条例》，这应当成为规范中央与地方关系的重要举措。

二是加强立法和司法体系，建立和完善中央和地方关系的调节机制。当前中央地方关系模式下，中央的政令一统主要通过行政命令的层层传达来实现，司法领域则存在属地化的现象，由此导致“司法不一致”的情况。如果要推进不同层级政府的事权划分改革，必然会对如何保证中央的政令统一构成挑战。因此加强“司法的统一性”将成为重中之重。

首先是要加强法官判案的独立性，推进审批独立和审批公开，加快法院的去行政化，“建立符合职业特点的司法人员管理制度”，“完善司法人员分类管理制度”，使得法官真正由具有专业素质的人员来担任，建立法官的终身制。其次是加强法院相对于地方的独立性。目前已经明确提出“推动省以下地方法院、检察院人财物统一管理，探索建立与行政区划适当分离的司法管辖制度”，但光在省级层面加强法院的独立性还不够。对于跨省、跨地区的案件，应该明确由最高法院设立巡回法院和上诉法院来审理，涉及全国层面和跨地区层面事务的司法权的中央化，是中央与地方关系法治化的重要一步，也是加强司法的独立性的重要举措。可以在行政系统内部设立相应的司法机构，条件成熟时可以在最高法院下设立宪法法院，负责终审中央与地方的纠纷。

三是进一步发挥各级地方人大作用，推进地方治理的民主化。中央和地方关系能否理顺，根本上离不开地方民主制的构建和完善。目前对于很多政策围绕在中央如何改善对地方政府官员的考核评价机制上，然而从上到下的监督考核，无论如何设计，都难以避免信息不对称和激励不相容，因此要完全依赖中央对地方从上到下的监督考核，难以真正有效改变地方政府官员的行为。

只有充分发挥地方百姓和人大对于地方政府的制约和监督，中央政府才可以放心地将更多的权力交由地方行使。否则权力下放越多，中央政府监督责任越重，如果件件地方事务都需要中央的监督，中央部门是难以放权的。为此，要进一步发挥各级地方人大的作用，有效约束地方政府官员的行为。长远来看，必须进一步加强地方的民主责任制，逐步扩大地方百姓选举和评价地方领导的层级和范围。

执笔人：宣晓伟

参考文献

[1] Alchian，Amen A. 1950. Uncertainty，evolution and economic theory. Journal of Political Economy. 58（June）：211-221.

[2] Moe，Terry M. 1984. The New Economics of Organization，American Journal of Political Science. 28（4）：739-777.

[3] North，Douglass. 1990. Institutions，Institutional Change and Economic Performance. Cambridge University Press.

[4] Shirk，Susan L. 1993. The Political Logic of Economic Reform in China. University of California Press.

[5] Tiebout，Charles. 1956. "A Pure Theory of Local Expenditures". Journal of Political Economy 64（5）：416-424.

[6] 曹正汉. 统治风险与地方分权：关于中国国家治理的三种理论及其比较.《社会》，2014（6）

[7] 戴维・维尔逊等. 英国地方政府. 张勇等译. 北京：北京大学出版社，2009

[8] 福山. 政治秩序的起源：从前人类时代到法国大革命. 桂林：广西师范大学出版社，2012

[9] 甘阳. 通三统. 上海：生活・读者・新知三联书店，2007

[10] 葛剑雄. 统一与分裂：中国历史的启示. 上海：生活・读者・新知三联书店，1994

[11] 金观涛. 探索现代社会的起源. 北京：社会科学文献出版社，2010

[12] 金观涛，刘青峰. 开放中的变迁——再论中国社会超稳定结构. 北京：法律出版社，2011

[13] 麦迪逊. 世界经济千年史. 北京：北京大学出版社，2003

[14] 毛泽东. 论十大关系. 人民日报，1976-12-26

[15] 盖瑞・米勒. 管理困境：科层的政治经济学. 上海：格致出版社，2014

[16] 诺斯等. 交易费用政治学. 北京：中国人民大学出版社，2011

[17] 楼继伟. 中国政府间财政关系再思考. 北京：中国财政经济出版社，2013

[18] 钱穆. 中国历代政治得失. 上海：生活・读者・新知三联书店，2011

[19] 秦晖. 转轨前中东欧与中国经济体制可放弃性问题. 南京大学学报，2003（3）

[20] 彭慕兰. 大分流：欧洲、中国及现代世界经济的发展. 苏州：江苏人民出版社，2003

[21] 托克维尔. 论美国的民主. 董果良译. 北京：商务印书馆，1997

[22] 托克维尔. 旧制度与大革命. 北京：商务印书馆，2010

[23] 阎步克. 士大夫政治演生史稿. 北京：北京大学出版社，1996

[24] 张五常. 中国的经济制度. 北京：中信出版社，2004

[25] 郑永年. 中国的"行为联邦制"：中央—地方关系的变革与动力. 北京：东方出版社，2013

[26] 周飞舟等. 当代中国的中央地方关系. 北京：社会科学文献出版社，2014

[27] 周黎安. 行政发包制.《社会》，2014（6）

[28] 周黎安. 转型中的地方政府：官员激励与治理（第二版）. 上海：格致出版社，2017

[29] 周雪光. 国家治理规模及其负荷成本的思考. 吉林大学社会科学学报，2013（1）

[30] 周雪光. 中国国家治理的制度逻辑：一个组织学研究. 上海：生活・读者・新知三联书店，2017

[31] 周振鹤. 中国地方行政制度史. 上海：上海人民出版社，2005

[32] 张军等. 为增长而竞争. 上海：格致出版社，2008

专题报告四

中国现代化进程中的增长推动和成果分享

增长和分配构成现代化进程中的一对关键矛盾。一方面，经济的持续增长构成现代化的物质基础，它要求所有资源要素都能得到充分利用。在这一过程中，公众作为要素的所有者，其利益结构会出现深刻变化。另一方面，人的发展是现代化的根本目的，公众应当共同享有发展成果，其分配结构也会对经济增长产生反作用。正是基于对这一矛盾的流行理解，新中国成立后的现代化进程通常以 1978 年为界，被分割成两个截然对立的时段：在“前三十年”，收入分配较为平等，但资源要素利用低效，阻碍了经济增长；而在“后四十年”，市场化改革优化了资源要素配置，产生经济奇迹，却也导致较高的收入差距。

上述认知，其实是将现代化进程中的增长有效推动同成果公平分享对立开来，不利于新时代改革共识的达成。一方面，我国收入差距已长期处于高位，必须将缩小收入差距放到更重要的位置上，但有人担心，这不利于资源有效配置，会重蹈“前三十年”覆辙。另一方面，随着发展阶段演进，保持经济中高速增长需要进一步深化市场化改革，但又有人担心，这可能进一步扩大收入差距，不利于公众平等分享。

本专题认为，不应将“前三十年”同“后四十年”割裂开来。在近七十年的时间里，受发展条件的制约，物质资本积累始终是我国经济发展的主动力，集中资本并实现有效投资是前后两个时期体制机制的共同要求。受内外环境的影响，体制机制的选择与演变也影响到我国收入分配动态，但在不同发展时期，政府始终注重改善民生，让中下层民众分享到发展成果。当前，中国的现代化已经进入新的历史阶段，发展条件出现深刻变化，必须转变发展方式及其背后的体制机制安排，在保持中高速增长的同时逐步缩小收入差距，最终实现共同富裕。

一、基本事实：我国收入分配格局演变

（一）总体收入差距：由低到高

新中国成立之后，我国总体收入差距的演变大体可以划分为两个阶段。第一个阶段是 1949 ~ 1978 年。这一阶段，基尼系数逐步缩小。从“三大改造”完成前 1953 年的 0.558，逐步缩小到 1975 年的 0.266（图 4-1）。第二个阶段是 1978 年至今，这一阶段又可以划为三个小段。

一是 1978 ~ 1985 年，收入差距基本平稳并处于较低水平。八年时间，城镇基尼系数从 0.16 提高到 0.19，只增加了 0.03；农村基尼系数从 0.21 提高到 0.23，只增加了 0.02；前 10% 群体税前收入占比从 27.1% 提高到 29.5%，也只增加了 2.4 个百分点。二是 1985 ~ 2008 年，收入差距迅速扩大且超过警戒水平。全国基尼系数 2000 年达 0.412，超过 0.4 的警戒水平，并于 2008 年进一步增加到 0.491。城镇基尼系数和农村基尼系数也大幅增加，但尚低于 0.4，说明这一时期城乡收入差距对全国总体收入不平等贡献很大。前 10% 群体税前收入占比从 29.5% 提高到 42.4%，后 50% 群体税前收入占比则从 25.4% 下降到

14.8%，阶层间收入差距明显扩大。三是2008年至今，收入差距缓慢缩小但仍处于高位。2008～2015年，全国基尼系数连续7年下降，但只减少0.029，前10%群体税前收入占比只下降了1个百分点，后50%群体税前收入占比没有变化。2016年，全国基尼系数又回升0.003。可见，收入差距近几年虽有所下降，但降幅有限，演变呈胶着态势。

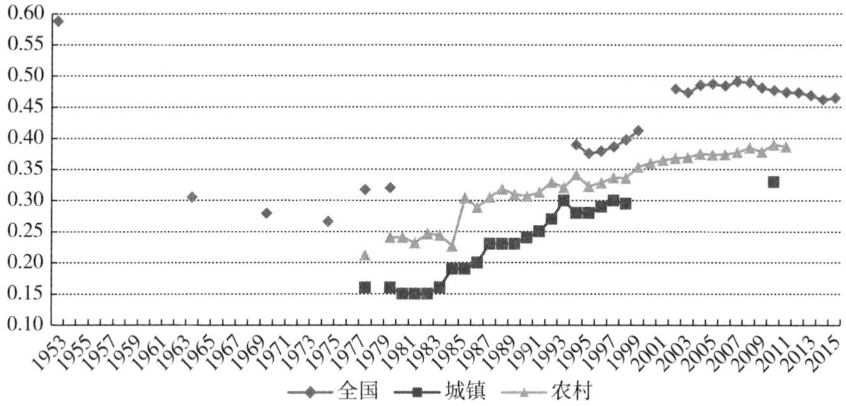

图4-1 基尼系数演变（1978～2016年）

资料来源：①全国基尼系数：1953、1964、1970、1975、1978、1980等年份数据来自Branko Milanovic整理的1950～2012年世界166各国家的基尼系数数据库ALG（2014年秋版）①。1995～1999年数据来自国家统计局（2001）②。2000年数据来自《中国全面建设小康社会进程统计监测报告（2011）》③。2003～2015年数据来自《中国住户调查统计年鉴2016》。②城镇基尼系数：1978～1999年数据来自国家统计局（2001）。2011年数据来自新闻“国家统计局局长回应为何不公布基尼系数和调查失业率”，时任统计局长认为这一数值被低估④。③农村基尼系数：数据来自《中国住户调查统计年鉴2013》，其中1978～1999年数据与国家统计局（2001）大体一致，2013年及以后未再公布。

① 引自联合国开发计划署、国务院发展研究中心：《中国人类发展报告2016：通过社会创新促进包容性的人类发展》，中译出版社2016年版，第27页。

② 国家统计局在2001年于《中国国情国力》杂志发表文章《从基尼系数看贫富差距》，公布了1995～1999年全国基尼系数、1978～1999年的城镇与农村基尼系数。该数据源得到较为广泛的引用。

③ 报告中指出：“2010年基尼系数略高于2000年的0.412”。见中国全面建设小康社会进程统计监测报告（2011），国家统计局，http：//www.stats.gov.cn/ztjc/ztfx/fxbg/201112/t20111219_16151.html。

④ 国家统计局局长回应为何不公布基尼系数和调查失业率，http：//news.163.com/12/0307/17/7S0RLQ3R00014JB5.html。

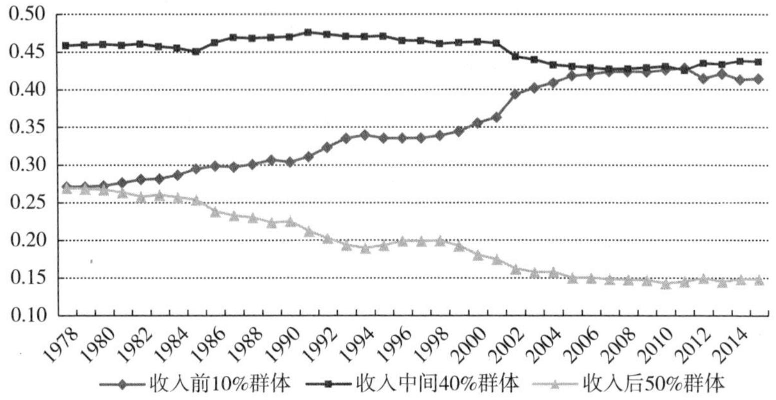

图4-2 不同阶层税前收入占国民收入比重（1978～2015年）

资料来源：World Wealth and Income Database。

（二）城乡收入差距：高—低—高

我们首先用城镇居民可支配收入与农村居民纯收入之比衡量城乡收入差距，但现有统计资料中，该指标只在1978年之后有完整记录，改革开放前仅1956年与1964年有相关数据。因此，我们又以非农产业与农业人均产值之比作为近似指标，得到其1952～2012年演变形态。两项指标变化趋势一致，均呈现“两头高、中间低”的形态。

为保证稳健性，我们再以城镇居民与农村居民人均生活消费支出之比衡量城乡收入差距。但该指标也只在1978之后有完整记录，改革开放前仅1956年与1964年有相关数据。因此，我们又给出1952～2008年城镇居民与农村居民消费水平之比作为近似。一方面，城乡人均生活消费之比与城乡消费水平之比的变化趋势具有一致性；另一方面，改革开放前农村家庭消费主要集中于生活支出，1978年以前的城乡消费水平之比可以近似看作为城乡人均生活消费比的延伸。

结合图4-3和图4-4，我们发现，1978年之前无论以收入比还是消费比衡量，城乡差距均非常大。非农与农业人均产值比围绕6波动，

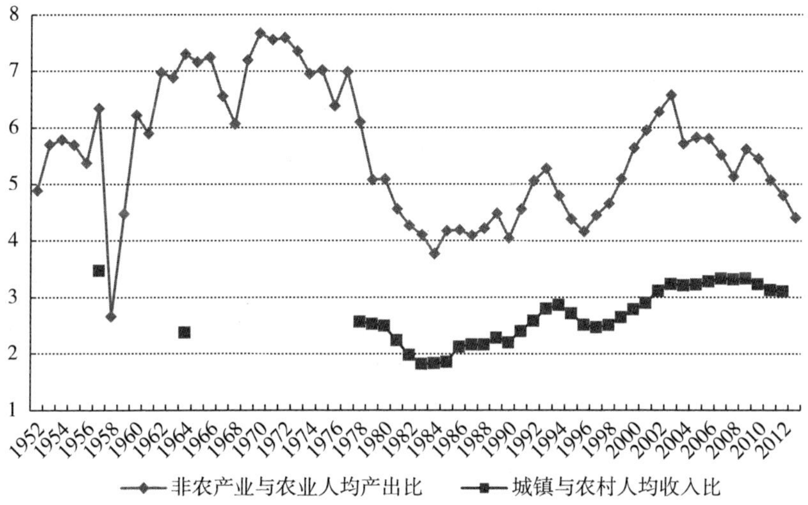

图4-3　城乡收入比（1952～2012）

资料来源：①三次产业增加值与就业人数：1952～2008年取自《新中国六十年统计资料汇编》，2009～2012年取自国家统计局数据库。②城镇居民人均可支配收入：1957年、1964年取自《中国统计年鉴1986》，1978～2008年取自《新中国六十年统计资料汇编》，2009～2012年取自相应各年中国统计年鉴。③农村居民人均纯收入：1957年、1964年、1978～2008年均取自《新中国六十年统计资料汇编》，2009～2012年则取自相应各年中国统计年鉴。

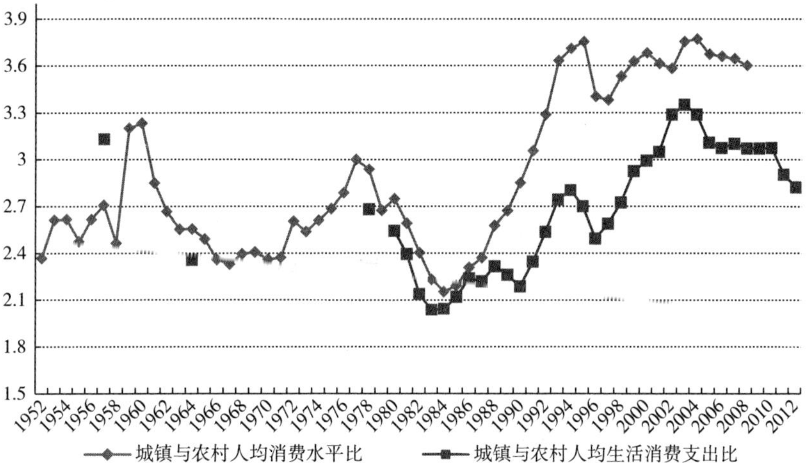

图4-4　城乡消费比（1952～2012）

资料来源：①1952～2008年农村居民与城镇居民消费水平取自《新中国六十年统计资料汇编》。②城镇居民家庭与农村居民家庭平均每人生活消费支出，1957年、1964年、1978～2008年取自《新中国六十年统计资料汇编》；2009～2012年取自相应各年统计年鉴。

最高接近至 8；城乡消费水平比也围绕 2.5 波动。而 1978 ~ 1984 年，无论城乡收入比还是消费比均出现明显下降。1985 年，城乡收入比为 1.86，较 1978 年降低 28%。但随着农村改革红利消退与城市体制改革推进，城乡收入差距迅速扩大（90 年代初曾因政府提高农产品定价短期下降），2009 年达到顶点 3.33 倍，此后得以扭转，2014 年重新下降到 3 倍以内。但城乡收入差距仍处于较高水平，且降幅趋缓，伴随差距水平缩小与城市比重提升，对总体收入不平等的贡献在下降。

（三）地区发展差距：M形演变

以人均 GDP 变异系数衡量，新中国成立以来我国地区发展差距出现四次趋势性转变，呈“先升、后降、再升、再降”的 M 形轨迹，当前存在再次扩大的可能。四次转变主要缘于东、中、西、东北四大板块之间与板块内部地区发展差距的相对变化（参见图 4–5 和图 4–6）。

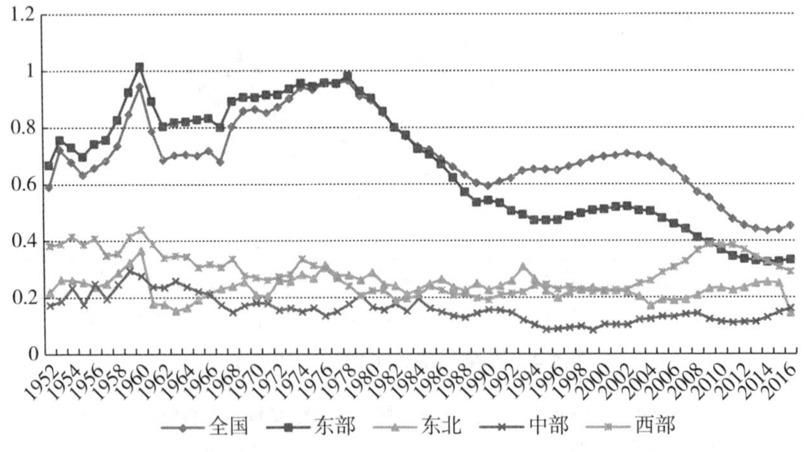

图4-5 全国和各区域人均GDP的变异系数（1952 ~ 2016年）

资料来源：作者根据中国统计数据应用支持系统数据计算。

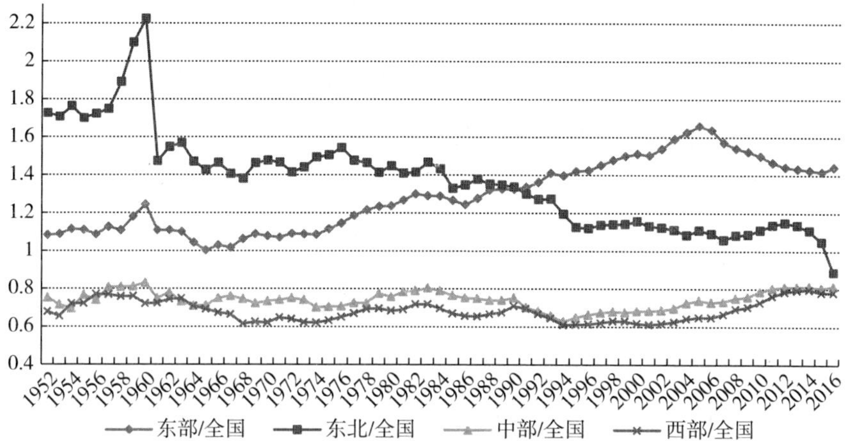

图4-6　我国四大地区相对人均GDP（1952～2016年）

注：由于1952～1978年分省人口数据不全，我们用地区生产总值/人均地区生产总值拟合了1952～2016年人口数。

资料来源：作者根据中国统计数据应用支持系统数据计算。

流行观点认为，新中国成立前，我国沿海与内陆发展差距大，新中国成立后的“前三十年”，我们更多采取平衡发展战略，加强内陆地区发展，地区发展差距应呈缩小态势。但从实证角度来看，与流行观点相反，1952～1978年我国地区发展差距呈“高起高走”态势。一方面，板块间发展差距总体平稳且略有缩小。其中，东北地区人均GDP占全国人均GDP比重在短期上升后回落。另一方面，在板块内部发展差距中，东部板块内部差距呈波浪形扩大态势，与总体地区发展差距高度重合，而其他板块内部差距则呈稳中有降态势。

而在改革开放后，我国地区发展差距又出现三次阶段性变化。1978～1990年，随着市场化改革的推进，东部板块内部差距迅速减少，四大板块间的差距大体不变，地区总体差距下降。1990～2002年，板块内部差距大体不变，但东部板块相对其他板块的差距不断拉大，地区总体差距扩大。2002～2014年，随着西部大开发、振兴东北老工业基地和促进中部地区崛起等重大战略的推进，东部板块相对其他板块的差距缩小，地区总体差距再次下降，其对总体收入不平等的贡献也在降低。但近年来，随着中西部和东北板块经济增速相对下滑，地区总体差距在 2015 年再次扩大，未来仍然存在进一步扩大的可能。

（四）劳动收入占比：W形演变

我们用劳动收入占国内生产总值比重衡量劳动收入占比。但由于 1993 年之前收入法 GDP 数据存在较严重的缺失，无法直接测算劳动收入占比，我们利用平均消费水平增长速度与劳动生产率增长速度的关系间接测算其变化趋势。其背后的逻辑是，由于产出水平取决于劳动生产率，而消费水平与劳动报酬水平紧密相关，当劳动生产率的增速超过消费水平增速，意味劳动收入占比下降，反之则反是。两者增速的演变见图 4–7。其中，劳动生产率由实际人均国内生产总值来衡量。

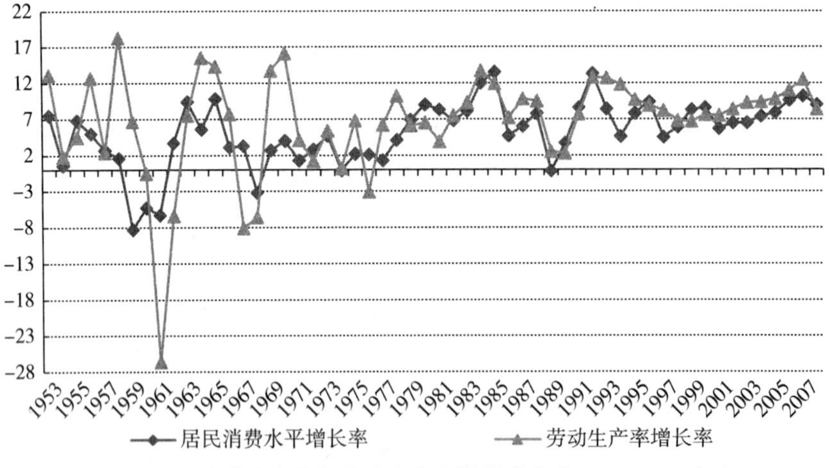

图4-7　平均消费水平与劳动生产率增长速度（1953 ~ 2008年）

数据来源：以上数据均按不变价格计算。①平均消费水平增长率取自《新中国六十年统计资料汇编》，由全国居民消费水平指数（上年=100）计算。②劳动生产率增长速度取自《新中国六十年统计资料汇编》，由人均国内生产总值指数（上年=100）计算而成。

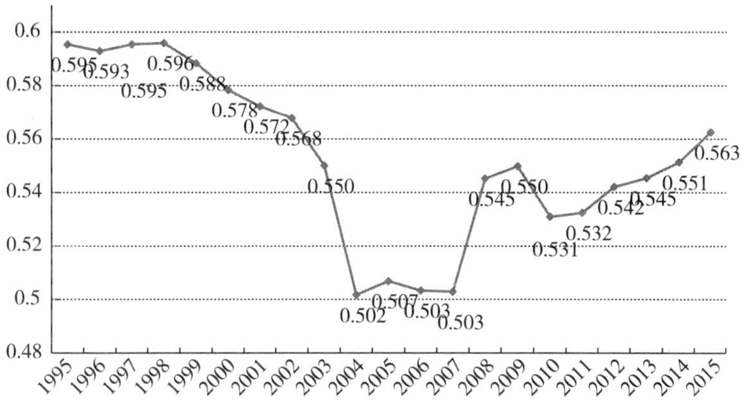

图4-8　劳动收入占比（1995～2015年）

注：2004年劳动收入报酬统计口径发生变化，实际下降幅度小于图中所示。
资料来源：作者根据中国统计数据应用支持系统数据计算。

可以看出，我国劳动收入占比演变可以划分为四个阶段，呈现“先降、后升、再降、再升”的W型态势，但未来可能再次下降。

一是1978年之前的下降时期。这一时期，劳动生产率增速大多超过或接近（虽然低于）消费水平，仅1960～1962年、1967～1968年两次经济危机时明显低于消费水平。我们认为，这是由于新中国成立初期重工业优先发展战略，通过公有化与计划体制提高积累率，降低了劳动收入占比。经济危机时，产出水平下降速度快于消费水平，该占比提高。

二是改革开放之初的上升时期。这一时期，劳动生产率与消费水平的增速交替上升，并长期保持一致。我们认为，这是由于20世纪80年代初农村土地改革与90年代初提高农村收购价格，在提高劳动收入水平的同时，增加产出效率，从而实现生产率与消费水平同步增加。

三是1995～2008年的下降时期。这一时期，劳动生产率增速再次长期超过消费水平增速。我们认为其原因有二：①在城镇化加速期，大量剩余劳动力向城市转移，导致工资水平增速低于劳动生产率；② 20 世纪 80 年代开启的全球化进程，增强了资本的议价能力。

四是 2008 年后的上升时期。随着我国进入城镇化中后期，劳动力供求关系出现转折性变化，劳动收入占比也在2008年以后有所回升。尽管如此，这一占比仍处于较低水平，并且受全球化制约。

我们发现，“前三十年”相较于“后四十年”，虽然总体收入差距处于较低水平，但城乡收入差距和地区发展差距同样处于高位，劳动收入占比也同样处于下降时期，只不过后者对于总体收入差距的贡献较少。可见，传统从增长与分配对立的视角割裂“前三十年”和“后四十年”并不正确。我们将用一个新的分析框架，统一认识这一历程。

二、断裂还是延续：一个分析框架

（一）延续的增长方式：以物质资本积累为主动力

在现代化初期，物质资本积累是推动经济发展的主动力，这是由发展条件决定的。在这个发展阶段，发展中国家通常面临的是较低的人均资本水平、大量的农村剩余劳动力、同前沿国家巨大的技术差距。一方面，人均资本水平低，物质资本积累对经济增长的带动作用强。另一方面，在上述增长条件下，物质资本积累除了增加资本要素投入，还能提高全要素生产率，从而促进经济更快增长。其提高全要素生产率的途径有二：一是吸引剩余劳动力从低效率农村部门进入高效率城市部门，释放要素再配置效应；二是由于同前沿国家技术差距较大，技术进步主要依靠引进外资和购买国外设备，这同样表现为资本积累。

从国际经验看，成功从低收入进入中等收入的国家，都是完成了物质资本积累。二战后实现经济起飞的日本与韩国，投资率曾超过36%；作为亚洲四小虎的泰国、马来西亚甚至一度超过40%（表4-1）。

对于我国而言，虽然从“前三十年”到“后四十年”，体制机制发生巨大转变，但所处的发展阶段并没有发生质的变化，面临的发展条件相近，发展方式自然也是延续的，物质资本积累一直是经济发展的主动力。新中国成立初期，我国是世界上最贫穷的国家之一，人均收入和储蓄率都处于较低水平，固定资本形成占GDP的比重在1952年只有11.7%。历经接近70年的发展，这一比重始终在不断提高，至2013年达到顶点45.4%（图4-9）。也正是得益于物质资本积累的顺利实现，数十年来，我国经济保持高速增长，已稳居世界第二大经济体的地位。

表4-1　主要国家固定资本形成总额占GDP比重的分阶段平均数（%）

	1970年代	1980年代	1990年代	2000年代	2010～2015年	历史最高	最高年份
中国	26.86	29.81	32.00	38.76	44.91	45.51	2013
美国	22.02	22.97	20.99	21.76	18.99	24.38	1979
德国	26.16	23.49	23.64	20.19	19.91	29.97	1971
法国	25.16	22.40	20.88	21.88	22.05	26.76	1974
日本	33.08	29.11	29.80	24.72	22.72	36.37	1973
韩国	25.31	27.61	32.88	30.99	29.63	36.06	1991
印度	15.72	20.38	23.12	29.12	31.96	35.57	2007
泰国	23.81	28.57	36.05	24.34	25.34	41.65	1996
马来西亚	24.54	29.85	36.31	22.65	24.77	43.59	1995
巴西	21.66	21.03	19.27	17.93	20.12	26.9	1989
阿根廷	25.84	19.93	17.77	16.32	16.31	30.94	1977
南非	26.41	23.08	16.98	18.06	19.83	29.68	1976

注：①分阶段平均数是对该阶段各年固定资本形成总额占GDP的比重做算数平均，反映的是这一比重在该阶段的演变趋势。②为便于跨国比较，本表计算采用的中国数据来自中国统计数据应用支持系统中的世界年度数据库；如不加说明，均采用该系统的国内数据库。

资料来源：作者根据中国统计数据应用支持系统数据计算。

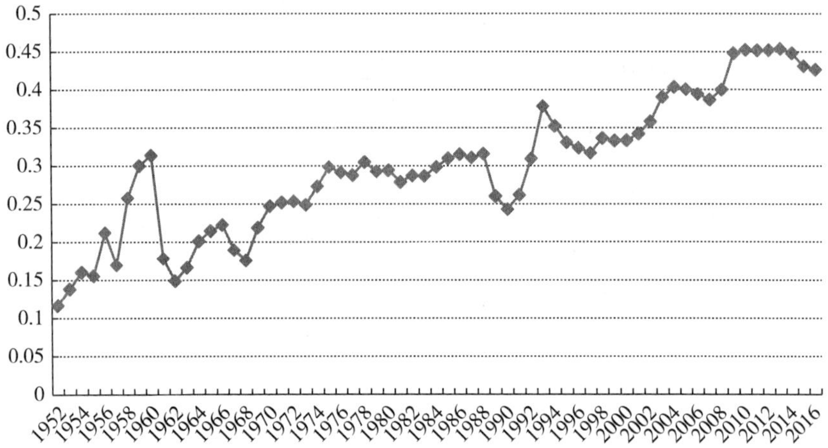

图4-9 中国固定资本形成占GDP比重（1952～2016年）

资料来源：作者根据中国统计数据应用支持系统数据计算。

（二）转换的积累机制：从计划经济到市场经济

物质资本积累是现代化初期经济发展的主动力。但对发展中国家而言，积累物质资本却并非一个简单容易的过程，反而极易陷入“贫困陷阱”。其背后的原因是，较低的生产率会导致较低的实际收入，在供给方面造成储蓄能力弱，资本短缺；在需求方面致使购买力小，投资引诱低，从而进一步导致低生产率[①]。新中国成立后，能够从建国初期世界最贫困的国家之一发展成为世界第二大经济体，就在于我们的体制机制成功实现了物质资本积累。而受内外环境影响，以1978年为界，促进资本积累的体制机制由计划经济向市场经济转型。

1. 计划经济体制时期

新中国成立之初“一穷二白”，资金匮乏且较为分散。在两极对立的格局下，又必须尽快发展出门类较为齐全的工业体系，迫切需要实现物质资本积累。在前期，苏联援助起到过非常重要的作用，但随

① 罗纳德·纳克斯：《不发达国家的资本形成问题》，商务印书馆1966年版，第7页。

着中苏关系的破裂，我们更加依靠自力更生。为此，采取了多种举措。

一是通过公有制改造，实现资本集中。由于工业企业建立与基础设施建设存在最低的资本门槛，在资本匮乏的情况下，要推动物质资本积累需要实现资本的集中。在新中国成立之初，就通过没收国民党政权遗留的官僚资本建立了国有经济的基础。1953年之后，又通过对手工业和工商业的社会主义改造，进一步将分散的个人资本集中起来。

二是通过建立城乡二元体制将农村剩余转换为工业积累，但代价也很高昂。作为农业国，我们的工业积累只能来自农业。为将农村剩余转换为工业积累，政府在城乡间实施不等价交换，导致城乡收入差距扩大。为了顺利实施不等价交换，政府采取统购统销政策，却只是将流通环节的矛盾转移至生产环节。政府于是推动农村集体化，其目的有二：一是降低获取农村剩余的交易费用，二是通过规模效应提高农村产出。但农村集体化的低效率使城乡二元分割制度陷入低水平陷阱，因为当农村劳动力缺乏激励，其向城市转移劳动力不会增加劳均粮食产量，只会进一步降低农村粮食产出并增加城市粮食需求。为此，严格的户籍管理制度开始建立。而当城市公有制经济出现波动时，为解决城市就业，还会以“上山下乡”方式向农村转移城市剩余劳动力。

三是通过实施压抑劳动收入占比的再分配政策，抑制消费、增加积累。社会主义建设时期，为了在较短的时间内为中国的工业化进程打下牢固的基础，我们的再分配政策长期是压抑劳动收入占比的。刘少奇（1950）曾指出，不同于资本主义国家通过剥削、殖民掠夺积累工业化资金，社会主义中国只能依靠节约。他由此批评要求人民生活水平提高速度超过经济发展速度的主张，称其为片面福利观。

2. 市场经济体制时期

在现代化初期，由国家集中资本、统一调配能够有效突破贫困陷阱，但不利于激发个人的积极性。随着发展阶段的演进，计划经济体制的弊端愈发凸显，而国际形势的变化，也为改革开放创造了条件。在这种背景下，我国政府与市场关系逐步调整，建立起新的积累体制。

由于传统计划体制对资源配置的扭曲，市场化改革之初，农村生产力的恢复与资源要素在区域间的自由转移，缩小了城乡收入差距和地区发展差距；工资水平也逐步上升，并超过了劳动生产率增长速度。但是，这一时期物质资本积累仍然是增长的主要动力。市场发育不平衡与政府职能有偏，在促进物质资本积累的同时，也导致城乡收入差距和地区发展差距的再次扩大，劳动收入占比也逐步缩小。

一是市场发育不平衡客观上加快了物质资本积累，但也导致不同社会群体对增长成果的分享存在差异。一方面，我国产品市场发育程度较高，有助于优化资源配置、促进企业竞争；另一方面，我国要素市场发育程度较低，虽有助于降低要素成本、提高社会积累水平，却也拉大了收入差距。①劳动力市场不健全，农民工群体未能享受到与城市居民同等的公共服务，劳动者权益保障不到位。这降低了企业用工成本，但也导致该群体难以充分享有城市发展成果。②土地市场存在城乡分割，农村土地的非农开发由地方政府垄断。这降低了企业的用地成本，并通过土地财政为基础设施建设提供资金支持，但也导致农民难以充分享有土地增值收益。③金融市场不健全，普通投资者投资渠道窄、权益保障不到位，资金价格长期受到干预。这降低了企业的资金成本，但也导致广大民众难以充分享有财产增值收益。

二是政府职能偏向经济增长，有助于打破物质资本积累的瓶颈制约，但也加剧经济发展的不平衡性。①重基础设施建设，轻公共服务投入。发展初期，政府在基础设施等领域的投资具有较强的外部性，有助于促进物质资本积累，但也导致公共服务投入长期不足。②重投入效率，轻覆盖公平。在较长一段时间，我国采取偏向东部地区和城市地区的发展战略，在提高物质资本积累效率的同时，也导致地区和城乡差距扩大。2000年以后，发展战略转向平衡，促进了地区和城乡差距缩小，但公共服务投入仍然不均。③重财政增收，轻分配调节。间接税有助于提高财政收入，直接税有助于调节收入分配。我国现行税制结构中间接税比重高、直接税比重低，个人所得税与财产税不健全。财政收入快速增长为经济建设提供了支撑，可力度较低的再分配机制也导致不平等的马太效应难以有效遏制。

（三）相同的政策目标：让中下层民众分享发展成果

无论在“前三十年”还是“后四十年”，通过物质资本积累突破贫困陷阱始终是中国现代化进程的重要内容，这是对人民群众短期利益和长期利益相权衡的结果。但在这两个时期，我们也始终注重让人民群众，尤其是广大的中下层民众从发展中受益，实现包容性发展。

新中国成立前，我们不仅在物质生产上极端落后，人民生活也极端困苦。一方面，预期寿命低下。这一时期，我国人口平均预期寿命只有35岁左右，不仅远低于同期世界平均水平（49岁），甚至比1820年的法国（37岁）和美国（39岁）还要低[①]。另一方面，文化水平低下。这一时期，我国文盲率，也就是15岁以上不会读写的人

---

① 参见国家统计局编：《新中国五十年（1949—1999）》，中国统计出版社1999年版，第86页；国家统计局社会统计司编：《中国社会统计资料1990》，中国统计出版社1990年版，第33页；Angus Maddision，2001，The World Economy：A Millennial Perspective，Table 1—5a，Paris，OECD。转引自胡鞍钢、王洪川：“中国人类发展奇迹（1950—2030）”，《清华大学学报（哲学社会科学版）》，2017年第2期。

口比重高达80%，农村地区甚至高达95%以上，文盲规模达4亿多人口[①]。15岁以上人口平均受教育年限也仅为1年，与其他发展中国家水平（印度为0.99年）基本相当，但远低于发达国家水平（美国为8.4年）。

新中国成立之后的“前三十年”，虽然需要在资源条件极端匮乏的情况下集中力量进行建设，但也花费了巨大的精力提高民生。通过开展爱国卫生运动、建立健康卫生体系（包括城市医疗体系与农村赤脚医生），寄生虫、肺结核等长期肆虐的传染病得到控制，人口死亡率也迅速降低。我国平均预期寿命，1951年为41岁，虽比印度高4.8岁，但比美国低27.2岁，只相当于美国的60%；至20世纪80年代初达到65.7岁，比印度高10.3岁，与美国的差距减少到8.1岁，相当于美国的89%。这一时期，我国也大力开展扫盲运动，全面普及义务教育。文盲率从新中国成立前的80%，下降到1962年33.61%，在20世纪80年代初进一步下降到22.82%。平均受教育年限也从1950年的1年提升到1980年5.33年，超过印度近一倍，与美国差距也有所缩小。

改革开放之后，我国健康事业和教育事业得到进一步发展。一方面，建立了与市场经济相匹配的医疗卫生体系和社会保障制度。2015年，我国人口平均预期寿命达到76.34岁，仅比美国（78.9岁）低2.56岁，为美国的96.8%；比印度高（68岁）高8.34岁，为印度的112%。另一方面，教育体系也进一步完善，高等教育迅速实现大众化。2015年，我国平均受教育年限提升到10.23年，仅比美国（12.9

① 中国网：“新中国的扫盲运动”，http://www.china.com.cn/aboutchina/zhuanti/zg365/2009-11/24/content_18936237.htm。转引自联合国开发计划署、国务院发展研究中心：《中国人类发展报告2016：通过社会创新促进包容性的人类发展》，中译出版社2016年版，第39页。

年）低 2.67 年，是美国的 79.3%；比印度（6.4 年）高 3.83 年，是印度的 160%。

20 世纪 80 年代后，我国收入差距与其他发达国家一样迅速扩大，但与之不同的是，我国中下层民众仍然从发展中获得较高的收益。1978 ~ 2015 年，我国收入最低 50% 群体收入累积增长 401%，而同期美国最低 50% 群体收入没有增长，甚至略有下降（表 4–3）。同时，随着我国城市化进程的快速推进与农村居民收入水平的提高，尤其是十八大以来对农村人口脱贫问题的高度重视，我国农村人口贫困率迅速下降。按照 2010 年贫困标准，从 1980 年的 96.2%，下降到 2015 年的 5.7%。

表4-2　　中国、美国和印度人类发展比较（1950 ~ 2015年）

指标	国别	1950年	1960年	1970年	1980年[e]	1990年	2000年	2010年	2015[a]年
人均GNI（PPP，2011年美元）	中国	172	369	472	719	1516	3680	9430	13400
	美国	15298	18125	24048	29723	37062	46000	49400	52549
	印度	836	1017	1172	1266	1773	2520	4400	5730
平均受教育年限（年）	中国	1	2	3.2	5.33	6.43	7.85	9.9	10.23
	美国	8.4	9.2	10.8	12.03	12.23	12.7	13.1	12.9
	印度	0.99	1.13	1.61	2.34	3.5	5	6.2	6.4
人口平均预期寿命（岁）	中国	41	44.0[b]	61.7	65.7[c]	68.6	71.4	73.5	76.34
	美国	68.2	69.8	70.8	73.8	75.2	76.8	78.5	78.9
	印度	36.2	42.3	49.3	55.4	58.5	62.1	65.7	68
农村贫困发生率（%）	中国	—	—	—	96.2	73.5	49.8	17.2	5.7
文盲率（%）	中国	—	33.61[d]	—	22.82[e]	15.88	6.72	4.08	—

注：a.中国数据为2015年数据，美、印两国数据系2015年或2014年数据。b.系1960 ~ 1965年平均数，实际1960年当年数据为36.3，考虑到当时为“三年自然灾害”时期，死亡率要高于同时期水平，故以五年平均值代替。c.系1982 年数据。农村贫困发生率，系 2010 年标准，每人每年2300 元（2010 年不变价）。d.系1964年数据。e.系1982年数据。

资料来源：文盲率来自历次人口普查数据。其他数据转引自胡鞍钢、王洪川，“中国人类发展奇迹（1950 ~ 2030）”，《清华大学学报（哲学社会科学版）》，2017年第2期。

表4-3 收入增长与不平等1978～2015：中国与美国比较

收入群体	中国		美国	
	年均增长	累积增长	年均增长	累积增长
全部人口	6.2%	811%	1.3%	59%
最低50%	4.5%	401%	0.0%	-1%
中间40%	6.0%	768%	0.9%	42%
最高10%	7.4%	1289%	2.1%	115%
最高1%	8.4%	1897%	3.0%	198%

资料来源：Capital Accumulation，Private Property and Rising Inequality in China，1978-2015，Thomas Piketty，Li Yang，and Gabriel Zucman NBER Working Paper No. 23368，April 2017，Revised June 2017。

三、迈入增长新阶段：经济增长与收入分配关系的转变

（一）增长新阶段需要优化收入分配格局

无论是“前三十年”还是“后四十年”，物质资本积累始终是我国经济增长的主动力。但当前，我国经济增长已经进入到新的阶段，增长条件出现重大变化。要在新阶段保持较长时期的中高速增长，关键是完成增长方式转变，而这又以优化收入分配结构为前提。

2011 年以来，我国经济的增速下行与结构失衡，缘于潜在增长率向中高速换挡的过程中，以物质资本积累为主动力的增长方式与新的增长条件不匹配。随着增长阶段的演进，我国经济的增长条件出现重大变化：人均资本逐步增加，资本回报率开始下降；劳动力供求关系出现转折性变化，劳动力要素再配置效应逐渐减少，工资不断上升；同前沿国家技术差距在缩小，模仿、引进前沿技术的难度加大。由此，物质资本积累的内生动力，及其对经济增长的带动作用减弱（图 4-10）。而传统增长方式未能及时转变，导致实体经济回报率下降，资本向金融与房地产部门集聚，产生泡沫并累积风险。

要在新阶段保持较长时期的中高速增长，关键是建立以技术创新和人力资本积累为主动力的增长方式，实现经济结构再平衡。在新的增长阶段，“稳增长”的内涵也出现深刻变化。对于后发追赶型经济体而言，存在“经济起飞—高速增长—中高速增长—中低速增长—增速回归”的周期特征（张军扩等，2014）。回到过去的高速增长既无必要也无可能。当前“稳增长”的内涵是将经济增速稳定在新的潜在增长率水平，保持较长一段时间的中高速增长。但这并非能够自动实现，很多国家正是在增长阶段转换期出现经济停滞，陷入“中等收入陷阱”。实现“稳增长”的关键是完成增长方式的转变，由以物质资本积累为主动力转为向以技术创新和人力资本积累为主动力。这要求不断培育新产业、新业态，并促进传统产业、传统业态的转型升级，提升实体经济回报率，实现实体经济、金融与房地产部门的新平衡。

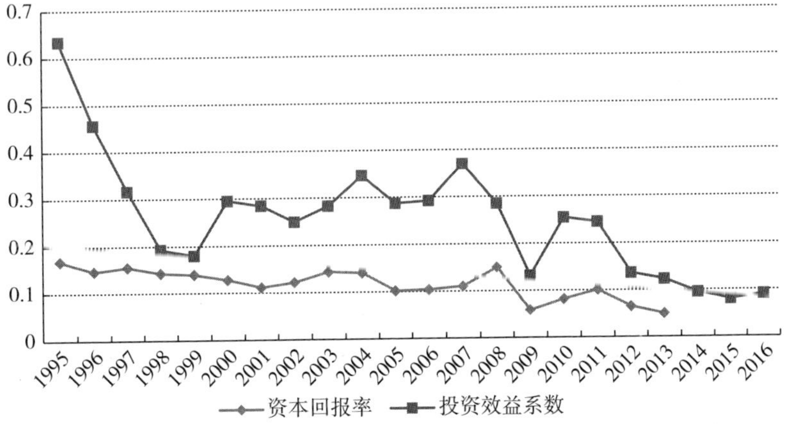

图4-10　资本回报率和投资效益系数（1995～2016年）

注：资本回报率反映单位投资所能获得的边际收益。投资效益系数反映单位投资所能增加的国内生产总值，由新增国内生产总值除以全社会固定资产投资得到。

资料来源：投资效益系数由作者根据中国统计数据应用支持系统数据计算；资本回报率来自白重恩、张琼（2014），他们测算了不同统计口径的估计值，文中选择其不考虑存货并剔除生产税和企业所得税的测算口径。

增长方式转变以优化收入分配结构为前提，而新的增长条件也为缩小收入差距奠定了基础。从需求侧看，随着劳动力成本优势逐步消失，转变增长方式需要更多依靠内需引领（图 4–11）。当收入差距较大时，占人口大多数的低收入群体难以实现消费升级，而在国内产业发展初期，高收入群体更偏爱已经成熟的国外同类产品，导致新产业、新业态的发展缺乏足够的市场支撑。从供给侧看，转变增长方式需要更多积累人力资本。当收入差距较大时，占人口大多数的低收入群体对人力资本投入不足，甚至出现代际传递，造成效率损失。可见，优化收入分配结构是实现增长方式转变的前提。而在新的增长条件下，缩小收入差距也是可能的：一方面，劳动力供求关系的改变为提高劳动收入占比奠定了基础，有助于消除不同要素所有者间的收入差距；另一方面，人力资本在生产中贡献增加，也促使发展成果的分配更多向劳动者倾斜。

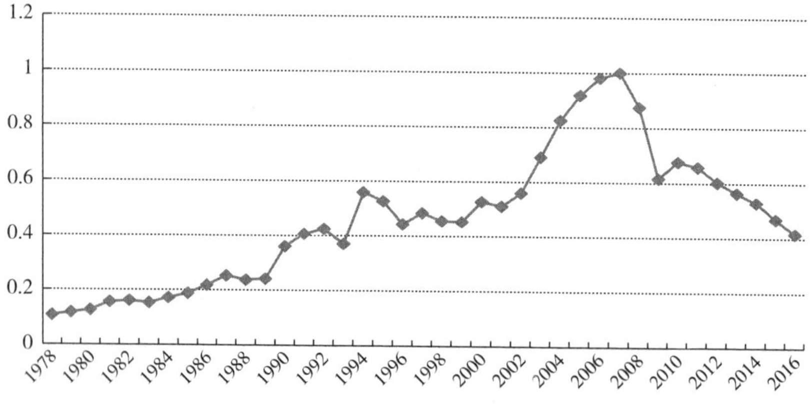

图4-11　出口总额与社会消费品零售总额之比（1978～2016年）

资料来源：作者根据中国统计数据应用支持系统数据计算。

（二）当前促进“稳增长”与“优分配”良性互动的建议

1. 要把“优分配”提升到更重要的位置上

“优分配”就是优化收入分配结构，缩小收入差距，逐步走向共同富裕。“优分配”比“惠民生”的针对性更强：一方面，同样包含了就业、医疗、教育、社会保障等民生领域；另一方面，突出强调了优化城乡、地区、要素间分配结构，进而缩小整体收入差距的要求。当前，我国收入差距长期处于高位的负面效应已经显现，社会流动性有缩小趋势，且收入差距仍有扩大可能。“优分配”既是人民群众的迫切愿望，也是在新的增长阶段转变增长方式的前提。而随着增长条件的改变，“优分配”也具有现实可能性。因此，我们建议将“优分配”正式纳入政府工作任务，与稳增长、促改革、调结构、防风险并列。

2. 要避免使用强刺激政策“稳增长”，防止进一步恶化收入分配结构，制约增长方式转变

当前阶段稳增长，绝不能再走发货币、扩信贷，通过维系高投资来保持经济增速的老路。在增长条件已经出现重大变化的情况下，以这种方式稳增长，虽会产生一时之效，却将进一步降低投资效率，透支增长潜力，加大债务风险，不仅不可持续，还会推高资产泡沫，导致原本已经处于高位的收入差距进一步扩大。而收入分配结构恶化又将反作用于经济增长：一方面加剧社会矛盾，提高经济社会运行成本；另一方面也不利于需求结构的改善和人力资本的积累，制约增长方式转变。可见，稳增长必须走出一条新路。

3. 要通过改革体制机制实现“稳增长”与“优分配”的统一

一是进一步转变政府与市场关系，在促进增长方式转变的同时，提高劳动收入占比。企业总是在成本约束中做出利润最大化选择：当农村存在大量剩余劳动力，工资成本低时，企业自然倾向外延式发展，在对外竞争中更多依靠低成本优势；而当劳动力供求关系出现转折，工资成本上升时，企业则有动力转向创新驱动，并建立对外竞争的新优势。因此，应充分发挥市场在资源配置中的决定性作用，让企业切实感受到成本约束的压力，而非通过政府干预加以减缓，从而激发其创新动力。

二是培育发展要素市场，在进一步优化要素配置的同时，提高居民收入。完善劳动力市场，严格保护劳动者权益，在促进人力资本更加广泛积累的过程中，提高农民工群体获得的劳动收入与公共服务。完善农村土地财产权利，打通城乡土地市场，在优化农村土地要素配置的过程中，让农民获得更多的土地增值收益。完善金融市场，有效连通普通投资者的资金供给与新产业、新业态的发展需求，在促进新产业、新业态更快发展的过程中，让广大民众获得更多的财产性收入。

三是改善营商环境，尤其是中西部地区营商环境，在进一步促进民营经济发展的同时，减少不同地区民营经济的发展差距，增强地区间发展的平衡性。

四是优化政府支出结构、加大再分配力度，在促进公共服务均等化、切实缩小收入差距的同时，推动需求结构的升级和人力资本的积累，增强经济增长的长期动力。要减少政府直接促进资本积累的支出，增加公共服务投入比重。同时，要积极稳妥地提高财产税比重和高收入群体税负，加强转移支付力度。

四、结语

本专题提供了一个统一的分析框架，梳理中国在“前三十年”和“后四十年”增长推动和成果分享方面的经验，指出中国在现代化新阶段面临的挑战，并提出政策建议。这也能为其他发展中国家提供借鉴。

在近七十年的时间里，受发展条件的制约，物质资本积累始终是我国经济发展的主动力，集中资本并实现有效投资是前后两个时期体制机制的共同要求。受内外环境的影响，体制机制的选择与演变也影响到我国收入分配动态，但在不同发展时期，政府始终注重改善民生，让中下层民众分享到发展成果。当前，中国的现代化已经进入新的历史阶段，发展条件出现深刻变化，必须转变发展方式及其背后的体制机制安排，在保持中高速增长的同时逐步缩小收入差距，最终实现共同富裕。我们建议，将“优分配”提升到更重要的位置上，避免使用强刺激政策“稳增长”，而是通过体制机制改革实现两者统一。具体而言，要进一步转变政府与市场关系，培育发展要素市场，改善中西部地区营商环境，优化政府支出结构并加大再分配力度。

中国经验对其他发展中国家同样有借鉴意义。

第一，要持续深入改革，使体制机制安排始终与现代化阶段相适应。现代化是分阶段的，在不同的发展阶段，发展条件和与之相匹配的发展方式存在差异。因此，支撑现代化持续推进的体制机制不是一成不变的，需要适时调整。

第二，要以共同富裕作为出发点和落脚点，在动态过程中实现增长和分配的统一。在现代化进程中必然会出现不同个体和群体间利益结构的动态变化。只有将共同富裕作为出发点和落脚点，才能协调好少数人和多数人、整体和局部、长远和短期的利益关系。一是在一国发展初期，确实需要更多发挥政府作用，通过较高的社会积累突破发展的贫困陷阱，但在这一过程中应不断提高医疗卫生和教育水平，并当经济发展到一定程度，就应更多发挥人民的积极性和创造性。二是在一定的发展阶段，允许收入差距在一定范围和一定时期内扩大，有助于提高劳动者的积极性，但随着发展阶段的演进，需要更加发挥政府在推动社会公平正义方面的作用，优化收入分配结构，保证人民平等参与、平等发展的权利，让发展成果更多更公平地惠及全体人民。

执笔人：施戍杰

参考文献

[1] 白重恩，张琼. 中国的资本回报率及其影响因素分析. 世界经济，2014（10）

[2] 薄一波. 正确处理积累和消费的比例关系. 建国以来重要文献选编（第9册）. 北京：中央文献出版社，1956

[3] 胡鞍钢，王洪川. 中国人类发展奇迹（1950—2030）. 清华大学学报（哲学社会科学版），2017（2）

[4] 怀仁，李建伟. 我国实体经济发展的困境摆脱及其或然对策. 改革，2014（2）

[5] 联合国开发计划署，国务院发展研究中心. 中国人类发展报告2016：通过社会创新促进包容性的人类发展. 北京：中译出版社，2016

[6] 刘少奇. 国家的工业化和人民生活水平的提高. 建国以来重要文献选编（第1册）. 北京：中央文献出版社，1950

[7] 罗纳德・纳克斯. 不发达国家的资本形成问题. 北京：商务印书馆，1966

[8] 肖冬连. 加速农业集体化的一个重要原因——论优先发展重工业与农业的矛盾. 中共党史研究，1988（4）

[9] 肖冬连. 中国二元社会结构形成的历史考察. 中共党史研究，第2005（1）

[10] 余斌，陈昌盛. 国民收入分配：困境与出路. 北京：中国发展出版社，2011

[11] 张军扩，余斌，吴振宇. 追赶接力：从数量扩张到质量提升. 北京：中国发展出版社，2014

[12] 张来明，李建伟. 收入分配与经济增长的理论关系和实证分析. 管理世界，2016（11）

[13] 张占斌. 中国优先发展重工业战略的政治经济学解析. 中共党史研究，2007（4）

[14] 施戍杰，侯永志. 深入认识以人民为中心的发展思想. 人民日报（理论版），2017-6-22

[15] 施戍杰，侯永志. 实现以人民为中心的发展是人类发展思想的最新境界. 中国经济时报，2017-10-12

[16] 施戍杰. 我国收入差距的总体形势与应对思路. 重庆理工大学学报（社会科学），2018（1）

[17] 施戍杰. 保持经济稳定增长与优化收入分配结构良性互动研究. 学习与探索，2018（7）

[18] Thomas Piketty，Li Yang，and Gabriel Zucman，2017：Capital Accumulation，Private Property and Rising Inequality in China，1978-2015，NBER Working Paper No. 23368，April 2017，Revised June.

[19] Kuznets，S.，1955，"Economic growth and income inequality"，American Economic Review，45（1）.

专题报告五

区域政策与中国经济增长

中国经济发展在过去60年取得了巨大的成就，从一个贫穷的国家成为世界第二大经济体，实现了近50年的快速增长。1981～2012年期间，中国贫困人口减少约7.9亿[①]。对于中国的经济增长在理论和政策界都有不同的解释。更普遍的观点强调了市场经济改革和对外开放政策对经济增长的推动作用（李扬，2013；朱晓东，2012等）[②]。但从中国经济增长与其他发展中国家的比较来看，一国实现经济增长是多项政策的组合作用。不同国家，经济发展的内外条件都有很大不同，需要从不同的角度加以观察和探讨，以便提出更具有普遍意义和更高适用性的发展模式。

基于此，本报告从中国区域发展政策的角度讨论了其中的经济增长逻辑。对于区域政策，这曾是一个备受争议的话题[③]，但从多国的发展实践来看，它对一国的经济增长不仅具有不可忽视的作用，而且

---

① 数据来源：中国扶贫开发报告（2016）。

② 资料来源：China's Growth Miracle：Past，Present，and Future（Li Yang）；Understanding China's Growth：Past，Present，and Future（Zhu Xiaodong）。

③ 资料来源：Harvey W.Armstrong，The Assignment of regional policy powers within the EC。

越来越重要。本报告重点讨论中国如何利用区域政策推动经济增长，并基于中国的发展经验，为发展中国家推动经济增长提出一般性的政策建议。本报告主要包括三个层面的内容：一是中国区域发展政策的回顾，从不同国家经济发展的实践来理解“区域政策”的内涵；二是详细论述中国应用区域政策推动经济增长的潜在逻辑和政策思路；三是基于经济全球化、新一代技术进步等新的区域发展背景和条件，针对发展中国家如何应用区域政策方法提出若干政策建议。

一、中国区域发展政策的回顾

什么是区域政策？无论是在学术研究领域还是政策制定领域，该词一直被广泛地应用，但它并没有类似于财政政策、贸易政策等明确统一的定义。根据经济学家辞典中的解释，区域政策是企图推动某一个具体地理区域而不是整个国家经济活动发展的政策，最典型的是针对经济状况不好地区的发展政策[①]。从广义的角度来看，对不同区域经济发展具有显著影响的政策都可以被称作“区域政策”；从狭义的角度来看，区域政策是指那些针对具体地区的政策，具有明确的空间边界。本报告所讨论的区域政策主要是指后者。

如表 5-1 所示，区域政策是多数国家在推动经济发展中常用的政策工具。正如 Antoni Kuklinske（1977）所描述的，区域政策是解决理论和实际问题的跨学科方法，拥有非常广泛的应用记录[②]。基于此观点，区域政策可以被看作政策工具的组合（如税收、投资、财政转移、规划、产

① 资料来源：Economics A–Z is adapted from “Essential Economics”，by Matthew Bishop – Bloomberg Press，Economist books。

② 资料来源：Antoni Kuklinski，Social Issues in Regional Policy and Planning，pp.vii。

业政策、土地政策、环境政策等），通过区域政策构建经济增长的平台，或者经济增长的生态。该政策并不是对微观经济运行干预的政策工具。换言之，区域政策的实施实际上是空间结构优化的过程，通过政策创造地区之间成本—收益的差异，引导不同要素的空间配置，进而影响经济增长。区域政策实施的过程本身也是经济增长的动力源泉之一。

表5-1　典型国家区域政策的应用

	区域政策
日本	2050国家空间政策的总体设计、产业布局优化、节点城市发展、首都功能再定位、企业总部布局优化、乡村振兴、区域核心城市发展、城市社区振兴等（Sasaki，2015）
英国	地方企业合作（LEPs）、北部城市—区域增长战略、大伦敦地区发展、泰晤士河谷开发计划、城市增长战略等
美国	密西西比河谷开发计划、区域创新集群等
中国	经济特区、西部大开发、中部崛起、东北及其他老工业城市振兴、长江经济带、京津冀协同发展等
德国	区域经济结构（GRW）改进和多层协调框架、城市—区域发展等
欧盟	智慧分工等

资料来源: OECD Territorial Reviews Japan(2016) and OECD Regional Outlook 2014: Regions and Cities: Where Policies and People Meet。

自新中国成立以来，中国的区域政策经历了四个阶段的调整。每个阶段的调整都是针对不同阶段经济发展转型需求（如图5–1[①] 和表5–2所示）。

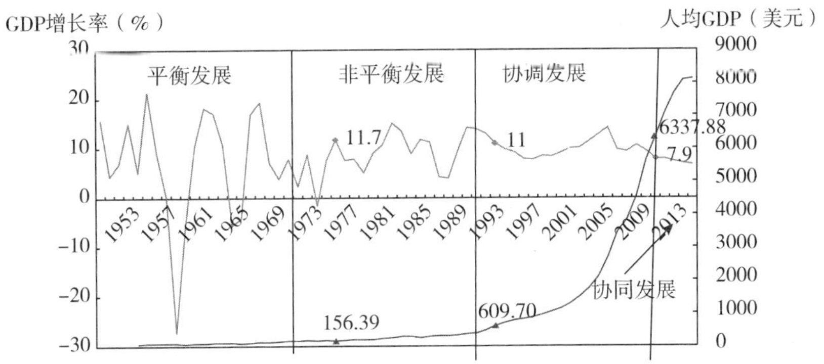

图5-1　中国不同发展阶段区域政策的选择

① 数据来源: 根据新中国50年统计资料和中国统计年鉴（2016）计算。

第一阶段（1949～1978年改革开放前）。经历了多年的战争之后，中国几乎在经济、社会、政治等各个领域都面临着重建。在这样的发展背景下，中国选择了“区域平衡发展”的区域政策，旨在推动各区域的经济增长。整个国家被划分为五大经济区，电力工业、原材料开采、钢铁、装备制造等重要的基础产业由中央政府控制的计划统一均衡布局。该阶段平衡发展的主要目的是改变国内产业过度集中于沿海地区的产业空间格局，并非每一个地区绝对“平均”的发展。1953年，上海、江苏和辽宁三个沿海省市的地区生产总值占全国GDP的比重约为30%①。为了实现相应的政策目标，中国政府制定了两个基本的产业布局原则。一是临近原材料地区或者消费地，另一个是要避免产业过度向某个地区集中，目的是平衡不同地区主要工业产品的生产能力。重要原因是中国尚处在战后经济恢复重建的发展时期，整个国家尚未建立完善的要素流通体系，无论是产品运输还是劳动力的跨区域流动，社会物流能力极其有限。流动成本也较高，因此在区域之间采取相对平衡的发展思路对当时的中国经济增长，可谓成本最有效的解决路径。需要强调的是，尽管该阶段区域政策总体导向是“平衡发展”，但并不是所有产业都被要求“平衡”，而是更强调煤炭、电力和基本能源生产行业的区域平衡，这样可以减少“零起点”阶段的长距离配送，为各地区的经济创造更有利的发展条件。

平衡发展政策对推动新中国的经济增长具有重要的意义。第一个五年计划时期，中国GDP年均增长率为10.3%，同期政府税收增长率为12.3%②。城镇地区的就业增长超过三倍，全社会就业翻了两番③。

---

① 数据来源：根据新中国50年统计资料计算。

② 数据来源：同上。

③ 数据来源：同上。

第二阶段（1978 ~ 1995 年）。自 1978 年改革开放至第八个五年计划，中国区域发展政策进行了第二次调整，即从“平衡发展”转向“非均衡发展”。新中国成立后经过一定时期的发展，国民经济生产体系初步形成，尽管经济发展水平还较低，但经济活动组织运行的基本能力已具备基础，生产力空间布局的总体框架初见雏形，需要转向更高效率的发展思路，否则在资源和生产能力有限的条件下，平衡发展的空间布局可能会因为各类资源的分散式利用影响总体效率的提升，并且随着经济规模的扩大，这种效率损失会更加显著。基于这样的认识，中国在区域经济发展思路上进行了比较显著的调整，实施了一系列针对沿海地区和部分省市地区的地区导向型的区域政策，从而促进更多公共资源优先向此类地区集中。

与中国区域政策其他三个阶段的调整相比，这一阶段是相对根本性的改革。最重要的政策措施包括设立经济特区和分权式改革。具体包括：①降低和减免企业所得税；②向地方政府下放投资权力；③增加地方外汇留存比例；④开放金融服务，允许外资金融机构在沿海地区设立总部或分支机构，培育和发展资本市场，在深圳和上海成立股票交易所；⑤鼓励沿海地区更大的制度创新和实验，允许突破部分政策限制等。这些政策对经济增长产生了显著的推动作用。1978 ~ 1995 年期间，中国经济增长实现了 10% 左右的年均增长率；人均 GDP 从 1978 年的 156 美元增长至 609 美元，超过了中低收入国家的平均水平（根据世界银行的标准，1978 年，中低收入国家人均 GDP 的水平为 314 美元，1995 年为 531 美元）。在此期间，新增就业约 2.8 亿。1995 年，净出口总值达到了 119 亿美元，从贸易赤字转为贸易盈余[①]。

① 数据来源：根据中国统计年鉴（2016）、IMF支出平衡数据库。

第三个阶段（1995 ~ 2012 年），即第九个五年计划至十八大期间。中国的区域发展政策从“非均衡发展”转向“协调发展”。这一时期的调整意味着政策不再只是向东部沿海地区倾斜，更多的政策要转向扶持内陆地区的发展。在此期间，中国政府实施了一系列重大区域发展战略，如西部大开发、促进中部地区崛起、东北及其他老工业基地振兴等。这些区域政策的核心目标是为相对落后地区提供较大的推动力，刺激其经济增长。这一时期政策的调整实质上是对快速扩大的区域差距的一种政策响应。1978 ~ 1995 年，中国国内人均 GDP 最高省份与最低省份之比扩大了约十倍之多（如图 5–2）[①]。

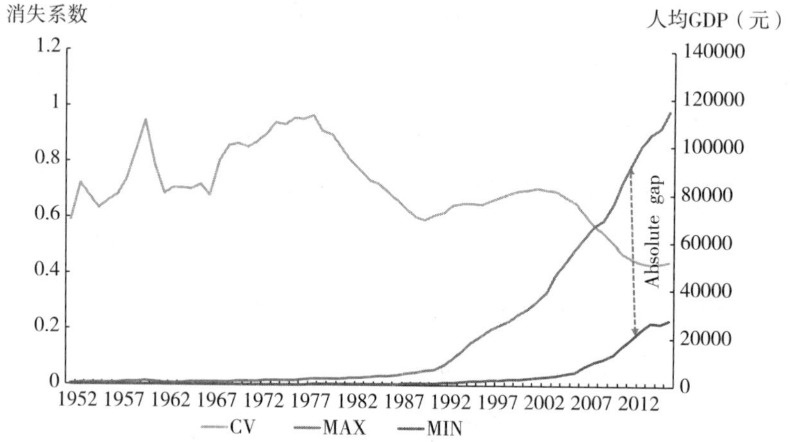

图5-2 中国区域差距的变化趋势（1952 ~ 2016）

特别值得关注的是该阶段区域“协调”发展理念的提出。“协调”代表着更有效更务实的一种经济增长路径。该理念并不完全否定地区之间发展差距存在的客观性，因为每一个地区都有不同的历史、文化、资源禀赋和地理环境等，而是构建了更可行的发展方式，即“效率优先、兼顾公平”。这是中国区域政策实践对一国区域经济增长路径选择最

① 数据来源：根据中国统计年鉴（2016）和新中国50年统计资料。

值得借鉴的经验和模式。

效率、公平和可持续性是区域政策中必须考虑的三大指标。回顾中国不同发展阶段的区域政策目标，“效率”始终是优先目标和长期坚持的目标。对此可能有不同的观点和认识。反对的观点主要是认为应更强调公平和环境目标（Fabrizio Barca，2009；Karen Helene Ulltveit-Moe，2007）[①]。但即使是中国最近的区域政策，其核心目标仍然是改进效率，只是实现政策目标的路径不同，推动经济增长的路径不同。这三大政策目标存在内在联系，不应被简单地分开。效率优先的目标是为了更好地解决区域公平和环境问题。正如“没有蛋糕，如何分蛋糕？”，每一个政策目标的实现都存在“规模门槛”，没有效率就没有规模，也就没有能力实现其他目标。即使在低效率的发展阶段，区域发展差距被缩小，也只能是一种低水平的公平。

第四阶段（2012年至今）。随着2012年中国经济增长速度的下降，进入新常态，为应对新一轮结构转型的需要，区域政策再一次调整，从强调“协调”转向“协同”。标志性事件之一就是“京津冀协同发展战略”的实施。这是通过区域政策推动经济增长的又一次开拓性试验。该战略的实施重点要解决四个方面的发展问题：①更有效地治理北京“大城市病”，促进首都大都市区的可持续发展；②优化调整资源要素的空间布局，培育新的经济增长极；③京津冀地区更有效的环境治理与改善；④缩小京津冀地区的发展差距，促进基本公共服务的均等化。该战略更强调跨行政区的合作与区域发展的一体化规划。从历史的角度来看，这次区域政策的调整实际上是延续性的政策创新，旨在更高地适应新技术革命背景下经济增长的内在需求。但该战略的

---

① 资料来源：Fabrizio Barca，Pursuing equity through place-based development policies；Karen Helene Ulltveit-Moe，Regional policy design：An analysis of relocation，efficiency and equity。

实施尚在初期阶段，政策实施效果仍需要进一步观察。

表5-2 中国不同发展阶段不同的政策组合

区域政策		政策作用	政策工具组合
阶段 I	平衡	建立基本的产业生产体系，培育和积累了多层次的人力资本	行政命令/ 中央政府控制的产业布局/农业生产合作组织/各类工人、技术人才的培养、技校制度等
阶段 II	不平衡	改进经济效率	分权式改革/土地改革/开放政策/金融政策/利润留成/税收激励/技术创新/农村家庭联产承包制等
阶段 III	协调	缩小地区差距	鼓励土地使用权的流转/城镇住房制度的改革/基础设施和基础产业的一体化规划/东西部地区对口援助/要素价格改革/建立资本金制度/国有企业改革/建立多层次社会保障制度/促进就业政策等
阶段 IV	协同	提升发展质量	跨行政区的区域发展规划/建立区域分工合作机制/跨行政区的税收共享政策/统一的社会保障政策/促进资本、人力资本、知识等要素流动政策/区域创新政策/改革地方政府绩效考核制度等

二、基于区域政策的经济增长逻辑

区域是地理空间的概念，无论大还是小，每一个区域都是经济、社会、政治等方面的综合体。任何经济或社会活动都将在具体的地理区域发生，任何政策也都必须要落在具体的地理空间上。国民经济的增长是由不同区域的增长构成，但并不等于不同区域增长的简单加总。不同地区的增长不是孤立的，而是相互影响的。

从实现经济增长的路径来看，总体上包括两种方式：一是通过调整要素在不同行业部门的配置进而改进效率，二是调整要素在不同区域之间的配置。二者都是通过优化资源要素的配置结构实现经济增长。从这个意义上来看，区域导向型的政策不仅是一类政策工具，更是发展经济的方法。因此，应用区域政策推动一国经济增长的过程中，首先要对一个基本区域问题做出合理地判断和预期。对于一个国家而言，是否需要所有地区同时实现经济增长或者只是某几个地区实现经济增长，这是各国制定区域政策的基本起点，不同的判断直接影响到区域政策的取向。

中国六十多年的发展经验已从实践的角度证明了区域政策的必要性和有效性。如图 5-3 所示，以区域为基础促进经济增长是一个动态和长期的过程。区域的空间范围并不固定，政策目标也是多元化的。本报告以中国区域政策的实践为基础，按照“关键问题是什么”—“潜在的机遇 / 瓶颈”—“政策组合”—“传到机制”这样的思路来解释中国在不同的发展阶段如何利用不同的政策目标和政策工具组合推动经济增长，更深层次理解区域政策下的经济增长逻辑。

三、对发展中国家的启示及政策建议

经济增长是一个复杂的长期过程。每一类促进经济增长的政策都有其优势和不足，并不存在通用于各国的最优政策。强调自由化、市场自由竞争的发展政策已经在拉美、苏联以及一些发展中国家应用，但并没有充分的证据表明这些政策的有效性。相反，过度强调自由化的政策对某些国家的经济稳定带来了严重的负面影响。这在某种程度上也推动了各国政策制定者们对区域政策的关注。

一国的经济增长是由不同空间的经济增长所构成，每一个地区的经济增长必定会影响国家总体的经济增长。在此意义上，国家的经济增长也可以看作“区域增长”的问题，那么区域政策在整个过程中具有不可忽视的作用。中国经济发展的实践已充分证明了区域政策的作用。但需要强调的是，中国经济发展所取得的成就是基于特定的历史条件，是众多因素综合作用进而成就中国经济的快速发展。对于其他发展中国家而言，经济发展的环境条件已完全改变。在新的发展条件下，包括全球产业分工格局、经济活动的组织方式、资源要素的空间组织形态等已经发生了深刻的变化。即使一些国家过去成功的经验也很难直接适用于当前的经济发展。因此，对于发展中国家，更有意义的是认识和理解其他国家区域政策有效或无效背后的逻辑，即区域政策对一个国家经济增长发生作用的机理，而不是局限于采用了那些政策工具或者区域政策是否有必要应用等问题。鉴于此，基于中国区域政策的应用实践对发展中国家具有如下启示和建议。

第一，区域政策不是“万灵药”，但对于经济增长是行之有效的政策工具。伴随着交通、ICT、人工智能等新一代技术的快速发展，资本、劳动力、知识、产品等各类要素跨区域流动的成本都显著降低。也就是说，要素在整个全球市场的流动性显著增强。发达国家和地区具有显著的先发优势和规模竞争优势，具有更高的要素回报率，并由此产生了自我强化的要素积聚效应。这些趋势使得发展中国家的经济发展面临着比以往更严峻的挑战。在全球经济体系更加开放和一体化的发展条件下，国家与国家的竞争已转向了区域之间的竞争。

因此，对于发展中国家最现实的方法是充分发挥区域政策的杠杆作用，调整优化经济活动在整个国家范围内的布局，引导更多的要素和资源流向具有相对更大潜在优势的地区，最大化资源利用的规模效应，而不是为了维持低水平的区域公平而分散式利用有限的资源。但在更加开放的发展条件下，积聚和分化的力量更强，经济增长的内生循环很难被打破，发展中国家在聚集优质资源方面并不具备显著的优势，不具备与发达国家竞争的能力。

第二，“区域”是区域政策的基本单元，“区域”与“政策”能否合理匹配是决定区域政策效率的首要决定性因素。因此，在制定促进经济增长的区域政策时，首先要科学恰当地选择“区域”。而区域的选择，要基于国家的整体发展，确定哪些地区是优先地区，哪些地区次之，明确不同区域政策所对应的政策空间。当然，在区域的选择方面并不是一件容易平衡的事，但考虑到资源，包括政策资源的有限性，以及国家资源要素整体利用效率的最大化，这又是制定区域政策的过程中必须要决策的。如果区域政策在实施过程中与预期目标偏差显著，那么也要首先判断“区域”的选择是否与该项政策相匹配。其他一些学者也提出了类似的政策建议。例如：Tiebout 提出权力与适当的治理规模相匹配是权力下放过程中最关键的一步。Paul C.Cheshire 也给出了相同的建议，关键是权力与空间规模的匹配[①]。但这一点在区域政策制定的过程中并未得到足够的重视。

例如，经济发展权力的下放是多数国家区域政策中经常被使用的工具之一。中国在改革开放的早期阶段也采用了这一政策工具。为了调动各级地方政府经济发展的积极性，即使是最低层级的政府也享有这一权力[②]。每一层级的地方政府都有强烈发展地方经济的动机。短期来看，这固然促进了经济增长，但不可避免的是，各地区之间不得不竞争有限的资源，为了赢得竞争，地方政府又不得不采取各种竞争方式，如税收减免竞争、土地价格竞争，有些地方政府为了吸引企业投资甚至“零地价”，设立各种政策壁垒等等，所有这些“竞争”都造成了区域经济发展秩序的混乱。但这不意味着“分权化”是一个无

① 资料来源：Paul C.Cheshire，Max Nathan and Henry G. Overman，urban economic and urban policy。

② 中国地方政府分为五个层级：省、市、县、乡（镇）、村。

效的区域政策工具。造成其失效的主要原因是区域与政策之间的“不匹配”。特别是随着经济全球化趋势的增强，区域之间的联系更加复杂，区域政策的空间单元应更强调超越行政边界的复合城市—区域（city-regions）或者功能区，而不是传统的行政区域。公共权力与公共资源的分配应随着不同的发展阶段调整所对应的“区域”。

第三，经济增长过程中存在许多不确定性因素，有必要建立弹性、快速的政策响应机制。区域和区域之间的差异性很大，区域之间相互影响的关系也非常复杂，针对某个地区的区域政策可能会对其他地区的发展产生深远的影响，而这种影响往往是很难预测的，只有显现之后才能够被观察到。因此，建立相应的政策响应调整机制是提高区域政策有效性的不可或缺的条件。

政策响应机制至少包括三个方面。一是政策决策机制。对于区域政策，既需要考虑区域和国家的发展需要，也需要协调不同部门的利益，平衡各类利益群体的需求。但不同主体的利益取向往往是不同的，满足所有相关主体的需求是不现实，也是不必要的。因此，必须制定一个有效的政策决策机制来推动政策的实施，否则不仅会产生更长的时间成本和更高的协调成本，延缓“政策”的制定，失去最有利于政策的“窗口期”，并且会为产业投资带来更多的不确定性。以中国新近实施的“京津冀协同发展战略”为例，构建了新的决策机制，目标是打破京津冀三个地区利益的束缚，着力解决区域发展中长期存在的问题，协调地区之间的产业发展。具体而言，成立“京津冀协同发展领导小组”，由中共中央政治局常委、国务院副总理担任组长，领导小组成员由国家有关部门负责同志和三省市主要负责同志担任，领导小组办公室设在国家发展改革委，三地也设立了相对应的分支机构。这是迄今为止中国推动跨区域协调发展最高级别的协调决策机构，加大了对各方资源统筹协调的力度。与此同时，中央政府还成立了京津冀协同发展专家咨询委员会，组织开展各相关领域的研究，为领导小组提供决策咨询建议[①]，让更多的政策诉求和建议能够科学合理地放映到区域政策规划的早期阶段。

二是要构建政策反馈机制。这对于不同区域适应发展条件的变化和现实的发展需求具有重要的意义。中国的政策反馈机制由不同的渠道和路径形成，如独立或者隶属于部门的智库或者研究机构，定期或非定期地进行政策评估，地方政府、地方人大、政协等机构更直接的反馈等。

三是要构建利益共享机制。从国际经验来看，这一机制多是通过税收均等化或者税收共享实现。在中国还建立了地区之间的对口援助机制。包括不同的援助类型和方式，如资金援助、产业援助、共建产业园区、发达地区与落后地区党政、技术等不同领域的人事交流挂职机制等。这种地区之间的对口援助机制最大的优势在于其灵活性，即可以快速准确地适应不同地区实现经济增长的各不相同的内在需求。

总而言之，如何利用区域政策促进经济增长并不存在标准模式。如上文所述，中国区域政策随着发展阶段的变化也在改革创新，从平衡到非均衡，从分散到集中，以及从协调到协同。总体的政策思路是通过财政政策、产业政策、大型公共投资项目的布局、跨区域的发展规划等政策工具资源要素向特定区域流动，培育新增长极，进而促进国家整体经济的增长。这个过程表面上看起来是依靠非市场的力量配置资源，但确实克服了市场配置资源的弊端，显著地推动了中国经济的繁荣增长。即使从务实的角度而言，区域政策是发展中国家在推动

① 资料来源：促进区域协同发展的政策与机制。

经济增长过程中值得采纳的政策路径。但每一类促进增长的政策都不是完美的，正如平衡发展可能会导致效率的损失，非均衡发展又会导致区域差距的扩大。为了更好地设计与一国国情相适应的区域政策，政策制定者需要更现实更广泛地理解其中的增长逻辑，准确把握实现经济增长的节点问题和不同区域政策实施的“窗口期”，智慧地制定与经济增长相匹配的政策组合。

执笔人：孙志燕

专题报告六

与世界其他经济体的联系及互动的经验总结

作为一直在经历不断转型的国家，中国充分利用与其他经济体的联系和互动促进了民族的自强和经济的腾飞。这其中的经验无论对于中国未来的发展还是对于那些正在经历与中国类似发展过程的欠发达国家的发展都是很有意义的。本报告试图通过对新中国成立近七十年以来中国与世界其他经济体的联系与互动进行梳理分析，总结其成就与经验。

一、新中国成立以来中国对外经济联系与互动的历程和特征

与经济社会的不断转型一样，中国对外联系与互动的对象和方式也在不断地变化。从发展的历程来看，新中国成立以来中国对外经济联系与互动大致可以分为四个阶段[①]。

第一阶段是从新中国成立到中苏关系的恶化[②]。这一阶段，由于

① 对于新中国成立以来中国的对外经济联系与互动的历程存在不同划分标准。

② 具体指20世纪60年代初期。

意识形态的关系，西方国家对中国并不友好，中国的对外经济联系与互动主要表现为与以苏联为首的社会主义国家加强联系与互动。最值得一提的就是1950年2月14日中华人民共和国与苏维埃社会主义共和国联盟（苏联）签订的《中苏友好同盟互助条约》。自此之后中国同社会主义国家的联系与互动得到快速推动。从全球的视角来看，这一阶段中国被动采取的是一种“半开放、半封闭”的对外联系与互动模式。

第二阶段是从中苏关系恶化到改革开放之初。这段时期，特别是在中美建交之前，中国与苏联由合作关系逐渐转为敌对关系，与此同时中国与美国的敌对局面并未得到根本改善。中国反对两个超级大国的霸权主义使得中国对外经济联系与互动自然而然地处于一种孤立状态。虽然这一阶段中国逐步加强对亚非拉的发展中国家的联系，但这种联系更多表现为政治联系。同时，加上国内“文化大革命”等因素的影响，从对外经济联系与互动的角度来看，这一阶段的中国主要处于一种“相对封闭”的状态。

第三阶段是改革开放之初至21世纪第一个十年。由于之前中美已经建交和中国常任理事国身份已经恢复，同时西方国家经济滞涨迫使其为寻找新的发展机会而对华采取友好态度，更为关键的是由于中国国际战略的调整，中国逐步走上了全面开放之路。中国在学习东欧和西方发达国家的经验过程中，加大了对西方发达国家开放的步伐，积极融入全球化的大潮之中。特别是在苏东剧变和中国加入WTO之后，中国对外经济联系与互动的国家越来越多，领域越来越宽，程度也越来越深。这一阶段中国逐步形成了“全面开放的”对外经济联系与互动关系。但是需要指出的是，这一阶段的对外经济联系与互动采取的主要还是“为我所用”“主动参与”的模式。

第四阶段是从 21 世纪第二个十年至今。这一阶段客观上发生了两大根本性转变：一是中国的经济实力和国际地位发生了根本性变化，中国成为全球第二大经济体、全球经济增长的第一大贡献者和全球第一大贸易国；二是金融危机的“后遗症”迟迟难以消除，西方发达经济体内部的结构性矛盾不断暴露，民族主义、保护主义不断盛行，全球化进程被蒙上了一层厚厚的阴影（如英国“脱欧”、美国“优先”），全球经济治理面临严峻挑战。面对这一局面，中国提出了“一带一路”倡议和“人类命运共同体”理念，对巩固和完善现有全球经济治理体系贡献了先进理念、中国智慧和中国方案。这无疑给“逆全球化”苗头渐起的当今世界带来了一股“清流”。可以看出这一阶段的对外经济联系与互动采取模式正在逐渐由“主动参与”向“捍卫引领”转变，由全球经济治理规则的“接受者”向“建言者和修正者”转变。

二、中国对外经济联系及互动的成就

从总体上说，新中国成立以来的绝大部分时间里，中国通过推动对外经济联系与互动，为实现经济的腾飞和国际地位的提升提供了有力的支撑。具体成就可以总结为以下几个主要的方面。

一是加强与苏联等社会主义国家的经济联系与互动，为新中国建立独立的比较完整的工业体系和国民经济体系提供了重要基础。第一阶段，在西方国家的仇视和封锁下，中国通过加强与以苏联为首的社会主义国家的经济联系与互动，获取了大量的资金、设备、技术和人才的援助。据统计，第一个五年计划期间，基础工业部门（煤炭工业和化学工业除外）和国防军事工业新增的生产能力中，有 70% ~ 80% 是苏联援建的 156 项提供的，如炼铁、炼钢、轧钢能力；

有的行业达到100%，如炼铝和汽车制造等[①]。1955年4月，中苏签订《关于苏联帮助中国和平利用原子能的协定》，在苏联的帮助下，中国建立起了第一个原子能反应堆和回旋加速器。20世纪50年代，新中国聘请苏联专家10800多人，聘请其他社会主义国家专家1500人[②]。这些对于刚刚结束半殖民地半封建社会的中国实现经济的恢复发展和工业化的起步起到了十分重要的作用。这一时期，中国的对外贸易快速发展，贸易结构不断优化，经济保持较快增长。统计数据显示，1950 ~ 1960年间货物进出口贸易年均增速接近20%，这与改革开放之后很长时间的贸易平均增速基本相当；中国出口占全球的比重由1950年的不足1%快速上升至1959年的2.7%，这一水平直到20世纪90年代中期才得以恢复；出口商品中工矿产品和农副加工品的比重大幅提升，分别从1950年的9.3%和33%上升至1960年的30%和45%左右；1952 ~ 1960年中国国内生产总值年均增速接近10%；工业增加值年均增速达到25%左右；工业部门比重从1952年的18%左右提升至1960年的接近40%。

二是不断加强全面对外经济联系与互动关系有力地推动了中国成为全球贸易大国和全球制造中心。对外贸易是加强对外经济联系与互动的最为直接的方式和渠道。新中国成立以来的近七十年来，特别是改革开放以来，中国通过不断加强全面对外经济联系与互动，推动了对外贸易的飞速增长，贸易结构快速升级，外汇储备快速积累。2017年中国进出口贸易总额从1950年的11亿美元暴增至41052亿美元，增长了3600倍左右[③]。其中，出口总额从1950年5.5亿美元增加至

① 参见武力：《中华人民共和国经济史1949—1999（上）》，中国经济出版社1999年版。
② 参见李德彬：《中华人民共和国经济史简编1949—1985》，湖南人民出版社1987年版。
③ 未剔除价格因素。

2017 年 22633 亿美元，增长超过 3000 倍；进口总额从 1950 年 5.8 亿美元增加到 2017 年 18419 亿美元，增长超过 3000 倍。中国出口占全球出口的份额从 1950 年的不到 1% 快速提升至 1959 年的 2.7%，改革开放之后特别是加入 WTO 之后进一步提升至 2016 年的 13% 以上。中国在全球贸易中的位次也不断提升，由 1950 年的第 28 位上升至 2007 年的第二位，2013 年成为全球第一大贸易国。长期贸易顺差使我国从一个外汇捉襟见肘的国家一跃成为世界第一大外汇储备国，外汇储备从新中国成立之初的 1 亿美元左右迅速扩大至近年来的超过 3 万亿美元。出口商品结构也逐步由以初级产品为主过渡到以机电和高新技术产品等资本技术密集型产品为主。大量的对外贸易拉动了国内制造业的发展。2010 年中国制造业增加值超过美国；目前在 500 多种主要工业产品中，中国有 220 种产量跃居世界首位，中国已经成为全球名副其实的制造中心。

三是加强对外经济联系与互动关系推动了中国经济的快速增长。对外开放使得中国经济不断地融入全球价值链的分工体系之中，不断提升自身的专业化水平，促进自身资源利用效率的提升和技术的进步。根据 WTO 的研究，过去的二十多年，中国的垂直专业化指数上升最快，由 1985 年的 8% 左右上升到 2008 年的 37%，已基本达到韩国的水平。高速增长的出口需求对国内经济的拉动作用十分明显。根据 OECD-WTO 全球价值链（GVC）的测算结果，中国出口创造的国内增加值占 GDP 的总量的比重不断提升，由 1985 年的 16.5% 上升至 2000 年 18.3%，入世以后更是快速提升至 2008 年的 22.5%。这与有着同样经历的韩国比较类似，而远高于美国和欧美的平均水平，也高于已经步入发达国家的日本。随着出口依存度和进口依存度的逐年增加，进出口对 GDP 增长的贡献也逐渐提高。利用投入产出表数据测算结果显示，出口对GDP增长率的贡献波动较大，1992年出口对GDP增长的贡献仅为1.8个百分点，而2005年为5.1个百分点。类似地，进口对GDP增长率的贡献波动也较大，1990年进口对GDP增长的贡献仅为0.1个百分点，而2005年为3.3个百分点。

四是全面开放的对外经济联系与互动推动了中国社会主义市场经济体制的完善和发展。加快全面开放的过程也是不断推动市场化改革的过程。具体来看表现在如下几个方面。一是设立的经济特区、各类开发区、自贸区等特殊经济功能区成为率先实行市场化取向的经济体制改革的“试验场”。深圳经济特区在劳动用工制度、工资制度、定价机制、投融资体制等方面率先进行了改革尝试，推动了要素市场化改革、收入分配以及市场配置资源等方面的体制的转型。二是利用外资为市场化改革提供了经验，也有力地推动了中国的所有制改革。改革开放过程中，中国颁布了若干吸引外商投资的法律，如1979年颁布的第一部《中华人民共和国中外合资经营企业法》。这些法律的制定借鉴其他市场经济国家的重要做法和经验，这些法律的制定和实施为中国国内推动市场化改革提供了可参照的国际惯例。另外在外资进入中国的过程中，许多非公有制企业不断设立，这些企业引入了市场经济条件下的企业制度和治理结构（如现代企业制度、股份合作制度、法人制度等），这为中国各类企业的市场化转型提供了有利条件。三是兑现加入世界贸易组织的承诺为国内的经济体制改革提供外在压力。为了履行加入WTO的承诺和更好地融入多边贸易环境，中国大面积清理有悖于WTO规则的法律、法规，加快了市场化改革的步伐，不断增强政策的统一性、公开性和透明度，巩固了中国社会主义市场经济体制的制度基础和法制基础。

三、中国对外经济联系与互动的经验与启示

这里试图从不同维度总结中国过去近七十年来的对外经济联系与互动的经验与启示。

一是必须客观评价改革开放前后两个时期对外经济联系与互动的关系。从现有的研究来看，对于改革开放以来中国对外经济联系与互动的评价更多，而前后两个时期之间的关系分析较少。根据我们的分析，改革开放之前的对外经济联系与互动为改革开放以来的对外经济联系与互动提供了重要基础。首先，前一阶段的对外经济联系与互动为后一阶段的对外开放提供了产业支撑。特别是逐步开启全面开放模式之后，改革开放之前通过加强与社会主义国家的联系形成的较为完整的工业分工体系和政府的组织能力为全面开放模式下承接国际产业转移提供了产业基础条件。非洲和南美洲国家的经验证明，如果国内缺乏相应的工业基础迅速推动，全面开放往往难以培育国内产业的竞争力，更是难以分享全球市场的红利。其次，与苏东国家的联系与互动为中国市场经济的启蒙发挥了重要作用，为后来向西方国家的开放提供了基础。苏东等国家较早就开始推行改革，试图摆脱苏联高度集中的计划经济体制。由于制度上的同根性使得这些国家成为中国改革开放前后交流学习最为频繁的国家之一。与这些国家的互动使中国认识到计划经济并不存在一成不变的模式。“中国的经济工作者们自 20 世纪 50 年代后期就对苏东国家的改革方案有所了解。其实，中国改革的先驱孙冶方和顾准的改革思想与东欧早期的改革思想理论几乎是一致的。”[①]另外，还值得强调的是，第一阶段加强与

① 林重庚：“中国改革开放过程中的对外思想开放”，《比较》第三十八辑，2008年12月。

社会主义国家的联系对提升当时中国的国际地位也有着十分重要的作用，这对于之后提升中国在国际组织中的地位和推动全面开放也起着重要作用。

二是必须根据国内外环境的变化及时调整对外经济联系与互动的战略和具体模式。科学判断时代的主题是制定国际战略的前提，准确了解国际格局的变化是制定国际战略的条件。这就意味着不同的时代主题和国际格局情形下也必须采取不同国际战略，对外经济联系与互动的具体模式也会不同。前面提到的过去近七十年来中国对外战略以及在此基础上采取的对经济联系与互动的模式之所以经历了多次调整，原因正是如此。第一次重大调整是从“一边倒”战略、“向东开放”转向“向西开放”“全面开放”。这一调整的背后既体现了国际上时代主题从“战争与革命”向“和平与发展”的转变，也反映了中国在全球政治格局中角色的变化特别是对美苏关系的变化，还反映了国内由“计划经济体制”向“市场经济体制”转变的需要。第二次重大调整是从全球化的“主动参与者”向全球化的“捍卫者和引导者”转变，以及从全球经贸规则的“被动接受者”向“公平正义的推动者”转变。这一调整则既体现了金融危机之后全球化面临来自民族主义和保护主义盛行提出的新的挑战，也体现了中国在发展中国家特别是自身与发达国家力量对比发生重大变化的背景下做出的角色调整，还体现了中国特色社会主义进入新时代经济转型的需要。这种调整不仅仅体现在大的战略方面，也体现在具体的模式方面。如从“促进出口加进口替代”转向“全面开放”，从“以引进来为主”转向“引进来与走出去并重”。

三是必须在对外经济联系与互动中保持积极开放的心态。从长期历史的视角来看，中国经济强大的时期往往是积极加强对外经济联系与互动的时期，而闭关锁国的时期却是中国经济落后的时期。从过去近七十年的发展历程来看，无论是在经济发展的起步阶段还是在经济腾飞阶段，保持积极开放的心态、加强对外经济联系与互动都是非常重要的。正如毛泽东在《论人民民主专政》一文中旗帜鲜明地指出："在帝国主义存在的时代，任何国家的真正的人民革命，如果没有国际革命力量在各种不同方式上的援助，要取得自己的胜利是不可能的。"[①]在新中国成立初期，正是由于中国加强同苏联等社会主义国家的经济联系与互动，才使得中国能够在较短的时期加快发展，从而不断巩固人民革命的成果和民族独立的基础。随着科技的发展特别是信息通信技术的发展，保持积极开放心态、加强对外经济联系与互动对于经济发展更加重要。知识和技术具有累积效应。如果不能保持积极开放心态、加强对外经济联系与互动，将不可能以较短时间、较低的成本学习世界上已有的先进技术，因而也就难以发挥后发优势实现快速追赶。另外随着信息互联网技术的发展，许多重大技术创新往往需要不同国家的加强互动与合作，不保持积极开放心态加强对外经济联系与互动也就不能顺应全球科技创新的潮流与趋势，也必然影响其经济的发展。

四是必须注重对外开放与国内体制机制改革的互动。无论从历史经验还是从国际经验来看，对外开放虽然对推动经济增长十分重要，但并不是说只要对外开放就必定会带来经济增长。换句话说，对外开放只是外因，还必须注重内因的作用。中国与国外的经济联系与互动由来已久。即便是在相对封闭的清朝时期，也出现了以"条约口岸"等形式的被动的对外经济联系和以"自开商埠""武步泰西"等方式

① 参见毛泽东：《毛泽东选集（第四卷）》，人民出版社1991年版。

的主动加强对外经济联系。然而这一时期的对外经济联系与互动对中国民族发展的作用并未显现。从国际视角来看，不少非洲、南美洲的国家加入 WTO 的时间要远早于中国，其对外开放度要远高于中国，但是这些国家并未像中国这样成功实现了经济的长期、稳定、高速增长。从统计数据来看，在中国加入 WTO 之前 WTO 已经有 141 个成员，而这些成员截至 2016 年只有 51 个经济体已经迈入高收入社会，而 56 个经济体仍然处于低收入或中低收入水平，仍然有 78 个经济体人均 GDP 水平低于中国。另外，世界增长和发展委员会（2008）虽然将“充分利用了国际经济”作为持续高增长的经济体的五大共同特征[①]之一，但是也指出这些因素既非充分条件也非必要条件。从中国的发展实践来看，国内体制机制的改革才是中国经济持续增长的内因。只有加强两者的互动才能最大程度地利用好国际经济来推动国内经济的增长。

五是必须注重对外开放的优先顺序。在中国加强对外经济联系与互动的过程中，始终采取的是渐进式的开放策略。在具体的开放策略方面，先采取“促进出口加进口替代”的政策，在积累一定的开放经验和发展条件的基础上再采取全面开放的模式，降低了全面开放对国内经济冲击；在开放的空间布局方面，先沿海设立经济特区、经济开发区、开放城市进行开放试点，再逐步向内地推广、复制，降低了对外开放的试错成本，提高了开放的效率；在具体产业开放方面，先全面放开具有竞争优势的劳动密集型产业，而对汽车、石化、农业等重点劣势产业充分考虑其承受能力设定合理过渡期，逐步培养这些产

① 世界增长和发展委员会（2008）总结了持续高增长的经济体的五个共同特征：一是充分利用了国际经济；二是保持了宏观经济的稳定；三是积聚了很高的储蓄率和投资率；四是允许由市场来配置资源；五是拥有敢作敢为、值得信赖和精明强干的政府。

业国际竞争力，为开放过程中产业的转型升级提供了条件，防止了开放过程中“低端锁定”；在资本市场方面，以利用外商投资为主，逐步改革和完善汇率机制，审慎对待资本市场的开放，维持了对外开放过程中金融市场的稳定。经历两次金融危机，中国都能够保持国内经济的相对稳定，充分说明中国渐进式开放在防范风险方面的重要作用。另外，阿根廷、以色列、乌拉圭和其他拉美国家的教训也表明，对外开放的顺序十分重要，否则就会为此付出代价。如阿根廷1980～1981年间因为缺乏财政政策的配合而过早推进金融自由化最终只能以失败告终。

六是必须将国内比较优势与全球技术、产业发展的机遇结合起来。作为后发追赶经济体，从日本、德国到亚洲四小龙，再到中国大陆大多在加强对外经济联系与互动的过程中，充分利用了全球产业转移的机遇。20世纪50年代开始，日本、德国抓住第一次全球产业转移的大趋势，逐步通过加强对外经济联系承接了来自美国的纺织、钢铁、石化等产业，实现经济的快速发展。而进入六七十年代之后，亚洲“四小龙”（中国香港、中国台湾、新加坡和韩国）在利用了第二次全球产业转移的机遇，通过承接来自日本、德国的轻工、纺织等劳动密集型加工产业，也实现了经济的腾飞和追赶。而改革开放之后，中国大陆同样也抓住了全球产业“雁阵”转移的第三次机遇，承接了来自发达国家和亚洲“四小龙”等新兴经济体的劳动密集型产业和低技术型产业；与此同时，中国大陆还充分利用新一轮技术革命带来的价值链分工的机遇，充分融入全球分工体系，主动承接全球价值链中劳动密集型和资源密集型的生产环节。对比之后可以发现，这些经济体在承接产业转移之时，也正是其人口抚养比较低的时期。如德国的50年代、日本的60年代和亚洲四小龙大的70和80年代都经历人口总抚养比的低谷。其低成本劳动力的竞争优势与全球产业的转移的结合促成这些经济体实现经济的起飞和快速发展。因此欠发达国家在加强对外经济联系与互动过程中需要综合全球产业发展的趋势和自身的比较优势制定相应的发展战略。

执笔人：何建武

参考文献

[1] 门洪华. 中国国际战略演进及其经验总结. 教学与研究，2009（10）

[2] 张二震，方勇. 经济全球化与中国对外开放的基本经验. 南京大学学报（哲学·人文科学·社会科学版），2008（4）

[3] 隆国强. 中国对外开放的新形势与新战略. 中国发展观察，2015（8）

[4] 罗纳德·L. 麦金农. 李若谷，吴红卫. 经济自由化的顺序：向市场经济过渡中的金融控制. 北京：中国金融出版社，1993

[5] 董筱丹，薛翠，温铁军. 改革以来中国对外开放历程的演变及其内在逻辑. 中国经济史研究，2012（2）

[6] 武力. 中华人民共和国经济史1949—1999（上）. 北京：中国经济出版社，1999

[7] 李德彬. 中华人民共和国经济史简编1949—1985. 长江：湖南人民出版社，1987

[8] 林重庚. 中国改革开放过程中的对外思想开放. 比较. 2008（6）

[9] 毛泽东. 毛泽东选集（第四卷）. 北京：人民出版社，1991

[10] 世界银行境长发展委员会. 增长报告：可持续增长和包容性发展的战略. 北京：中国金融出版社，2008

专题报告七

全球典型经济发展模式比较研究

所谓经济发展模式，是指在一定时期内国民经济发展战略及经济增长机制、运行原则的特殊类型，它包括构成经济发展的制度结构、资源配置方式、经济结构、收入分配方式、开放经济形态等一系列要素。它一方面是动态化的，也就是随着时间的推移和经济环境和经济条件的变化而不断演化，另一方面又是静态化的，也就是在某一时期和阶段呈现出的典型特征。如果一种经济发展模式能够在较长的时间内影响其他国家，或为其他国家所推崇和借鉴，那么它就能成为那个时代具有代表意义的发展模式。世界目前具有代表性的经济发展模式包括英美模式、东亚模式、日本模式、韩国模式、新加坡模式、德国模式、北欧模式和拉美模式，这些模式在历史发展进程中和全球化背景下得到人们的深入研究和总结。

一、有政府干预的自由市场经济模式：英美模式

西方资本主义国家有着不同的发展模式，其中英国、美国的发展

模式在全球化浪潮中几乎影响了世界各国，可以简称为英美模式。探究英美模式的本质，必须将其放在资本主义发展史中去考察。从宏观上看，每一次资本主义的全面性危机的爆发往往意味着模式的调整和变革，英美模式的产生有其深刻的历史渊源和现实背景。

（一）英国创立了第一个资本主义发展模式——自由竞争市场经济模式

自由竞争市场经济模式以无可抗衡的优势贯穿了整个 19 世纪，并在 20 世纪 20 年代达到了辉煌的顶点。自由放任的市场经济是这个模式的典型特征，它以古典经济自由主义奠基人亚当・斯密的“自由竞争”思想为指导，反对政府干涉经济活动。然而，1929 ~ 1933 年的大萧条宣告了该模式的终结。这场资本主义历史上前所未有的大危机造成了大批企业倒闭和大规模的失业，在资本主义世界造成了严重的社会动荡，这就意味着自由竞争市场经济模式的指导理论——经济自由主义的破产。

（二）政府干预市场经济模式的出现

“政府干预”强调对自由竞争模式中放任不羁的市场加以政府干预和管束，其指导理论是凯恩斯主义。凯恩斯认为，“资本主义市场并不先天具备自动调节供给与需求的机制，一定程度的、以需求为导向的、积极财政政策的政府干预行为是解决问题的方法”。他反对古典自由主义的“自然失业率”理论，主张充分就业[①]。在凯恩斯主义理论和罗斯福“新政”实践的共同作用下，一个以政府全面干预经济、

① 约翰・梅纳德・凯恩斯：《就业利息和货币通论》，中国社会科学出版社2009年版。

主张充分就业和刺激有效需求为特点的“政府干预市场经济”模式终于形成，罗斯福秩序时代是资本主义历史上经济发展最为快速、劳资关系相对和谐、社会相对稳定的时期，史学家称之为资本主义历史上的“黄金时代”。但是，1973 ~ 1975 年资本主义世界发生的“滞胀”危机宣告了凯恩斯主义的破产，资本主义发展开始转入里根—撒切尔时代。

（三）自由市场经济模式的复归

由于 20 世纪 70 年代的“滞胀”危机，凯恩斯主义成了众矢之的，西方世界充斥一片“古典经济自由主义”的复古氛围，撒切尔便是“找回自由市场”的积极倡导者。撒切尔以“TINA”（There is no alternative，别无选择）为口号表明自己革新的决心，在英国实行了一场涉及各个领域的私有化运动。撒切尔革命的另一目标是消灭福利国家及其主要支持力量——工会。她认为，竞争是社会的天性，有“市场经济”就有“市场社会”，国家通过收入再分配手段维持的社会福利只会增加庸人和懒人的惰性，是一种妨碍竞争的“劫富济贫”的不公正行为。

在美国则进行了一场“里根革命”。对于“滞胀”产生的原因，里根经济学的主要派别——供应学派认为，这是凯恩斯主义三项基本政策产生所带来的后果。据此，政府的主要经济政策应该是“以供应为导向，削减税收，鼓励私人企业，减少政府干预”。里根经济学另一理论支柱——以哈耶克为代表的新自由主义学派，强调市场的自发调节作用，认为政府干预市场经济是一条走向“奴役的道路”。在供应学派和新自由主义理论指导下，里根在美国实行了以“大幅度减税、部分私有化、减少政府管制、削减中等收入阶层的福利待遇”为主要内容的里根革命，这场革命使美国走向一条全面修正“罗斯福秩序时代”的经济社会政策的道路。但是，以自由市场经济为目标，追求短期利益的发展结果，将会造成更大不利的影响，最终导致 2007 年开始持续至今的长期萧条的出现。

（四）国家干预市场经济的再复归

2007 年金融危机的爆发，实际上是英美模式长期发展累积的结果。金融危机的爆发暴露了一味追求经济自由的问题。这里以美国为典型进行分析。美国的股东利益至上主义企业治理模式，一方面带来的是企业效率，另一方面也带来资本追求利润最大化的贪婪，它是美国经济形成虚拟经济泡沫化和产业空心化的基础。美国高新技术迅速发展的同时也带来了市场的过度投机行为，形成网络经济神话泡沫。美国是较早的大众消费主义社会。“负债过度消费拉动型”消费模式，造成房地产市场泡沫。追求经济自由、放松监管刺激了个体的投机行为，泡沫的爆裂将对社会产生一系列严重的连锁反应。追求经济自由，也造成了监管的缺失，如在次贷危机之前，美联储等机构并未及时发出预警，采取相应措施，使得危机的爆发水到渠成。受到金融危机的影响，造成了全球化竞争条件下美国产业竞争力和经济实力的相对下降。

金融危机后，奥巴马政府积极在赤字财政、金融管理改革等方面实施措施。其干预措施虽然在一定时期内缓解了金融危机的冲击，稳定了经济形势，但从总体上看，由于深陷债务危机以及巨额财政赤字，美国经济复苏并不理想，刺激经济政策也使美国财政赤字和债务危机更加严重。美国利用美元的世界储备货币地位，使美国有可能不断利用量化宽松政策缓解自身债务危机和赤字危机，把通货膨胀转嫁给世界，严重影响了世界经济复苏和结构调整，也引致金融危机向更深层次发展。在此背景下特朗普上台，进一步推行“美国优先”战略，实行制造业振兴、大规模减税、贸易保护等一系列刺激就业、经济复苏计划，表现出更加强烈的政府干预倾向。

（五）英美模式总结

一是私有制为主导，强调经济自由和政府干预相机结合的经济模式。英美经济模式突出自由竞争；强调劳动力市场、资本市场的流动性，劳动者享受有限的法定劳动所得和社会福利；公司注重利润最大化目标的实现，社会依靠良好的制度和法制环境来维系其运转。美国经济在繁荣时期奉行政府较少干预的经济自由，在经济危机和经济衰退时实行政府干预政策，特别是2007年以来政府积极干预经济，更加体现出“混合”经济的一些特征，但并不是典型的混合市场经济。

二是企业股权分散化，且以个人和机构投资者持股为主。美国公司以高度发达的个人产权为主体，公司的股东数目众多，极为分散，往往一家公司有数以百万计个股东，而且单个股东持股的数量非常有限，所持股票份额占公司总股本的份额很低，公司最大股东的持股份额也很少超过5%。

三是虚拟经济发达，实体经济萎缩。企业融资由从银行的债务式融资到发行股票上市，后者更好地利用了市场对各种资源的调节作用。因此，个人和机构投资者持股的短期性质促使股票交易十分频繁，从而导致美国公司股票的流动性较大，金融市场高度发达。发达的资本主义国家同样关注资源的共享，并称其为“大众型资本主义”，这种发展方式推崇资源的有效利用，通过利用每个单位或经济个体的闲置资源来满足其他单位或个体的需求（Arun Sundararajan，2016）。但是，过度金融化导致美国虚拟经济发达，加之新自由主义所主张的自由化与全球经济一体化给美国带来了严重的产业空心化，引起了国内实体经济萎缩和劳动力大量向虚拟经济部门转移的现象。

四是良好的创新机制。以股权融资为基础的企业经营管理机制有助于企业进行知识和技术的创新，促进经济的增长，同时金融投资机制为风险投资者提供了完善的退出机制，也促进了美国新经济的发展，美国在创新和创业方面都具有极强的发展活力，美国的发展得益于创新创业红利。由于科技的创新和领先，美国长期处于产品生命周期曲线的初期阶段，占据了技术所创造的价值的绝大部分。在企业创新过程中美国政府以间接介入形式对创新实施影响，如政府订货、教育科研投入、政策支持等。

五是典型的“消费拉动型”经济。随着消费增长空间日益狭窄，实体经济萎缩，虚拟经济发达，使其形成了“负债过度消费拉动型”消费模式，它刺激了经济发展，也为金融危机埋下了隐患。

英美模式，特别是美国经济发展所带来的问题和爆发危机的巨大成本是值得各国反思的。

二、政府主导型市场经济模式：东亚模式

（一）东亚模式概述

世界银行在1993年曾就东亚问题发表过两个研究报告。一个发表于1993年9月，题为《东亚的奇迹——经济增长和政府的政策》；另一个发表于1993年11月，标题是《东亚的经验教训——各国情况纵览》。前一个报告论述的范围是日本、亚洲“四小龙”（韩国、新加坡、中国台湾、中国香港）及东盟三国（印度尼西亚、马来西亚和泰国），后一个报告则把日本换成了中国。

两个报告虽然不同意东亚地区存在单一经济发展模式的提法，但是却论述和归纳了东亚国家和地区的一些基本共同点。第一，普遍实行赶超战略，在增长方式上，表现为通过高储蓄和高投资率（包括对人力资本的投资）来带动经济的高增长。第二，形成政府主导型的经济管理体制，即人们所说的“强政府”，与此相应，建立了形式各异的权威主义的政治体制。第三，推行外向型的经济发展战略，将国内市场与国外市场融为一体。第四，高强度的经济发展关联性，即通常所说的“雁行发展模式”，并且已经由过去的产业循环机制逐渐发展为一种区域性的经济增长模式。

（二）日本模式

相比较于美国，尽管日本同属于资本主义国家，但由于其独特的地理位置和文化特征，日本的经济发展模式既有时代和地区的缩影，又是东西方文化相结合的产物。从战后到现在，日本在探索中逐渐调整适合自身的经济发展方式，主要表现为发展以日本公司特点为基础的生产体系以及政府主导型的日本战略产业支持政策。日本的市场经济是典型的政府导向型市场经济模式，有以下几个典型特征。

1. 政府积极干预经济，产业政策突出

日本实现经济高速增长，开创了独具特色的政府主导型市场经济模式，打破传统的自由市场经济体制，利用非市场竞争手段来配置资源，使政府充当组织者和裁判员角色。在战后日本的经济赶超阶段，日本政府通过其特有的产业政策、经济发展战略、经济计划、行政指导等集中配置全社会的资源，吸取先发国家的经验教训，使得日本经济发挥了“后发优势”，短期内赶超西方发达国家。

2. 法人持股制、主银行制度与多元公司治理形态

二战后，美国占领军司令部在战后民主化改革的过程中，采取了解散财阀以消除家族控制，解除控股公司与子公司之间的层级控股关系的措施。随后日本于1953年的政策变动，使得日本企业所有权结构开始从以个人为中心变为以机构为中心。到了60年代，为了防止被恶意接管，集团内部相互持股又得到了进一步发展。日本公司治理形成了以法人相互持股、主银行制为特征的公司治理结构。

3. 日本法人持股的最大特点是相互持股

法人相互持股是一种环状持股。目前日本有两类典型的企业类型。第一类型是法人持股和银行贷款比例都较高，外国人持股比例最低，属于传统的公司治理类型。这类企业的公司治理指数和资产回报率都最低，主要分布于中小规模的建筑、纺织、服装和食品等传统行业企业。第二类型企业均为大公司，在经济结构中占有重要地位。这类企业对银行贷款的依赖性较小，股票融资比率较高，其中企业相互持股较少，以机构股东和外国股东持股为主。这类企业的公司治理指数和资产回报率最高，多分布于电器和通信业等大型制造业企业。

4. 终身雇佣制为主，多元雇佣形式并存

在经济长期不景气条件下，日本企业一方面努力维持着正式雇员的长期雇佣，另一方面也灵活使用派遣工、临时工及计时工等非正式雇佣形式。近些年日本雇佣结构中非正式雇员比率在逐渐上升。为了更好地激励员工、鼓励创新，日本许多企业改变了传统的年功序列工资制，引入了业绩主义薪酬制度；很多企业还实行了年薪制，坚持以能力与劳动生产率为评价基础，不仅注重物质奖励与精神奖励的配合，还与职业生涯设计联系起来，同时也强调企业的社会责任。因此日本的年薪制是自身的“以人为本”理念与美国激励薪酬的一种融合，对企业及雇员双方都有很大的吸引力。

5. 贸易立国经济发展战略

1949年9月公布实行的《经济复兴五年计划》中确定了贸易立国的经济发展战略。该计划指出：“将来经济规模乃至生活水平的高低，最终取决于我国的出口规模。”但直到1960年的《民国收入倍增计划》，才使贸易立国的战略得到进一步发展，从过去那种以振兴出口贸易作为手段促进日本经济自立的思想转变成为要以全世界作为日本的原料、燃料供应地，以全世界作为日本的商品销售市场的外向型经济战略。

6. 倡导循环经济

作为岛国的日本不得不更加重视的问题是其经济的发展与自然资源之间的矛盾。为了解决这一问题，日本倡导循环经济的发展模式。日本循环经济产业发展经验包括开展多元环境教育、提高公众环保意识、健全循环经济法律法规体系、发挥政府的主导作用、多方参与、社会化推进等方面。在循环经济中，之前的传统产业既有机遇又有挑战，但是国际领先的研发能力和创新水平将推动日本传统产业新的发展。

尽管日本在战后实现了经济的快速复苏和赶超，造就了“东亚奇迹”，在科技创新领域的发展成就使其在东亚“雁行模式”中占据“雁头”的地位。但是20世纪90年代，日本的泡沫经济崩溃，同样遭受了发展速度趋缓、历届政府改革均不奏效的问题。日本的政府主导型经济发展模式并不是完美无缺的，这种经济运行模式在为国家打造出主导产业实力的同时也埋下了政府过深涉足经济等多方面隐患。

（三）韩国模式

韩国在短期内取得辉煌的经济成就，就是因为有符合国情的经济发展模式，即韩国模式。作为“东亚奇迹”的典型代表，韩国采用的是政府积极干预经济的发展模式。政府主导是韩国经济发展模式的重要特点，即首先由政府全面参与经济规划，制定宏观经济发展战略和产业政策，或采用间接诱导政策，或直接进行干预，扶植、引导有前途的产业，鼓励财阀积极开拓市场，在市场中进一步增强竞争力。韩国的政府主导型经济的发展模式主要内容有以下几点。

1. 韩国的出口导向型发展战略

在市场机制不完善、不健全的情况下，韩国政府通过制定一系列战略和政策来参与和干预经济，力图启动和发育市场并推动经济的增长。韩国经济实现高速增长的重要原因之一就是实行了有效的政府指导下的出口导向型经济发展战略。

自韩国政府确立出口导向型经济发展战略以来，扩大出口一直是韩国经济的生命线，并以此指导自己的产业结构调整和替代。在短短几十年时间里，韩国对外贸易规模由 20 世纪 60 年代初不足 30 亿美元发展到了 2002 年 3146 亿美元，成为世界第十一位贸易大国。另外，韩国经济发展对外贸的依存度也日益增大，由 70 年代初的 35% 左右发展到目前 60% ~ 70% 的水平。然而，韩国经济的对外依存度过高，并且出口结构过于单一化。这种外向型经济发展过程中形成的产业结构过分依赖于海外市场。由于过多地依赖出口，韩国经济容易受到世界市场风云变幻的影响。

2. 韩国的产业政策

产业政策是韩国政府指导经济发展的一项重要手段。在经济增长的不同阶段，政府都根据国家发展计划确定优先发展的目标产业。对于目标产业，政府从资金、技术、资源、信息等各个方面予以全力支持。对处于起步阶段的幼稚产业，政府先是运用保护政策予以扶植，待其具备一定的国际竞争能力后，就毫不犹豫地将它推向国际市场。

政府的产业政策的确推动了韩国产业结构的升级，促进了韩国经济的发展。但同时，过度的政府干预也给韩国带来了一定的负面影响。尤其在20世纪70年代，由于外向型发展战略的重点放在“替代进口”上，为促进某些战略产业的发展，政府大力干预市场机制的运行，对资源配置进行干预，因而出现了干预过度的现象，削弱了市场的作用。因此，虽然政府对一定产业部门的支持是必需的，但决不能以其他产业的发展为代价。

3. 韩国大财阀的成长

韩国经济发展中一个最突出的特征就是财阀在经济中占据主导地位。韩国政府依靠产业政策和财政金融政策，迅速地集中了资源，培育出了一些具有一定经济实力的经济实体，从而推动了其经济起飞和工业化。由于小规模的企业在国际市场上缺乏足够的竞争力，韩国政府就对大企业集团进行重点扶持。韩国大企业集团竞争力的增强能够带动整个国民经济的发展，同时提升国家的竞争力。

然而，大企业的迅速扩张，往往采取过度的负债经营。据统计，韩国30家大集团自有资金比率只有18.2%，其中一些不足10%。这就不得不过分依赖银行和非银行金融机构的贷款，从而使银行受到高风险的威胁。与此同时，政府的政策刺激，容易把企业吸引到少数产业，导致重复投资，产业结构不平衡、不合理。此外，大企业的过度垄断致使中小企业不得不成为它们的附庸，处于一种被强者支配的地位，这对中小企业的发展是非常不利的，容易导致中小企业的衰落。更重要的是，韩国的大企业对经济的支配地位进一步表现为政治上的影响力，这就使大企业和政府间的关系中充斥着腐败。

4. 韩国的儒教文化

西方文化以“工具理性”为核心，把个人奋斗、功利主义、竞争和物欲摆在首位。因此，韩国与西方现代化，由于“动源”截然不同，必然形成不同的道路和模式。从经济发展模式上看，世界各国学者给韩国的现代化下过多种定义，如“结构转移模式”“发展分析模式”“内在增长模式”等诸多观点。韩国学者认为，这些观点是从不同角度来解释韩国经济发展原因的，多是从某些侧面解释各种因素对韩国经济的影响。因此他们认为，“仅用简单的因果关系来解释韩国的经济发展是不恰当的。韩国的经济发展是韩国儒教传统文化和西欧资本主义市场经济相互作用的结果”。

（四）新加坡模式

三十多年来，新加坡由单一的转口贸易经济发展成为充满活力的多元经济。在发展过程中，新加坡政府既充分利用外国的资本、技术、资源和市场，又尽力扶持本国私人企业和国有企业的发展；不断颁布并严格执行各种经济法律法规；努力完善市场经济机制，为本国企业和外资企业创造一个良好的经营环境，形成了一套独特的市场经济模式。

与西方发达资本主义国家不同，新加坡实行的是在政府指导下的、开放性的、自由经济与经济统制相结合的混合型市场经济体制。其主要特点如下。

1. 自由主义的经济政策

一是自由经济和自由竞争政策。新加坡经济自由化政策的表现之一是鼓励自由兴办企业，对私人企业予以大力扶持。新加坡国内私人资本相对比较薄弱，仅有的一些私人资本也多集中于商业、金融等领域。为此，新加坡政府对私人资本采取积极支持鼓励的政策。另一表现是私有化进程。与其他发展中国家不同的是，新加坡的私有化运动的直接原因并不是因为国有企业经营不善或严重亏损，而是通过私有化缩小国有企业的经营规模，提高资本的投资效率，更多地引进市场竞争机制，推进市场经济体系的进一步完善和成熟。

二是贸易自由化政策。新加坡独立之初，与进口替代发展战略相适应，为保护本国脆弱的民族工业，新加坡政府一度通过进口许可证、进口数量限制和信用证押金等一系列贸易壁垒，对来自国外的消费品课以高额关税并在数量上予以严格限制。但带来的结果却是工业产品在国际市场上缺乏竞争力，生产成本居高不下。

1967 年新加坡政府宣布放弃进口替代战略，制定经济奖励法案，对本国外贸体制做出重大修改。首先，放弃进口限制，降低关税，用低关税取代进口配额。除部分商品外，其余所有商品的进口配额都被关税所取代。其次，逐步缩小受关税限制的进口商品范围，同时，用退税和减税的形式对出口予以奖励。第三，为鼓励企业扩大出口，在金融政策上给予特殊照顾，为其提供出口补贴、优惠低息贷款及商业保险，以解除出口企业的后顾之忧。

三是自由价格政策。新加坡政府除对少数公用事业，如公共汽车、出租汽车、铁路、通信、邮政等实行行业性收费和少数与居民生活密切相关的商品价格实行严格控制外，其他一切商品价格全部放开，使其依赖于市场的价格调节机制，根据市场供求关系的变化上下波动。

四是自由金融货币政策。金融货币市场是市场经济体制下各市场要素中最为活跃的因素，它的发育和完善程度将直接影响市场经济的发育水平。此外，新加坡政府还实行自由汇率和自由利率政策。

2. 国家调控和干预

新加坡政府在实行自由的经济政策的同时，并未放松国家对经济的管理和干预，而是通过以下途径进行积极地调控和引导。

一是计划手段。政府通过制定国家各个时期的国民经济发展计划，对国家经济活动进行必要的调节，指导国家经济的发展。从20世纪60年代初以来新加坡政府已先后制定并完成了两个五年计划和三个十年计划。政府通过制定发展计划，把国家对经济活动的宏观调控与企业自身的微观活动结合起来，把国家的计划指导和市场的自发调节结合起来，做到有序生产、合理调配，从而避免了社会生产的无政府状态。

二是法律手段。从某种程度上讲，市场经济就是法制经济。新加坡政府十分重视国家的法制建设，陆续颁布各种法规法令，逐步形成了一套系统的法律体系。通过建立和不断完善法律制度，为经济运行创造了和谐的外部环境。

三是发展国有企业，参与国家社会经济发展进程。新加坡独立之初，国内一系列重要的产业部门均在外国垄断资本的控制下。为了改变这种局面，新加坡政府通过政府投资，大量发展国有企业。新加坡国有企业主要有两种形式：政府所属的控股公司和半官方的由国会批准建立的法定机构。

四是其他宏观管理措施。首先，由政府控制大部分的国民收入，包括财政收入和公共机构收入。其次，由政府控制货币的发行。新加坡货币新元的发行工作由货币局负责，金融管理局负责监督国家金融机构、商业银行、证券交易所及其他金融机构的日常工作。第三，由政府控制物价，以避免过度的通货膨胀。

三、福利型市场经济模式

在欧洲，社会保障体系的普遍建立是这一模式的鲜明特点，法国、德国、瑞典等国在二战后相继宣布建成福利国家。这一模式另一大特点是劳工运动获得了很大发展，在西欧，法国、德国、瑞典、荷兰等国的工会成为社会政治生活的重要角色，实行了工人与资本家同参与企业管理的劳资共决制度。这一模式的社会文化特征与经济、社会政策一致，强调平等、团结、互助的社团主义精神较为浓厚。这里介绍社会福利型市场经济模型在欧洲的三个代表性模式。

（一）德国模式

已有研究文献将德国、法国、奥地利、比利时和卢森堡归纳为西欧模式，而其中作为代表的、最具有研究价值的即为德国经济发展模式。关于德国经济发展模式的讨论，可以追溯到19世纪资本主义竞争时期，李斯特初步提出了实行保护主张的德国经济发展模式，在当时为德国初期的经济成长提供了动力。总体而言，德国模式的要点就是兼顾市场与均衡，即所谓的“市场＋秩序”。一方面，德国与其他西方国家一样奉行市场经济，推行自由竞争；另一方面，又看到自由竞争有其反社会性的一面，主张国家干预，将自由竞争可能导致的负面效应降至最低。

第二次世界大战结束后，德国的工业陷入一片废墟，而且由于东德、西德被分开，原先的工业配套体系更是被一分为二，可以说德国经济陷入低迷之中。战后德国虽然被人为地分成两个体制完全不同的国家，但是，经济发展开始与政治同步成了共有的特点。这种后建的同步使得联邦德国经济走过了一条与其他西方国家不尽相同的道路，德国走上了一条兼顾市场活力与社会均衡的经济发展道路（吴友法，黄正柏，2010），以致德国经济发展模式开始引人瞩目。德国经济发展模式呈现以下几个典型特征。

1. 政府对经济运行积极干预

由政府出面，一者对经济活动建立框架秩序，遏制其负面因素的出现；二者通过政策扶植和支持企业发展，政府支持企业研发，但不是中央规划而是市场和行业导向的管理体系。政府严格限制财政赤字，控制政府债务，通过保持国家财政稳定来保障经济可持续发展。德国逐步形成的福利市场经济体制是建立在资本主义私有制的基础上的，所以这种经济体制实质上是一种以私有制为基础的国家宏观控制的市场经济。

2. 建设福利型国家

德国模式通过建设社会福利国家抑制市场经济的消极后果，抑制社会的贫富分化，保持公平与效率的适当平衡，注重增长与福利的和谐是其模式的典型特征。

3. 以利益相关者为中心的企业治理模式

德国自 19 世纪下半叶开始工业化时，就缺乏充足的储蓄和资本市场，企业只能从银行融资，企业自身亦积极建立银行机构，以便吸收更多资金。德意志银行的前身就是银行与公司合作的结果，其主要目的就是扩大对外贸易的融资。这样，企业与银行形成一种亲密的合作关系，奠定银行进入公司治理结构中的基础。

4. 坚持发展实体经济和技术创新

德国模式国家始终重视发展工业等实体经济，在产业发展上形成了一定的独特优势，特别是制造业在质量和数量上都具有一定领先性，几乎在所有领域都达到了领先的地位，这使他们在金融危机导致的金融泡沫破裂下受到影响较少，并能够快速恢复。而另一个推动德国经济体制成型的重要因素是技术优势，19 世纪后起的德国工业化道路从一开始就明显与英法不同，它是靠进口最新技术，如引进当时最新、最具发展推动力的铁路建造、钢铁冶炼等形成重点，由大银行来实施工业贷款，1870 年开始又出现了知识密集的化学和电子工业（Alexander Gerschenkron，1962）。当时德国虽然在生产方式上还明显落后，但这些优势给德国带来了高增长，同时也奠定了德国经济发展的经济结构。

（二）北欧模式

北欧模式是指北欧国家（丹麦、冰岛、挪威、瑞典和芬兰）的社会和经济模式，这种混合市场经济的特点是“普救说”的福利国家（与其他发达国家不同），目的是鼓励个人自主性，保障全体享有人权和稳定经济。与其他类似目的的福利国家不同，重点是减少劳动力参与、推动性别平等、平等主义和广泛的社会福利，大规模财富再分配、自由运用扩张性财政政策。北欧经济模式通常被称为福利国家模式，是在经济较发达、整个社会物质生活水平大幅度提高的基础上实施的一种以国家为责任主体的全民普遍社会保障模式，其目标是对每个公民由生到死所可能遇到的一切生活及风险都给予安全保障（Andersen and Korpi，1987）。

1. 北欧模式有其独特的形成原因

特殊的气候、地理位置等自然条件，特定的社会、历史文化传统使北欧国家走上了一条不同于其他欧洲国家的经济发展道路。北欧福利模式的独特之处在于，有为政府与高福利制度。这种模式不同于英、德之类的资本主义国家，在这些国家，个人首先必须自助，国家只是扶持、帮助那些不能或暂时不能自助的人，国家在社会福利的分配中只是起一种辅助性的、补救性的作用。北欧三国建立了一套从摇篮到坟墓的完整福利国家制度（Kuhnle，1981）。从20世纪50年代到70年代，北欧社会政策的发展逐渐形成了福利国家体系，并在以下三个方面取得了积极的进展：一是公共福利，二是社会津贴，三是社会保险计划（林卡，2011）。这种国家制度在战后至70年代对于缓解社会矛盾、稳定社会秩序、促进经济的持续发展方面起到了积极作用。

2. 坚持市场经济制度，发展混合经济

北欧国家是以私人经济为基础，国有经济占比较高的社会，北欧国家高福利来源于效益高的国有企业。例如芬兰的林业和挪威的石油业都是出口贸易的主力，为国家提供了稳定的收入。挪威的股市约有37%的股份是政府持有。北欧的经济模式中加大对科技事业的投入，从20世纪90年代起，北欧诸国政府采取了一系列措施，为新兴企业营造了良好的创办和经营环境，如放松对金融和外汇市场的管制，开发本国的电信、交通、电力等，努力清除行业壁垒，规范市场运作，完善服务职能。这些举措都有力地推动了本国科技产业的发展。同时北欧国家注重发展优势产业，作为小国，北欧诸国无力广泛涉及所有的高科技领域，而是紧跟世界科技发展的趋势，依据国力和自身的科技优势，集中力量发展能够带动国民经济整体增长的尖端技术，如信息科学、生物技术、环境保护研究等。

3. 工会在经济社会发展中的作用

北欧各国有着与工人利益直接挂钩的强大的工会，其组织程度远远高于西欧各国。参加工会的会员占全体职工的比例，除挪威55%之外，其他北欧四国均在80% ~ 90%左右。工会的一个主要任务是维护职工权益，其维权力度很大。除此之外，工会还起着维护社会稳定的作用。一方面强调工资之多寡只能取决于工作的性质和要求，由企业的利润多少来决定工人工资；另一方面强调在不同行业、不同地区和不同企业间追求同工同酬目标，在工资总额不变的情况下，帮助发展停滞、管理不善的企业，照顾低工资者的要求，目的旨在建立以职工为本、效益共创、成果共享、和谐稳定的新型劳资关系。

“北欧模式”的发展并非一帆风顺。20 世纪七八十年代，由于北欧各国遭遇经济衰退，出现了许多关于“北欧病”的说法。一些经济学家认为，高福利必定会增长人们的惰性，不利于激发国民的劳动积极性，长此以往，高福利带来的必定是经济丧失活力，闲人阶层越来越庞大；而且，高福利要靠高税收支撑，而高税收必定会不利于国民经济私营部门的发展，同时也会使外国投资退避三舍。因此，从 90 年代中后期开始，北欧各国对它们的经济政策和福利制度进行了一系列调整和改革，使国民经济获得了较高的增长速度，国际竞争力大为增强，同时继续保留高就业、高税收、高福利的模式，成为世界上一个最安宁稳定的地区。

四、拉美模式

纵观 20 世纪以来的拉美经济发展，其轨迹大致可以描述为“开放—封闭—再开放”，而在该过程中，拉美经济发展模式不断转换。自该地区独立以来，其经济发展经历了各种波折，既有高速增长的“经济奇迹”，也有停滞不前的“失去的十年”，在发展中凸显不少问题。拉美是发展中世界最早进入“中等收入国家”行列的地区，纵观近 150 年的经济发展进程，大致可分为三个阶段。

（一）初级产品出口的外向增长阶段（1870～1930年）

这段时期是拉丁美洲第一个高速发展时期。拉美大部分国家在18世纪逐步脱离西班牙、葡萄牙统治，走向独立，在独立后的数十年内，其初级产品出口型发展模式逐渐定型。具体来说，拉美的初级产品集中在矿业及大庄园制和奴隶种植园制的农业。但是对外依附、经济脆弱、财富集中在少数人手中等一些消极的影响，使拉美国家经济在1929年爆发的世界经济大萧条中陷入前所未有的灾难之中。

（二）进口替代工业化的内向增长阶段（1930～1982年）

在这一阶段，拉美各国纷纷走上由国家主导的进口替代的工业化发展道路，强调政府计划与国家干预，经济保持了较快发展。拉美国家进口替代工业化模式自20世纪30年代初期开始实施，至80年代初期被摒弃，历时近50年。这一模式的主要特点可以归纳为以下几个方面。

一是经历了被动性和自觉性实施的不同认识阶段。拉美部分国家虽然在19世纪末期已显现出工业化萌芽，但直至二战后拉美国家才真正开始了大规模的工业产品的进口替代，通过制定国家工业发展规划，通过国家干预和保护本国幼稚产业，强有力地推进替代工业化进程。

二是建立在满足国内需求基础之上，本国消费和投资以发展本国的制造工业为经济发展推动力的模式。因而，从本质上看，是以限制国外工业品的进口、建立和发展本国工业来实现经济增长的模式。

三是一种带有民族主义和保护主义色彩的发展模式。由于内向型进口替代工业化是以国内市场为导向，由国产制成品取代进口品以满足国内市场需求的模式，因此其贸易政策往往包括较高的关税、进口数量限制、外汇管制等保护本国民族工业的措施。

四是一种忽视出口，特别是对初级产品出口的重要性认识不足的模式。20 世纪 50 年代初期至 70 年代中期，拉美国家的出口，尤其是农产品的出口持续下降，初级产品的出口在该国内生产地区国内生产总值中所占比重从 17.2% 降至 70 年代中期的 6%。

五是不断增加公共开支以刺激国内需求，加大国家对经济的参与度的模式。以巴西为例，该国 20 世纪 50 年代初期至 70 年代末期，随着国营企业大批建立，用于交通、城市设施建设投资和个人支出费用的增加，巴西的财政收支规模呈不断扩张趋势。

六是以依赖外国资本和外国技术为特点的模式。1950 ~ 1973 年是拉美工业化进程中外资进入的高峰期，外资对拉美制造业的建立和相关产业链的形成，对促进拉美各国产业结构转变发挥了重要的作用。这一时期拉美国家引进的外国直接投资主要进入制造业部门，其中汽车业的兴起和发展尤为突出。

（三）新自由主义主导下的外向增长阶段（1982年以来）

20 世纪 80 年代的债务危机给拉美国家带来灾难性后果。沉重的外债负担、经济衰退、汇率贬值、公共赤字攀升、通货膨胀加剧、流入的外资骤减等一系列问题接踵而至。债务危机全面爆发后，在国际金融组织和西方债权国的压力下，拉美国家的经济被迫进入应急性调整。债务危机的灾难性后果以及应急性调整措施的实施，彻底宣告了内向型进口替代工业化模式的终结。

自此，拉美国家进入外向型经济发展模式的转换与调整。为区分于 20 世纪初期的初级产品外向型出口模式，拉美 80 年代外向型经济发展模式又被国内的一些学者称为“新型出口导向型发展模式”。

与内向型经济发展模式相比，拉美新型出口导向发展模式注重国际市场的作用，强调出口对经济的带动作用。其主要特征包括以下几个方面。

一是消除贸易障碍，促进贸易自由化。在这方面，拉美国家采取了降低关税、减少税目、逐步实现单一关税结构的改革措施，以及取消配额制、许可证制、价格管理等非关税限制。

二是通过建立有效的出口促进机制，大力促进出口，发挥出口对经济增长的带动作用。在促进出口方面，拉美一些国家先后采取了财政刺激、出口退税、出口信贷、对出口加工区和自由区实施优惠政策等一系列有效地促进出口的措施，使拉美国家经济发展动力从满足国内需求的替代工业部门向适应国际需求的出口部门调整。

三是取消多重汇率，实行汇率制度的自由化。贸易自由化的主要内容包括消除商品贸易的限制和实行外汇市场的自由化。90 年代初随着外债规模的缩减，出口收入增加，流入拉美地区的资本量呈上升态势。外资的回流促使汇率提高，使大多数拉美国家具备了汇率改革的基本条件。1991 年和 1992 年拉美大多数国家开始了外汇市场的自由化改革。

五、总结

美国模式着重体现了自由主义在市场经济中的渗透，即使是在罗斯福时代，美国市场经济自由化的程度仍然高过其他国家，自由主义是美国民族性格的体现，这种崇尚自由的思想为整个国家的创新创造氛围奠定了基础。但是过度追求私人利益的所有制结构和虚拟经济的泡沫化是其模式的重大弊端，终于在 2008 年的经济危机中暴露出其内在矛盾。面对经济衰退，美国重新复苏了政府积极干预的力量。

东亚模式的一大特点在于几个国家之间的高强度的经济发展关联性，即“雁行发展模式”，并且已经由过去的产业循环机制逐渐发展为一种区域性的经济增长模式。正是这一点使得东亚地区经济发展迅速，创造了学者口中的“东亚奇迹”。除此之外，另一大特点在于形成政府主导型的经济管理体制，即“强政府”。在政府的引导下，国家与私人企业的紧密合作；在教育和收入方面，社会分配平等；有效地使用市场价格和竞争机制以促进经济的发展。

日本模式的一大特色是政府主导型经济运行。日本吸取先发国家的经验教训，使得日本经济发挥了“后发优势”，短期内赶超西方发达国家。其哲学基础是集体主义，每个日本人都以集体为中心，采取一致行动，除了科学的运用管理学方法外，还十分重视哲学理念，强调和谐劳动关系。这些对于中国来说都值得借鉴。但是日本企业内部环形法人持股制度，使得其企业公司治理存在内在缺陷，形成了银企相互信任、相互勾结、监督机制弱化的问题，加之日本产业空心化问题也相当突出，而这些问题使得日本经济正逐渐失去活力。

韩国的经济发展是韩国儒教传统文化和西欧资本主义市场经济相互作用的结果。该模式的价值支撑是儒教文化，除外，韩国模式还包括政府主导型经济发展和强力主导型政治控制。政府主导是韩国经济发展模式的重要特点，由政府全面参与经济规划，制定宏观经济发展战略和产业政策，或采用间接诱导政策，或直接进行干预，扶植、引导有前途的产业，鼓励财阀积极开拓市场，在市场中进一步增强竞争力。

在发展过程中，新加坡政府既充分利用外国的资本、技术、资源和市场，又尽力扶持本国私人企业和国有企业的发展；不断颁布并严格执行各种经济法律法规；努力完善市场经济机制，为本国企业和外资企业创造一个良好的经营环境，形成了一套独特的市场经济模式。新加坡模式的特殊之处在于并未完全采用市场经济体制，而是将政府干预和调控与市场机制相结合。

金融危机爆发以后德国的表现，让人们对德国社会市场经济模式的稳健性有了新的认识。在德国的市场经济模式背后存在的基础性因素，如德国民众对社会秩序的偏好、以利益相关者为核心的企业治理结构，政府推行稳健的金融和财政政策、政府大力扶持实体经济、稳定的房地产市场、有效传承的家族企业，以及高效的社会福利体制等方面都有其独特的制度安排。

北欧经济模式有它的成功之处，即北欧模式较好地解决了提供社会保障与保持经济发展的关系，兼顾了公平与效率，并将绝大多数人纳入社会福利体系，国家在教育、医疗、养老金等社会保障方面起主导作用。这种北欧福利模式，很难在中国这样一个物质基础相对薄弱的多民族的人口大国推行。但北欧模式效率与公平兼顾的发展模式值得中国在未来改革中加以学习和借鉴。

20 世纪 80 年代末或 90 年代初，拉美模式出现了重大的变化，与东亚发展模式的趋同性越来越明显，而此前拉美模式的特点为：政府对经济生活进行全面而有力，甚至是过度地干预；国内资本积累能力较低；重工轻农现象比较严重。而现如今，拉美实行的是新型出口导向发展模式，注重国际市场的作用，强调出口对经济的带动作用。

以上几种模式：政府干预的自由市场经济模式，政府主导型市场经济模式，福利市场经济模式是当今全球典型的经济发展模式，值得我们认真研究和借鉴。

执笔人：刘文革（浙江工商大学）

专题报告八

二战以来经济增长方式的国际比较

工业革命之前，人类社会普遍处在农业社会的状态，各经济体之间的经济状况和经济增长方式非常接近。工业革命爆发以来，特别是19世纪之后，西方世界快速崛起，经济增速跃升到远高于农业社会的水平，同时也在世界范围内建立了殖民体系，相对发达的国家和相对落后的国家之间的经济关系呈现出中心—外围的特征，后者往往是前者产品的销售地、廉价原料和劳动力的来源地。一战和二战之后，世界殖民体系瓦解，大部分原来的殖民地国家获得独立。布雷顿森林体系也为形成相对平稳的全球贸易、投资和货币关系提供了条件，运输和通信技术快速发展为国际往来提供了便利，虽然以美国为首的西方国家和以苏联为首的社会主义阵营之间的冷战延续了几十年，但西方国家阵营和社会主义国家阵营的国家都获得了不同程度的增长和发展。冷战结束、国际贸易和投资壁垒的削减、互联网技术突破与迅速普及，推动了一波全球化浪潮。在这波浪潮中，不同国家增长和发展的势头也不尽相同。比较和总结二战以来有关国家经济增长方式的特征，对于理解经济增长和追赶具有重要启示意义。

一、二战以来全球经济增长概貌

（一）全球经济增长

二战结束后全球首先经历了比较快的增长。根据世界银行的世界发展指数的数据，全球各经济体 GDP 总和[①]的增速在 1973 年第一次石油危机之前围绕稍高于 5% 的水平波动，且波动幅度相对较小。1973 年第一次石油危机爆发，且布雷顿森林体系崩溃，全球 GDP 总和围绕着大约 3% 的水平波动，但是波动幅度扩大了，当然，这里有 1979 年第二次石油危机、拉美债务危机、东南亚金融危机、美国金融危机等因素的影响。互联网革命并未显著提升全球的经济增长速度[②]。

全球人均 GDP 增速的时间分布和 GDP 增速类似，不过由于前者不包括人口因素在内，所以比后者低约 1.5 个百分点左右。

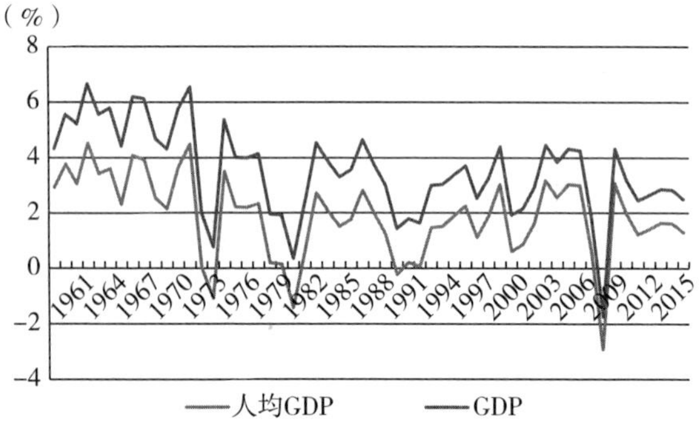

图8-1 1960年以来全球经济年均增速

资料来源：世界发展指数，http：//databank.worldbank.org/data/reports.aspx？source=world-development-indicators#。

---

① 增速按照各国和地区的本地货币不变价格计算；加总则以2010年美元为依据。

② 有一种观点认为，互联网革命带来的效应并未完全反映在GDP统计中。而且最近有人指出互联网革命在一些场合下具有减量化特征，即互联网技术带来的效率提高会减少一些无谓的活动，而这些活动在没有互联网技术之前对GDP是正贡献。

（二）不同地区的经济增长

从不同地区来看，二战以来的经济增长情况有比较明显的差异。图 8-2 是各地区的人均 GDP 年增速情况。目前的欧盟国家在二战后人均 GDP 年均增速围绕 4% 的水平小幅波动。1973 年之后增速中枢明显降低了约 2 个百分点，且增长速度波动幅度加大。中东欧转型经济体在苏东巨变之后经济大幅度下滑，之后大幅度反弹，但是金融危机之后又明显大幅度减速。北美的情形和欧盟类似。

东亚和太平洋地区在 1973 年之前的增速中枢为 5% 左右，高于欧洲和北美的水平。1973 年之后增速中枢降低了约 2 个百分点。如果不考虑东亚和太平洋地区的高收入经济体的话，其他中等收入经济体增速始终保持在较高水平，增速中枢为 6% 左右，不过波动幅度始终很大。南亚地区经济增长在缓慢加速，增速中枢由 20 世纪 90 年代之前的 2% 提高到后来的 4%。

拉美和加勒比地区在 1973 年之前经济增速还呈现微弱上升态势，1973 年之后增速中枢大幅度降低约 3 个百分点左右，且波动剧烈。

中东和北非在第一次石油危机前增速高达 10% 左右，石油危机爆发后的油价上涨并未带动其经济快速增长，这与发达国家经济衰退导致石油需求大幅度降低有关。第二次石油危机前增速有所反弹，但之后又大幅度减速。之后围绕很低的增速中枢波动，直到冷战结束后增速中枢提高到 3%，波动幅度也有所缩小。

撒哈拉以南地区 1973 年之前增速中枢为 2%。之后经济减速，甚至在十多年的时间内增速中枢是负数。进入 21 世纪之后增长恢复，不过增速中枢也仍然仅为 1%，且增长极不平稳。

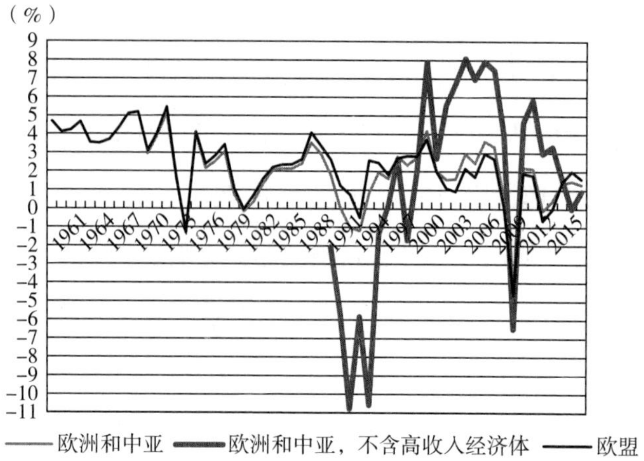

图8-2（A） 1960年以来欧洲经济年均增速

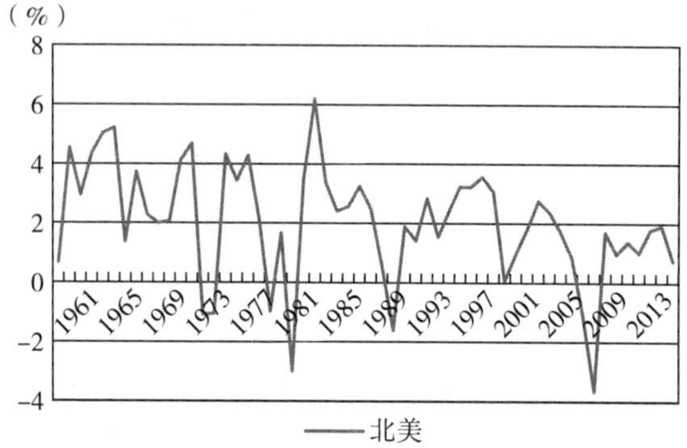

图8-2（B） 1960年以来北美经济年均增速

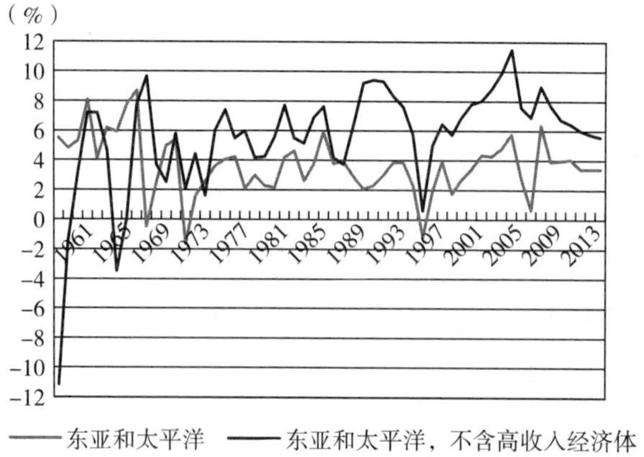

图8-2（C） 1960年以来东亚和太平洋地区经济年均增速

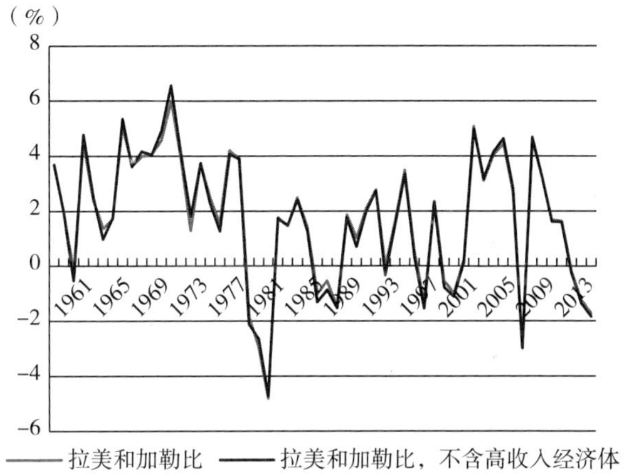

图8-2（D）　1960年以来拉美和加勒比地区经济年均增速

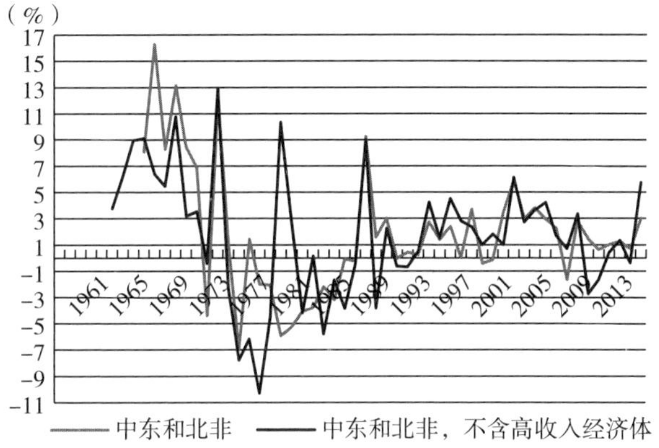

图8-2（E）　1960年以来中东和北非地区经济年均增速

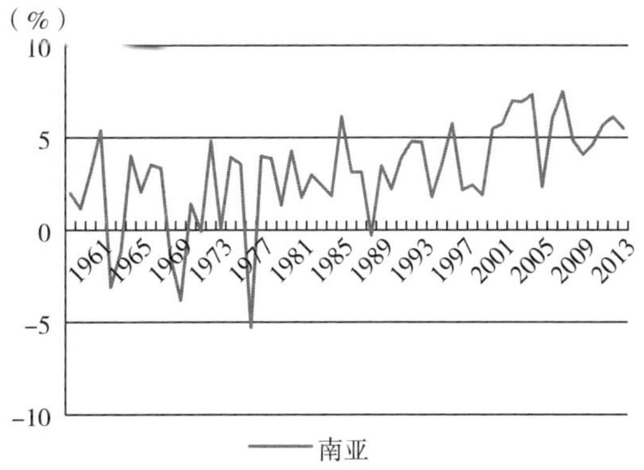

图8-2（F）　1960年以来南亚地区经济年均增速

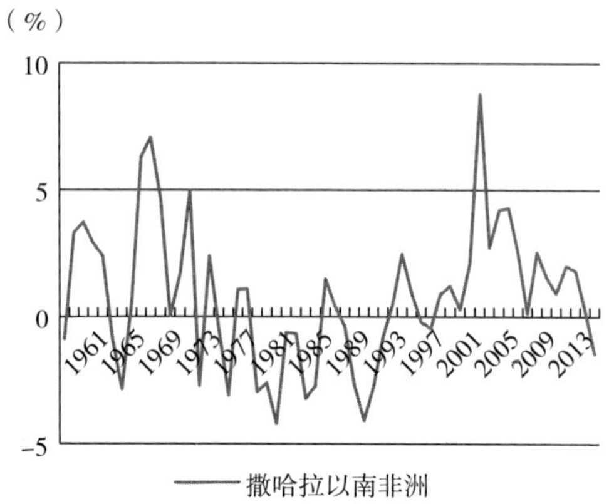

图8-2（G） 1960年以来撒哈拉以南非洲地区经济年均增速

二、经济增长方式的多个分类维度及其影响因素

经济增长方式可以从多个角度加以刻画和分类。

（一）经济增长的多个分类维度

最直观地看，就经济增长速度形态而言，经济增长方式可以分为高速经济增长方式、中速经济增长方式和低速经济增长方式。当然，一些时候还有负增长。甚至有学者概括出了“停停走走的增长”的术语，专指那些忽而启动忽而停止的增长。

从驱动经济增长的供给方面看，可以大致分为主要依靠增加要素投入推动的增长和主要依靠效率提高推动的增长。马克思在《资本论》中把扩大再生产划分为两种类型，即内涵扩大再生产和外延扩大再生产。前者指主要通过技术进步和科学管理来提高生产要素质量和使用效益来实现生产规模的扩大和生产水平的提高。后者是指主要通过增加生产要素投入来实现生产规模的扩大和经济的增长。内涵扩大再生产又被称为集约增长方式，外延扩大再生产又被称为粗放增长方式。

我国从1995年制定“九五”计划时提出转变经济增长方式时起，也沿用这种方法对经济增长方式进行分类，并进一步认为前者是好的经济增长方式，后者则是不好的增长方式。这种二分法的更加精巧的刻画方式是全要素生产率增速，以及全要素生产率增长对总体经济增长的贡献份额的大小。通常认为全要素生产率增速高、对总体经济增长贡献份额大，就是内涵的、集约的增长方式，进而是好的增长方式，是可欲的增长方式。否则就是粗放的、外延的增长方式，应该被抛弃和改变的增长方式。我们认为这种观点值得商榷，因为不能脱离发展阶段看待经济增长方式的优劣性①。

从经济增长的需求方面看，又可以分为消费拉动为主的增长方式和投资拉动的增长方式。在一些国家或地区的特定发展时期，对外贸易也对拉动经济增长发挥着重要作用。这样，也可以分为外需发挥作用较小的增长方式和外需发挥作用较大的增长方式。

从产出结构的角度看，可以分为农业为主的增长方式、制造业为主的增长方式和服务业为主的增长方式。

从经济增长带动的就业和增长成果在不同人群之间的分配结构看，可以分为包容性较好的相对公平的经济增长和包容性较差的相对收入差距较大的经济增长。

从经济增长和物价之间的关系看，有温和增长温和通胀的，也有高增长低通胀的，还有低增长高通胀和极低增长极高通胀的。

从经济增长的生态环境代价大小角度看，可以分为可持续的增长和不可持续的增长。

从经济增长涉及的国际经济往来角度看，可以分为封闭的经济增

① 刘培林：“澄清关于转变经济增长方式的若干认识误区”，国务院发展研究中心调查研究报告，2009年第2期，2009年1月8日。

长和开放的经济增长。

经济增长方式的上述维度，事实上并非截然分开的，而是有相互关联的。比如，从供给方面看以资本投入增加推动的经济增长，从需求方面看往往是投资拉动的经济增长，从产出结构角度看往往是制造业拉动为主的增长。

表8-1 刻画经济增长方式的多个维度

刻画经济增长方式的维度	具体的分类
增速	高速增长/中速增长/低速增长
供给方面	主要依靠增加要素投入推动/主要依靠效率提高推动
需求方面	主要依靠消费拉动/主要依靠投资拉动；外需作用较小/外需作用较大
产出结构	农业为主/制造业为主/服务业为主
就业带动和增长成果分配结构	包容和相对公平的增长/包容性较差相对收入差距较大的增长
增长与物价的关系	温和增长温和通胀/高增长低通胀/低增长高通胀/极低增长极高通胀
生态环境代价	可持续的增长/不可持续的增长
开放和融入全球经济的程度	封闭的增长/开放的增长

（二）以技术进步方式为主维度对经济增长方式进行分类

经济增长方式的特征也可以从多个维度进行刻画。在众多的维度当中，虽然其他因素，比如人口增长会对经济总规模的增长产生影响，但人均意义上的经济增长，必经的环节是技术进步和生产率提高。其他维度的特征及其变化，很大程度上都能够从技术水平和技术进步方面得到解释。

不少文献强调制度变化是经济增长的根本动力，认为技术进步和经济增长几乎是同义反复，技术进步本身就是需要加以解释的结果，而不能作为经济增长的原因。我们认为，即使经济增长的根本动力是技术进步以外的因素，这些因素也一定要经由技术进步这个环节，才能以经济增长的形式展示出来。而且观察现实不难发现，许许多多的制度变化是技术进步所孕育和推动的。比如，人类社会到目前为止最具革命性的技术突破是工业革命。浩如烟海的文献用英国的制度变化对此加以解释。这些解释不无道理。但是笔者认为，工业革命之前不久发生的第二次农业革命，是工业革命的重要原因甚至也许是根本原因[①]。第二次工业革命前全球人口增长缓慢，经济始终羁绊于马尔萨斯陷阱之中。第二次农业革命把农业生产率提到这样一个新高度：能供养大量非农部门人口和更大规模的总人口。当大量的人口可以从事非农活动时，大量的突破性非农技术才不断涌现，进而把人类带入现代增长阶段。同时，人口预期寿命、总人口规模和人均生活水平不断提高。

马克思更是认为生产力的进步决定着生产关系的演变，经济基础的变化决定着上层建筑的变化。

鉴于这些考虑，我们以技术进步方式作为首要分类维度。文献中也有类似的分类方式，比如日本经济学家速水佑次郎等。

专栏8-1　速水佑次郎和神门善久对经济增长方式的分类

速水佑次郎和神门善久在合著的《发展经济学——从贫困到富裕》当中，归纳了历史上出现过两种典型的增长模式。第一阶段的增长模式，是马克思在《资本论》中分析过的增长模式；第二阶段的增长模式，是库兹涅茨在其若干著作中归纳的所谓现代经济增长模式。前文指出，马克思把经济增长分为内涵再生产和

① 刘培林、张鹏飞：“发展的机制：企业家和创新者的自我发现”，《比较》第72辑，2014年第3期。

外延再生产两种方式。而在速水佑次郎的研究中，对这两种方式不加区分，这种做法是值得商榷的。

他们进一步指出，凡成功地从第一阶段增长模式转变为第二阶段增长模式的经济体，基本上都跻身于发达经济体的行列。两个阶段的各个主要经济变量的典型变化趋势如表A所示。

表A 不同增长模式的比较

		阶段I 马克思型	阶段II 库兹涅茨型
（1）人均收入 劳动生产率	Y/N Y/L	上升 上升	上升 上升
（2）人均资本 劳均资本	K/N K/L	上升 上升	上升 上升
（3）资本产出比	K/Y	上升	下降
（4）资本报酬占收入的份额	rK/Y	上升	下降
（5）储蓄率	S/Y	上升	不变
（6）利息率	r	不变	不变
（7）工资率	w	不变	上升
（8）全要素生产率（TFP）的相对贡献	G（A）/G（Y/N） G（A）/G（Y/L）	小 小	大 大

注：马克思理论中，随着资本有机构成的提高，同样资本量可以雇佣的活劳动数量降低，从而可以获得的剩余价值降低，利息率趋于下降。本书作者修正了这一点。

资料来源：速水佑次郎著，李周译，《发展经济学——从贫困到富裕》，社会科学文献出版社2003年版，第162页。

他们进一步认为，后发国家从发达国家引进的技术基本上体现了发达国家技术的要素节约特征（即Capital-Using型的技术），所以后发国家进入库兹涅茨增长模式阶段后的特征并不典型，而是介于库兹涅茨与马克思增长模式之间的混合。该书列举了日本和美国的增长模式（见表B），并阐明日本在高速增长阶段（1958～1970年）当中，引进的技术主要是密集使用资本而节约劳动的，体现出混合型增长模式的特征。他们还进一步认为，靠引进技术快速实现工业化的经济体当中，这种混合型的增长模式会成为普遍现象。

表B　日本和美国不同经济增长阶段的特征比较

	资本报酬占收入的份额	年均增长率（%）				TFP增长的贡献（%）
		劳动生产率	资本劳动比	资本贡献	TFP	
	（1）	（2）	（3）	（4）=（1）*（3）	（5）=（2）-（4）	（6）=（5）/（2）
美国（私人部门GDP）						
①1800～1855	0.34	0.4	0.6	0.2	0.2	50
②1855～1890	0.45	1.1	1.5	0.7	0.4	36
③1890～1927	0.46	2.0	1.3	0.6	1.4	70
④1929～1966	0.35	2.7	1.7	0.6	2.1	78
⑤1966～1989	0.35	1.4	1.8	0.6	0.8	57
日本（非农产业私人GDP）						
①1888～1900	0.33	2.1	5.7	1.9	0.2	10
②1900～1920	0.39	2.7	6.1	2.4	0.3	11
③1920～1937	0.43	2.3	2.8	1.2	1.1	48
④1958～1970	0.33	8.2	11.6	3.8	4.4	54
⑤1970～1990	0.28	3.8	7.4	2.1	1.7	45

资料来源：速水佑次郎著，李周译，《发展经济学——从贫困到富裕》，社会科学文献出版社2003年版，第152页。

具体而言，以技术进步方式为主要维度，经济增长方式可以分为自我研发技术为主的经济增长方式和引进消化吸收技术为主的经济增长方式。

自我研发技术为主的经济增长方式所对应的主要是发达经济体。这些经济体可以根据在二战中受到的影响大小，进一步分为两类：一类是受战争影响较小的经济体的增长方式，主要代表国家是美国和加拿大；另一类是受战争影响较大的经济体的增长方式，主要代表是英国、法国和德国，一定程度上，日本也属于这种情形。

引进消化吸收技术为主的经济增长方式所对应的主要是发展中国家和地区。这些经济体可以根据发展战略、对外开放程度进而技术模仿效果好坏等维度，进一步分为较好地模仿前沿技术的经济体的增长方式和未能较好地模仿前沿技术的经济体的增长方式。其中，较好地模仿前沿技术的经济体，有的已经接近全球技术前沿、自主技术研发成为推动经济增长的重要源泉。未能较好地模仿前沿技术的经济体又可以分为两类：一类是一度曾经较好模仿前沿技术但未能持续下去的经济体的增长方式，代表性国家和地区是拉美的重要经济体如巴西、墨西哥、东南亚的菲律宾等；另一类是从未较好模仿前沿技术的经济体，如仍然处在低收入阶段的非洲的一些经济体。

二战以后还有一类经济体，这类经济体以自身的资源特别是石油储备为基础，通过引进石油开采和一部分炼化技术，实现了一定程度的工业化，但后续的技术进步缓慢。

俄罗斯在工业革命以来并未处于世界技术前沿。二战之后苏联在一定程度上也主要依靠自身力量实现了较快的技术进步。东欧的社会主义国家和经互会其他国家与苏联之间的关系，呈现出比较复杂的特征。首先，前者和后者一定程度上也属于技术模仿和被模仿的关系。其次，经互会体系可以说是跨国版的计划经济，苏联以外的经互会国家在产业分工体系中的地位长期内没有明显变化。立足自身禀赋条件，发展自己具有比较优势的产业，本来是实现经济增长的正确方式，但如果在自身具有比较优势的产业中不能实现持续技术进步，那么就无法持续增长，尤其是对具有一定人口规模的国家而言，没有较宽谱系上的“工业化训练”，在经互会体系瓦解之后，很快面临冲击甚至倒退。

表8-2　　经济增长方式分类

<table>
<tr><th colspan="4">分类标准</th><th>代表性国家</th></tr>
<tr><td rowspan="7">技术进步的方式</td><td rowspan="2">主要依靠自我研发</td><td colspan="2">二战未受到很大影响的</td><td>美国、加拿大</td></tr>
<tr><td colspan="2">二战中受到较大影响的</td><td>英国、法国、德国、冷战时期的苏联</td></tr>
<tr><td rowspan="5">主要依靠模仿</td><td rowspan="2">较好地进行模仿</td><td>目前已经接近技术前沿、自主研发成为重要增长动力的</td><td>日本、韩国</td></tr>
<tr><td>目前尚未接近技术前沿的</td><td>中国、智利</td></tr>
<tr><td rowspan="3">未能较好地模仿的</td><td>一度曾经较好地模仿技术但未能持续的</td><td>墨西哥、巴西、菲律宾冷战时期的东欧国家</td></tr>
<tr><td>石油国家</td><td>沙特</td></tr>
<tr><td>一直未能较好模仿技术的</td><td>非洲中南部的国家</td></tr>
</table>

三、经济增长方式受到众多因素影响

经济增长方式呈现什么样的特征，既受到战略和政策等主观因素的影响，也受到诸如发展阶段、国际环境、要素禀赋等客观因素的影响。

（一）客观条件和环境的影响

经济增长方式会受到要素禀赋结构的影响。自然资源丰富的国家，从可能性上讲，可以依靠这些资源发展出主导产业并参与全球产业分工，支撑其工业化和现代化。当然，这种可能性能否转化为现实还取决于其他许多因素。处理得不好，可能会出现所谓“资源诅咒”的情形。此外，依靠自然资源支撑的工业化和经济增长达到一定阶段之后，如果没有接续的技术进步作为动力，那么，经济增长也会停滞甚至绝对或相对倒退。资本相对稀缺、劳动力相对丰富的后发追赶型国家，充分利用丰富的劳动力资源的增长，是更可持续的，也是更具有国际竞争力的。这样的增长方式表现在微观企业上，往往会在一定程度上降低从发达国家引进的技术和生产线的自动化程度，提高劳动力的使用量。

经济增长方式会受到人口规模大小的影响。人口规模有多方面的经济含义。其他因素相同的前提下，较大的人口规模，意味着较低的劳动力成本、较大的市场容量、较宽的产业和技术谱系，而且人口规模大小和其带来的这些方面的影响之间并非线性关系。比如，从需求方面看，人口规模大一倍，整体的市场容量可能大不止一倍。从供给和生产方面看，如果一个经济体的人口规模达不到一定的门槛水平，不少产业甚至很难生长起来。

经济增长方式受到发展阶段的影响。处在全球技术前沿的经济体，其赖以推动经济持续增长的技术来源需要依靠自身研发。而后发追赶经济体从潜在可能性上看，则可以从技术前沿国家那里以较低成本快速引进技术，进而就有可能为大量的投资活动打开空间，从而实现以高投资、高制造业比重、增速比前沿国家更高为特征的经济增长。更进一步地看，后发追赶经济体快速起飞的时间点越晚近，则可供模仿的成熟技术越多，这会对经济增长方式产生两方面影响。一是有可能实现比起飞时间点较早的经济体更快的技术进步速度进而更快的经济增长速度。二是后发追赶经济体在一些技术领域可以直接模仿较为晚近的较高级的技术，而未必沿着技术前沿国家走过的路线，严格地从头开始、亦步亦趋。

经济增长方式还受到全球技术突破和扩散情况的影响。全球前沿的技术进步并不是匀速的，往往是积累一段时间后有重大突破，并带动一段时期的较快增长，之后向第二梯队国家扩散。重大技术突破往往会在一定程度上、在一定时期内酿成“泡沫”。前沿国家技术突破和扩散，对于后发追赶经济体的经济增长方式而言，会产生多方面影响。从一般情形看，知识和技术存量扩展之后，前沿国家愿意以更低的要价转让相对陈旧的技术，这会给后发追赶经济体带来相应的投资和经济增长空间，比如一代一代的炼钢技术。但是，如果知识和技术突破彻底颠覆原有技术路线，那么，即使是相对陈旧的技术也对后发追赶型经济体丧失了模仿和引进的价值。这意味着曾经作为被模仿国家经济增长点的一部分技术存量，将不会成为模仿国家的增长点。这会在一定程度上抑制后发追赶型经济体的潜在增长空间。比如手机技术的突飞猛进使得有线电话网络的价值大大降低。

经济增长方式还会受到国际环境的影响。相对和平的国际环境有利于国家间投资和贸易往来，有利于技术传播。从原则上讲，既有助于资源要素在国别间优化配置从而促进各国共同增长，但也有可能在一些行业因为规模报酬递增而导致各国经济增长的受益情况不平衡甚至极不平衡。相对紧张的国际环境则会对经济增长方式产生复杂的影响。首先会影响不同国家的经济战略选择，进而会对经济增长方式产生间接影响。其次会影响不同国家的技术来源、外部市场空间、投资来源等。比如，二战结束之后美国占领当局对日本态度的巨大转变，就对日本的经济增长方式产生了重大影响。二战刚结束时美国占领当局的想法是彻底消除日本发动战争的经济能力，于是开始拆除日本的机器设备用于弥补美国。但是冷战特别是朝鲜战争爆发之后，美国占领当局立即扭转这种做法，并给日本大量的军事物资采购订单。日本在二战后的国防开支也极小，这些都有利于日本的重化工业在一个时期内实现快速的技术进步和快速增长。

（二）主观因素的影响

经济增长方式会受到国家政治体制、意识形态和利益结构的影响，尤其是对后发追赶经济体而言，更是这样。后发追赶经济体要实现经济起飞，需要较强的资源动员能力建设基础设施、满足不少项目所需的最小投资门槛，也需要形成一种致力于推动增长的意识形态①。这在一定程度上意味着提高储蓄率，降低短期内的生活水平，因为在较低发展阶段上，试图大规模从国际上进行融资并不可行。如果政治体制不能有效地做到这一点，不能有效地引导公众的福利预期，尤其是在较低发展阶段形成高福利预期，则民生开支就会对财政支出产生压力进而转化为持续的高通胀，最终宏观经济环境恶化，长期增长潜力无法得以释放②。

经济增长方式还受到发展战略的影响。比如，在后发追赶型国家当中，在长期内偏向于进口替代发展战略的国家和地区，不能较快地模仿技术前沿国家的技术，因而经济增长速度时快时慢。而偏向于出口导向战略的，或者在经济起飞早期实施过一段时间的进口替代之后转变为出口导向战略的国家和地区，成功地模仿发达国家技术，自身国民经济的竞争力也在参与国际竞争的过程中得以快速提高，进而快速推动工业化过程，经济增长方式会在这个过程中发挥显著的变化③。

国内经济社会政策也会对经济增长方式产生重要影响。特别是对追赶型国家而言，凡是能够较好地管理宏观经济、引导民众的福利预期，进而较好地控制财政赤字、通货膨胀、对外债务的，就能够形成良好的宏观经济运行环境，技术进步和投资活动就可以比较顺利地展

---

①　在Michal Spence等撰写的世界银行增长报告中指出，高增长的五个条件之一是commitment to growth。

②　刘培林："超级通胀与发展陷阱"，《新世纪周刊》，2014年第39期。

③　林毅夫等：《中国的奇迹：发展战略与经济改革》，上海三联书店，上海人民出版社1999年版。

开。否则，就有可能对宏观经济运行造成巨大的负面影响，导致大起大落，技术进步和投资活动无法持续顺利地展开，从而使得经济增长呈现一种断断续续的特征。

四、二战以来若干代表性经济体的增长方式

基于前面的分析，这里对若干代表性经济体的增长方式进行介绍。人均 GDP 水平的增长，是由人均物质资本保有量、劳动力参与率、人均工时投入、人力资本水平和全要素生产率共同决定的。宾州大学世界表 9.0 的数据提供了这些方面的信息。下面基于这些信息进行分析。

（一）技术进步先导、投资相应跟进带动美国增长

图 8-3（A）刻画了 1950 年以来美国经济增长的供给侧因素，以 2011 年的水平为 1[①]。从图 8-3（A）中可以看出，人均 GDP 水平的增长和人均物质资本的增长趋势高度一致。其中人均物质资本保有量从 20 世纪 90 年代开始增速加快，2008 年金融危机之后明显放缓，最近又开始加快。

美国经济的一个显著特征是资本生产率，即 GDP/ 物质资本存量，长期保持在 0.31 左右的水平上，波动很小[②]。美国的 TFP 水平一直在稳步提高，虽然与物质资本积累和产出的增速相比，前者的增长速度相对低一些。

① 其中，人均GDP是用CGDPO指标计算得来，人均物质资本是用CK指标计算得来，TFP数据是TFPNA。

② 1950～2014年的64年间资本生产率均值为0.3136，标准差为0.0110，最大值0.3376，最小值0.2896。

美国的人力资本水平也一直在持续增长，不过增速和TFP增速相当，低于产出和物质资本的增速。劳动参与率在波动中增长，20世纪80年代后大体平稳下来。而美国的人均工时投入则明显降低。

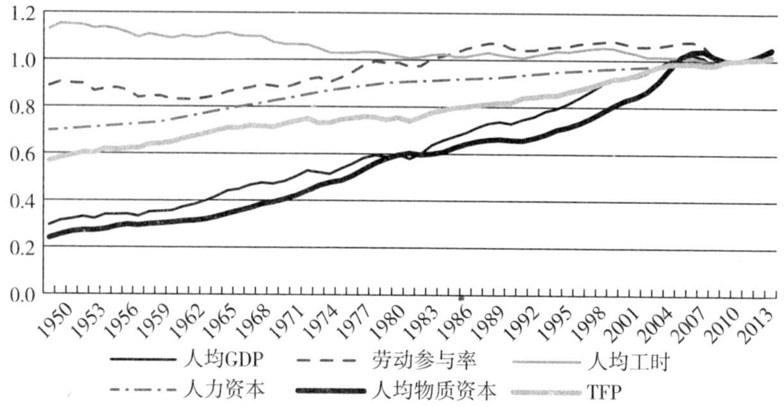

图8-3（A） 1950～2014年美国经济增长的供给侧特征（美国，2011=1）

加拿大在二战中没有受到很大影响，其增长在不少方面和美国类似。图8-3（B）是加拿大的情形。与美国的情形不同的是，这里反映的是有关指标相对于美国同期的水平（以下各经济体均是相对于美国同期的水平）。从图8-3（B）可见，加拿大的人均工时投入相对于美国而言有微弱降低；人力资本水平相对而言在21世纪之前和美国水平相当，进入21世纪之后相对美国的水平明显上升。

加拿大的人均产出在过去60多年里大体上保持在美国的80%左右；TFP相对于美国的水平在20世纪80年代前微弱上升并一度达到了与美国相同的水平，之后明显降低了一个台阶，2008年金融危机之后又明显降低一个台阶。虽然加拿大的人均物质资本保有量在20世纪末前一度追赶到美国的水平，但是由于TFP相对于美国的水平降低，人均产出水平仍然保持在美国的80%左右的水平。加拿大的资本生产率也经历了缓慢的下降过程，由20世纪50年代的0.4降低到目前的 0.26。

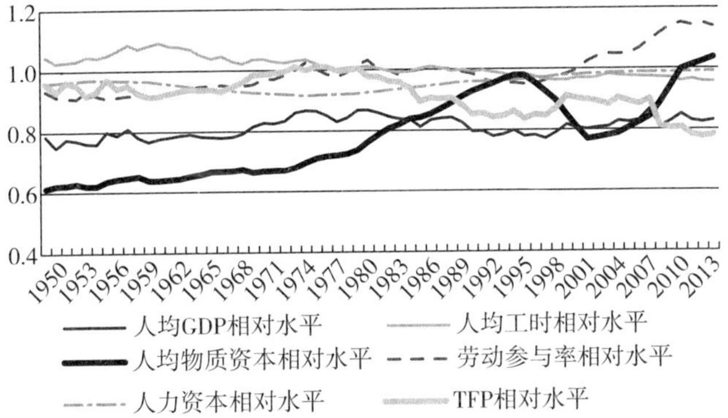

图8-3（B）　1950～2014年加拿大经济增长的供给侧特征

（二）技术追赶先导、投资相应跟进带动西欧国家增长

英国、法国和德国在过去 60 多年中 TFP 相对于美国的差距都经历了一个缩小的过程，但是进入 21 世纪特别是 2008 年金融危机之后与美国的差距又呈现拉大的势头。目前英国 TFP 水平相当于美国的 70%，法国和德国则相当于美国的 90%。三个国家人均物质资本保有量相对于美国的水平，从 21 世纪第一个十年的中期开始快速提高，目前水平甚至高于美国。

法国和英国人均产出相对于美国的水平目前在 70% 左右，德国则相当于 90%。英国资本生产率相对稳定地保持在 0.2 的水平上；法国和德国的资本生产率则从 20 世纪 50 年代 0.3 以上的水平明显地降低到 0.2 ～ 0.25 的水平。

三个西欧国家人力资本与美国的相对水平在过去 60 年间基本稳定。但是，三个国家的一个共同特征是劳动力参与率和人均工时数量相对于美国的水平，均明显且较大幅度地降低了。

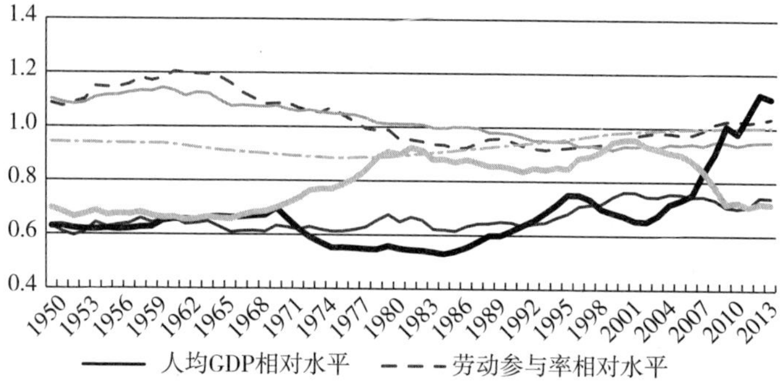

图8-3（C） 1950～2014年英国经济增长的供给侧特征

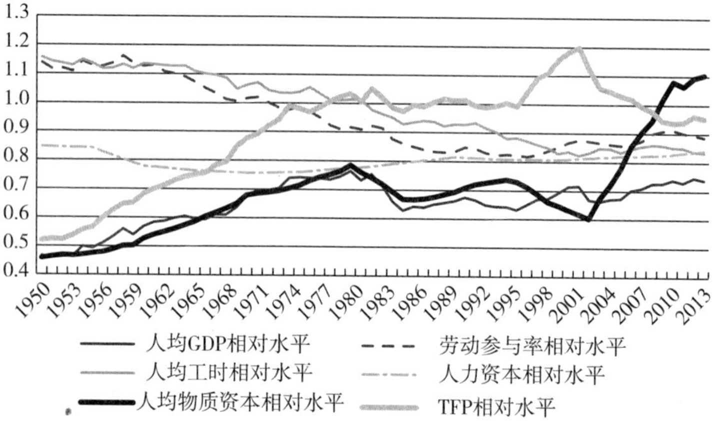

图8-3（D） 1950～2014年法国经济增长的供给侧特征

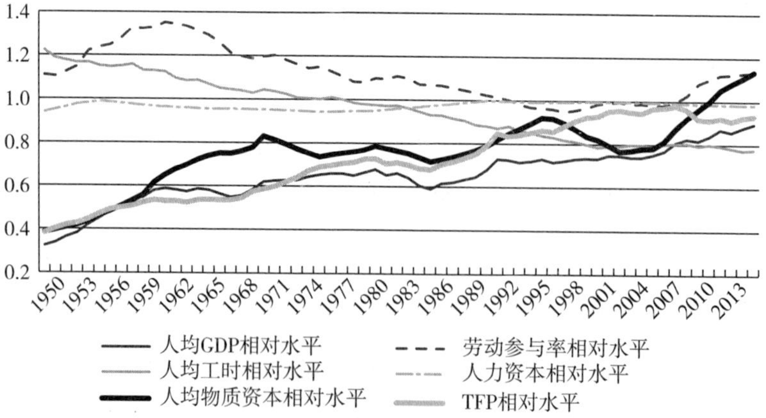

图8-3（E） 1950～2014年德国经济增长的供给侧特征

（三）快速技术追赶和极快资本积累推动成功追赶型国家增长

日本和韩国在过去60多年中TFP相对于美国的水平都快速提升，但是日本从20世纪80年代开始，韩国从20世纪90年代中期开始，TFP相对美国的水平就保持相对稳定，表明TFP的追赶步伐在明显放缓。

日本和韩国的TFP追赶也有一定的阶段性。日本在20世纪60年代中期到80年代中期的追赶速度明显快于其他时期；韩国在20世纪70～80年代的追赶速度明显快于其他时期。这些时期都是两个国家制造业生产率快速提升的时期。

日本人均物质资本存量经过20世纪50～60年代和20世纪80年代中期之后的十年这两个阶段的快速积累，从20世纪90年代中期至今在保持在美国80%～90%的水平。韩国一直以较快速度积累，目前相当于美国的80%。

与西欧国家人均物质资本存量相比，目前日本和韩国的水平相对低一个台阶。背后的重要原因是TFP相对于美国的水平比西欧国家低，因此物质资本积累没有相应的技术空间。

日本劳动参与率相对于美国的水平经历了先上升后明显降低的过程。不过目前仍然高于美国的水平。韩国劳动参与率相对于美国而言始终在提高，目前也高于美国的水平。

日本和韩国的人均工时相对于美国的水平在经历了提高过程之后也经历了明显的降低的过程。目前日本的人均工时投入和美国相当，而韩国则仍然比美国高20%，也比西欧国家高。

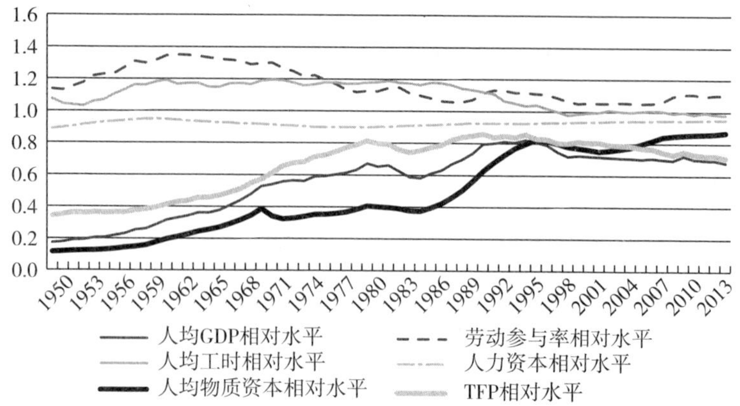

图8-3（F） 1950～2014年日本经济增长的供给侧特征

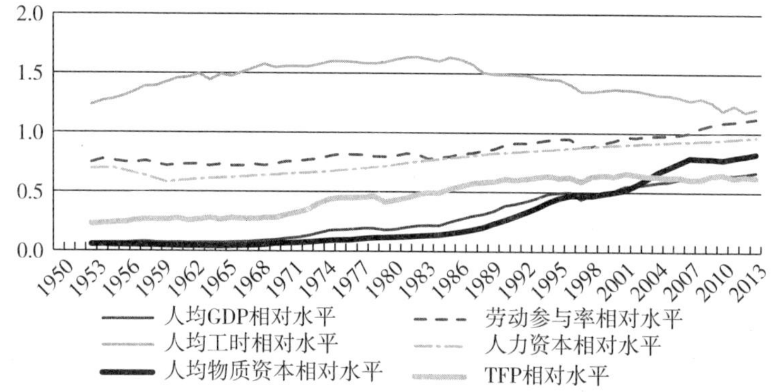

图8-3（G） 1950～2014年韩国经济增长的供给侧特征

（四）较慢或有反复的技术追赶和持续资本积累推动若干经济体增长

智利是成功由中等收入跻身高收入国家行列的成功的追赶经济体。20世纪50～70年代智利TFP一度达到美国的水平，但是之后在波动中降低。智利的人均物质资本相对于美国的水平在20世纪90年代之前一直稳定在不到20%的水平上，之后持续提高，带动人均产出相对于美国的水平持续提高。

其他拉美地区国家在20世纪80年代拉美债务危机之前TFP相对

于美国的水平都经历了快速提高，墨西哥在1980年甚至一度高达美国的1.2倍，但之后TFP的相对水平就明显降低。这样，这些经济体的人均产出水平的追赶能够达到的程度，就主要依靠人均物质资本的积累。

中国TFP相对于美国的水平从20世纪60年代到20世纪末都保持在30%左右的水平上，21世纪的头十年快速提升，全球金融危机之前达到美国的40%，之后大体稳定，这表明中国的技术追赶在放缓。改革开放以来，中国人均物质资本相对于美国的水平在持续提高，带动中国人均GDP相对于美国的水平相应提升。值得指出的是，中国劳动参与率相对于美国的水平在持续提高。

波兰和罗马尼亚作为东欧经济体中绩效较好的国家，在冷战结束、经济转轨以来，TFP相对于美国的水平和人均物质资本相对于美国的水平，都有明显提高，推动了人均GDP水平的追赶。

石油国家的经济增长，是一种比较特殊的形态。这些国家产业门类单一，但通过在这单一的产业当中嵌入最先进的技术、进行极高强度的投资，创造出几倍于美国同期的TFP水平和人均GDP水平。但这些经济体人力资本和劳动参与率相对于美国的水平，始终稳定地保持在一个很低的水平上。这些经济体TFP和人均GDP的高水平并不可持续，一个显著特点是，在第一次和第二次石油危机爆发之后的一年，TFP和人均GDP水平急剧上升。但接下来的年份由于西方发达国家迫于高油价而降低油耗，同时油价也逐步回落，TFP和人均GDP相对水平会快速降低。这从一定程度上可以反证出，石油经济体的高TFP和高人均GDP，很大程度上是短期价格效应，而非真正的技术效应和生产率效应。

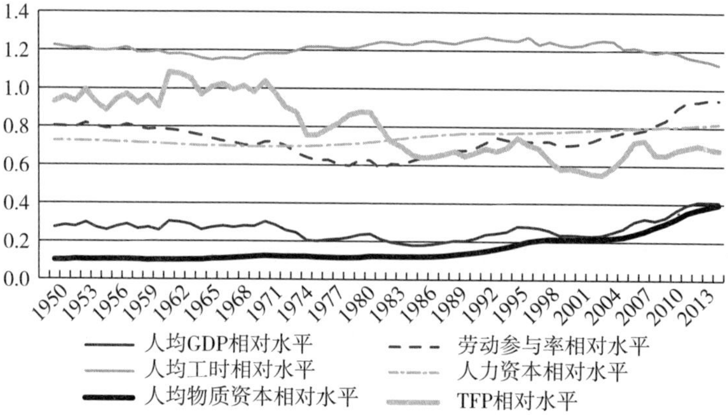

图8-3（H） 1950～2014年智利经济增长的供给侧特征

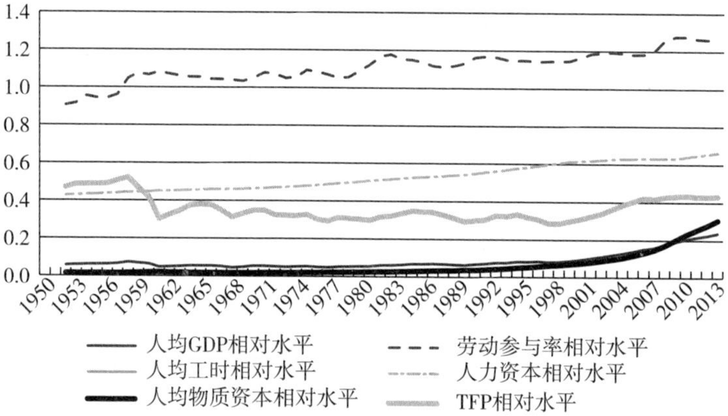

图8-3（I） 1950～2014年中国经济增长的供给侧特征

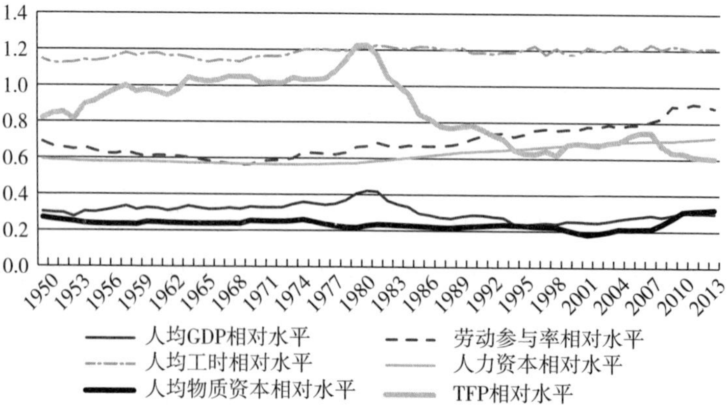

图8-3（J） 1950～2014年墨西哥经济增长的供给侧特征

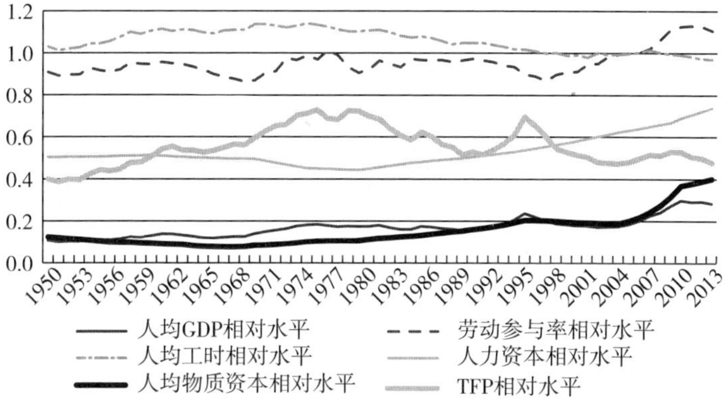

图8-3（K）　1950～2014年巴西经济增长的供给侧特征

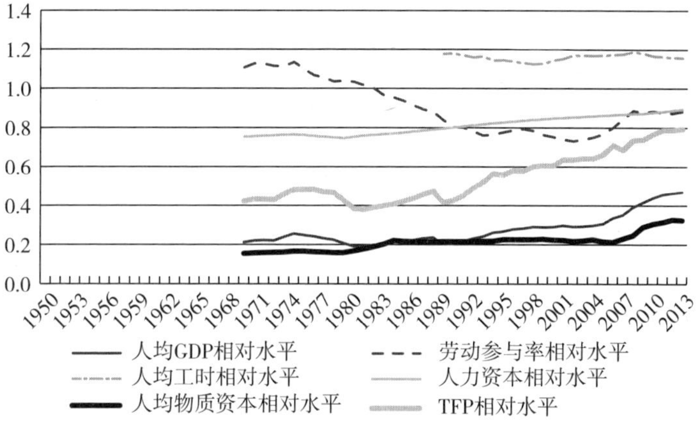

图8-3（L）　1970～2014年波兰经济增长的供给侧特征

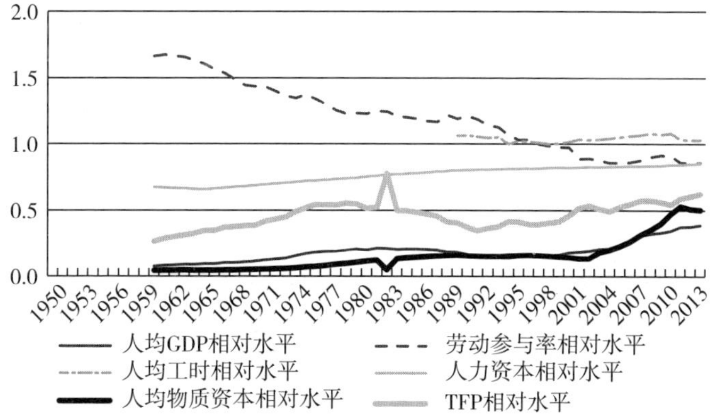

图8-3（M）　1960～2014年罗马尼亚经济增长的供给侧特征

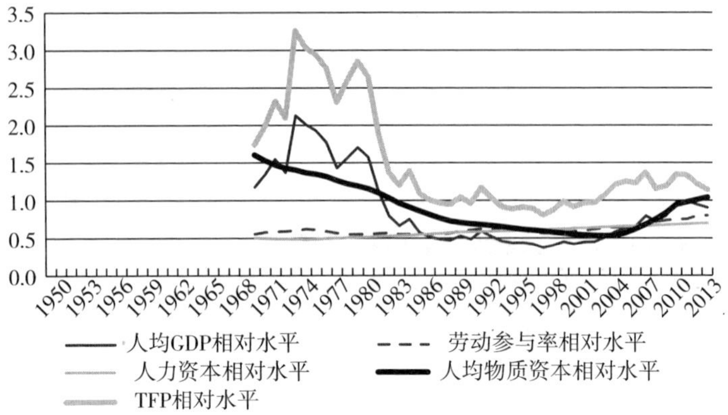

图8-3（N） 1970～2014年沙特经济增长的供给侧特征

（五）极慢的资本积累推动的缓慢增长

菲律宾 TFP 相对美国的水平始终没有明显提升，除了 20 世纪 70 年代外，大部分时期仅仅相当于美国的 40%。但其人均物质资本积累速度一直很慢，始终仅仅相当于美国的 10% 左右的水平上。

尼日利亚 TFP 相对美国的水平在 20 世纪 60 ～ 70 年代曾经一度达到美国的 1.5 倍，但之后快速下跌。人均物质资本积累速度也经历了先高后低的过程。目前 TFP、人均物质资本和人均 GDP 相对于美国都停留在很低的水平上。

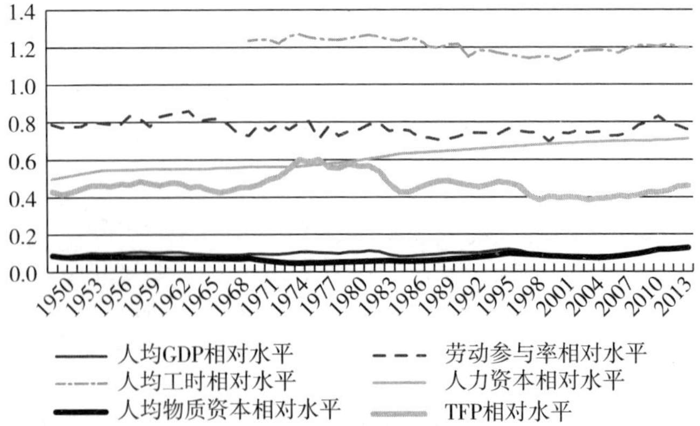

图8-3（O） 1950～2014年菲律宾经济增长的供给侧特征

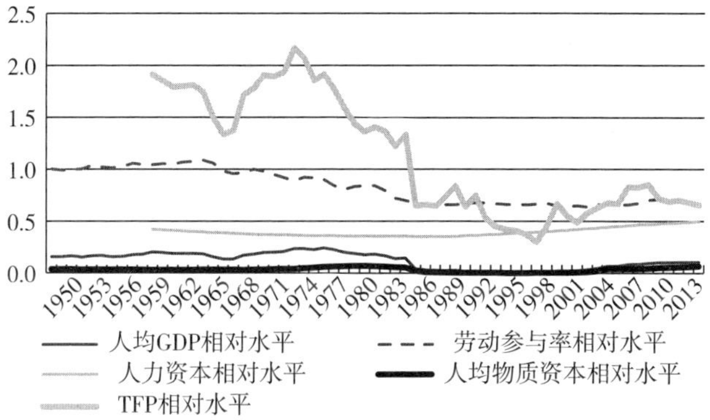

图8-3（P）　1950～2014年尼日利亚经济增长的供给侧特征

五、一些初步发现

通过上述的介绍，并结合其他的分析，可以得到如下一些初步的结论。

第一，与劳动力参与率、人均工时投入、人力资本水平等比起来，TFP 水平和人均物质资本的积累是解释人均 GDP 水平变化的更重要的因素。从图 8–3 可以看出，就我们所分析的样本中的高收入经济体而言，TFP 均保持在美国的 60% 以上，人均物质资本存量均达到美国的 40% 以上。

我国目前 TFP 仅相当于美国的 40%，人均物质资本存量仅相当于美国的 30% 左右，未来技术追赶和投资的任务仍然很繁重。

第二，成功的经济追赶离不开极高速的资本积累。日本人均物质资本在 1960 ～ 1993 年连续 30 年的期间基本上保持在年均 9% 甚至更高的水平上；韩国在 1966 ～ 1997 年连续 30 年的期间基本上保持在年均 8% 以上的速度。其他追赶起点更低、今天的收入水平仍然很低的经济体，均未有这样的高速资本积累过程。

第三，经济追赶的进程是劳动生产率逐步提升、资本生产率逐步降低的过程。越是大幅度的人均产出的追赶，越鲜明地体现出这个特征。这从图 8–4 中可以看出来。

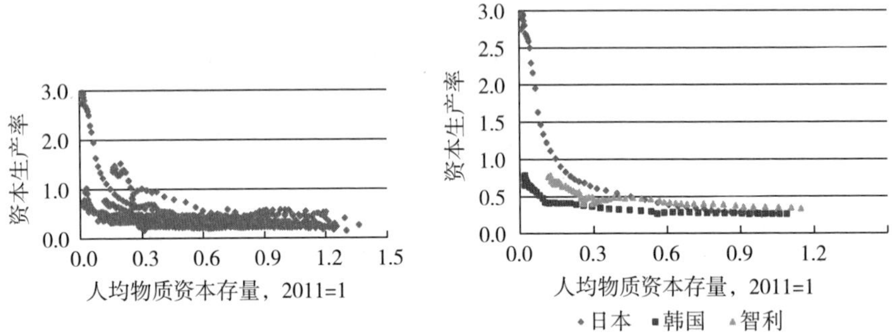

图8-4 资本生产率随着人均物质资本的积累而降低

当然，这并不意味着资本生产率会随着人均收入水平的提高而一直递减下去。前文指出，美国作为全球技术前沿国家，长期以来资本生产率始终保持在一个相对稳定的水平上，虽然并不高。

执笔人：刘培林

附图：16个国家经济增长供给侧要素增速与需求结构变化

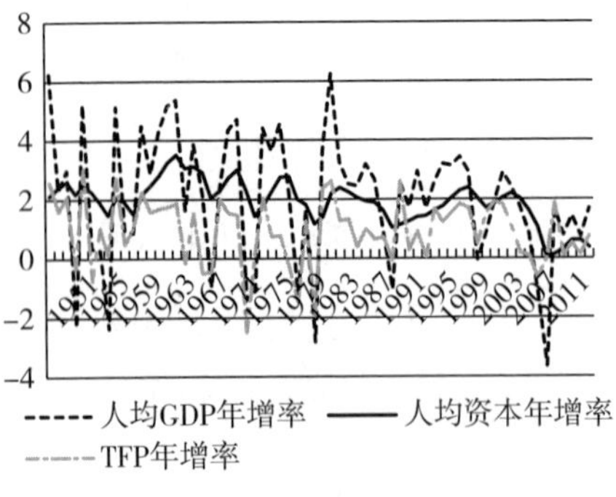

美国

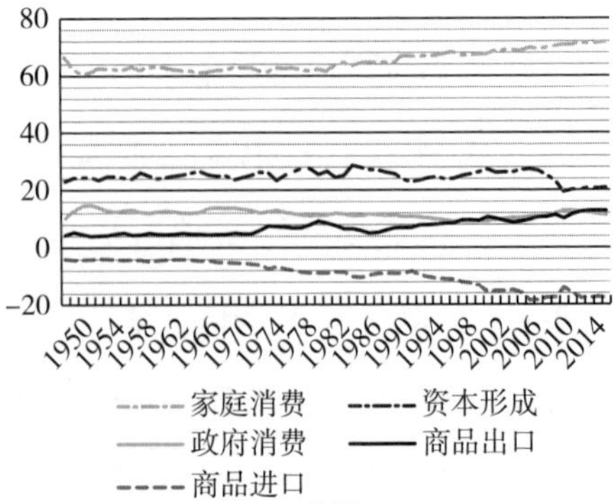

美国

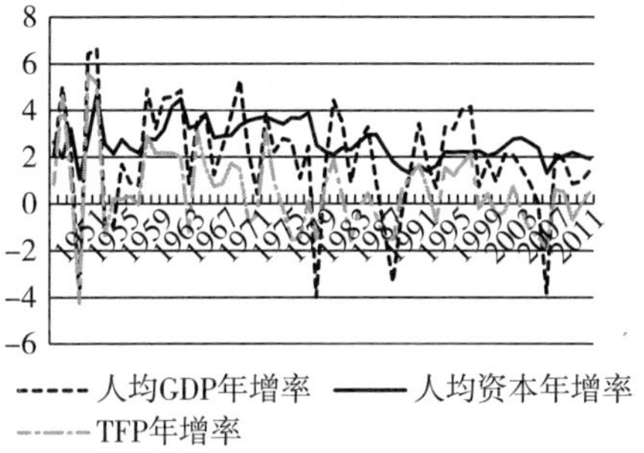

加拿大

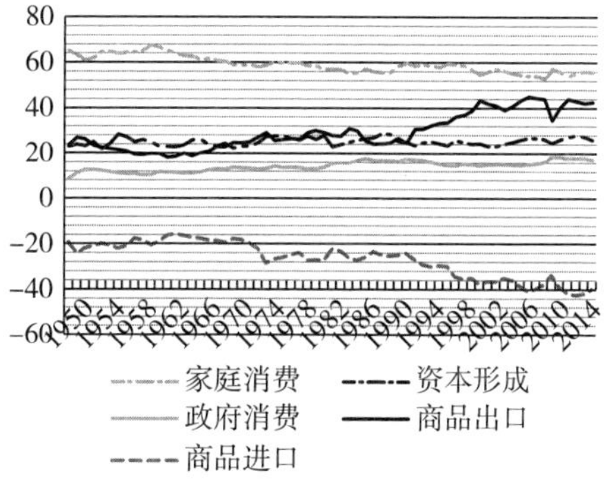

加拿大

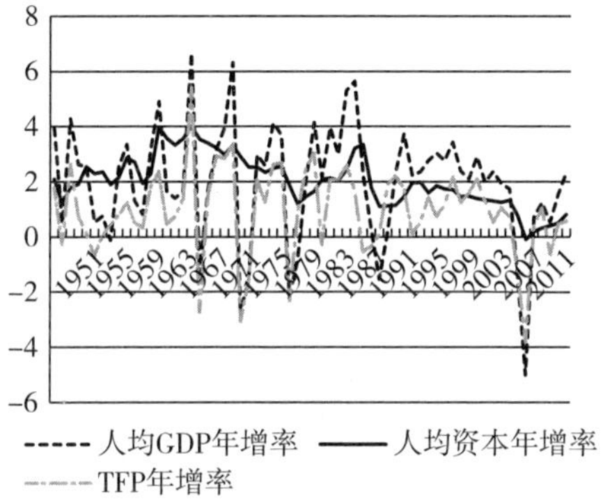

英国

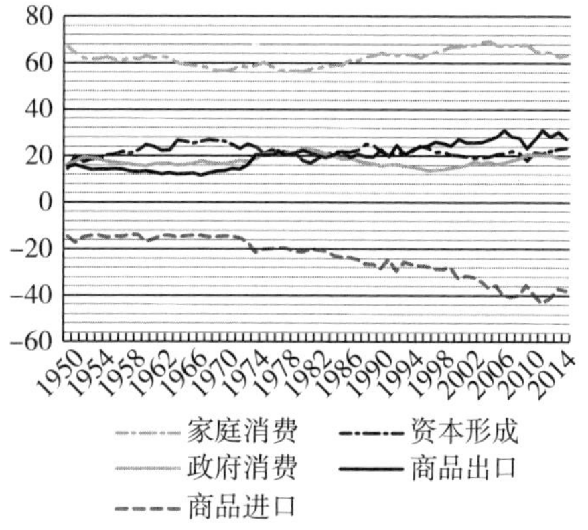

英国

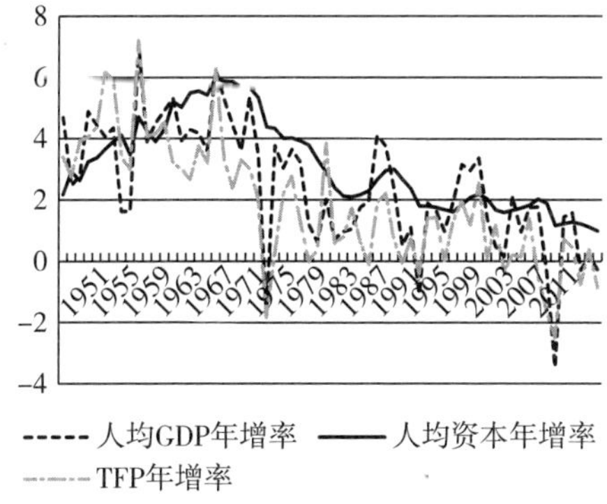

法国

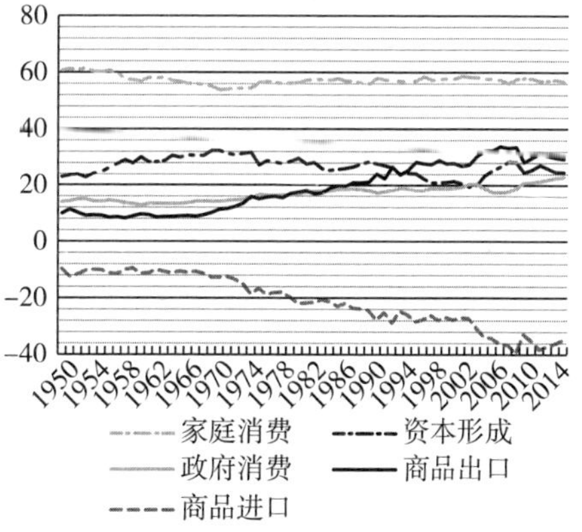

法国

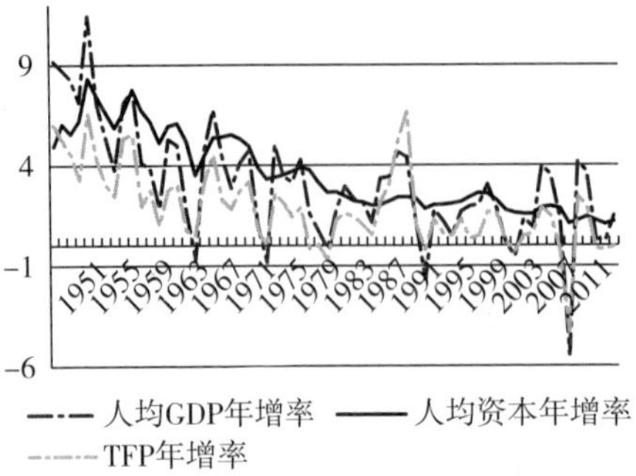

德国

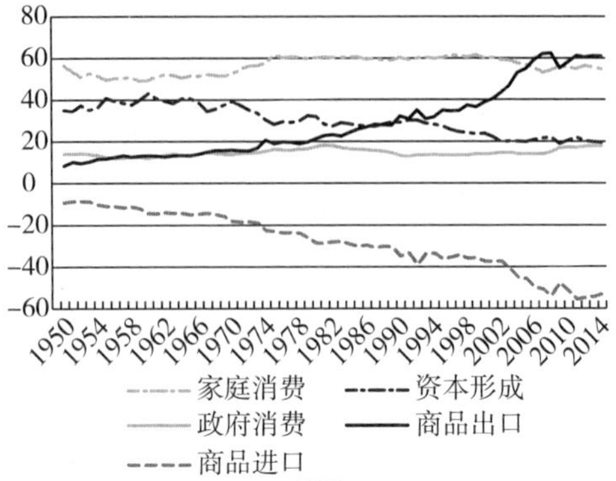

德国

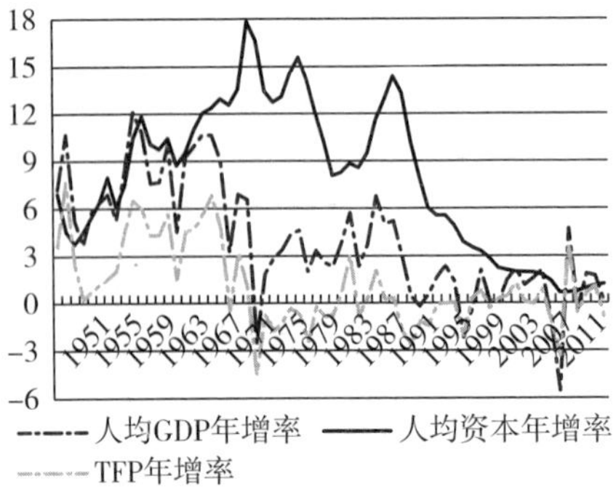

日本

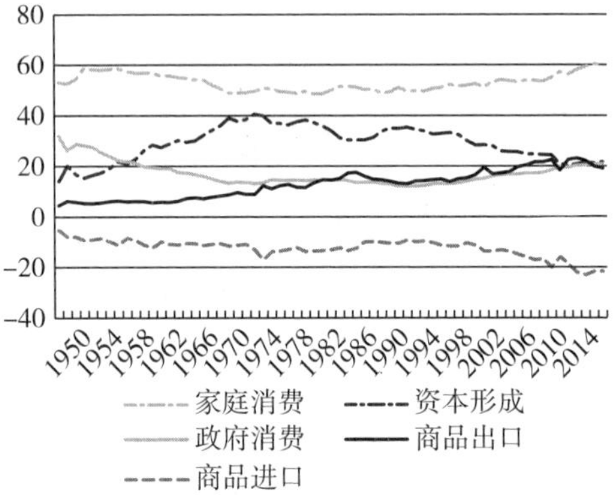

日本

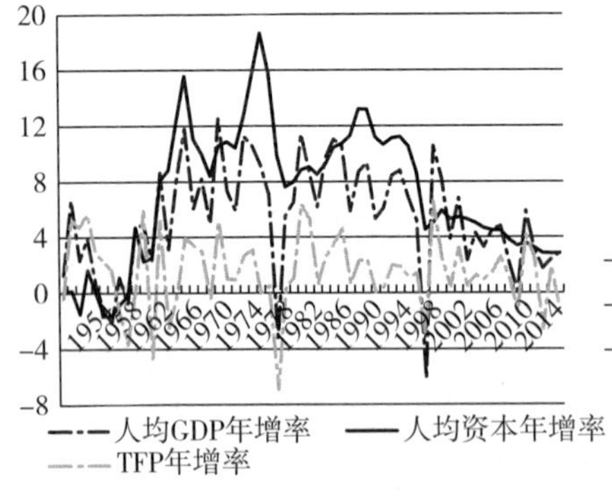

韩国

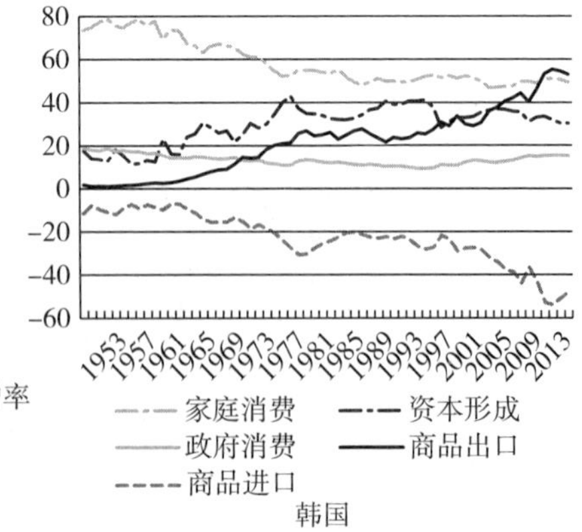

韩国

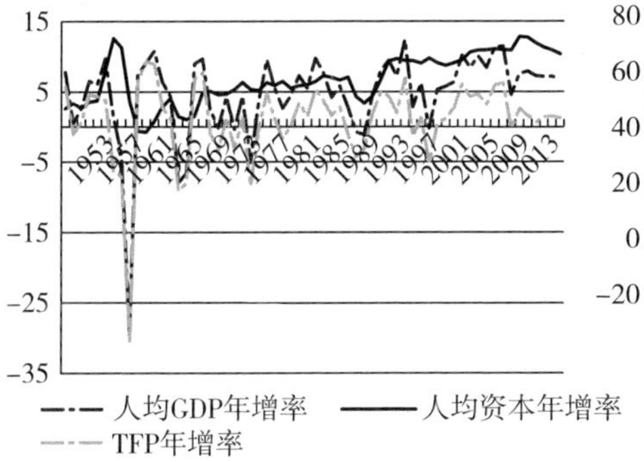

中国

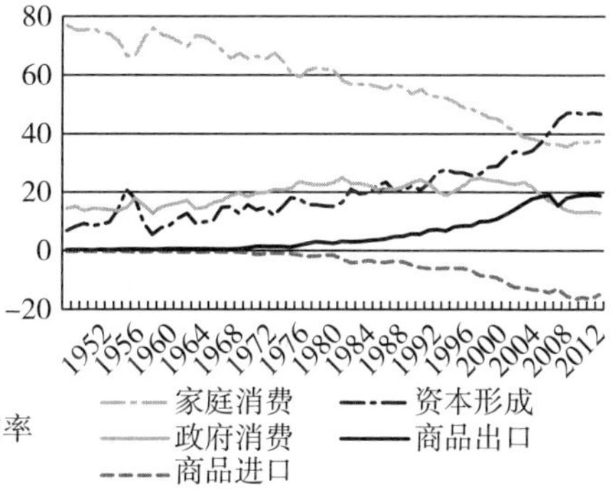

中国

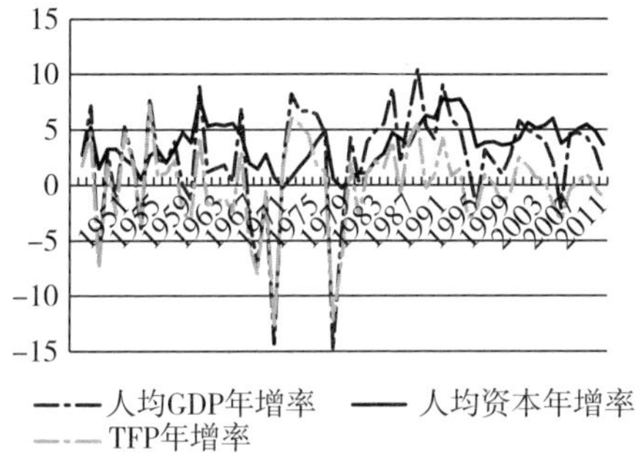

智利

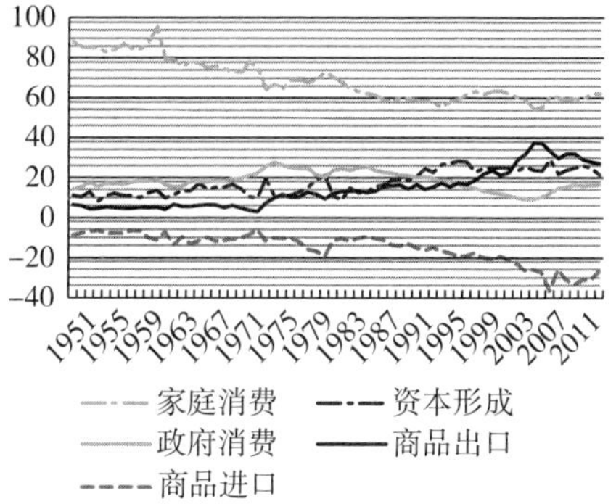

智利

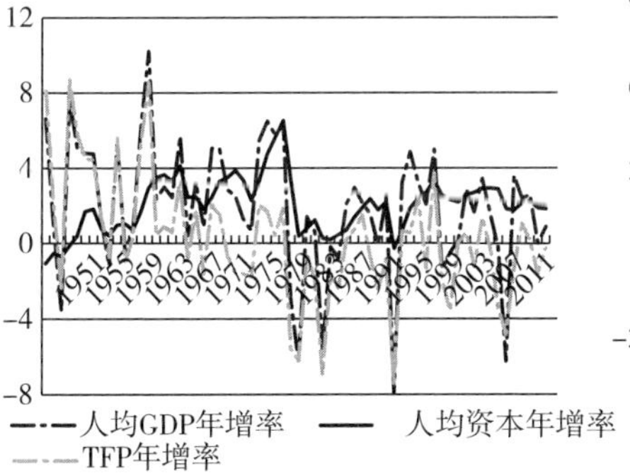

墨西哥

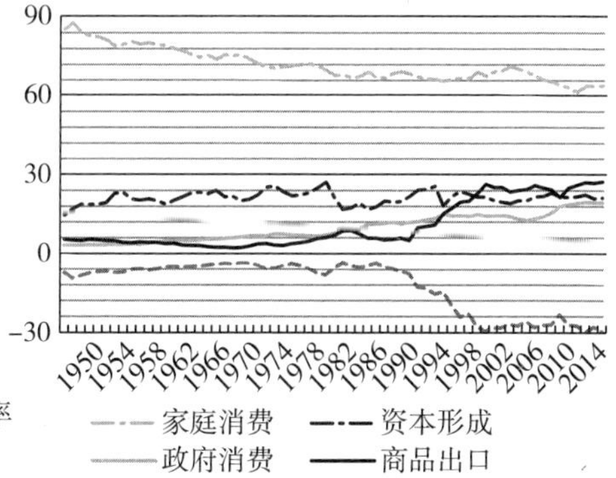

墨西哥

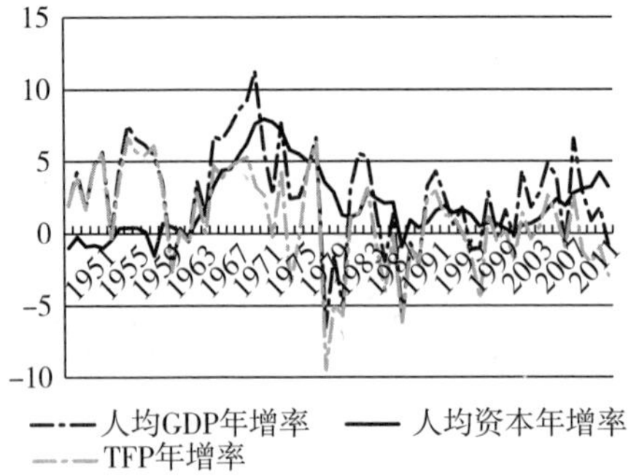

巴西

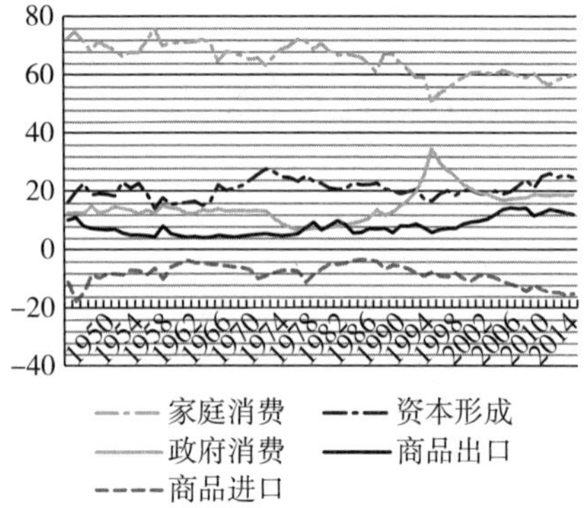

巴西

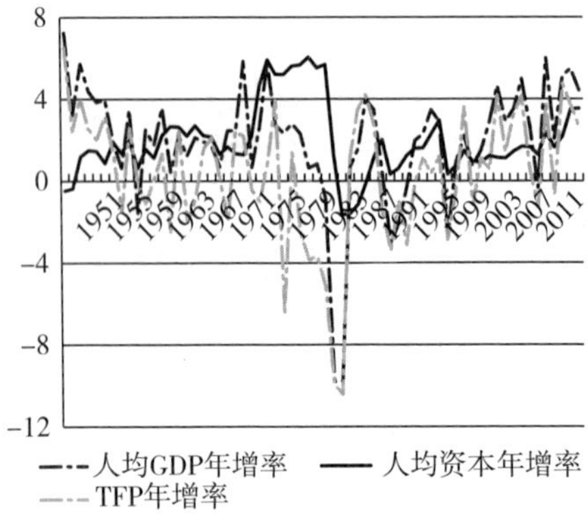

菲律宾

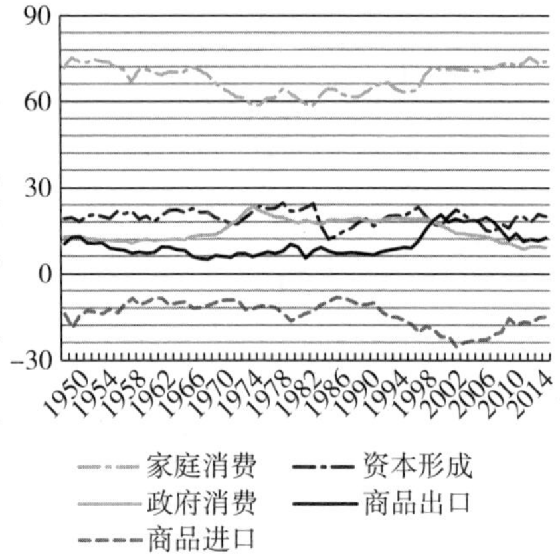

菲律宾

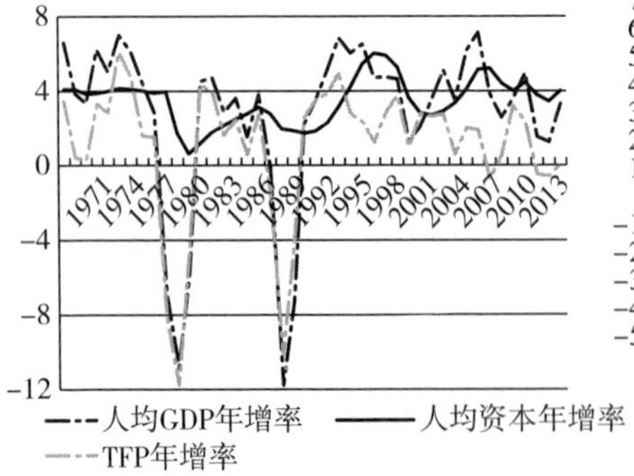

波兰

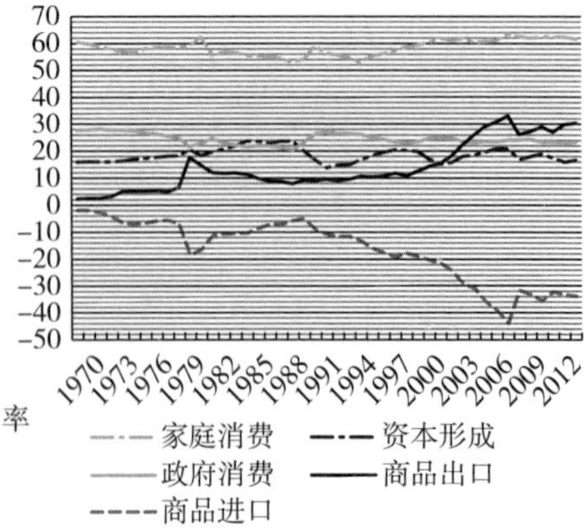

波兰

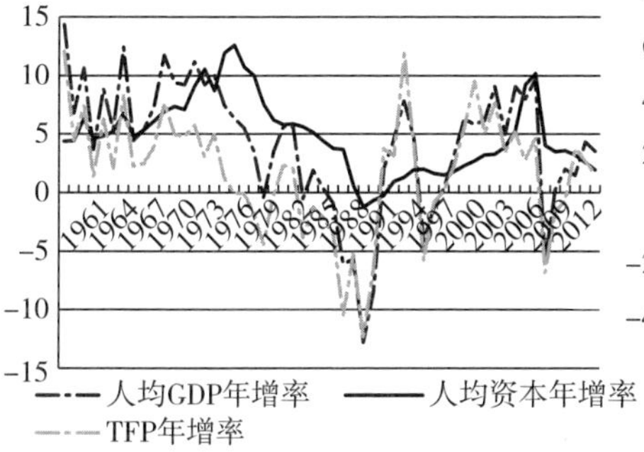

罗马尼亚

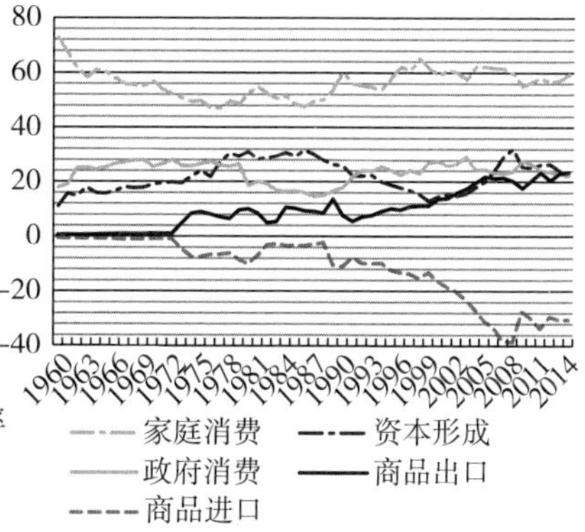

罗马尼亚

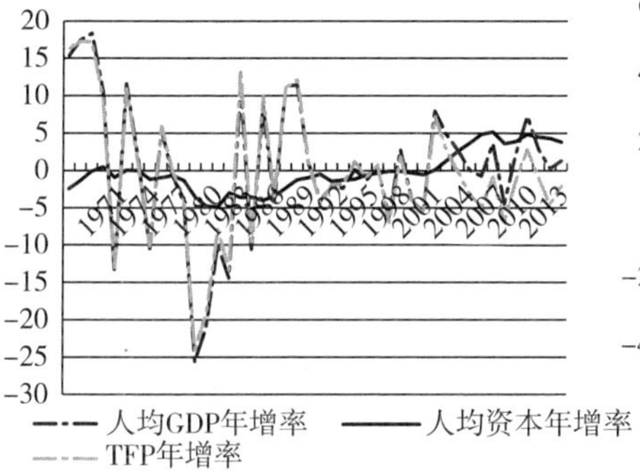

沙特

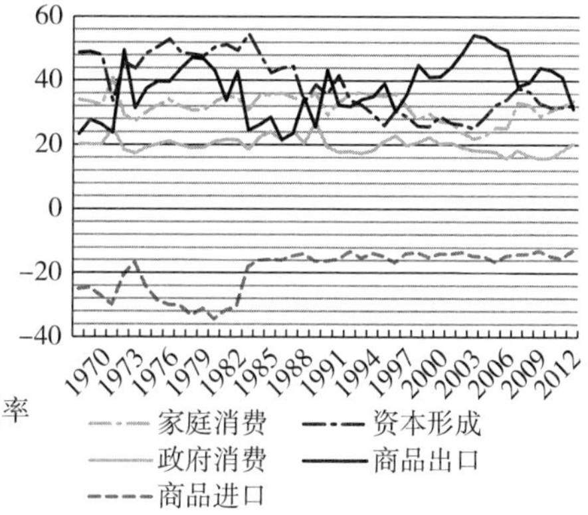

沙特

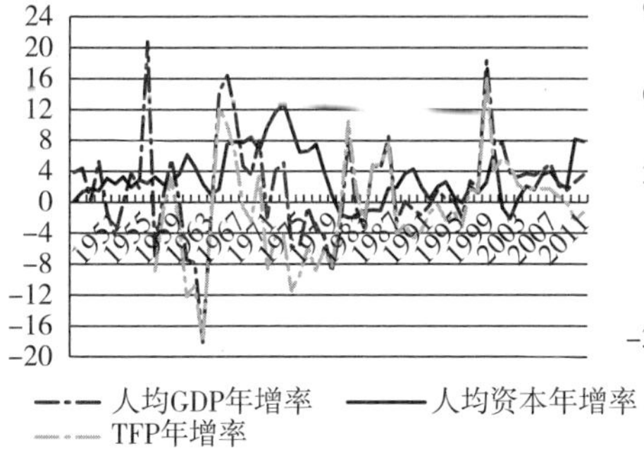

尼日利亚

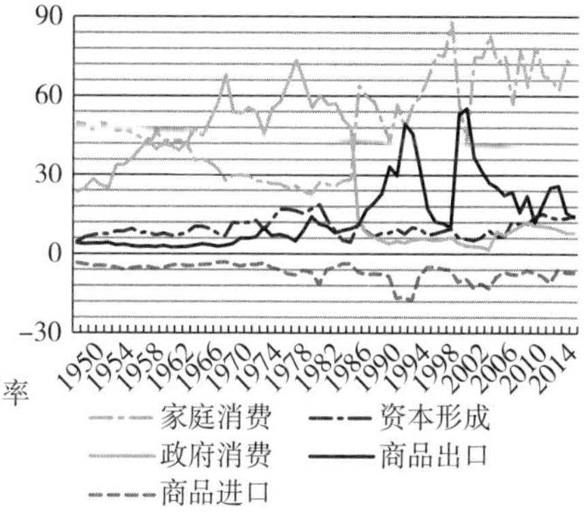

尼日利亚

附录8-1：二战以来各国和地区的经济增长

附表 8-1 是根据宾州大学世界表 9.0 计算出来的二战以来 182 个国家和地区经济增长的概况。可见，数据可得的 156 个国家和地区在过去 44 ~ 64 年的时期内（起始年份不同），人均 GDP① 年增速分布在 -8.91% ~ 9.03% 的范围内，中位数是 2.34%；GDP 的年增速分布在 -8.55% ~ 11.36% 的范围内，中位数是 4.13%。

附表8-1 二战以来182个国家和地区经济增长概貌

时期	国家或地区	人均产出增长倍数	总产出增长倍数	人均产出年增速（%）	总产出年增速（%）
1950 ~ 2014	埃及	17.93	73.08	4.61	6.94
	日本	14.10	21.46	4.22	4.91
	萨尔瓦多	13.61	42.11	4.16	6.02
	泰国	12.55	42.65	4.03	6.04
	爱尔兰	10.48	16.55	3.74	4.48
	巴拿马	10.27	44.85	3.71	6.12
	葡萄牙	10.15	13.05	3.69	4.09
	德国	10.02	11.79	3.67	3.93
	西班牙	9.50	15.64	3.58	4.39
	巴西	9.30	35.73	3.55	5.75
	奥地利	8.70	10.62	3.44	3.76
	意大利	8.61	10.96	3.42	3.81
	挪威	8.60	13.56	3.42	4.16
	塞浦路斯	8.40	15.04	3.38	4.33
	阿根廷	7.03	17.61	3.09	4.58
	芬兰	6.49	8.87	2.97	3.47
	印度	6.46	22.62	2.96	4.99
	土耳其	6.42	24.23	2.95	5.11
	荷兰	6.21	10.41	2.89	3.73
	以色列	6.05	38.05	2.85	5.85

① GDP的含义是生产侧的实际GDP，2011年计价的PPP美元。

续表

时期	国家或地区	人均产出增长倍数	总产出增长倍数	人均产出年增速（%）	总产出年增速（%）
1950~2014	摩洛哥	5.86	21.12	2.80	4.88
	特立尼达和多巴哥	5.79	12.53	2.78	4.03
	比利时	5.62	7.28	2.73	3.15
	法国	5.62	8.72	2.73	3.44
	秘鲁	5.40	21.65	2.67	4.92
	卢森堡	5.24	9.84	2.62	3.64
	厄瓜多尔	5.23	24.13	2.62	5.10
	菲律宾	4.84	24.47	2.49	5.12
	丹麦	4.79	6.33	2.48	2.92
	冰岛	4.77	10.90	2.47	3.80
	瑞典	4.59	6.35	2.41	2.93
	瑞士	4.55	8.09	2.40	3.32
	埃塞俄比亚	4.47	22.26	2.37	4.97
	斯里兰卡	4.45	12.31	2.36	4.00
	哥斯达黎加	4.16	21.42	2.25	4.90
	毛里求斯	4.13	10.93	2.24	3.81
	英国	4.10	5.26	2.23	2.63
	哥伦比亚	4.09	16.38	2.23	4.47
	加大	3.86	9.95	2.13	3.66
	巴基斯坦	3.79	20.13	2.11	4.80
	澳大利亚	3.67	10.28	2.05	3.71
	墨西哥	3.56	15.88	2.00	4.42
	美国	3.55	7.30	2.00	3.15
	乌拉圭	3.35	5.24	1.91	2.62
	危地马拉	3.18	16.65	1.82	4.49
	新西兰	3.12	7.36	1.79	3.17
	委内瑞拉	2.80	15.93	1.62	4.42
	玻利维亚	2.63	9.69	1.52	3.61
	乌干达	2.29	16.14	1.30	4.44
	南非	2.27	9.12	1.29	3.51
	尼日利亚	2.09	11.56	1.16	3.90

续表

时期	国家或地区	人均产出增长倍数	总产出增长倍数	人均产出年增速（%）	总产出年增速（%）
1950～2014	洪都拉斯	2.05	11.72	1.13	3.92
	肯尼亚	1.97	14.40	1.06	4.26
	尼加拉瓜	1.37	6.45	0.50	2.95
	刚果金	0.64	3.86	–0.69	2.13
1951～2014	中国台湾	25.89	78.20	5.30	7.16
	希腊	7.37	10.62	3.22	3.82
	多米尼克加共和国	5.41	22.85	2.72	5.09
	智利	5.15	14.33	2.63	4.32
	巴拉圭	4.56	19.73	2.44	4.85
1952～2014	中国	13.90	33.61	4.34	5.83
1953～2014	韩国	33.47	81.61	5.92	7.48
	牙买加	2.29	4.57	1.37	2.52
1954～2014	马耳他	31.72	42.01	5.93	6.43
	约旦	5.02	51.30	2.73	6.78
	马拉维	1.34	7.25	0.49	3.36
	津巴布韦	1.21	5.91	0.32	3.00
1955～2014	马来西亚	10.12	41.40	4.00	6.51
	伊朗	5.87	24.82	3.05	5.59
	赞比亚	2.97	16.54	1.86	4.87
	加纳	1.53	6.94	0.73	3.34
1959～2014	孟加拉	2.14	6.60	1.40	3.49
	布基纳法索	2.09	7.22	1.35	3.66
	贝宁	1.40	6.64	0.61	3.50
	几内亚	0.86	3.07	–0.27	2.06
1960～2014	赤道几内亚	106.56	333.46	9.03	11.36
	博茨瓦纳	37.25	140.30	6.93	9.59
	新加坡	25.10	83.98	6.15	8.55
	罗马尼亚	14.93	15.71	5.13	5.23
	中国香港	9.32	21.91	4.22	5.88
	印度尼西亚	7.55	20.31	3.81	5.73
	突尼斯	6.40	17.32	3.50	5.42

续表

时期	国家或地区	人均产出增长倍数	总产出增长倍数	人均产出年增速（%）	总产出年增速（%）
1960～2014	佛得角	5.84	15.17	3.32	5.16
	莱索托	4.48	11.37	2.81	4.60
	塞舌尔	4.15	9.87	2.67	4.33
	加蓬	4.06	13.41	2.63	4.92
	刚果布	3.76	16.09	2.48	5.28
	尼泊尔	3.69	10.31	2.45	4.42
	纳米比亚	3.10	12.37	2.12	4.77
	毛里塔尼亚	2.98	11.89	2.04	4.69
	莫桑比克	2.55	9.33	1.75	4.22
	斐济	2.50	5.63	1.71	3.25
	马里	2.26	8.02	1.52	3.93
	喀麦隆	2.18	8.81	1.46	4.11
	科特迪瓦	2.05	13.50	1.34	4.94
	坦桑尼亚	1.98	9.87	1.27	4.33
	叙利亚	1.93	7.82	1.22	3.88
	卢旺达	1.71	6.41	1.00	3.50
	几内亚比绍	1.66	4.21	0.94	2.70
	多哥	1.43	6.48	0.66	3.52
	阿尔及利亚	1.38	4.71	0.59	2.91
	海地	1.26	3.47	0.42	2.33
	布隆迪	1.26	4.91	0.42	2.99
	巴巴多斯	1.25	1.53	0.42	0.79
	塞内加尔	1.13	5.20	0.23	3.10
	冈比亚	1.12	6.67	0.22	3.58
	喀麦隆	1.11	4.85	0.20	2.97
	马达加斯加	1.06	4.68	0.10	2.90
	乍得	1.02	4.64	0.03	2.88
	尼日尔	0.63	3.32	−0.85	2.25
	中非共和国	0.42	1.39	−1.58	0.61
1961～2014	塞拉利昂	1.55	4.47	0.83	2.87
1962～2014	缅甸	19.74	46.58	5.90	7.67

续表

时期	国家或地区	人均产出增长倍数	总产出增长倍数	人均产出年增速（%）	总产出年增速（%）
1964～2014	利比亚	1.01	3.75	0.03	2.68
1970～2014	中国澳门	23.84	54.90	7.47	9.53
	特克斯和凯科斯群岛	12.12	72.63	5.83	10.23
	蒙古	9.34	21.26	5.21	7.19
	老挝	7.01	17.45	4.52	6.71
	马尔代夫	6.65	20.54	4.40	7.11
	越南	6.51	13.86	4.35	6.16
	阿曼	6.04	35.34	4.17	8.44
	圣克里斯托弗和尼维斯岛	5.34	6.54	3.88	4.36
	阿鲁巴	5.24	9.17	3.83	5.17
	格林纳达	5.22	5.88	3.83	4.11
	波兰	4.79	5.63	3.62	4.01
	匈牙利	4.37	4.17	3.41	3.30
	伊拉克	3.97	14.13	3.18	6.20
	斯威士兰	3.91	11.14	3.15	5.63
	不丹	3.82	10.04	3.10	5.38
	保加利亚	3.75	3.18	3.05	2.66
	苏里南	3.40	4.93	2.82	3.69
	阿尔巴尼亚	3.35	4.50	2.78	3.48
	安提瓜和巴布达	2.84	3.95	2.40	3.17
	巴勒斯坦	2.74	11.05	2.32	5.61
	圣卢西亚	2.58	4.55	2.18	3.50
	前苏丹	2.56	9.29	2.16	5.20
	伯利兹	2.53	7.27	2.13	4.61
	安圭拉	2.50	5.66	2.11	4.02
	圣文森特和格林纳丁斯	2.42	2.93	2.03	2.47
	多米尼加	2.31	2.35	1.92	1.96
	黎巴嫩	2.09	5.11	1.69	3.78
	维尔京群岛	2.01	6.07	1.60	4.19
	巴林	1.96	12.54	1.54	5.92
	安哥拉	1.95	7.51	1.53	4.69

续表

时期	国家或地区	人均产出增长倍数	总产出增长倍数	人均产出年增速（%）	总产出年增速（%）
1970～2014	柬埔寨	1.76	3.85	1.30	3.11
	门特塞拉	1.74	0.76	1.26	-0.62
	沙特	1.66	8.79	1.16	5.07
	卡塔尔	1.63	32.35	1.11	8.22
	圣多美和普林西比	1.57	3.95	1.04	3.17
	文莱达鲁萨兰	1.19	3.81	0.39	3.09
	巴哈马	1.17	2.64	0.35	2.23
	科威特	0.52	2.63	-1.45	2.22
	吉布提	0.38	2.09	-2.17	1.68
	阿联酋	0.28	10.89	-2.84	5.58
	开曼群岛	0.13	0.86	-4.47	-0.33
	百慕大	0.02	0.02	-8.91	-8.55
1989～2014	也门	5.76	13.21	7.26	10.88
1990～2014	波黑	11.90	10.03	10.87	10.08
	爱沙尼亚	2.21	1.86	3.36	2.61
	哈萨克斯坦	2.13	2.24	3.20	3.41
	立陶宛	2.01	1.59	2.96	1.95
	土库曼斯坦	1.95	2.81	2.81	4.41
	马其顿	1.87	1.95	2.65	2.82
	塞尔维亚	1.83	1.65	2.55	2.11
	阿塞拜疆	1.75	2.34	2.36	3.60
	斯洛文尼亚	1.63	1.68	2.06	2.18
	乌兹别克斯坦	1.60	2.30	1.98	3.54
	亚美尼亚	1.56	1.32	1.88	1.18
	白俄罗斯	1.55	1.44	1.83	1.52
	斯洛伐克	1.51	1.55	1.73	1.85
	克罗地亚	1.47	1.31	1.62	1.13
	黑山共和国	1.46	1.48	1.58	1.65
	拉脱维亚	1.44	1.07	1.52	0.30
	捷克	1.40	1.43	1.41	1.50
	俄罗斯	1.21	1.18	0.81	0.69

续表

时期	国家或地区	人均产出增长倍数	总产出增长倍数	人均产出年增速（%）	总产出年增速（%）
1990～2014	摩尔多瓦	1.10	1.02	0.38	0.09
	格鲁吉亚	1.02	0.75	0.07	−1.19
	乌克兰	0.95	0.83	−0.22	−0.76
	吉尔吉斯	0.77	1.02	−1.09	0.09
	塔吉克斯坦	0.48	0.75	−3.02	−1.19
2005～2014	荷属圣马丁	0.89	1.04	−1.24	0.40
	库拉索岛	0.77	0.93	−2.82	−0.80

专题报告九

国际视野下的中国工业化道路

新中国成立以来，中国的工业化进程在曲折中奋勇前行。改革开放以前，在“新民主主义工业化”道路、“优先发展重工业的国家工业化”道路和“探索重工业、轻工业、农业协调发展的中国特色社会主义工业化”道路的曲折探索中，中国初步建立起了比较独立、完整、门类齐全的工业体系。改革开放以后，在“中国特色工业化”道路和“新型工业化”道路的引领下，我们成功建立起有相当规模和较高技术水平的现代工业体系，工业的发展推动中国从一个物资较为匮乏的国家发展成为世界经济发展引擎、全球的制造基地，取得了辉煌的成就。然而，必须清醒地认识到，当前中国正处于工业化中后期，在基本实现工业化后，还要继续为实现现代化不懈努力，未来中国的工业发展道路，依然任重道远。本专题回顾中国的工业化道路，结合发达国家、发展中国家工业化道路的经验和启示，总结中国工业化道路的主要特征，同时分析未来中国工业化道路的挑战和发展路径，对探索中国工业发展道路具有重要意义。

一、中国工业化的过程

从晚清“洋务运动”至今，中国的工业发展走过了一百五十余年的历程。其间，新中国的工业化遭遇过挫折，但也取得了重大的成就。中国现在虽然在一些工业领域距离世界先进水平尚有差距，但具备了独立和比较完备的工业体系，在诸多地方也进入了世界先进行列。

（一）解放前的中国工业

中国的早期工业发展活动始于晚清“洋务运动”。1861 年曾国藩在安徽创办安庆内军械所，标志着中国早期工业的开始。近代中国的工业发展分为晚清和民国两个时期。晚清的工业发展经历了 1861 ~ 1895 年和 1895 ~ 1911 年两个阶段。第一阶段是清政府对外部西方列强的侵略及其工业发展浪潮所作的反应。中国优先发展军事工业和重工业，逐步发展民用工业，有实力的地方官员成为工业化的领导者。洋务派“师夷长技以制夷”，从西方大量购买机器设备，主要采取官办和官商合营等形式，从事军火制造。之后，晚清政府针对海防问题，建立近代海军。但由于政府财政入不敷出，海关收入不足，以及原料、燃料和交通等问题，所以洋务派开始吸收民间资本，“官督商办”或者“官商合办”，兴办民用企业。第二个阶段始于甲午战争后。日益严峻的民族存亡危机以及列强在华投资办厂浪潮使准许民间设厂的呼声日益强烈，清政府也于 1895 年发布“上谕”予以准许，晚清工业发展进入高潮。这一阶段开始以基础工业和民用工业为重点，铁路、邮政、电话、电报、纺织、制革、造纸、纺纱等发展起来，民间资本工业发展迅速。

民国的工业发展分为1911～1927年的北洋政府时期和1927～1949年的南京国民政府时期。北洋政府时期，军阀纷纷投资实业，既接办清朝遗留下来的洋务企业，也兴办各种企业。民间资本也大量进入工业建设，以轻工业为主的民族工业迅速发展。而到了南京国民政府时期，政府实行以国防工业为中心、以基本工业为基础的工业化战略，各种厂矿在此期间建成或开始建设，资本品工业的发展速度超过了轻纺工业。同时，政府还实行统制经济体制，规定国家垄断经营基础设施和基础产业建设，为国营和民办的界限制定出一些原则性规定。抗日战争爆发后，为应对时局，国民政府对贸易、粮食、资源和金融财政等实行统制，国家资本逐渐壮大，而民间资本在抗日战争中作用日渐衰微。

（二）新中国的工业化历程

新中国的工业化历程可以粗略地分为改革开放前约三十年和改革开放后四十年两个时期。近七十年的时间里，中国一直在探索一条符合自身国情的工业化道路。

1. 新民主主义工业化时期：1949～1958年

这一时期，新中国进行了国民经济的恢复工作和社会主义改造，同时决定走优先发展重工业的道路，接受了苏联“156项工程”的援助，高度集中的计划经济体制也在这一时期逐渐形成。

新中国成立初期，国民经济已经遭到严重的破坏，全国百废待兴。面对各种各样的问题和矛盾，党的第一代中央领导集体着手恢复国民经济，重点是交通业和重工业，同时调整工商业。1949年7月，全国工会工作会议提出两年内恢复全国铁路运输并要有所发展。到解放前夕，中国大量铁路线已经被修复。到1950年，中国的钢铁和煤炭产量不仅得到恢复，还有了一定的产量增长和质量提高[①]。1950年中财委提出巩固国营经济领导地位下公私兼顾的六项具体措施，私营工业产量增加，主要生活用品的销量大幅增长，商品市场逐渐繁荣起来。

从1953年开始到1956年，中国先后对农业、手工业和资本主义工商业进行了社会主义改造。对农业的社会主义改造经历了互助组、初级农业生产合作社、高级农业合作社三个阶段。在对手工业进行社会主义改造时，党和政府则从供销入手，逐步发展到生产合作，经历了手工业供销小组、供销合作社和生产合作社三个阶段。对于资本主义工商业的改造也经历了初级形式的国家资本主义、个别企业的公司合营以及全行业公私合营三个步骤。与此同时，在20世纪50年代初期，在确定过渡时期总路线和制定中长期国民经济发展规划的过程中，中国决定走一条优先发展重工业的道路，建立起独立、完整、现代化的工业体系和国民经济。但是，由于工业基础差，技术水平落后，所以中国需要外国的援助。苏联就成为主要援助来源和学习对象，其中“156项工程”是中国“一五”计划重工业建设的核心，其中主要是重工业企业：军事企业有44个，能源企业有24个，冶金企业有20个，化工企业有7个[②]，大多分布在东北和中西部地区，改变了过去工业企业主要集中在沿海的布局。

而在整个新民主主义工业化时期，中国也在逐步建立有别于苏联的计划经济体制。在恢复国民经济的过程中，中国已经开始确立计划经济体制的雏形。到1956年，社会主义改造取得胜利，“一五”计划也接近完成，中国开始总结自身和苏联在工业化过程中的经验得失，

① 张国星，何明：《共和国开国岁月〈洪流纪事〉续篇》，中共党史出版社2001年版。

② 陈国吉，崔健生：《辉煌与误区——建国以来五十件大事纪实》，内蒙古人民出版社1995年版。

开始对计划经济体制进行调整，探索一条适合中国国情的工业化道路。当年 4 月，毛泽东作了《论十大关系》的报告，正确论述了农业、轻工业和重工业的关系，沿海工业与内地工业的关系，经济建设和国防建设的关系，中央和地方的关系等问题，从理论上实现了从“重工业优先发展”到“按照农轻重次序安排国民经济”“以农业为基础、以工业为主导”的转变，对工业化建设具有很高的指导和借鉴意义。

2. 计划经济工业化时期：1958 ～ 1978 年

1958 年，中国发动“大跃进”，提出“赶英超美”等超越现实的目标，“大跃进”期间，工业经济效益很低，工农业比例和工业内部各种比例失衡。于是到了 1961 年，中央提出“调整、巩固、提高、充实”的“八字方针”，对国民经济进行调整。到了 1965 年，鉴于当时周边安全形势，中国开始了“三线”建设，横跨“三五”“四五”和“五五”三个五年计划。“三五”计划期间主要建设西南和西北的“三线”工程，重点是国防工业和重工业，还包括铁路干线、水电站、火电站等配套设施。“四五”计划在此基础上提出“三线”地区国防科技项目的投资每年达到 25 亿元，“五五”计划期间“三线”建设的主要任务是充实和加强，建设也进入了收尾阶段。而到“文革”期间，中国工业建设一度陷入停滞阶段，这期间进行了两次工业整顿，1972 年和 1973 年分别提出整顿企业管理和整顿国民经济，加强统一管理，缩小了工业建设规模，各部门比例失调现象有所缓解，经济效益有所提高。1975 年中国开始整顿铁路交通和钢铁生产秩序，从而带动工业各部门的整顿。工业生产的各项指标自 1975 年 3 月起逐步好转，上半年全国工业总产值完成年计划的 47.4%，财政收入完成年计划的 43%[①]。

① 马泉山：《新中国工业经济史（1966～1978）》，经济管理出版社1988年版。

除工业整顿之外，“四三方案”亦有重要的作用。1973年春，中国决定从国外引进43亿美元新技术和装备（简称“四三方案”），支援农业、轻工业和基础工业的发展，中心是解决吃、穿、用问题[①]。虽然最终的引进金额只达到计划的77%，但对我国的工业化进程产生了深远的影响，推动了中国新技术的研究与应用，成为中国对外开放的前奏。

经过近三十年的发展，中国初步建立起独立和比较完备的工业体系，从以农业产值为主转变为以工业产值为主。中国的工业总产值占社会总产值的比重从1952年的34.3%提高到1978年的61.9%[②]。工业体系已基本形成，门类较为齐全。到1978年，中国一些主要工业产品的产量已居世界前列，较1952年有几十倍甚至上百倍的增长。工业的地区分布不均衡有所改善，原来工业主要分布在东部沿海，这时期中西部地区建立起大量工业基地。此外，农业工业化也普遍开展。这些经济建设成就为中国改革开放后的经济腾飞创造了有利的条件。但是，我们也不能忽视这段时期工业化的问题，尽管党和政府在不同时期均强调各经济部门之间的协调发展，但是还存在三产之间以及重工业和其他产业协同发展机制的缺失。同时经济发展方式比较粗放，资源浪费严重，经济效益较低。

3. 计划经济向市场经济转轨前期：1978 ~ 1992年

1978年，中国开始从计划经济向市场经济转轨。这一时期包括两个阶段。第一个阶段为1978 ~ 1982年的工业化道路调整阶段。中国克服了过去在经济建设中存在的“左”倾思想，提出“调整、改革、整顿、提高”的“新八字方针”。1980年，国务院进一步决定对轻

① 梁秀峰：“中国工业化的历史进程”，《中共党史研究》，1994年第（02）期。

② 国家统计局工业交通司：《中国工业经济统计年鉴1995》，中国统计出版社1996年版。

纺工业实行“六个优先”原则，将一系列资源优先供轻纺工业使用。总的来说，中国经济各方面都得到了调整，各种比例失调现象有明显扭转。

第二个阶段为1983～1992年的再调整阶段。1982年，党的“十二大”对进入改革开放的中国经济发展战略进行了完整表述，提出以计划经济为主、市场调节为辅，在坚持国营经济主导地位的基础上，发展多种经济形式。会议还宣告中国工业发展从1983年起进入新局面，推进工业管理体制改革是工业发展的首要任务。全国工农业总产值从1981年到20世纪末翻两番的目标以及相关的方针部署被提出，比如继续贯彻“新八字方针”、促进消费品工业较快增长以拉动整个工业和国民经济的发展。1987年10月党的“十三大”提出的中国经济建设分三步走的总体战略部署，其中第一步目标，1981年到1990年实现国民生产总值比1980年翻一番。在这样的历史环境下，中国的工业总产值从1984年的7617.3亿元上升到1992年的34599亿元[①]，国有工业在工业总产值中的比重由69.10%下降到51.52%，而集体工业由29.71%上升至35.07%，城乡个体工业和其他经济类型工业从1.20%上升至13.41%[②]。各主要工业产品的产量也持续高速增长。中国工业的半封闭状态被打破，分享国际分工的成果，又参与国际经济竞争，加快了中国的工业化进程。

4. 社会主义市场经济框架建立时期：1992～2002年

1992年，党的“十四大”正式把建立社会主义市场经济体制作为经济体制改革的目标。市场对工业化的作用不断增强。中国下发一系列在市场经济体制下发展工业经济的文件，如1993年十四届三中全

① 国家统计局：《中国统计摘要（1998）》，中国统计出版社1998年版。
② 国家统计局工业统计司：《中国工业统计年鉴（1993）》，中国统计出版社1993年版。

会的《关于建立社会主义市场经济体制若干问题的决定》、1994年国务院的《90年代国家产业政策纲要》、1999年的《关于加强技术创新、发展高科技、实现产业化的决定》等。同时，中国也根据市场经济环境相应推出了企业改革，要求建立现代企业制度，把公有制形式多样化，比如“抓大放小”，国有控股公司、企业集团的探索，国有小企业承包、租赁、委托经营甚至兼并、合并和出售等等。

在这一时期，中国的工业化迈上了新的台阶，体现在重工业增长速度加快和工业结构优化。与此同时，之前多年的发展使中国在20世纪90年代已经走出了短缺经济和卖方市场，而中国人民收入水平的提高也带动了消费结构的升级。这一阶段的工业化也出现一些问题。从供给角度看，中国产能过剩问题开始出现，投资拉动的工业化效益不高。从需求角度看，国内消费对工业发展的进一步拉动作用不强。在供需两方面的作用下，中国的工业化必须要提高技术水平，降低能耗，提高经济效益，走内涵型发展道路。

5. 社会主义市场经济逐步完善时期：2002年至今

2002年，党的十六大提出了走“新型工业化道路”。其基本特征包括：信息化与工业化相互融合的跨越式发展；产业结构优化升级；提高综合要素生产率，重视开发和利用人力资源；正确认识工业化和城市化的关系，推动城市化与城镇化的结合，优化城市结构，提高城市的聚集能力；降低能源消耗，走低能耗、低污染的可持续发展道路①。虽然中国正在经历经济增速“换挡”期，但经济依然保持着快速增长，2010年中国GDP超越日本，成为世界第二大经济体；虽然第二产业对GDP的贡献率在下降，从2002年的49.4%下降至2016

① 韩彬：“我国新型工业化的特征和实现路径”，《当代经济》，2014年第06期。

年的 38.2%，但工业总体对经济的拉动作用依然比较强；节能减排效果也很显著，中国能源消耗与污染物排放量均呈下降趋势[①]。与此同时，欠发达的中西部地区也逐渐进入快速发展的阶段，在东部发展速度减缓的情况下，对总体发展速度起到了支撑作用，区域发展更加协调。然而，中国工业的整体技术水平依然有待提高。近几年，在经济新常态下，中国在“新型工业化道路”的基础上正在推进供给侧结构型改革，提出“三去一补一降”，继续促进产业结构优化和升级，提高质量，效果显著。同时“中国制造 2025”为中国工业化进程提供了新参照。然而，前路坎坷，在工业化的进一步发展中，提高自主研发能力、掌握核心技术依然是摆在前面的难题之一。

二、新中国工业化道路的主要特征

1949 年新中国成立以来，经过将近 70 年的发展奋进，中国的工业化程度和科技水平都有了大幅度提高，经济总量有了大幅度增加，成为世界第二大经济体。中国工业化进程中经历曲折、探索和创新，发展经验弥足珍贵，放眼世界各国工业化发展经验，新中国工业化道路的主要特征至少包括以下几方面。

（一）走适合本国国情的工业发展道路，持续深化改革

观察国内外各国工业的发展，是有其规律性的。伴随工业化进程阶段推进，工业重点发展方向随之呈现出重工业向高技术工业转化的演进轨迹，工业发展依序分别以资本密集型工业、技术密集型工业为

① 王蓉：“我国新型工业化道路的新成就、新问题与新发展”，《岭南学刊》，2016年第02期。

中心。工业发展又有其特殊性，各国的生产要素、政治环境、文化传统、政策环境等又造就了各国工业化路径的不同选择。任何经济理论都有前提条件，都有其使用范围，不能采用完全的拿来主义，需要结合本国国情，走适合本国情况的经济发展道路。中国的工业化道路经历着一个历史的、辩证的扬弃过程，坚持着具有中国特色工业化路径的探索。中国的计划经济时期，有自己的特点。与苏联的不同，中国的社会主义改造过程比较和平、渐进，成功地解决了国家、集体和个人之间的利益关系，工业化进程比较平稳。中国的改革开放道路，充分认识到市场化改革对工业化发展的推动作用，提出在坚持公有制主体地位的前提下，推动多种所有制经济共同发展，为中国的工业化提供更多助力。

盲目遵从西方经济发展方案，不结合本国实际，反而会延误工业化进程。以东南亚国家的工业化发展道路为例，1997 年亚洲金融危机过后，国币货币基金组织对泰国、印尼进行经济援助，但是实施条件必需措施包括采取紧缩性财政，完全开放市场，采取金融自由化，同时减少政府对经济的干预。结果印尼 GDP 从 1997 年的 2157.5 亿美元迅速下降到 1998 年的 954.5 亿美元，下降了 55.8%，直到 2003 年才恢复到 1997 年的水平；泰国 GDP 从 1997 年的 1501.8 亿美元下降到 1998 年的 1136.8 亿美元，下降了 24.3%，直到 2003 年才恢复到 1997 年水平；韩国的情况也大体类似。反观拒绝国际货币基金组织援助的马来西亚，1997 年 GDP 为 1000 亿美元，1998 年为 721.7 亿美元[①]，下降了 27.8%，2002 年恢复到 1997 年水平，比泰国和印尼早了一年。各国经济发展情况不同，不能盲从一套经济发展方案，要结合本国实

① 数据来源：世界银行。

际情况，提高发展本国经济的自主性。

（二）实施合理的政府调控，建设有效市场环境

工业化推进过程中，各国政府都起到了非常积极的作用，但不同国家政府作用的程度存在差别。美、德两国政府在工业化追赶过程中，主要从政策引导层面采取措施。日本和韩国的工业发展中政府主导的色彩更为浓重，除了直接干预，在推动产业技术升级方面还积极制定法律和政策，同时通过政府采购、国有化计划以及贸易保护本国市场。历史经验表明，政府在工业化进程中能否创造一个良好的经济发展环境和秩序，对推动工业化尤其重要，关键在于政府调控的方向和方式。

1978 年中国基本建成了完备的工业体系，提高了技术装备水平，成为世界第六大工业国，为改革开放奠定了基础。尤其是改革开放以后，面对经济全球化的激烈竞争，为占领竞争高地和保证国内产业在面对国外企业竞争时的公平性，国家实施了一些产业政策和规划，有目的、有秩序的促进产业发展，引导社会资源和弥补市场机制的不足。随着市场经济的不断发展，中国陆续出台《中华人民共和国反不当竞争法》《中华人民共和消费者权益保护法》《中华人民共和国税法》《中华人民共和国知识产权法》等，在经济事务管理中做到有法可依，规范经济运行过程，以提高对市场主体的激励。通过政府和市场互相补充，保障市场经济体制顺利运行，促进市场效率提升。同时避免市场的短期效应，出台产业政策，保障国家战略发展，促进产业结构调整，提高综合国力。

但是也要注意政府调控方式和方向将影响工业化进程。如 20 世纪大部分国家都进行了经济体制改革，其核心是市场化、自由化，但是个别国家采用了“休克疗法”等过激手段，国门大开，导致原有产

业受到了剧烈冲击，破产清算，国家经济陷入了严重的衰退。如拉美国家在出口导向型发展战略的指引下，迅速市场化，几乎取消了产业政策，导致拉美国家的工业化水平严重倒退。如东南亚等地区国家在实行进口替代战略时期大都采取了各种经济措施保护国内产业发展，这在一定时间和范围内是合理的，为迅速建立起国家工业体系做出了重要贡献，但是长期过度保护使相关行业失去了进取精神，产品无法升级换代，拉大和国际产品的差距。

（三）提供稳定的政治环境，保证制度政策连贯

新中国的诞生为中国的工业化提供了稳定安全的环境，这是中国享受至今的历史红利，中国工业化进程由建设完整体系向对外开放战略进展，由计划经济顺利向社会主义市场经济过渡。中国共产党第七次全国代表大会确定工业在国家发展中的战略核心作用。党的八大指出中国应当在三个五年计划的时期内，基本上建成一个完整的工业体系。党的十三大指出中国将由农业国变为现代化工业国的阶段。党的十六大正式提出：走“新型工业化道路”，即“坚持以信息化带动工业化，以工业化促进信息化，走出一条科技含量高、经济效益好、资源消耗低、环境污染少、人力资源优势得到充分发挥的新型工业化路子”。党的十七大指出，坚持走中国特色新型工业化道路，大力推进信息化和工业化融合，促进工业由大变强。党的十八大将工业化基本实现作为全面建成小康社会的主要内容。党的十九大指出建设现代化经济体系，必须把着力点放在实体经济上，要加快建设制造强国。在中国共产党的领导下，这些重大发展战略的制定与实施，保持稳定并与时俱进，为中国工业化进程的顺利推进起到了至关重要的作用。

新中国的工业化进程也经历曲折。20 世纪 70 年代，中国的工业发展和世界差距再次扩大，之后党的十一届三中全会作出了改革开放的历史性决策。我们充分认识到只有稳定的政治环境才能提供完善的社会公共服务，才能保证各项制度的连续与稳定。如拉美国家工业化初期和进口替代发展的黄金时代，都是国内和国际环境比较稳定的时期。相反，不稳定的政治局势，会导致民众对经济预期不稳定，工业化更是无从谈起。如缅甸内战导致缅甸经济发展严重落后周边国家，2015 年其贫困人口比例高达 32.1%。2006 年泰国发生军事政变，泰国国内的政治运动不断，严重拖累经济发展，GDP 增速波动剧烈，2009 年甚至出现了负增长。1976 ~ 1982 年阿根廷的军政府上台，正常的生产经营活动被迫中断，导致大量企业破产，工业化进程倒退，在此期间阿根廷人均收入水平持续负增长，人均 GDP 由 7291.8 美元降低到 6996.9 美元（2010 年美元不变价）①，可见不稳定的政治环境对工业化的冲击是巨大的。

（四）持续调整三产及工业内部结构，提升产业结构

新中国成立初期，中国奉行重工业优先发展策略，之后进行了调整，注重一、二、三产业发展结构，尤其是轻、重工业比重问题，工业产业结构发展不平衡的问题得到了缓解。20 世纪 80 年代中期以来，建筑业、服装业、食品业、耐用消费品业等得到发展。到 1988 年，工业结构发生了很大变化，轻工业的总产值比重由 1978 年的 43.1% 提高到 1988 年的 49.3%，重工业的总产值比重则从 56.9% 下降到 50.7%，从而基本扭转了重工业过快增长的趋势，消费品生产迅速增

① 数据来源：世界银行。

长，工业结构逐步实现轻型化。1989 ~ 2000 年，为解决轻工业等加工制造业与能源、原材料等基础工业的矛盾，提出加快基础工业、基础设施建设的一系列政策措施，逐步协调了轻、重工业的关系，加快了工业化进程。改革开放前，由于片面强调发展重工业，中国的霍夫曼比例下降很大，以总产值计算的比例由 1952 年的 1.82 下降至 1979 年的 0.76；改革开放之后，霍夫曼比例回升，1990 年以总产值计算的比例值上升为 0.98①。此外，在重工业内部，制造工业增长速度减缓，原材料工业增长迅速，为工业的进一步发展夯实了基础。根据联合国产业分类，中国拥有 39 个工业大类，191 个种类，525 个小类，是拥有全部门类的国家，而且主要工业产品产量规模已经达到世界第一。2016 年中国第三产业在国民经济中所占比重超过 50%。根据世界银行公布的数据，高收入国家 2015 年经济结构为 1.4 ∶ 24.6 ∶ 74.1。欧洲联盟 2016 年经济结构为 1.6 ∶ 24.5 ∶ 73.9，而且比较稳定；美国近 10 年工业增加值占比呈下降趋势，2016 年占比为 26.7%；日本工业增加值 29.5%，英国 20.2%，德国 30.5%。对比表明中国的产业结构呈现出向发达国家靠拢趋势，但是还存在进一步调整空间。

产业发展的不协调将影响国民经济的稳定，降低了抵御经济危机冲击的能力。2008 年金融危机前，其他工业化国家更关注服务业发展，而德国长期投资于实体经济和基础设施。较之以旅游业为主导的希腊和以金融业主导型的爱尔兰、冰岛、英国受到金融危机的严重冲击，制造业主导型国家的德国和法国受到的冲击相对平稳。我们认识到雄厚的工业基础可抵御金融危机对国家的冲击。但是优先发展工业并不意味放缓农业和服务业的发展。在国家治理体系不完善的情况下，不

① 周叔莲，郭克莎："论改革以来中国工业化的发展趋势"，《中州学刊》1994年第01期。

注重经济体系整体协调发展，会造成各产业从业人员收入差距扩大，积累经济增长和社会矛盾。如苏联在工业化初期，不注重农业发展，在工业化过程中牺牲农业发展，为重工业发展提供资金，造成经济结构严重不平衡，民众满意度下降。如拉美国家自由主义工业化时期偏重于初级产品出口，重工业一直都没发展起来等。

（五）重视重工业和国有企业的作用，优化产业组织

重工业是基础工业，是为经济发展提供生产资料，为国民经济各部门发展提供技术装备及燃料动力，是国力水平的重要体现。中国在新中国成立前重工业基础为零，所有的装备都依赖进口。经过新中国成立初期的恢复，“一五”期间国家集中有限力量发展重工业，特别是机械制造和国防工业，为中国实现工业化打下了坚实的基础，建成了飞机、汽车、重型机器、精密仪器等近600个项目，一汽、沈阳机床厂、鞍山钢铁公司等投产，改变了中国工业落后面貌。1958～1978年间，中国建成武汉和包头两大钢铁基地，发现胜利油田、大庆油田、大港油田，实现了石油自给，建成南京长江大桥、第二汽车制造厂以及成昆铁路、湘黔铁路、兰新铁路、包兰铁路等重大工程，实行优先发展重工业战略，使中国积累了比较丰富的大工业建设经验。改革开放之后，通过吸引外资和进出口贸易，中国与发达国家开展多层次的经济合作，重工业取得进一步发展。

国有企业是国民经济的主导力量，在计划经济时期，在国民经济和地方经济中都占有优势。国有企业不但提供了煤炭、石油、电力、钢铁等基础能源，承担着生产公共产品、建设重大工程项目、推动国家技术创新等职责，而且还肩负着优化产业结构、引领经济发展、带动其他所有制经济健康发展的重任。中国于1978年进行经济体制改革，

同时国有企业也开始进行改革，国有资本向重点和关键领域集中，培育市场主体；大型国有企业通过重组、关停等方式改变经营管理方式，活力增加，效益显著提高。经过多年改革，国有企业总体上已经同市场经济相融合。同时，国有企业也积累了一些问题，存在一些弊端，需要进一步推进改革。

（六）充分调动地方积极性，平衡区域产业布局

中国拥有 960 万平方千米国土面积，受自然资源分布不均衡、工业基础及技术条件差异、经济发展政策及基础设施完善程度差异等因素影响，导致区域经济结构不平衡。20 世纪 60 年代的“以战备为中心”以及 70 年代初主张各个地区建立独立完整的工业体系，“六五”计划则开始为沿海、内陆和少数民族三类地区提出了各自工业布局的原则方向。改革开放以后东部地区优先发展，基础设施相对完善，产业结构比较平衡，工业化程度较高，产品科技含量及增加值较高，经济发展较快，而中西部地区利用其自然资源成为能源和原材料工业的基地。“十一五”以来，中国继续实施西部大开发、振兴东北等老工业基地、中部崛起和东部率先发展的区域发展总体战略，为中国工业布局确定了大的方向。

为充分调动地方和市场的积极性，中国进行了体制改革，在把各地各部门的建设纳入全国统一计划之内的前提下，不仅建立中央和地方的分权体制，扩大地方的财权、计划管理权、基本建设管理权、物资分配权等，提高了地方工业化的积极性，而且把一部分原本由中央直辖的企业下放给地方，同时给予集体企业较高的自主权。当前中国继续推进财税体制改革、划分中央和地方事权和支出责任。赋予省级及以下机构更多自主权，构建从中央到地方运行通畅、充满活力、令

行禁止的工作体系，实现国家治理体系和治理能力现代化，推进各区域工业发展合理布局、竞相竞争的良好局面。

三、中国工业化未来的挑战

中国的工业化程度和科技水平都有了大幅度提高，21 世纪以来，国际竞争加剧，大国之间的竞争更多表现为高科技领域的竞争，面临新形势、新变化，中国工业发展将迎接更多的挑战。

（一）发达国家各种形式和内容的保护主义兴起

传统产业竞争加剧，贸易摩擦不断。根据商务部统计数据，2016 年中国遭遇 27 个国家和地区发起的 119 起贸易救济调查案件，其中反倾销 91 起，反补贴 19 起，保障措施 9 起，涉案金额总计 143.4 亿元，案件数量和涉案金额相比 2015 年增加 36.8% 和 76%，其中涉及钢铁行业 49 起，涉案金额 78.95 亿美元；2017 年有 21 个国家和地区对中国发起贸易救济调查案件 75 起，涉及钢铁、铝、光伏、轮胎、家电、化肥等多个领域，涉案金额 110 亿美元。

强化高新技术领域对中国的技术封锁。回顾过去几十年的工业化道路，发达国家对技术出口一直采取限制性措施，严格控制转移关键技术和核心技术转让。长期以来，欧美对中国进行技术封锁制度化，如 1949 年成立的巴黎统筹委员会将包括原子能、军品等 500 多种物资纳入禁运范围。1996 年 33 个西方国家签署的《瓦森纳协议》对 9 大类军民两用商品和 22 类军用物品实施禁运。当前和未来一阶段，以美国为首的西方国家对中国将进行更加严苛的技术封锁。和发达国家相比，中国整体工业技术水平仍然是偏低的，一直以来中国利用后发优势，实行赶超战略，在贸易保护和技术被封锁的现实条件下，实现核心技术创新突破成为未来制造业发展的首要重任。

（二）生态环境约束不断增强

从新中国成立直到21世纪初以来，中国走了一条以资源、能源、环境消耗为代价的工业发展道路，长期外延式粗放式发展导致国内资源环境承载能力已经接近极限，工业绿色转型发展迫在眉睫。绿色发展是经济发展方式转变的内在要求，是增强中国经济可持续发展能力的关键和重点。目前中国工业生产的主要环境制约问题有：第一，能源消费以煤炭、石油为主，产品能耗过高；第二，生产过程管理水平不够完善，生产技术水平不高，造成资源浪费，同时环保措施不过关；第三，资源循环利用技术开发不足，中国是资源贫乏国家，尤其是人均资源占有率远低于世界平均水平，资源的“一次性使用”导致资源开发过度，或者过度依赖进口。因此亟待加强绿色工业工作，研发和推广节能环保技术和装备，加强节能、节水、节材、污染处理、再制造等先进技术装备的研发和利用，推广废弃资源再利用技术，提高资源综合利用效率等。

（三）关键技术制约需要尽快打破

在全球化的产业分工过程中，形成了西方发达国家研发设计，广大发展中国家进行生产制造的产业格局，产业链上游的研发设计利润丰厚，发达国家通过标准制定、知识产权保护保持先发优势。虽然中国被称为“世界工厂”，但主要承接的是利润最少的制造组装环节，很多关键设备和技术需要引进，这是中国工业现代化发展道路上的拦路虎。

中国的很多新兴产业如新材料、集成电路、高端医疗器械、高精尖机床都需要大量进口，而像机器人产业中的机密减速机以及汽车行业的轴承等关键零部件也依赖进口，外国企业攫取了大量利润，导致类似产业发展非常被动。发达国家采用各种措施防止关键技术流失，特别是针对中国关闭高新技术市场。在政府构建良好的创新和风险保护的政策环境下，要实现关键技术突破。中国需要提高企业的研发投入，把基础性研究和原始创新能力摆在突出位置，建设多元化关键共性技术创新体系，推进产学研用协同创新机制改革，建立健全产业创新生态体系，培育制造业高端研发人才。

（四）新竞争优势必须尽快替代旧优势

自改革开放以来，中国高速发展主要依靠的竞争优势包括低廉的劳动力成本、土地、资源、能源成本及后发优势等都在逐渐减弱。根据第六次全国人口普查公布的数据，中国 60 岁以上的人口占 13.26%，65 岁以上的老人占 8.87%。根据相关国际标准，我国已经进入到老龄化社会。老龄化导致劳动力供给不足，经济发展成本提高，劳动力成本大幅度上升，同时还包括土地、资源的成本大幅上升。根据统计，2012 ~ 2017 年规模以上工业企业主营业务成本由 78.5 万亿上升到 98.9 万亿，同时规模以上工业企业每百元主营业务收入成本由 2012 年的 84.42 元上升到 2014 年 85.22 元，2017 年下降到 84.92 元，仍然高于 2012 年水平。21 世纪，以信息技术为主导的新技术革命发生，传统生产要素在知识经济时代的重要性发生了变化，真正构成比较优势来源的关键要素是知识与技术。随着中国经济发展的不断深入，可供学习的技术和参考的目标越来越少，西方发达国家也对中国实施高技术限制。目前中国在基础研究和前沿技术方面与世界先进水平还存在一定差距，企业在技术密集型产品的生产能力上明显落后，应该说中国工业发展需要的技术创新等高端优势尚未形成，急迫需要新竞争优势替代旧优势。

四、走好未来的工业化道路

世界形势正在发生转变，虽然全球化仍在不断推进，但国际贸易摩擦加剧，特别是高新技术领域的竞争表现得尤为激烈。国内经济结构正处在转型之中，经济新常态还将持续。中国如何发展，如何走好工业化道路，需要重点关注以下几个方面。

（一）生产技术创新驱动

创新能力是一个国家的竞争力体现之一，技术创新和产业发展密切相关，产业创新依赖技术创新。形成创新驱动体系，首先，政府要积极引导资源向科研活动倾斜，加强关键核心技术和共性技术的攻关。技术创新是一项高风险、周期长的研发活动，特别是重大技术创新，需要投入大量的人力、物力和资金，需要国家的参与，围绕创新目标进行协调、衔接。目前世界主要国家通过投入大量资金到各个研究机构等方式影响科学研究、技术创新的发展方向，在产业创新尤其是战略性新兴产业都通过产业规划和产业政策等方式进行引导，使其符合国家的中长期发展方向。其次，完善科研机构的管理机制。科研活动的主体是广大科研工作者，科研工作者的积极性对科研工作具有重要影响。现阶段应从人才评价机制、财务制度等方面进行改革，提高对科研工作者的激励，使之更符合科研工作的特性，能够稳定支持，使得科研人员一心一意从事技术研究。再次，加强对知识产权的保护。

知识产权是科研工作者智力劳动取得的成果，加强对知识产权的保护是对广大科研工作者的保护，有利于提高其研发的积极性。因此，一方面要简化申请知识产权的一些程序，加强知识产权信息公开平台建设，另一方面依据知识产权法，严格打击侵犯知识产权行为。最后，完善科研成果转化的平台，加快创新成果转化和产业化。技术创新的最终目的是为了提高生产效率，改善人们的生活水平。科研成果转化平台的建立可以缩短科技成果向生产力转化的周期，搭建起科技和经济联系的桥梁，提高效率，并为创新成果提供风险投资、技术转让、上下游企业等一系列产业链配套服务。

（二）制造模式信息智能

工业发展模式与信息化、智能化融合是中国提高传统产业效率、促进经济发展的重要动力。中国工业化与信息化融合取得了大量的成果，对传统产业效率提升起到了巨大作用，信息技术在企业的生产和各个环节的广泛应用，同时一些以智能化为特征的新兴制造业发展迅速，以人工智能技术广泛应用下的无人驾驶汽车、工业机器人、智能家居等行业发展迅速，特别是信息化和制造业的深度融合，促生了网络协同制造、个性化制造等新的生产模式，而且以信息化为基础的云计算、大数据在工业生产过程的大量应用，极大地提高了企业的管理水平。但是目前中国的信息化发展还存在一些不足，主要表现为自主创新能力不足，关键技术、关键零部件不能实现国产化，以及信息化发展区域不平衡的问题，阻碍了工业化和信息化、智能化的深入融合。下一步发展，首先，加快基础设施建设和信息网络发展。加强对信息化、智能化发展落后地区的基础设施投入，缩小区域之间的差距。加快下一代互联网的前沿布局，在工业互联网、5G、大数据等领域加快布局并瞄准国际标准。其次，加强对基础性、关键技术和产品进行攻关，如高端传感器、操作系统、关键零部件等，打破西方国家的技术垄断，研发具有自主知识产权的工业机器人、增材制造装备等，降低中国在信息化、智能化与工业化融合发展的成本。最后，制造业向智能制造业的转型要求相应的智能装备、智能传感器、新材料、工业软件系统及相关服务的大量需求，需要整体提升优化达到产业链升级，提升智能制造的产业化水平。

（三）发展方式绿色低碳

绿色发展是促进经济持续发展和社会和谐的发展方式，绿色工业即工业绿色化，在生产出符合质量标准的商品的前提下，降低投入，减轻消耗，减少排放。实现工业发展绿色化，首先，加大力度推广清洁能源。政府出台相关政策，加强清洁能源的研发，提高清洁能源的利用，最大限度加大高效、低污染的天然气消费比例，减少煤炭、石油的消费比重，降低对土壤、水、大气的污染。其次，积极推动绿色技术创新和推广应用，研发和推广节能环保技术和装备，加强节能、节水、节材、污染处理、再制造等先进技术装备的研发和利用，推广废弃资源再利用技术，对回收的废弃资源进行再制造，提高资源综合利用效率。最后，进一步完善机制保障。贯彻强制性能源消耗标准，推动能源管理体系建设。以传统高耗能产业为重点，抓好绿色化改造，坚决淘汰落后产能和高耗能设备，加强对重点行业和重点企业的检查监督。

（四）组织体系融通发展

工业运行的中微观层面，就体现在产业体系及企业的运行上。由于在规模、资金、风险承担能力以及科技成果转化等方面的优势，大型企业从事技术创新研发具有先天主导性。而中小企业在研发方面受限于资金，同时对研发风险缺乏承担能力，导致中小企业的研发积极性不高。但是我们也看到，改革开放40多年以来，非公有制经济蓬勃发展，诞生了腾讯、阿里、华为等高科技企业，这些企业也是由中小企业成长为大企业，有着非常强烈的将科技成果转化成市场需求产品的动机，以提高其产品的市场竞争能力。从整个工业化发展进程及产业组织体系看，大企业与中小企业都是重要的市场主体，二者需要在提升企业自身竞争力的同时，相互合作，塑造着整个产业组织生态系统，推动社会经济繁荣稳定。

实现大中小企业融通发展，一是支持大型企业创立研发平台，支持产业链条上的创新。首先，推动大型企业内部的研发活动，利用研发活动的外溢效应，整合产业链上中下游各环节，带动中小企业进行创新研发；其次，推动研发平台向开放性转变，由于中小企业的先天不足，严格地限制了中小企业的创造力，面对强度不断提高的市场竞争，在对知识产权进行保护的条件下，推动创新所需的开放，释放中小企业的创新活力。最后，因创新的风险性，无论是大型企业还是中小企业，都需要进行一定的财政支持，需要符合创新活动的税收、金融环境。二是差异化竞争与合作，中小企业走专精特新的道路，从事专业化生产，填补大企业留下的市场缝隙，其中最典型的是德国的机械制造业，中小企业往往是大企业的零部件供应商。三是共同参与产业集群开放式管理，产业主管部门及行业协会，组织大中小企业共同纳入开放式的产业集群管理体系中，建立合作组织，协调共同创新、研发及生产。

执笔人：李　彬（国家工业信息安全发展研究中心）

参考文献

[1] 苏振兴. 未竟的工业化—对拉美国家工业化进程的考察. 江汉大学学报（社会科学版），2006（01）

[2] 陈继东. 印度的工业化进程与产业结构变化. 南亚研究季刊，1997（03）

[3] 黄群慧. 中国的工业化进程：阶段、特征与前景. 经济与管理，2013（07）

[4] 吕明元. 1952—2005我国产业结构演进及未来调整. 天津商业大学学报，2007（02）

[5] 孙健. 中国经济通史（中卷）. 北京：中国人民大学出版社，2000

[6] 周叔莲，郭克莎. 论改革以来中国工业化的发展趋势. 中州学刊，1994（01）

[7] 姚聪莉，任保平. 改革30年中国工业化进程的演进及其路径转型. 求索，2008（10）

[8] 韩彬. 我国新型工业化的特征和实现路径. 当代经济，2014（06）

专题报告十

实现国家良好治理的国际经验

党的十九大报告继十八届三中全会之后，再次强调要明确全面深化改革总目标是完善和发展中国特色社会主义制度，推进国家治理体系和治理能力现代化（八个明确之一）。报告进一步强化指出，要坚决破除一切不合时宜的思想观念和体制机制弊端，突破利益固化的藩篱，吸收人类文明有益成果，构建系统完备、科学规范、运行有效的制度体系，充分发挥我国社会主义制度优越性（十四个基本方略之一）。为保障国家治理体系和治理能力现代化目标的实现，有必要借鉴世界上其他国家在实现国家良好治理方面的成功经验和教训。

20 世纪 90 年代，西方一些政治学家和经济学家倡导了一场“新治理”或“新公共行政管理”运动，开启了现代国家治理发展的进程。现代国家治理提出后，得到国际社会的广泛使用，一直延续到现在并有继续发展和深化下去的明显趋势（有文献认为，现代国家治理最早从 1989 年世界银行在讨论非洲发展时提出的“治理危机”开始，其目的是希望欠发达国家借鉴西方国家良好治理经验，为摆脱国家贫穷和混乱局面服务；随后，西方发达国家也不断出现经济危机和社会混乱，新的国家治理理念最终在全球范围内形成；“治理”一词本身来源于古希腊语，原意为“操舵”，引伸为控制、指导和操纵等含义）。“新治理”运动认为，现代社会事务和发展日益全球化、复杂化，各种社会问题和矛盾层出不穷，传统的国家对社会事务单向和独家管理模式已经不能适应时代的要求，亟待创立一套符合社会发展新时代要求的，政府与民间共同治理、共同建设和共同享用的，国家依法对社会公共事务管理的新模式出来，以应付已经出现的所谓“治理危机”，并实现使社会各方都能够满意的善治效果；国家治理的重点内容是经济、社会、文化、生态和政治等“五位一体”国家发展和社会公共事务中出现的各种新情况，存在的各种复杂的问题和矛盾；信息网络技术的发展，为社会公共事务的共治、共建和共享提供了有力的技术支持。

从概念上看，国家治理是指依照国家制度和法规有效管理社会各方面公共事务的活动。相应地，国家治理体系就是依法管理国家社会各方面公共事务的程序和过程（或方方面面的体制机制，或制度安排，包括经济、政治、文化、社会、生态文明等各领域体制机制、法律法规安排，是一整套紧密相连、相互协调的国家制度）；而国家治理能力则是指运用国家制度和法规管理社会各方面公共事务的能力，包括内政外交国防、改革发展稳定等各个方面。国家治理体系和治理能力是相辅相成的，只有好的国家治理体系才能提高治理能力，达到善治的目标，也只有不断提高国家治理能力才能充分发挥国家治理体系应有的效能。所谓国家良好治理，简称国家善治，是指国家依法治理需要达到的良好的效果，包括社会和谐、人民幸福和可持续发展等等。

如何有效评价国家治理水平也是世界各国关心的一个重要话题。2008年，“新的世界治理论坛”（the Forum for a new World Governance，FnWG）组织，在1999年世界银行和2001年联合国下属的联合国大学分别提出的主观式询问型“世界治理指数”评价体系基础上，提出了利用联合国收集的世界各国客观统计数据，以服务于联合国千年发展目标计划为目的，构建新的客观的“世界治理指数”。该指数由5大类指数（和平与安全、民主与法治、人权与参与、可持续发展以及人类发展等）、13个分指数和37项具体指数组成，借鉴并纳入了联合国人类发展指数的评价方法和内容，其评价结果发表在2009年出版的《WORLD GOVERNANCE INDEX（WGI）——Why Should World Governance Be Evaluated，and for What Purpose？》一书中（参见附录10-1）。

现代国家治理理念的核心是实现政府和民间依法对社会公共事务的共治、共建和共享。为此，各国都在各自国家的立法体系、行政管理体制和司法制度等方面，继承和探索新的国家治理体系，不断提高国家治理能力，从而形成了一些各自不同的国家治理新风格和重点，也产生了许多有益并值得借鉴的国家良治经验。国家治理依法而定，各国法律体系不同，国家治理体系和能力也就有所差异。法系主要分为海洋法系、大陆法系和其他新兴国家等法系。按照各国不同的法律体系，对世界主要国家在探索国家治理方面的经验作如下的论述和总结。

一、英、美等海洋法系国家良好治理经验

英、美等国家的法律体系属于海洋法系，或自然法系，主要特点是注重法典的延续性，讲究历史传统，以判例法为主要形式；强调立法的专业化和职业化精神，注重执法的公民参与意识（由陪审团定罪，法官依案例专业化量刑）；而且还强调“小政府、大社会”的理念，

广大公民是国家经济和社会活动的主体（重大国事需要全民公决处理），政府的主要职能只是社会公共事务的管理者和服务者，是社会的配角。在民主宪政理念和健全的法治条件下，这些国家率先经历了全方位现代化过程，形成了比较完善的国家治理体系，国家治理能力水平也较高，公民主动参政的意识高并有相应的制度保障。

（一）国家良治体系的形成

英、美都是最早开启现代化进程的国家，民主宪政体制完善，国家治理体系先进，治理能力强而有力。

1. 英国——君主立宪制的国体，议会内阁制的政体

英国是现代化起源之国，历史的演进形成了君主立宪的国家体制，建立了议会内阁制的政体。作为海洋法系国家，英国宪法不是一个独立的文件，由成文法、习惯法、惯例组成，主要有大宪章（1215 年）、人身保护法（1679 年）、权利法案（1689 年）、议会法（1911 年、1949 年）以及历次修改的选举法、市自治法、郡议会法等。国家元首现在是英国女王，只有形式上的意义；立法权主要在下院议（君主和上议院具有象征意义），议员由普选产生，采取简单多数选举制度，任期 5 年，但政府可提议提前大选；国家治理的实权在“议行合一”的内阁，政府首脑为英国首相，由议会多数党领袖担任，可连选连任。

目前，英国内阁除首相官邸外（唐宁街 10 号），由 21 个部门组成（主体为大部委制，其下设有许多执行部门），按性质分为三大类：一是供君主咨询服务部门，如掌玺大臣（兼上院领袖）、枢密院（兼下院领袖）、大法官（兼司法部）等；二是内政社会事务部门，包括内政部、就业和养老金部、卫生部、教育部、交通部、环境食品和乡村事务部、数字化文化媒体和体育部、商业能源和产业战略部、

社区和地方政府事务、北爱尔兰事务部、威尔士事务部、兰卡斯特公爵郡事务部、苏格兰事务部等；三是外交国防事务部门，包括外交部、国防部、国际贸易、国际发展部、脱欧大臣等。

政府人事制度是保障国家良好治理不受政党更替影响的重要条件。英国是世界上最早实行文官制度的国家，经过1835年“诺斯科特—杜维廉报告”和1960年“富尔顿报告”的建立和改进，建立了英国完善、高效、廉洁并运转有序的文职官员制度。该制度将英国政府文职公务员分为由政党任命负责各内阁和非内阁部门决策并与执行党共进退的“政务官”，以及凭技术能力通过考试进入并依绩效考核晋升的专事政府决策任务执行的“事务官”。这样就有效地保障了政府各部门在任何情况下，都能有效地履行其职责。

英国政府执政和对国家治理的过程也是很透明的，大体分以下几个过程：一是制定竞选纲领，参加多党竞选（主要是保守党和工党两党），争取获得下议院多数党地位；二是议会多数党由国王授权单独或联合其他党派组成由其党的领袖担任首相的政府内阁（少数党派也需组成所谓影子内阁），内阁组织和成员需经议会表决通过；三是首相率领内阁成员争取执政党提出的治国理念和方案在议会通过（与竞选时提出的执政纲领并不完全一致），形成法案；四是组织内阁决策会议，依据议会通过的法案，制定并讨论通过具体的执行计划和政策；五是督促相关部门组织和贯彻执行计划、政策，并取得应有的绩效（包括利益相关方的广泛参与、社会各方有效监督和计划政策的反馈与调整等）。

从20世纪70年代末开始，英国率先开展了所谓“新公共管理”运动，其内容主要包括两个方面。一是在坚持大部委制的前提下加强政府决策执行部门的建设和能力培养。具体做法是将政府机构分为决策性机构和政策执行机构，并大力精简决策性机构，积极发展并将一些决策机构转变为执行机构，以增强政府政策的执行能力和水平。据统计，在撒切尔政府和梅杰政府时期，英国政府将许多决策机构转变为执行机构（如文书局、就业局、车辆执照局、公司注册局等），执行机构雇佣公务员人数也明显增加，占英国全部公务员总数的70%以上，最终目标是要求达到90%，近年来这个目标已基本达到。二是在政府部门中引进企业管理竞争性管理方式，以提高政府办事效率，更好地服务国民和社会。首先，树立政府对公民的服务意识，按照企业思维，把公众看作顾客和上帝；其次，一些政府部门引进外部市场竞争机制，打破行政垄断，实行政府服务外包，为公众提供更好的政府服务；第三，政府提供多家公共服务机构供民众自主选择，以提高服务质量，如公共医疗机构，民众可以有多家选择的自由；第四，明确提出政府提供公共服务的质量标准要求，供民众监督执行，如必须解决公共基础设施最后一公里问题、政府部门限时办事或答复等。事实上，这些国家治理的新行政管理办法已经为许多国家（包括我国）所借鉴和采纳。

2. 美国——共和立宪制的国体，总统内阁制的政体

美国是国家成功实现良好治理的典范，这与美国制定的独特的宪法有着密切的关系。建国前，美国的开国元勋们经过长达数年的争论和繁琐的由最初的十三个殖民州议会履行的审批程序后，终于完成了马拉松式的制定过程和程序，并1789年3月第一届国会宣布生效，成为世界上第一部作为独立、统一国家的成文宪法。美国宪法主要内容是，建立联邦制的国家，各州拥有较大的自主权，实行地方自治（包括地方立法权）；实行三权分立的政治体制，立法、行政、司法三部门鼎立，并相互制约；以后又经过了多次修改，形成了27条宪法修正案。美国总统集国家元首、政府首脑和武装部队总司令于一身，行使行政权，不向国会负责，直接向选民负责。美国政府行政部门实行总统内阁制，特朗普内阁除副总统和白宫办事机构外，行政部门主要有 15 个（均为大部制），大体可分两大类型：一是内政社会事业部门，包括财政部、商务部、司法部、内政部、教育部、劳工部、农业部、运输部、能源部、卫生及公共服务部、住房及城市发展部；二是外交国防部门，包括国务院、国防部、国土安全部、退伍军人事务部等。

美国政府也实行公务员制度。1883 年美国出台以英国文官制度为蓝本，结合美国自身特点的《彭德尔顿法》，开始建立文官制度，后经 1923 年颁布的《文官分类法》和 1978 年颁布的《文官制度改革法》的改造，最终形成了完善有效的公务员管理制度，确保了美国政府在任何情况下的正常运行（哪怕是政府预算资金未被国会批准的情况下）。美国的文官制度将竞选的政治家与国家公务员分开，政治家职业化，参加各种社会公共职位的竞选，实行任期制；公务员属于政府聘任的从事事务性工作的人员，通过考试录用和绩效考核升迁，实行终身制。

美国政府实行比较严格的三权分立制，总统和行政部门行使权力对国家治理的大体过程可以概括如下：一是制定竞选纲领，参加四年一度的总统大选，获得选举胜利；二是任命由非议员担任的各机构负责人，并组建总统内阁；三是就竞选纲领中的事项制定法案，并争取在两院议会通过，并形成法律或法案；四是签署两院议会通过的有关法律或法案，让其生效；五是依法制定有关法律和法案的实施方案和政策措施，在内阁进行讨论和咨询，并由总统单独决定公布执行；六是各内阁部门和相关的独立机构依法贯彻执行总统的有关决定和指示，并向总统报告和负责。

从英国发起的“新公共行政管理”运动传到美国，得到积极响应。美国联邦政府根据美国的具体国情，很快就开展了美式新政府治理运动，其内容包括：放松经济性规制，收缩政府经济职能；适度分权，放松对州与地方政府的规制；放松规制，健全政府运行机制；严格审查，定期清理过时的规章制度等。这些改革都取得了很好的效果，为里根时代和克林顿时代经济社会的健康发展提供了坚实的保障。

（二）国家治理能力的提高

英、美国家治理主要限制在社会公共事务方面，以此来促进而不是代替国家方方面面的全面发展。英美国家治理所包含的社会公共事务主要有法律秩序和国家安全、财产保护与人身保障、公民权利和行为规范以及全民平等公平共享的适度合理的社会福利制度等四个大的方面。当然，国家良好治理的效果是需要用国家方方面面的全面发展来加以评价和说明的（这种因果关系的评价是很明显的，也是合理的）。据 2009 年《WORLD GOVERNANCE INDEX（WGI）》提供的评价指标，英国和美国国家治理指数分别为 0.793 和 0.761（国家治理水平指数在 0 ~ 1 之间，1 表示国家治理能力的满分），在世界各国排序中分别位于第 16 和第 23 位。

1. 英国——经济发达、政治民主、社会和谐、文化繁荣、生态优良，国家治理能力良好

作为一个老牌的现代化国家和国家良好治理的先驱，英国在国家治理的方方面面都取得了许多成功的经验和案例，也存在一些明显的问题和难题。

经济与社会治理。英国是世界主要的发达国家之一，经济总量世界第五，欧盟内第二。2016 年 GDP 达 2.9 万亿美元，人均 GDP 达 4.49

万美元；服务业占国内生产总值的3/4，制造业只占1/10左右；但经济受世界金融危机的影响，应对成效不佳。英国社会事业发达，实行5～16岁义务教育制度，义务教育归地方政府主管，高等教育则由中央政府负责，约40%中学毕业生能够接受高等教育；英国科技发达，拥有90多位诺贝尔科学奖得主，仅次于美国，居世界第二，在生物技术、航空和国防方面具有较强的竞争力；最早建立社会福利保障体系，保障水平高，但实际效果还有待提升（如医疗等待时间较长等），同时过高的社会福利制度给经济发展带来的明显不利影响，是这些国家正面临的严重问题。

政治和外交治理。英国国家体制进一步完善，1999年11月，通过上院改革法案，设立专门的皇家委员会，负责非政治任命的上院议员的推荐，许多世袭贵族失去上院议员资格。英国是单一制国家，中央集权条件下地方政府权力相对较小，中央与地方之间的关系出现过多次此消彼长的调整与变化，但始终未能找到合适的平衡点，目前正处于在中央集权条件下强调地方政府间开展广泛合作的探索阶段（保守党主张向地方放权，工党主张向中央集权）。英国首创的预防和惩治腐败的制度得到进一步深化发展。国际社会对英国全民公决脱欧反映不一，有人担心这将影响经济全球化进程，普遍认为，这也是英国政府应对世界金融危机不太成功的做法。

文化发展与生态治理。英国是最早提出大力发展文化创意产业的老牌工业化国家，这与其所处工业化后期阶段直接相关；在博物馆和展览馆业、新闻出版业、广播电视和演艺业以及互联网产业等方面具有世界级的实力。在生态治理上，伦敦烟雾和泰晤士河污染的治理是公认的比较成功的案例。

2. 美国——经济第一、政治自由、社会活跃、文化先进、生态良好，国家治理能力一流

美国是国家良好治理的典范，在平衡国家发展活力和保障民众基本福利待遇上做得比其他发达国家好，但在处理引领世界经济发展和维护世界经济社会稳定上常常出现失误。这是一个在位的世界唯一的超级大国，作为先发国家必然会遇到的不可避免的难题。

经济社与会发展。美国经济总量和对外贸易额均居世界首位。2016 年 GDP 为 18.5691 万亿美元，人均 GDP 达 5.7753 万美元。美国次贷危机导致世界出现大萧条以来最严重的国际金融危机，奥巴马政府实施量化宽松计划和油页岩开采计划，稳定了美国经济；2017 年 1 月总统特朗普就职后，提出了“美国优先”战略和“促进增长和挽回就业”的经济政策，继续保持了美国经济温和增长态势；另外，美国基础设施多年失修，缺乏有效的改善和提升计划，不仅严重影响了美国的形象，而且也带来了经济发展上的损失。美国教育发达，实行 12 年义务教育制度，高等教育入学率高达 89%；美国科技发达，是诺贝尔奖获得者最多的国家，拥有世界最多最好的体系完善的国家实验室，许多重大科技发明和创造都来自美国；美国崇尚个人自由，社会福利水平不高、覆盖面也有限，由社会保险和非社会保险组成，不存在西欧许多国家高福利水平带来的社会负担。

政治与外交领域。特朗普总统就任以来一直与美国主流社会关系紧张，出台的许多政策不太受美国主流社会的欢迎。在外交上，大力推行其美国优先战略，对国际合作和全球化产生不利影响；在解决国际热点和难点问题上不仅乏善可陈，而且还成为一些国际问题解决的障碍。总之，该总统是国际国内许多重大领域和事件发展的最大的不确定因素。

文化事业和生态保护。文化上的特点是多元文化和移民文化高度混合；流行音乐和电影艺术高度发达。设立了世界最早的自然保护区——黄石国家公园，及时控制了20世纪30年代因开发密西西比河以西地区草原而爆发的“黑色风暴”事件；有效治理了洛杉矶光化学烟雾事件和宾夕法尼亚州多诺拉镇二氧化硫酸性烟雾事件，率先实施大气和水体污染物“零排放”政策等。

二、法、德、日等大陆法系国家良好治理经验

法、德、日等国家的法律体系属于大陆法系。或民法法系，是在罗马法基础发展起来的法律体系，1804年的《法国民法典》和1896年的《德国民法典》为典型代表。该法系的主要特点是注重法典的条文，讲究法理理性，以系统的法律条文及其推理作为判案依据；该法系强调立法的独立性、严密性和条文性，采取法官和审判员依法律条文及其推理来办案，并负责定罪和量刑（近来也开始采用判例来断案）；在国家和政府体制上，大陆法系更强调“三权分立”原则，强调立法、行政和司法之间严格的互不干涉和彼此牵制；强调依照社会契约精神，明确政府与公民、社会之间的权利和义务关系，政府的职能虽然有大有小，但十分明确。经过1789年法国大革命、1848年德国革命、1868年日本明治维新运动之后，这些国家都走向了宪政民主的道路，开启了现代化进程，也形成了自身历史和民族传统的国家治理体系，国家治理能力水平不断提高，经济、社会、文化实现了高度的发达，生态环境也得到有效保护，成为世界上第二波实现现代化的国家。

（一）法国国家治理体系和能力

法国是大陆法系代表性国家之一，1804 年的《法国民法典》特点是以强调个人权利为主导思想，反映了法国现代化初期自由竞争时代经济社会的要求。现行宪法是 1958 年公民公投通过的法国第五共和国宪法，是法国历史上第 16 部宪法，至今有过多次修改。法国政体是总统制和内阁制的结合，为中央集权的单一制国家。总统为国家元首和武装部队统帅，任期 5 年，由选民直接选举产生；总统主持内阁会议，形成法案交议会审批通过，最后交总理执行；总理为政府首脑，由总统任命，负责政府行政工作，是政府的办事机构，同时向总统和议会负责。法国现任总理领导的各部共有 16 个：内政部、经济与包容转型部、司法部、欧洲和外交部、武装力量部、领土融合部、团结与健康部、经济与财政部、文化部、劳工部、国民教育部、农业与食品部、公共行为和账户部、高等教育研究和创新部、海外法国部和体育部等（均为大部委制）。

法国政府公务员制度。法国现行《公务员总法》是 1984 年制定的，适用于所有中央和地方的公务员。法国公务员指国家行政机关中非选举产生的正式任职人员和公立公益机构正式任职的人员（在法国司法机构的军人和法官不属于公务员体制的一部分，他们受另一套军事章程和与法官相关法律管理和制约）。法国公务员分 ABCD 四个级别，各级别公务员都需要经过部门内部或外部的考试获得录用或晋升。

法国是全球公共支出比率最高的国家之一。现任法国总统马克龙拟将国内公共行政现代化，但遭遇国内民众的强烈抗拒。法国总理菲利普正在积极推进对政府行政机构的改革，并提出了公务员自愿裁员计划，该项改革是否能获得成功，国际社会正拭目以待。

总体看，法国是一个总统与议会双重领导、共同治理的发达国家，国家实行单一体制，政府职能虽然主要限于国家公共事务的管理，但在实践中法国政府对国家发展拥有较强的干预和指导能力，是西方国家为数不多的定期制定国家发展计划的国家。法国国家治理体系已经现代化，虽然还不时会出现许多社会问题，如移民、恐怖等问题，但国家治理能力还是比较高的。"新国家治理论坛"给出的法国国家治理指数为 0.778，排名第 19 位。

从经济社会发展看，法国是最发达的工业国家之一，在核电、航空、航天和铁路方面居世界领先地位。2015 年 GDP 为 2.419 万亿欧元；人均国民收入约 36205.6 美元，居世界第 21 位（世界银行数据）。法国家庭 57.8% 拥有自己的产权房，汽车、手机、个人电脑、互联网等普及率居世界前列（2013 年数据）。教育科技发达，实行 6 ~ 16 岁为义务教育，高等教育毛入学率 60% 以上。核电技术世界领先。法国是高福利国家，各类社会保障总支出约 6000 亿欧元，由于人口老龄化，面临日益严重的财政负担问题。另外，法国移民问题突出，社会治安问题有待政府进一步努力解决。

从文化和生态看，法国是文化大国，人文和自然旅游资源丰富，是世界第一大旅游接待国，旅游产值占国内生产总值 7.4%。法国政府是世界上开展环境生态保护较早的国家，1960 年就出台了《国家公园法》，1964 年出台了《水法》。2000 年，法国第一个通过一项为反对改变气候而进行斗争的国家纲领。

（二）德国国家治理体系和能力

德国是另一个大陆法系代表性国家，1896 年的《德国民法典》特点是强调国家干预和社会利益，反映了德国后期现代化国家赶超时期的思维主张。德国宪法是 1949 年通过的《德意志联邦共和国基本法》，规定了共和制、民主制、联邦制、法治国家和社会福利等五项基本制度，1990年两德统一条约对该基本法作了修订。德国国家元首为总统，仅为虚职，在礼仪上代表国家。德国政体为议会民主制下的总理负责制。政府总理拥有行政实权，由议会多数党领袖出任，并组建内阁（内阁成员由总理定，由总理、副总理和部分部长组成）和政府各行政机构。目前，德国政府行政机构组成为外交部、经济和能源部、内政部、司法和消费者保障部、财政部、劳动和社会保障部、食品和农业部、国防部、家庭事务老年人妇女和青年人部、健康部、交通和数字基础设施部、环境自然保护建设和核安全部、教育与研究部、经济合作与发展部等14个部，也是大部委制；德国有着悠久的地方自治的传统，是典型的联邦制国家。

德国的公务员制。德国公务员制度建立比较晚，其现代公务员制度是二战之后当时的西德政府先后制定了《联邦公务员法》《联邦法官法》等，才开始建立。德国公务员制度将政府雇员分为公务员、职员和工人三类，并实行不同的管理办法，待遇也不尽相同。公务员主要负责政府行政管理职能，为政府官员。而政府职员主要从事技术性工作，政府雇佣的工人主要从事体力性事务性工作（与中国公务员制度相似）。

德国政府为不断改善行政机构工作效率，会不定期地出台旨在减少国民负担、提高行政治理效果的《工作计划》最新的2016年《工作计划》，提出了四个目标：一是进一步减少公众的总体负担，聚焦于联邦统计局“生活状况”调查发现的问题，采取措施使家庭福利、卫生医疗福利更容易获得，并实施必要的减税措施；二是实施第二部减少官僚主义法，进一步减少企业的负担；三是应用互联网技术和电子政府平台，进一步改善对公民和企业的服务；四是进一步改进政府依法办事程序。为实现这些目标并大力减少政府的官僚主义，该计划还提出了具体的30多项步骤和实施方案。

二战之后，德国总结教训，把主要精力集中于国家建设和治理上，取得了令人瞩目的成就。“新国家治理论坛”给出的德国国家治理指数为0.824。

德国经济总量居世界第四、欧洲之首，是高度发达的工业国。2016年国内生产总值达3.1339万亿欧元；人均国内生产总值为3.8125万欧元；外贸总额2.1621万亿欧元，其中出口额1.2075万亿欧元，进口额9546亿欧元；财政总收入1.4114万亿欧元，总支出1.3877万亿欧元，财政盈余237亿欧元。德国在老工业基地改造上，特别是鲁尔地区的转型发展上取得了世界公认的成绩和经验。

德国教育发达，职业教育特色明显。实行12年制义务教育；高等学校对高中毕业生原则上实行自由入学制度；职业教育实行双元制，职业学校理论学习和企业中的实践相结合，并且与普通高等教育平等对待。

德国生态环境保护与建设也是被世界称道的。德国处处“童话般”美丽的生态环境和宜居条件为世界创造了人类聚落生存的典范。德国生态环境保护最大的经验就是，从源头上抓好生态环境保护工作，包括世界上最早提倡生态农业的概念和要求，德国农业协会出台了远高于欧盟要求的农产品的“生态规定”；积极发展高新技术产业，大力发展可再生清洁能源，减少污染物产生和排放，促进低碳增长。

（三）日本国家治理体系和能力

日本的法律体系属于德系大陆法系，政府在国家发展和治理中起主导作用。现行《日本国宪法》是战后1947年颁布实施的。宪法确认，日本国体为君主立宪制，政体是议会内阁制，为单一国家制。天皇为国家象征，无权参与国政；首相为政府首脑，由议会多数党领袖担任，首相组成内阁并对国会负责。内阁除了首相外，各省厅都为内阁成员部门，包括财务部（副首相兼）、总务部、法务部、外务部、文部科学部、厚生劳动部、农林水产部、经济产业部、国土交通部、环境部、防卫部、内阁官房长官部、复兴部、国家公安委员会、冲绳·北方四岛和IT政策部、经济再生兼社保和税制改革部、一亿总活跃兼少子化部、地方创生兼行政改革部、东京奥运会及残奥会等19个部门，均为大部委结构。

日本政府公务员制度。除政治家通过选举和任命进入政府机构外，日本公务员分为国家公务员与地方公务员，所有供职于政府部门的非选举官和任命官都可成为公务员。其中国家公务员又分为“综合职”“专业职”和“一般职”三类。其中，“综合职”公务员主要负责政府行政工作，“专业职”公务员负责技术类工作，“一般职”公务员从事机关服务性工作（相当于中国政府中的工人序列）。日本公务员平均薪酬，大体与民间企业中值平均水平相同，最新的改革要求将两者相互挂钩，只要民间企业平均工资下降，公务员的工资也将随之下降。最近，民间公司平均工资下降，日本不少地方的公务员薪酬已经下降。这表明，日本公务员制度改革，公务员不再是金饭碗已成为事实。日本公务员制度有效地保障了日本政府廉洁、高效和平稳地运行。

日本国家治理成效明显，是战后日本取得成功的重要原因。

日本经济发达，是世界第三大经济体。2015年GDP达4.1万亿美元，人均GDP为3.2万美元；对外贸易额约1.3万亿美元；外汇储备达1.2540万亿美元（截至2016年5月底），拥有约3.1万亿美元海外资产（截至2015年底），是世界最大债权国。

日本教育投入占GDP比重达4.28%，也是世界最高之一。实行9年义务教育，高等教育毛入学率达59%，基本普及了大学教育。每年科研经费约占GDP的3.7%，位居发达国家榜首。

日本的文化事业也十分发达，日剧是仅次于美剧的世界电影类别（与印度电影有一比），日本的动漫和电子游戏产业更是世界一流。日本森林覆盖率高达67%，是世界上森林覆盖率最高的国家之一，对自然灾害的防御能力强。日本环境污染治理也是最严的。日本曾经是世界上污染最严重的国家，20世纪中叶发生的世界著名的"八大公害"事件，其中有4起都发生在工业化、城镇化快速发展的日本，包括日本四日市哮喘病事件、米糠油事件、水俣病事件和骨痛病事件等。采取关闭和搬迁工厂、实施"零排放"措施、利用先进技术改进污染工艺等，落实世界上最严格的环境污染治理措施，基本上彻底解决了这些环境污染事件再次发生的可能。

三、主要新兴国家治理经验

新加坡和巴西是新兴国家的代表，新加坡成功地进入了高收入国家的行列，巴西则正陷于"中等收入陷阱"之中，在国家良好治理上都有各自的特点和经验。

（一）新加坡

新加坡属海洋法系国家，是二战后成功进入发达国家的代表，是强政府主导国家经济社会发展并取得巨大成功的典型案例。新加坡现行宪法是1965年由1963年并入马来西亚后制定的州宪法修改而成，并规定马来西亚宪法中的一些条文适用于新加坡。宪法规定，新加坡实行议会共和制。总统为国家元首，由民选产生，任期六年，总统与议会共同行使立法权。政府首脑为总理，由议会多数党领袖担任，组成议会内阁并对议会负责。新加坡内阁部门主要有国家安全统筹部（副总理兼）、经济及社会政策部（副总理兼）、基础设施统筹部、交通部、总理公署部、国防部、外交部、内政部、律政部、贸工部、财政部、人力部、国家发展部、通讯及新闻部、环境及水资源部、卫生部、教育部、社会与家庭发展部、文化社区及青年部等 19 个大部委。

新加坡实行的公务员制度。新加坡政府所谓“精英治国”理念，其公务员实行的是委任制，即对公务员（指非选举政府官员），每年提前从高中毕业生中通过考试挑选品学兼优者，送其到国内外名牌大学学习，并与政府签约，毕业后为政府服务至少 5 年；如期间由政府选送攻读硕士学位（一年学制），还需要再签约延长为政府服务 3 年。这些选中的学生由政府提供总统奖学金，完成相应的学业。学成后回国进入公务员行列。新加坡公务员实行统一管理并分为四个等级：第一级是最高级别，为各类行政官员与管理官员；第二级为执行人员；第三级是书记人员，由各类办事员和技术人员组成；第四级是辅助和外勤等从事体力劳动的人员。公务员晋升则通过“管人与管事一致”的原则和机制，通过绩效考核，按照公开、公平、公正的原则来确定。这样就保证了公务员的高素质和能力，确保了国家治理水平的不断提高。2015 年华东政法大学政治研究院提出的国家治理指数，将新加坡国家治理水平列为全球第一（中国是第十九位）；“新国家治理论坛”给出的新加坡国家治理水平指数是 0.739。

新加坡快速进入高收入国家，靠的是外向型经济，高度依赖国际市场，产品出口以电子、石油化工、金融、航运、服务业为主，外贸总额是 GDP 的四倍。2015 年新加坡国内生产总值为 2927 亿美元，人均国内生产总值达 5.3 万美元。

近年来，为减少世界波动的影响，新加坡政府努力推进“区域化经济发展战略”，大力向海外投资，积极与世界主要经济体商签自由贸易协定；并提出“打造新的新加坡”，努力向知识经济转型，并成立经济重组委员会，全面检讨经济发展政策。

新加坡经济成功的另一个因素是国有控股公司。其中，淡马锡控股公司（Temasek Holding Pte Ltd.）是世界上最著名的国有控股公司之一。1974 年，由财政部全资建立，直接对财政部长负责。

新加坡在维护社会秩序上，一方面采取严刑峻法，实行高额罚款制度和所谓“鞭刑”制度；另一方面，也采取“互赖式治理”方式，大力鼓励民间社团组织积极参与到社会治理中来。在民族和谐上，采取了混居方式，促进了族群之间的和谐相处。

新加坡社会保障体系也很独特。政府统一修建公共组屋，居民住房拥有率达 88.6%。人均寿命 82 岁，识字率 96.1%（15 岁以上），每万人拥有 18 名医生。

（二）巴西

巴西是南美大国，资源丰富，国家治理和发展取得一定成就，也受到了明显的拉美病的制约，正陷于“中等收入陷阱”之中。巴西现行宪法是 1988 年颁布的第八部宪法，并经过了 1994 年和 1997 年两次修改。宪法规定巴西为联邦制，政府为总统内阁制。总统由直接选举产生，任期四年，可连选连任一次。目前，巴西政府内阁部门共有 28 个，包括总统府民事办公室、司法和公共安全部、国防部、外交部、财政部、交通港口和民航部、农业渔业和供给部、教育部、文化部、劳工部、社会和农村发展部、卫生部、工业外贸和服务部、矿产和能源部、计划发展和管理部、科技创新和通信部、环境部、体育部、旅游部、全国一体化部长、城市部、透明监察和审计部、人权部、政府秘书处部、总统府机构安全办公室、联邦大律师局、央行行、总统府总秘书处部等，小部委和大部委兼有。

巴西公务员制度建立晚，但发展很快。凡是在公共部门工作、为财政供养的均被列入公职人员范畴；教育、卫生系统人员也属于公职人员管理序列；同西方“文官制度”一样，巴西公务员一般不允许参与政治活动。巴西宪法规定，公民凡愿从事公务员工作，必须通过“国家考试”，才能进入公务员队伍，即“凡进必考”。巴西公务员为收入较高的群体，而且工资实行随经济发展状况（包括通货膨胀）浮动工资制度；公务员退休后工资不减，与在职时持平。近年来，巴西经济陷入长期停滞的陷阱之中，与其过高的社会福利制度不无关系；巴西公务员的退休待遇也面临改革的压力。

巴西虽然建立了完善的西方式“文官制度”，但由于该体制建立时间不长，再加上巴西仍然是欠发达国家，而且从 20 世纪 80 年代开始，巴西经济限于长期低迷状态，由此带来许多矛盾和问题，其中政府腐败问题也时有发生。这是典型的高福利国家，特别是经济欠发达却过早实行高福利制度的国家，不可避免地要出现的“中等收入陷阱”现象，值得其他类似国家的反思和警惕。同时，也反映出欠发达国家，在国家良好治理方面还有很长的路要走。“新国家治理论坛”给出的巴西国家治理水平指数是 0.642。

巴西国家治理既取得较大成果，也面临不少的问题。

巴西经济实力居拉美首位，世界第九位，但目前经济仍然处于低迷状态。2016年巴西国内生产总值约为2.01万亿美元；人均国内生产总值约为9777美元，仍然低于世界平均水平。巴西20世纪60年代末到70年代中期，创造了经济增长的“巴西奇迹”，年均增长率高达10.1%。之后，由于过早实施高福利政策，经济很快陷入通胀和债务困扰，陷入长期滞胀，也就是所谓“中等收入陷阱”之中。

巴西农牧业发达，是多种农产品主要生产国和出口国；工业基础雄厚，门类齐全，石化、矿业（淡水公司是世界第二大铁矿企业）、钢铁、汽车工业等较发达，民用支线飞机制造业和生物燃料产业在世界上居于领先水平；服务业产值占国内生产总值近六成，金融业较发达。

巴西实行了被称为世界上“最慷慨”的社会养老保险的福利制度，是拉美福利国家的代表。巴西养老金制度只需缴费15年，就可以在男性65岁、女性60岁时领取全额养老金；缴30年，男性可在53岁时退休。为解决贫困问题，巴西政府还推出“零饥饿计划”“家庭补助金计划”和“我的家、我的生活”等一系列福利方案，近10年来，贫困人口减少3600万，全国赤贫人口减少1600万。巴西政府为摆脱经济困难和财政负担，正在对其高社会福利制度进行一系列改革，但到目前为止收效甚微。

巴西教育、医疗等也基本是免费的。巴西实行9年义务教育制（6～14岁），对贫困生入学实行国家助学金制度。高等教育毛入学率为28.7%（2012年）。2013年人均预期寿命74.23岁，新生儿死亡率19.6%，这些指标仍处于世界中等水平。

巴西文化事业独特，以一年一度的狂欢节和桑巴舞著称于世。巴西生态环境保护还有待加强，巴西亚马逊热带原始雨林和巴西大草原独具一格，有些正在遭到破坏，需要得到重视和解决。

四、各国国家治理经验与教训

（一）经验

从上述各国国家治理情况来看，无论是海洋法系国家还是大陆法系国家或其他法系国家，无论是先发国家还是后发国家，也无论是发达国家还是欠发达国家，实现国家良好治理的基本经验都是一致的，总结起来主要有以下几条。

1. 依法治国

依法治国就是要依据宪法和法律治理国家。这里所讲的法（包括宪法和法律）应该指的是良法，只有良法才能实现国家的良好治理。正如十九大报告指出的，要“推进科学立法、民主立法、依法立法，以良法促进发展、保障善治”。

因此，依法治国，前提是要制定良法。如何制定良法，从各国的经验看，主要是要做到以下几点：一是立法机构专业化，指立法部门由专门的组织负责；二是立法者职业化，指议会议员应专项从事立法工作；三是立法者属地化，指立法者要归属一定的地区，代表该区的选民与其代表的选民定期会晤，了解他们的诉求；四是立法工作日常化，指立法机关应随时依照经济社会生活的变化与发展，及时制定出规范社会和公民行为的法律规范出来，以便人们有所遵循。

2. 实行民主宪政

现代依法治国，或依良法治国，其核心理念：一是民主，二是宪政，三是制衡。这里所谓的民主是指社会的主体应该是民众，政府只是民众社会的雇员（或公仆）。这里所谓的宪政是指政府只有有限的为民众服务的权力，也就是只是公共事务的管理者，非公共事务不属于政府管理的范围，政府与社会必须有明确的分工合作关系，这就是“宪者限也”的含义。所谓制衡是指在政府的有限权力条件下，还需要对政府权力加以制衡才能保障国家良好治理目标的实现。现代国家都普遍存在立法、行政和司法“三权分立”的权力制衡机制，只是具体的制衡形式由于各国国情和历史发展过程不同而有所差异。

3. 推行大部委制（增加独立办事机构）和实施规范的公务员制度

实行大部委制的目的在于将行政部门的决策、执行和监督分开，实现“小三权分立”，以提高政府行政部门的行政效率和确保政府保持廉洁。大部委一般都为内阁成员，主要参与总统或总理召开的内阁会议，参与决策或提供决策咨询。为保障内阁决策得以贯彻，各内阁部门下，可以设立许多仅负责决策执行的政府独立办事机构（如美国联邦有一百多个这样的机构；德国将许多部门由部委转变为政府独立办事机构，既优化了政府决策程序，又充实了政策执行力量，还避免了政府大量裁员的困难，获得了一举多得的效果）。

公务员制度的本质是区别政务官和事务官，稳定政府运行、杜绝腐败产生的机会。公务员本质上只是政府的雇员，他们不能从事党派政治活动，政治立场保持中立，只效忠国家和政府，这样就能够保障无论在什么样的政治情况下，政府都能正常平稳地运行。公务员要通过考试择优选用并实行分类管理，其晋升则需通过绩效考核来决定，实行终身制并有较好的退休待遇，可以有效地从制度上防止腐败的产生。

4. 有公民与社会的广泛参与

政府的各项共同事务管理活动本来就是为民众服务的，一方面民众成为接受者参与到政府服务中来，另一方面民众还能够协助政府搞好公共服务工作。事实上，公民的权利，除了自己的事自己做主外，对公共事务还具有广泛的有制度保障的参与权。如在立法上，许多重大的立法和重大决策都需要全民参与和公决；在行政上，寻求和接受政府的各种服务，同时还要协助政府完成好公共服务的职能（这就是“新行政管理”运动要求达到的目的）；在执法和司法上，需要民众的有效配合和积极履行法定义务（如海洋法系中规定的公民陪审团）。

5. 建立全国统一的基本社会保障体系

国家社会的良好治理最根本原则就是以人为本，改善民生，为全体公民提供统一、共享、平等、公平的基本社会福利保障体系，是政府最基本也是最重要的责任，是全民幸福的基本来源和保证。世界发达国家都建立了全国统一的基本社会保障体系，差别在于各国基本保障水平不尽相同，有高有低，孰好孰坏也难以评价，还是要依国情去分析判断；一些欠发达国家，特别是一些南美国家，没有考虑到自身发展阶段，盲目制定过高的社会福利目标，已经带来了严重的财政负担，影响了经济发展的后劲。

（二）教训

至于教训，也有以下几点。

一是要注意国情和历史继承因素。如民主宪政要考虑国情，要在坚持民主宪政一般原理和要求的前提下，努力探索和优化选择最符合国情的具体有效的实现形式。

二是注意符合发展阶段。发展阶段不同，面临的主要矛盾和任务也不同，国家治理的目标、内容和方法手段也就应该有所不同；要坚持从问题出发、系统分析、综合对策的思路，做好各个发展阶段的国家治理体系和能力建设工作。

三是注意量力而行。国家良好治理需要经济实力、政治意愿和民众的支持才能成功；任何国家发展目标和为民众提供的公共服务都需要考虑国家和社会的承受能力，否则就会事与愿违、得不偿失。

五、对我国国家良好治理的若干启示

根据世界各国国家良好治理的经验和教训，结合我国具体国情，特别是“十九大”报告的要求，对促进我国国家治理体系和能力现代化提出以下启示和建议。

（一）进一步完善依法治国的制度框架，为我国国家治理体系和能力现代化打下坚实的法律基础

依法治国是党领导人民治理国家的基本方式，十九大专门成立了中央全面依法治国领导小组（四大新设机构之一）。全面依法治国是国家治理的一场深刻革命。要推进科学立法、民主立法、依法立法，以良法促进发展、保障善治（首提善治）。因此，进一步建立完善的立法体系，形成现代良法体系，就成为促进国家治理体系和能力现代化的首要任务。为此，根据各国良法制定的实践和经验，提出如下建议。一是进一步完善专业的立法体系，包括立法人员（明确的立法者及其工作范围和内容的要求）、立法程序、立法内容、立法参与和立法定期修改等。二是进一步落实强有力的司法体系。要建立有法必依的保障体系，如明确的司法主体、有力的监督机制、强大的舆论体系；要制定执法必严的制度安排，如对法庭说谎的严惩往往超过罪行严惩的本身、对国家公务员实行更加严格要求的规定以及对其犯罪加重处

罚的法律规定等。三是进一步强化依法行政意识。要建设法治政府，推进依法行政，严格规范公正文明执法。

（二）进一步完善中国特色的民主宪政体制

与西方国家选举式民主宪政不同，我国实行的是符合中国国情的协商民主宪政体制。要依据宪法，进一步推动协商民主广泛、多层、制度化发展，统筹推进政党协商、人大协商、政府协商、政协协商、人民团体协商、基层协商以及社会组织协商；加强协商民主宪政制度建设，形成完整的制度程序和参与实践，保证人民在日常政治生活中有广泛持续深入参与的权利。

加强宪法实施和监督，推进合宪性审查工作，维护宪法权威，树立宪法法律至上、法律面前人人平等的法治理念。

（三）进一步推行大部委制和规范的文官制度

要统筹考虑各类机构设置，科学配置党政部门及内设机构权力、明确职责。要按照决策、实行和监督分开的原则，进一步规范和完善政府部门及内设机构的设置，用大部委的方式精简政策决策机构，用政府独立办事机构强化政府的执行力，做到现有政府工作人员不会大规模调整。

实施规范的文官制度，将政务官和业务官分开，促进我国政治生活进一步规范化和现代化，为从根本上解决政府官员腐败问题打下良好的制度基础。就事务性公务员分类而言，建议采取德国模式，即分为政府执行公务员、政府雇员和政府雇用工人（事实上，这与目前我国公务员的做法基本相同，应当坚持）。

（四）进一步完善社会治理体系，建立全国统一的基本社会保障体系

十九大报告对社会治理提出了具体明确的要求，即要打造共建共治共享的社会治理格局，加强社会治理制度建设，完善党委领导、政府负责、社会协同、公众参与、法治保障的社会治理体制，提高社会治理社会化、法治化、智能化、专业化水平；加强社区治理体系建设，推动社会治理重心向基层下移，发挥社会组织作用，实现政府治理和社会调节、居民自治良性互动。

进一步完善全国统一基本社会保障体系，既要尽力而为，又量力而行，要一件事情接着一件事情办，一年接着一年干。坚持人人尽责、人人享有，坚守底线、突出重点、完善制度、引导预期，完善公共服务体系，保障群众基本生活，不断满足人民日益增长的美好生活需要，不断促进社会公平正义，形成有效的社会治理、良好的社会秩序，使人民获得感、幸福感、安全感，更加充实、更有保障、更可持续。

执笔人：刘　勇

参考文献

[1] 习近平. 推进国家治理体系和治理能力现代化. 人民日报，2014-2-18

[2] 习近平. 切实把思想统一到党的十八届三中全会精神上来. 新华网，2013-11-12

[3] 房宁. 西方发达国家社会治理体制的启示. 红旗文稿，2015（2）

[4] 刘鹏. 十九大报告：大力推进国家治理现代化的宣言书，光明网，2017-10-18

[5] 孙要良. 推进国家治理体系和治理能力现代化. 学习时报，2017-10-25

[6] 王伟光. 努力推进国家治理体系和治理能力现代化. 求是，2014（12）

[7] 石佑启，杨治坤. 中国政府治理的法治路径. 中国社会科学，2018（1）

[8] 李晓西，赵峥，李卫峰. 完善国家生态治理体系和治理能力现代化的四大关系——基于实地调研及微观数据的分析. 管理世界，2015（5）

[9] 张光平，张思萌. 国家治理现代化：国际经验与教训. 当代世界与社会主义，2015（2）

[10] 薛澜，张帆，武沐瑶. 国家治理体系与治理能力研究：回顾与前瞻. 公共管理学报，2015（3）

[11] 谭鹏. 动态治理：新加坡国家治理的经验和启示. 党政论坛，2014（11）

[12] 吴志成，吴宇，吴宗敏. 当今资本主义国家治理危机剖析. 当代世界与社会主义，2016（6）

[13] 程同顺，李畅. 世界银行"世界治理指数"对中国的测量与启示. 理论探讨，2017（5）

[14] 常保国. 法治建设与国家治理体系和治理能力现代化. 政治学研究，2014（2）

附录10–1 The World Governance Index（WGI）

The World Governance Index（WGI）is an indicator developed in 2008 by the Forum for a new World Governance（FnWG）. It aims to provide，year on year，a precise image of the situation of world governance and of its evolution. Based on the picture it provides on where the world and its individual countries stand in terms of governance，this index is intended to allow those in charge of governance to raise the appropriate questions when thinking about solutions and remedies for what constitutes one of the major problems of the 20th century.

Contents

Background

If there is one topic that in the past 15 years or so that has been extensively written about，it is definitely world governance.The magnitude of world governance is reflected by the exponential multiplication of books, articles, symposia, debates, and summits on its subject, whether to explore the many paths to it, to discuss the difficulties involved in it, or the requirements it brings to light.

Developing a set of indicators in order to produce a World Governance Index (WGI) is a long and complex undertaking. The idea is to measure a contemporary concept which, in spite of the fact that it is historically rooted, that there are frameworks in which it is currently applied, that it is implemented by identified actors, and that there is agreement on the diagnosis of its afflictions, [5] it is as yet far from having been "stabilized."

Basing their work on the United Nations Millennium Declaration, which was the subject of unprecedented U.N. consensus among the heads of state and government who adopted it in 2000, a team of researchers of the Forum for a new World Governance (FnWG), made up of Gustavo Mar í n, Arnaud Blin, and Renaud François, focused its research on the five main concepts defining the application framework of world governance and constituting key goals to be reached by 2015:

Peace / Security

Democracy / Rule of Law

Human Rights / Participation

Sustainable Development

Human Development

What is the purpose of a WGI?

The research team considered its mission with two goals in mind:

The first was to create a World Governance Index (WGI) providing an overall picture of world governance at time T based on data obtained for the 179 countries included in the survey. The WGI combines 5 indicators, each made up of 13 sub-indicators, each of those made up of 37 indexes. These indexes were selected from among the best available databases. They are all provided by recognized sources, well known for their quality, seriousness, and reliability.

Factors constituting the World Governance Index

Indicator	Sub-indicator	Index
Peace / Security	National Security	Conflicts
		Refugees / Asylum Seekers
		Displaced Persons
	Public Security	Political climate
		Degree of trust
		Violent Crime
		Homicides / 100000 inhabitants
Rule of Law	Body of Laws	Ratification of International Treaties
		Protection of Property Rights
	Legal System	Independence
		Effectiveness
		Settlement of Contractual Disputes
	Corruption	Corruption Perceptions Index

续表

Indicator	Sub-indicator	Index
Human Rights / Participation	Civil and Political Rights	Respect of Civil Rights
		Respect of Physical Integrity Rights
		Freedom of the Press
		Violence against the Press
	Participation	Participation in Political Life
		Electoral Process and Pluralism
		Political Culture
	Discrimination / Gender Inequalities	Women's Political Rights
		Women's Social Rights
		Women's Economic Rights
		Female Parliamentary Rate
Sustainable Development	Economic Sector	Gross Domestic Product（GDP）per capita
		GDP Growth Rate
		Inflation Rate
		Ease in starting a business
	Social Dimension	Poverty Rate / Inequalities（Gini Coefficient）
		Unemployment Rate
		Ratification of International Labor Law Treaties
	Environmental Dimension	Ecological Footprint / Biocapacity
		Environmental Sustainability
		Environmental Performance Index
Human Development	Development	Human Development
	Well-being / Happiness	Subjective Well-being
		Happiness

The second goal is to motivate world-governance actors to consider the resulting WGI and the relative importance of the different indicators. This should allow them to identify the "key" or "pilot" indicators that will set up the conditions for good world governance and, more importantly, guarantee their sustainability. The ultimate goal of this study is part of a long–term process. On the basis of the situation described by the WGI and of its diagnosis, it should allow actors in charge of governance to raise the right questions in order to consider solutions.

Methodology and databases

The 37 indexes constituting the WGI have been set on a scale from zero to one, a scale similar to the one developed by the United Nations Development Programme for its Human Development Index (HDI) .

Although some of the indexes used (only 4 out of the 37) were drawn from databases that had not been updated since 2007, the 2008 World Governance Index nevertheless reflects the state of world governance in 2008.

The regional rankings are inspired from UNDP classification. The 179 countries surveyed in this study —microstates were deliberately not included in this list – were grouped into six regional subgroups:

Africa

European Union / OECD

Latin America / Caribbean

Asia / Pacific

Arab World

NIS / Central Asia / Balkans

Sources

World Governance Index: PDF document, 81 pages.

(From Wikipedia, the free encyclopedia)

专题报告十一

新发展理念引领中国新发展范式

一、导言

中国经济发展正面临两个历史性变化。第一个变化是绿色发展的全民共识已经初步形成。尤其是在过去几年一系列雾霾、食品污染、水污染，以及全球气候变化等危机事件冲击下，人们对发展目的和发展方式的反思进一步加深，认识到传统发展道路产生的环境后果的严重性和紧迫性，必须转向能够带来生态环境改善和高福祉水平的经济发展。第二个历史变化是人类社会正加速从工业时代进入新的数字时代。这种历史阶段的转变，带来了很多本质性变化，包括从发展理念、资源概念、商业模式、增长机制到发展内容方面的变化。这意味着，全球范围内发展范式正发生深刻转变。

这种转变对中国尤其关键，因为中国正处于实现全面小康目标的关键时期，而中国能否尽快建立新的代表未来方向的发展范式，不仅关系到其能否顺利实现高收入社会目标，也关系着其发展能否同世界形成双赢的格局。这种转变固然是对现有模式一个大的挑战，但也意味着新的历史机遇正在浮现。作为后发经济体的中国，在实现这种转变时，某种程度上具有后来居上的优势。

目前，中国经济面临着两类升级。第一类即传统意义上的发展方式转变，指从过去内外失衡、粗放的、劳动密集的状况，转变到一个平衡的、效率的、基于创新驱动的经济。但是，仅仅完成这个转变，还不足以让中国成为现代经济强国，因为即使完成这个转变，实现经济、社会等各方面的平衡，产业结构的升级、技术的升级，仍然意味着我们还在重复工业革命以来西方走过的传统工业化道路。因此，中国还必须进行第二类升级，也即走上数字时代的绿色发展道路，从发展方式到发展内容，均要发生深刻的转变。

中国要同时实现这两类升级。在新的历史条件下，原先可以发挥较好作用的发展思路和体制，现在不仅越来越不适应，而要抓住这种历史阶段转变带来的新机遇，也尤为困难。为此，必须进行两方面的变革：一是跳出传统工业化思维，用新发展理念引领发展范式转变；二是通过深化改革，建立起支撑新发展范式的新的体制机制。

二、传统工业化模式的高代价及其背后的根本原因

18 世纪工业革命以来，以工业化国家为代表建立的工业化模式，带来了物质生产力的巨大进步，将人类从农业社会长期的物质匮乏中解放出来；而基于市场原则的社会关系的重构，则大大提升了人的自由空间，促进了人类文明的发展。以工业化国家为代表的经济体，率先通过工业化实现丰裕社会，进而工业文明席卷全球。毫无疑问，工业文明代表人类历史上伟大的进步。

20 世纪中叶起，中国开始了其波澜壮阔的工业化进程。尤其是

1978年改革开放后，经济保持了年均约10%的高速增长奇迹。在短短四十年时间内，中国人均GDP增长超过20倍，总GDP超过30倍，从世界上最贫穷的国家之一，成为上中等收入国家（upper-middle income country），成为世界第二大经济体，综合实力大幅跃升，取得了人类历史上史无前例的发展成就。

（一）传统工业化模式的后果

工业革命后以工业化国家为代表建立的“先发展、后治理”的传统工业化模式，带来了不可持续的严重环境后果。按照这种模式进行工业化的中国，亦遭遇了同样的环境问题。在物质财富快速扩张的同时，中国付出了不可持续的巨大环境代价和社会代价。换言之，也就是中共十九大提出的，“人民日益增长的美好生活需要同不平衡不充分的发展”之间的矛盾。从绿色发展的视角看，这种经济发展过程中“不平衡、不充分”的现象，主要体现在以下几个方面。

1. 高成本：不可持续的严重环境后果

由于工业化赋予人类巨大的力量，在人与自然的关系中，人类从过去的被动适应逐渐转变为扮演统治的角色，地球进入所谓人类占主导的人类世阶段（anthropocene），即人类对地质和生态系统产生重大影响的阶段。Rockstrom（2009）等人认为，经济活动加剧的压力可能导致九个“地球边界”中的一个或多个被突破。这些都是环境阈值或不可逆转的转折点，超过边界将破坏人类的经济发展和社会生活。按照目前我们所知，最糟糕的结果是危及人类文明的持续（比如，Ripple，et al.，2012）。

中国传统发展模式带来的严峻环境问题已毋须多言，包括空气污染、水环境问题、土壤环境问题、生境（habitat）破坏、生物多样性丧失，等等（Diamond，2011）。

根据中国政府环境公报，2014 年几乎 60% 的地下水点位结果属于较差和极差；将近 20% 的耕地受到污染。空气污染方面，世界卫生组织的数据显示，中国在世界最严重的 20 个城市中占 4 个（WHO，2016）。

中国的海洋环境（包括黄海、南海）被认为是世界上退化最严重的海域之一。荒漠化问题严重，生境破坏和生物多样性丧失问题严重。

在气候变化方面，虽然中国的人均温室气体历史累积排放和人均排放较低，但中国当前排放已是世界上排放最多的国家。

资源消耗方面，中国是世界上最大的资源消耗国。

这些不仅影响发展的可持续性，而且严重危及当代人的健康和福祉。比如，空气污染颗粒物深入肺部，引发癌症和其他相关呼吸道疾病；地表水和地下水的污染影响饮用水安全和食品安全；土壤中的重金属和有毒物质被富集到农作物和畜牧产品，引起食品安全问题，如此等等。

以空气污染为例，空气污染造成过早死亡和医疗支出增加。根据 OECD（2017）的估算，2015 年中国室外 PM 2.5 污染带来的社会成本占 GDP 的 8.38%，OECD 国家占 3.37%；室内 PM2.5 带来的社会成本为 4.46%。尽管此类估算的具体数字可能有争议，但对空气污染的严重后果却不会有争议。

2. 高增长、低福祉

传统增长模式通过两个途径影响人们福祉。一是生态破坏和环境污染会降低人们生活质量和福祉。诸如空气污染、食品安全、饮用水质量、噪音垃圾、极端天气、生物多样性丧失等环境问题，已经渗透到人们生活的各个方面，严重影响人们的生活质量和健康安全

（比如，Yang and Zhang，2015）。二是以物质财富的生产和消费为中心的经济增长，并不能同步提升人们生活质量和幸福水平。大量研究表明，包括中国在内的很多国家，传统工业化模式下的经济发展并没有像人们以为的会持续同步提高国民幸福水平（e.g. Easterlin，et al.，2012；Ng，2003；Scitovsky，1992；Jackson，2016；Skidelsky and Skidelsky，2012）。当基本物质需求得到满足后，物质财富的进一步扩张，虽然会带来亮眼的GDP数字，但对于进一步提高人们的福祉却效果甚微。

总之，传统工业化模式虽然带来了高物质生产力，但却是一种高成本的经济，只是这种高成本并未反映在企业私人成本中，而是体现为社会成本、隐性成本、长期成本和机会成本，因而容易被人忽略。同时，这种增长模式的福祉效果也较为低下，而提高福祉乃是经济增长的根本目的。

（二）导致传统工业化模式后果的根本原因

中国发展中出现的“不平衡、不充分”的问题，并不是通常以为的只是“补短板”的问题，而是传统工业化模式内在逻辑的必然结果，需要从发展的理念、模式、体制和政策等方面进行系统性转变才能解决。实际上，这些“不平衡”和“不充分”的方面，中国政府并非不重视。比如，环境保护1983年起就是基本国策，但由于传统发展方式未能转变，环境问题始终难以解决。

中国出现的生态环境后果，固然很大程度上是由中国自身的粗放发展导致，但根本上却是世界范围内发展范式的弊端导致。以物质生产和消费为核心的工业文明，某种程度上同环境保护有着内在的冲突。工业化的典型特征，就是通过大规模流水线高效地生产单一的工业产品，并依赖大规模消费（Goodwin，et al.，2008；Mukerji，1984）。至于消费的内容是否会增进人们福祉，却反倒成为一个次要的问题。

在工业化的强大力量下，整个社会就按照工业化的逻辑被重构。基于消费主义的工业化逻辑不断扩张的结果，不仅人与自然的边界被突破，而且原本基于生态逻辑的复杂的社会—经济—生态系统（social-economic-ecological complex system），在被单一的工业化逻辑解体后，除了引发大量生态环境危机外，还是导致一系列社会和文化问题的深层原因。

农业问题。农业被工业化的逻辑改造，从传统的生态农业，走上了以单一农业、工厂化农业和化学农业为特征的所谓“现代”农业道路，导致严重的农业面源污染、地力下降、生态多样性丧失等问题。

农村问题和地区问题。农村人口大量转移到有工业优势的城市和沿海地区，农村则更多地成为为工业和城市提供农产品、原材料和劳动力的场所，形成了“城市—工业、农村—农业”的基本城乡差距和地区差距。

生态文化资源价值贬值。由于工业生产主要依赖物质原料，乡村大量宝贵的无形价值（包括生态环境、人文、非物质文化遗产等），也即广义的“绿水青山”资源，在以工业物质财富生产为核心的生产中没有优势，也缺乏相应的机制和模式进行利用。

社会文化后果。由于人口大量向城市转移，而乡村的就业潜力也未得到发挥，出现大量空心村、留守老人儿童、农民工、村落消失等社会问题。

总之，工业革命后建立的工业化模式，给人类社会带来了巨大的进步，但这种模式下，经济发展同环境、社会、文化、治理等之间，却难以形成相互促进的关系。当经济发展按照工业化的逻辑无限扩张时，就势必逾越人与自然的边界，带来发展不可持续的后果。

三、重新反思发展目的

与此同时，对 GDP 概念的过于强调，也进一步使增长的目的与手段异化。作为 GDP 概念的发明人之一的 Simon Kuznets 就警告，GDP 不能用于衡量一个国家整体福祉（Atkisson，2012）。最近，国际上在制定评估国家福利更好的指标方面已经作出了一些重大的努力（Stiglitz，Sen and Fitoussi，2009；OECD，2007，2011；European Commission，2007）①。为此，必须对发展目的进行反思。发展的目的是为了提高福祉，发展是手段而不是目的。一直以来，GDP 成为发展的同义语，成为经济发展的目标和指挥棒，由此带来了很多问题。而 GDP 指标有很大的缺陷，用其衡量发展绩效会带来很多副作用。一味追求高 GDP，往往会带来其他方面的扭曲，从而产生低福祉，即所谓“高收入陷阱”。

（一）GDP概念的误导性

诚然，GDP 是一个测度经济规模很有用的指标，但它也有很多问题。对此已有很多研究。比如，GDP 测度的只是卷入市场的经济活动的价值。卷入市场活动的范围越大，包括土地、自然等要素，则 GDP 就越高。“土地是财富之母，劳动是财富之父”。GDP 并不完全代表人类创造的价值和财富，更多的只是反映了卷入市场的活动。比如，

① 例如，2007年，欧盟启动了“超越GDP”行动（http：//ec.europa.eu/environment/beyond_gdp/index_en.html）。次年，时任法国总统萨科齐成立了一个“衡量经济绩效和社会进步委员会”，讨论了环境生活质量和环境可持续性等问题。根据委员会的报告，在2011年，OECD发起了“更好的生活倡议”，为评估人类福祉和社会进步提供了框架和指标。

家庭的劳务活动，就未能计入GDP，而如果A家出钱B家承担A家家务，B家出钱让A家承担B家家务，则劳动投入和产出均不变的条件下，反映在GDP统计上则会增加。实际上，在这种情况下，由于不必要的相互承担家务活动，增加了交易费用，整体社会的真实效用反而下降。此外，一些产生负效用的活动或校正负效用的活动，也被计入GDP。比如，治理污染的活动、战争拉动的经济、自然灾害、挖沟填沟等等，在统计上也会增加GDP。但是，这种活动显然并不能够增进福祉。

我们这里进一步揭示，在经济增长也即分工演进的过程中，由于存在交易费用，真实效用的提高，往往显著低于GDP水平的提高幅度。假定一个经济体由两个人组成（A和B），这两个人有两种可能的经济结构，即自给自足和分工结构。在自给自足状态下，每人生产两种产品x和y，各值10元（影子价格），总计20元，则全社会GDP为40元。由于自给自足状态没有分工和交易，此时没有交易费用，故真实效用亦为40元。在分工状态下，每人选择专业生产一种产品x或y，专业化生产带来生产力提高，此时每人产出30元，全社会GDP合计60元。但是，分工必须交易，每人在从对方购买价值15元的商品时，有7.5元用来支付交易费用，全社会有15元的交易费用，最后全社会总的真实效用为45元（即60–15）。结果，GDP从自给自足下的40元增加到分工状态上的60元，但总的真实效用只从40元增加到45元，人均真实效用从20元增加到22.5元，远低于总GDP增长的幅度。

表11-1　　GDP、交易费用与真实效用：一个说明示例

<table>
<tr><th colspan="2">结构</th><th>产出</th><th>价值</th><th>交易费用</th><th>全社会GDP</th><th>人均真实效用</th></tr>
<tr><td rowspan="2">自给自足</td><td>A</td><td>x，y</td><td>10+10=20</td><td>0</td><td rowspan="2">40</td><td>20</td></tr>
<tr><td>B</td><td>x，y</td><td>10+10=20</td><td>0</td><td>20</td></tr>
<tr><td rowspan="2">分工状态</td><td>A</td><td>x</td><td>30</td><td>7.5</td><td rowspan="2">60</td><td>（60–15）/2=22.5</td></tr>
<tr><td>B</td><td>y</td><td>30</td><td>7.5</td><td>（60–15）/2=22.5</td></tr>
</table>

数据来源：作者虚拟。

从表 11-1 可以看出，只要交易效率得到一点提高，全社会分工水平就会持续提高，包含交易费用的 GDP 就会持续提高，但个人真实效用提高的比例，却远远低于 GDP 提高的比例。表 11-1 中，从自给自足的结构演进到分工状态，GDP 从 40 提高到 60，提高幅度为 50%，但个人效用只提高了 12.5%，即从 20 提高到 22.5，远远低于 GDP 提高的幅度。这说明，通常用来测度经济发达水平的人均 GDP，其实有很大的误导性。直观的例子是，如果生活在大城市的人口的收入是 2 万，这并不意味着其生活水平是收入仅为 1 万的生活在小县城的居民的两倍，因为大城市的交易费用非常高，包括交通、房价、物价、污染等等。以贫困地区为例，如果按人均 GDP 水平同步小康，则具有很大的误导性。

社会分工演进的规律是，随着交易效率提高，分工就会不断演进，新的分工结构有更高的真实效用（Smith，1776；Coase，1937；Yang，2001）。结果，社会分工水平越来越复杂，交易效率提高带来总交易费用不断提高，GDP 不断提高，但真实效用其实远低于 GDP 看起来的高水平。因此，用人均 GDP 来刻度发展水平就会产生很大的误导。但是，这种效用的微小改进，却是以不成比例的高生态环境成本为代价，因为一单位的效用提高对应更多的 GDP，而高的 GDP 又是以专业分工链条加长（带来交易费用增加）、资源投入增加等为前提。尤其是工业时代的生产是建立在物质财富生产为主的基础上，这种效用提高和 GDP 提高不成比例的问题，就更加成为一个严重的问题。与此同时，虽然交易费用的提高必然伴随着效用提高，但交易费用本身，却对效用有着负效用。因此，基于物质财富生产的 GDP，其环境和福祉效果相对较差。

（二）为什么经济增长与福祉改进相背离

除交易费用带来的福祉测度问题外，更为严重的是，很多推动GDP增长的所谓现代经济活动，更多的只是资本谋利的手段，它们本质上同“挖沟、填沟”的无效活动并无二致，对于提高人类福祉并无太大帮助，有些甚至产生危害。比如，大量垃圾食品产业危及人类建康和福祉、增加医疗支出，但按照现代经济增长的标准，生产垃圾食品的过程和医疗过程，均产生经济增长，是经济繁荣的表现。

GDP设计者Simon Kuznets的警告，对于我们理解GDP、经济增长和福祉的关系非常有帮助。现代经济学研究范式，乃是Alfred Marshall，Lionel Robbins，Paul Samuelson等人建立。在这个范式中，效用这个代表人类福祉总和的指标，被等同于金钱。经济理论的这种转换意味着，人们拥有的钱越多，则越幸福。反过来，这使得用GDP测度的经济增长的成见，成为长达一个世纪的知识基础（AtKisson，2012）。

GDP指标的发明者Simon Kuznets非常担心他的发明被误用。他早在1934年在美国国会作证时就警告，新的国民经济统计不应该用于评估一国之总体福利。1960年代，他又写道，“必须区分增长的数量和质量，增长的成本和回报，增长的短期和长期……目标，盖因追求‘更多’的增长时，必须确定增长什么以及为什么增长”（AtKisson，2012）。

爱因斯坦曾经说过，“我们不能用过去导致这些问题的思维来解决这些问题”。解决中国发展面临的种种问题，我们需要从深层上思考发展的目的。高的GDP非常重要，但如果GDP的内容不清洁和/或不具包容性，或者并不反映人们真实需求（在所谓消费者自由选择的市场条件下，这种情景看起来不可思议，但它却正是现代商业社会最为突出的特征之一），则高GDP可能意味着低福利。如何对待经济增长？亚马蒂亚·森指出，“GNP增长对于提高生活水平和减少贫困当然非常有用（如果看不到这一点是很愚蠢的）。但是，有时候也会混淆（1）经济增长作为获取好东西的手段，（2）将获取这些无生机的物品当作增长的目的”。人们不需要去通过“贬低”经济增长，来认识到经济增长不是我们的终极目标。经济增长是我们得到我们最终珍视的东西，包括更好的生活质量的非常有用的手段（Sen，2011）。

根据Stiglitz，Sen，and Fitoussi（2009），将经济测度体系从强调测度经济产出到测度民众福利的时机已经到来，而测度福利应该置于可持续的背景之中。特别要指出的，这种重心的转移，不意味着不要GDP。强调福利的原因，是因为GDP数字包含的内容，同人们在乎的福祉之间的差距，似乎越来越大。

（三）根本在于发展范式转变

本质上而言，Stiglitz，Sen，Fitoussi（2009）争辩的，不只是一个测度问题，而是一个发展范式的转变问题，因为“我们测度什么，会影响到我们做什么，而如果我们的测度有缺陷，决策就会被扭曲”。某种程度上，发展范式的转变，就是要为GDP注入新的内容，以将GDP数字和福利之间的差距最小化，而不是不要GDP。或者说，发展范式转变，就是要让发展成为一种“有感”的经济增长。显然，绿色发展就是我们需要的一种可以提高人们福利的新GDP内容。在Stiglitz，Sen，Fitoussi（2009）列举的福利维度中，GDP概念强调的物质生活水平，只是八个维度中的一种。

这种改变GDP内容的概念已被广泛接受。气候变化政府间组织（Intergovernmental Panel on Climate Change）在其第五次评估报告中

（Fleurbaey et al，2014 ch4），引用了过去几十年发展的关于可持续消费的大量文献（Tukker et al.，2010b；Le Blanc，2010；Kilbourne，2010；Black，2010；Schrader and Thøgersen，2011；Jackson，2009）。这些文献重点讨论目前生活方式、发展轨迹、经济体系不可持续的特点，以及如何朝着更加可持续的方向去改造它们。消费内容的改变，当然就会影响到生产内容，进而带来整个发展范式的改变。一些关于可持续消费的定义，也在政策界、商业界和学术界被提出来（Pogutz and Micale，2011）。

这一概念其实可以追溯到亚当·斯密（Adam Smith，1759）。他指出，人们有一种幻觉，认为拥有财富、财产和地位会给他们带来永久的幸福。市场经济的高生产力，就正是被这种“欺骗”（也即财富可以带来幸福的误导的信念）所驱动。“正是这种欺骗，使得人类社会各种产业得以兴起和持续发展……这些彻底地改变了地球的面貌”。根据黄有光（Ng，2003）对幸福问题研究的文献综述，人们的幸福水平会随着收入提高，但只是轻微地提高。有证据表明，物质消费倾向越高的人，满足感越低。在过了一个最低水平后，更高的物质消费，并不会提高人们的幸福水平。

四、重建新的发展范式是否可能

工业革命后，人类社会演化到目前的发展路径，一定程度上乃是机缘巧合的结果，并不是由于这一路径代表着经济发展的必然规律（van der Leeuw，2012；van der Leeuw，and Zhang，2014）。如果我们理解了人类社会何以演进到现在这一路径，我们就会知道，重建新的发展范式并非不可能。

20世纪20年代大危机之前，经济发展基本上还是由人类的真实需求所驱动。但是，大危机之后，这种由真实需求驱动的经济发展，转变为供给驱动的发展。也就是说，过去企业是根据需求来生产，大危机之后则更多的是消费者由企业引导而消费（van der Leeuw，2012）。实际上，现代商业社会的过度物质消费需求，很大程度上是通过广告、营销被“商业化地创造”出来的需求，而不是因为这种需求确实出于人们真正的需求。

著名心理学家弗洛伊德（Sigmund Freud）的外甥Edward Bernays，用Freud的潜意识心理学理论，运用当时兴起的大众媒体操纵大众心理，旨在改变美国人对于他们自身同商品之间关系的认识。那么，Bernays如何在1920s ~ 1950s期间兴起一场全国性的运动，将美国人从“节俭的公民”（frugal citizens）变成“饥饿的消费者”（hungry consumers）？伯纳斯的工作由美国产业利益集团委托和资助。他们最早的动机是避免商品过剩，因为他们在那个当时还算节俭的国度，生产了太多的商品。伯纳斯和其他人一道，运用弗洛伊德潜意识理论，催生了一个改变大众观点和意愿的庞大产业（公共关系、营销、广告），该产业反过来又改变了亿万人的生活。他们成功地将人们从基于需求的消费模式，转变到基于意愿的购物模式。实际上，我们对于现代消费的痴迷，乃是几十年有意识的社会工程改造的结果。但是，对于这一事实，至今却鲜为人知（AtKisson，2012）。

正如黄有光（Ng，2003）指出，比创造消费偏向更为糟糕的是，很多广告活动是在积极地制造不幸福。典型地，正如一家大型公司的总裁坦承，“我们的工作，就是让妇女对她们拥有的东西感到不幸福（这样才会让她们购买新的商品）”。（引自Walsh（1990，p.5））

这种过度物质消费的背后，乃是资本追逐利润的力量。但是，这样说并不是要反对资本对利润的追逐，而是说，资本的力量既然可以将需求，或者扩展开来说，将整个发展路径导向现在的非绿色路径，则资本就同样可以将发展路径导向绿色的路径，只要这种路径有利可图。因此，接下来的问题就是，新的发展范式是否同样意味着商业机遇？回答是肯定的。但是，现阶段，这些机遇更多的在人们的愿景里，需要去发现和创造。

五、发展范式变化带来的机遇

（一）如何认识数字时代的绿色发展机遇

第一，我们需要新的经济学理论。爱因斯坦说，“是理论决定我们能够观察到什么”。如果我们接受的传统理论不能预见到这种绿色机遇，那我们当然就看不到这种机遇。如果理论可以有更强的预见能力，则就可以看到不同的机遇。显然，基于传统工业化模式的发展理论，很难预见数字时代的绿色发展新机遇。要做到这一点，我们一是需要一个新的分析框架，该框架要能预见分工组织结构的变化，而不只是在现有分工结构下的资源配置问题（Marshall，1890；Samuelson，1955）；二是需要对经济学的基本概念进行反思，尤其是价值理论和效用理论进行反思，并提高经济学分析工具的处理能力[①]。

① 在经济学分析中，这些问题往往被忽视，或被绕开。比如，形式化的经济学分析中，多为私人物品，且多为基于物质的私人物品。假定效用函数为$u=f(x,y)$，其中x为物质产品，而y为非物质产品，比如景观、音乐、体育、娱乐、艺术等等。其中，y有两个特点。第一，产生真实效用。同吃饭、穿衣一样，非物质产品y同样满足人们不同层次和侧面的真实需求，实实在在地提高消费者的效用。由于公共性的非物质服务很多不需要付费，故不计入GDP。这也是为什么一些GDP穷国幸福程度并不低的缘故。第二，高生产效率。由于很多非物质服务具有非竞争性（non-rival）特点，一旦生产出来就可以无数次地利用，创造这些产品和服务的活动，就有着极高的投入产出效率（即高生产力）。而且，在经济学分析中，这些具有非竞争性特性的产品很难在效用函数和生产函数中进行处理。这也影响了发展经济学的解释力。

第二，我们需要新的思维。爱因斯坦说，“我们不能用过去导致这些问题的思维，去寻找解决问题的办法”（“We cannot solve the problems by using the same kind of thing when we created them”）。就正如农业时代的人们没法理解工业时代的商业机会一样，现在很多人也无法理解绿色发展和数字时代带来的新商业机遇。从生产、消费、交易的内容和方式，以及商业模式、城市化模式、资源概念等，均在发生实质性变化。

第三，从一种状态跳到另外一种状态（或从一个均衡跳到另一个均衡），是一个“鸡生蛋、蛋生鸡”的关系。这个过程有时候很难在市场上通过分散个体的自发行为去自我实现，需要有一个专业化的组织提供这种协调的公共服务（政府或公司组织）。

除了需要新的思维外，绿色发展的含义，还必须置于一个新的变革的历史背景下来观察，才能被充分认识。比如，信息通信技术、大数据、新材料（像纳米技术）、高速铁路、物联网，等等。这些变化的实质，是交易效率前所未有的提高导致的经济组织结构的变化。正如亚当·斯密（Smith，1776）所言，经济增长来源于分工的演进，而分工又由市场大小所决定。决定市场大小的，则是交易效率。具体而言，这种交易效率前所未有的提高，主要表现在三个方面。

一是数据流的变化。随着互联网通信技术（ICT）、大数据（big data）、云数据、物联网的快速发展，信息的传播速度和内容正以几何级数提高和扩张。

二是人流的变化。随着高速铁路、高速公路、航空的快速发展和家庭汽车的普及，人流的便捷程度前所未有地得到提高。

三是物流的变化。快速便捷的物流体系，使货物的运输速度大大提高。

交易效率戏剧性的提高带来了两个效果：一是催生出很多新的产业分工；二是催生出许多新的商业模式。企业家的作用，就是利用产品市场和要素市场有效地组织分工，以实现利润最大化，而交易效率的大幅提高，使企业家组合市场要素的空间大大提高。这种空间的提高，就是经济增长的潜力（Yang，2001）。与此同时，由于互联网等新技术具有非竞争性（non-rival）的特点，很多服务因此可以免费提供。这些因素一起，带来商业机会的大量增加和增长潜力的提高。

（二）正在浮现的机遇

人类社会正从工业时代进入新的基于互联网的数字时代，对工业革命以来形成的传统发展范式正带来颠覆性的冲击。这些冲击带来的新机遇，可以从以下方面进行探索。一是在对传统发展模式弊端和发展目的进行反思的基础上树立新的发展理念；二是树立新的资源概念，充分利用在传统发展模式下未被充分认识和挖掘的“新”的绿色资源（比如自然环境和地方文化遗产），并人为创造新的资源（比如艺术和文化）；三是充分利用互联网时代出现的新的商业模式和发展机制；四是用这些新理念、新资源和新机制，产出代表不同消费习惯和模式的新的产品和服务。具体而言，当今世界正出现很多不同于传统工业社会的变化。这些变化既是发展范式转变的背景，又是发展范式转变的内容。

第一，资源的定义正在发生变化。由于上述变化，以前认为是资源的，现在有可能不再是资源；以前认为不是资源的，现在有可能成为新的资源。比如说，分散的单个个体的信息可能没有多大用处，但是它通过ICT技术和大数据联接汇聚在一起后，就会成为一个新的强大的资源（比如大数据），由此可以有很多新的商业模式诞生。另一个例子是环境之于经济发展。通常认为，贫困地区发展面临的最大问题是缺乏资源。但是，正是由于不发展（underdevelopment），贫困地区优美的生态环境才得以幸运地保留，而优质的生态环境已成为一种稀缺资源，可以转化为财富。就正如石油一样，在工业革命以前石油没有什么价值，但是工业革命以后就变得很有价值，而随着新能源的发展，传统化石能源的价值又相对下降。

第二，商业组织模式正在发生变化。作为企业家，其功能就是在市场中组合各种生产要素，寻找最优的组织模式，实现资源的最优配置。社会组织越发达，信息技术交易效率越高，企业家组合生产要素的空间就越大。随着ICT、大数据、高速铁路和交通体系、物流体系日益发达，企业家在市场上组合资源配置模式的空间呈几何级增加。在给定同样的资源条件下，不同的组织模式会产生完全不同的生产力效果。

第三，消费模式也正发生变化。例如，随着手机或者智能手机、互联网等的兴起，对商品和服务的需求发生了很大的变化，除了吃、穿这些基本的物质性需求以外，其他非物质性需求大大增加，都通过网络来实现。这种消费模式的变化，意味着会降低自然物质资源的稀缺程度。

第四，生产模式正发生变化。在制造业方面，工业4.0正在兴起。未来制造业的模式很大程度上变成一个分散的个性化定制生产模式，不再是一种集中、大规模的生产模式。那些制造业不发达的国家，也有可能跳跃式地进入到数字化制造业时代。农业过去代表落后，现在却可能成为最挣钱的行业之一。在服务业方面，形态也发生了很多变化。例如，以Coursera和Khan Academy等为代表的基于网络的教育模式的革命性变化，使全世界任何角落的人均可以通过互联网来免费获得世界一流的教育资源，并改变了传统的老师和学生之间的关系。由于教育资源具有非竞争性（non-rival），使用人数的增加并不会增加成本，它使得人力资本的成本大幅减少，为知识经济（knowledge-based）的发展提供了条件。环境也有这样的特性，在一定的环境容量下，增加一个人并不会增加其边际成本。结果是，资源的稀缺性就大大降低。

上述变化，只是目前正在发生的众多变化中的一部分而已。所有这些变化，都有降低单位产出的资源消耗和排放的效果。这意味着，不能将绿色发展狭义地理解为新能源的发展，或者认为绿色发展只是关于少数前沿技术的故事。实际上，绿色发展是自工业革命以来人类社会经历的最深刻和全面的发展方式的变化。只有理解了绿色发展的内涵，才能够充分认识到发展范式转变背后的机遇，而这种机遇远远超过了很多人的认知。

六、中国发展范式转变的核心内容

简而言之，所谓发展范式的转变，就是给“发展”装入新的内容，从而这种发展不仅有高生产力（以 GDP 为表现形式），还有让人更幸福的内容，同时又环境友好。或者说，要让经济增长“有感”，就必须调整经济发展的内容，让“绿色”成为经济增长新的重要来源，让增长朝着提高福祉的方向发展。这意味着，人们消费和生产的内容均会发生变化。

为此，中国需要扬弃西方工业化国家的现代化标准，既不盲目自负，也不妄自菲薄，探索新的可以给全球带来共同繁荣的发展道路。在中国 GDP 进入“新常态”的新阶段，再强调 GDP 会事倍功半。如果在此时将重心转移到民生、社会公平、正义，则会显著提高民众的满意感，有利于社会和谐稳定。

第一，为GDP注入新的内容。保持经济较快增长的同时，大力升级和调整GDP的内容，通过提高经济增长的效率和改变增长的内容。提高增长的效率，是指在同样的增长速度下，福祉水平会因效率而提高。改变增长内容，是指培育新的绿色服务和绿色产品，让GDP向轻型化、服务化方向发展。这样，即使在同等GDP水平或更低GDP增速下，民众福祉水平也可能更高。

第二，将具有中国传统智慧的"全面小康"概念作为经济现代化的目标，在迈过国际上通行的以GDP为度量的高收入社会门槛后，不再刻意追求人均GDP向国际最高标准提升，大幅弱化GDP目标，转而以改善民生、改善收入分配、提高民众满意度、促进社会公平正义、建立现代国家治理体系和治理能力为发展重点。

第三，以新的方式发展经济。跳出传统工业化思维和传统"三农"概念，在数字时代下，借助互联网和大数据等新生事物，以新的方式发展经济。这些新的方式包括：新的商业模式、新的资源概念、新的效用或价值概念（即跳出传统基于物质概念，全方位满足消费者不同层面和侧面的需求的产品和服务）、新的城镇化模式，等等。

第四，建立支持新发展范式的新的制度和政策体系。现有的制度和政策体系，包括政府主导发展、金融体制、财税体制、社会保障、城镇化政策、干部绩效考核、土地制度、生态补偿制度、碳排放制度等等，很大程度是为传统工业化模式服务的。

第五，社会公平正义和文化复兴。根本上是保证公民的权利，满足公民对自由、公平、正义的要求。中华传统文化是可以为全球拥抱的文化。中国应树立文化自信，将当前意识形态融入5000年的传统中国文化之中，让中国传统文化重新焕发巨大生命力，将中国的复兴建立在中华文化复兴的基础上。

七、发展范式转变对改革的新要求

在向新发展范式转变的过程中，中国能否成为全球领跑者，取决于改革能否全面有效地推进。但是，如果说在发展方式转变问题上，西方可以给我们提供较为成熟的经验的话，那么在发展范式转变问题上，西方和中国一样，均处于探索之中。对于所有国家来说，发展范式转变都是一个新生事物，它对改革的要求有其特殊性。

（一）中国面临前所未有的挑战

为充分利用这些优势，中国采取了很多措施，在促进绿色发展方面取得了令人印象深刻的成就。比如，中国已是世界上最大的可再生能源投资国。但是，中国还远未充分发挥其潜在优势，因为障碍和困难同样存在。上面描述的绿色发展的新变化有两个突出特点，它对中国现有的发展模式提出了前所未有的挑战（Zhang，2013）。

第一个挑战是对政府传统职能提出了新要求。建立在ICT、大数据、可再生能源等基础上的绿色发展，具有高度分散化的特点。以前中国的发展模式很大程度上依靠政府主导的大中企业，绿色发展则是以中小企业为集群网络化的。这意味着，以前政府主导经济发展模式不适于绿色发展。与此同时，新的发展范式对政府公共产品和服务也提出了新要求。政府职能与活动范围要“有进有退”，解脱“缺位”和“错位”问题，才能更好发挥其作用。

第二个挑战是对中国这种模仿型经济形成强烈冲击。作为后发的追赶型经济，中国经济一直以西方经济的模式为目标，缺乏内在的创新动力。西方工业化社会的经济组织、产业结构、商业模式等，都是可以模仿的。但是，突然之间，全球都要走向绿色发展，而绿色发展不仅对中国，对发达国家也是一个新事物。中国失去了模仿的对象，同美国、欧洲站在同一起跑线上。

应对上述两个挑战，中国需要做出深层的改革，徒具形式的变革显然无济于事。绿色发展实际上是各国制度的竞争，那些具有创新能力的制度，将会在竞争中胜出。对于中国而言，这种挑战有其紧迫性，中国不可能采取等待和观望，等发达经济体率先探索出成熟的绿色发展模式后再跟进。

（二）有待完成的改革

对于中国而言，绿色发展需要一系列的转变，发展的主体应该从政府转到企业，以充分发挥市场的力量。实现绿色发展，最大的障碍不在于资金和技术，而在于未能充分建立起促进绿色发展的市场机制。这需要通过改革来实现。这些改革包括四大类（World Bank and DRC，2012）。

第一类，政府职能转变。最大的障碍在于，传统政府行为模式同绿色发展的内在要求不相容。目前的政府职能存在两方面问题。一方面，从计划经济体制向市场体制转变，过去的强力政府和无限政府向服务性政府和有限政府转变。另一方面，同所有其他国家一样，现有体制和政策体系，都是支撑工业时代的传统发展模式而形成。这就需要从两方面进行改革，一是通过引入法治，加快建立服务性政府和有限政府。另一方面，政府的职能要与时俱进，适应数字时代的新特点，为数字时代的新发展范式提供制度支撑（比如财税、金融、生态补偿等），提供过去从未有过的新公共服务（比如，以 MOOC 方式和远程医疗方式提供公共服务，引入互联网提供公共服务，等等）。

第二类，强化市场经济体制。完善市场经济包括多方面的改革，但同绿色发展最直接相关且最紧迫的改革，莫过于改革煤炭、电力、天然气和水等资源性产品价格形成机制，使价格不仅反映市场稀缺，更要尽可能地反映它们在开采、生产和使用过程中对环境和健康造成的外部危害。与此同时，要清理和取消对传统能源和资源性产品的各种显性或隐性补贴，并对国有企业占用的自然资源（包括矿产、石油、天然气、页岩气、煤层气等）按市场价格收取足够高的特许权使用费。除此之外，打破垄断、刺激民间投资亦非常重要。

第三类，实施减排和环境保护政策和法规，并对高物质资源消耗、高环境损耗、高碳排放的产品的消费征税。政府必须在控制碳排放和保护环境上强有力地履行公共职能，降低经济发展的社会成本和协调成本，为市场充分发挥作用提供前提条件。这实质上相当于政府为全社会提供一种新的公共服务。因此，必须采取最严格的减排和环保政策，提高环保标准。在此基础上，还必须引入基于市场的灵活有效的政策实现机制，包括市场化的减排碳机制、环保缺乏激励机制。

第四类，鼓励绿色消费、扶持数字绿色产业发展。通过税收等形式，对绿色消费大加鼓励。政府要运用各种政策手段培育绿色增长源，包括在财税、金融、贸易、标准、公共投资等方面进行大力支持。比如，结合国家的结构性减税政策，对处于幼稚期的重点绿色行业，在一定期限内实施减免税政策。对“两高一资”（高污染、高排放和资源性）产品加税，逐渐取消其出口退税，并实施出口配额限制。同时，提高绿色产品的出口退税。对绿色企业在贷款、企业债、上市融资等方面提供倾斜。在每年大约 1 万亿人民币的政府采购中引进绿色标准。

执笔人：张永生

参考文献

[1] AtKisson，2012，“Life beyond Growth：Alternatives and Complements to GDP-measured Growth as a Framing Concept for Social Progress”，2012 annual survey report for the Institute for Studies in Happiness，Economy and Society，Tokyo.

[2] Black I.（2010）.Sustainability through anticonsumption.Journal of Consumer Behaviour 9，403 - 411.doi：10.1002 / cb.340，ISSN：1479 - 1838.

[3] Coase，R.，1937，“The nature of the firm，” Economica，Vol.4，No.16，pp.386 - 405.

[4] Diamond，J.（2005）.Collapse：How societies choose to fail or succeed.Penguin.See Chapter 12 entitled “China，Lurching Giant”（pages 258-377）.

[5] Easterlin，R.A.，Morgan，R.，Switek，M.and Wang，F.，2012：“China's life satisfaction，1990 - 2010”，Proceedings of National Academy of Sciences of the United States of American，Vol.109，No.25.

[6] Europen Commission，2007，Beyond GDP Measuring progress，true wealth，and well-being，http：//ec.europa.eu/environment/beyond_gdp/index_en.html.

[7] Fleurbaey et al，2014：Sustainable Development and Equity.In：Climate Change 2014：Mitigation of Climate Change.Contribution of Working Group III to the Fifth Assessment Report of the Intergovernmental Panel on Climate Change [Edenhofer，et al（eds.）].Cambridge University Press，Cambridge，United Kingdom and New York，NY，USA.

[8] Jackson T.（2009）.Prosperity without Growth? The Transition to a Sustainable Economy.Sustainable Development Commission，London.Available at：http：/ / www.sdcommission.org.uk/data / files / publications /prosperitywithout_growth_report.pdf.

[9] Jackson，T 2016：“Beyond consumer capitalism - foundations for a sustainable prosperity”.CUSP Working Paper No 2.Guildford：University of Surrey.Online at：www.cusp.ac.uk/publications.

[10] Kilbourne W.E.（2010）.Facing the Challenge of Sustainability in a Changing World：An Introduction to the Special Issue.Journal of Macromarketing 30，109 - 111.doi：10.1177 / 0276146710363726.

[11] Le Blanc D.（2010）.“Sustainable consumption and production：Policy efforts and challenges”.Natural Resources Forum 34，1 - 3.doi：10.1111 / j.1477 - 8947.2010.01292.x，ISSN：1477 - 8947.

[12] McKinsey Global Institute，2014：“China' s digital transformation：The Internet's impact on productivity and growth”，http：//www.mckinsey.com/insights/high_tech_telecoms_internet/chinas_digital_transformation/

[13] Mukerji，C.，Source：The Eighteenth Century，Vol.25，No.1（Winter 1984），pp.88-94，

Published by：University of Pennsylvania Press.

[14] Ng，Y.K.2003："From preference to happiness：Towards a more complete welfare economics"，Social Choice & Welfare，Vol 20，pp.307–305.

[15] OECD（2017），Green Growth Indicators 2017，OECD Publishing，Paris.http：//dx.doi.org/10.1787/9789264268586–en

[16] OECD，2007，Better Life Initiative：Measuring Well–Being and Progress，http：//www.oecd.org/statistics/better–life–initiative.htm

[17] Pogutz S.，and V.Micale（2011）." Sustainable consumption and production" .Society and Economy 33，29 – 50.doi：10.1556 / SocEc.33.2011.1.5，ISSN：1588 – 9726，1588 – 970X.

[18] Ripple，W.J.et al.，2012，"World Scientists' Warning to Humanity：A Second Notice"，Bioscience，https：//academic.oup.com/bioscience

[19] Rockström，J.，W.Steffen，K.Noone，A.Persson，F.S.Chapin，E.F.Lambin，T.M.Lenton，M.Scheffer and C.Folke，2009，"A safe operating space for humanity，" Nature，Vol.461，No.7263，pp.472 – 5.

[20] Samuelson，P.A.1955，Economics，New York，McGraw–hill.

[21] Schrader U.，and J.Thogersen（2011）."Putting Sustainable Consumption into Practice" .Journal of Consumer Policy 34，3 – 8.doi：10.1007 / s10603 – 011 – 9154 – 9，ISSN：0168 – 7034，1573 – 0700.

[22] Skidelsky，E.，& Skidelsky，R.（2012）.How much is enough? ：money and the good life. Penguin UK.

[23] Sen，Amartya，2011，"Growth and other concerns"，The Hindu，14 February 2011.

[24] Smith，Adam.1759 [1981].The Theory of Moral Sentiments.D.D.Raphael and A.L.Macfie，eds.Liberty Fund：Indianapolis.

[25] Stiglitz，J.Sen，A.，Fitouss，J.，et al，2009，"Report by the Commission on the Measurement of Economic Performance and Social Progress"），http：//www.stiglitz–sen–fitoussi.fr/documents/rapport_anglais.pdf

[26] Tukker A.，M.J.Cohen，K.Hubacek，and O.Mont（2010b）."Sustainable Consumption and Production" .Journal of Industrial Ecology 14，1 – 3.doi：10.1111 / j.1530 – 9290.2009.00214.x，ISSN：1530 – 9290.

[27] van der Leeuw，S.E.，2012，"Global Systems Dynamics and Policy：Lessons from the distant past"，Complexity Economics 1（2012）33 – 60 DOI：10.7564/12–COEC3.

[28] van der Leeuw，S.E.，Zhang，Y.S.，2014，"Are We Part of the Solution or Part of the Problem? "，SFI WORKING PAPER：2014–11–044.

[29] Walsh D, Gillespie A（1990）Designer kids：Consumerism and competition：When is it all too much? Deaconess Press，Minneapolis，MN.

[30] World Bank and Development Research Center of the State Council（DRC）of China，2012，"Seizing the opportunity of green development in China，" in China 2030：Building a Modern Harmonious，and Creative High-Income Society，Washington，DC：World Bank Publication.

[31] World Health Organization（WHO），2016，WHO Global Urban Ambient Air Pollution Database http：//www.who.int/phe/health_topics/outdoorair/databases/cities/en/

[32] Yang，X.K.，2001，Economics：New Classical versus Neoclassical Frameworks，NewYork：Blackwell.

[33] Yang，J.D.，and Zhang，Y.R.，2015，"Happiness and Air Pollution"，China Economist，Vol 10，No.5.

[34] Zhang，Y.S.（2013）Can China Achieve Green Growth? In：Garnaut et al.（eds）China：A New Model for Growth and Development.ANU E Press，Canberra.

专题报告十二

大数据助推大扶贫的贵州实践

大数据信息集成及处理应用已逐渐发展成为国家现代化治理体系的基础性战略资源，体现在脱贫攻坚的关键时期，更需要应用大数据思维、技术和方法对扶贫开发资源进行高效整合。2014 年以来，贵州把握机遇，顺势而为，大力实施大数据、大扶贫两大战略行动，利用大数据助推大扶贫，通过建档立卡信息化和贫困对象的精准识别、精准管理和精准施策、构建“山地特色高效农业 + 电商扶贫 + 食品安全”三位一体产业扶贫模式等三个阶段的探索和实践，走出了一条贫困地区利用现代技术加速同步小康的新路。

一、背景

大数据引领了新一轮技术革命的到来，大扶贫是建设全面小康社会的必然要求。大数据助推大扶贫是贵州利用现代技术破解脱贫攻坚难题，加快建设全面小康社会的成功实践。

（一）大数据在贵州的兴起，为贵州利用现代信息技术破解脱贫难题提供了可能

习近平总书记指出，大数据是工业社会的自由资源，谁掌握了数据，谁就掌握了主动权。作为中国最早发展大数据的省份，贵州通过近年来的探索实践，创造了率先建设全国首个国家大数据综合试验区，率先建成政府数据集聚、共享、开放的云上贵州系统平台，率先设立全球第一个大数据交易所，率先制定大数据发展应用地方法规，率先提出“块数据”理论等大数据领域的多个国内第一，大数据发展实现了从无到有、从有到优。2016年，贵州大数据全产业链加快构建，业态规模总量达到1600亿元，同比增长46%。随着大数据在贵州的兴起，贵州开始摸索将大数据运用于大扶贫，不仅拓展了大数据应用范围，而且取得了意想不到的效果。

（二）大数据助推大扶贫，为贵州加快脱贫攻坚步伐插上了翅膀

贵州贫困面大、贫困人口多、贫困程度深，脱贫攻坚难度较大。习近平总书记强调，扶贫开发贵在精准，重在精准，成败之举在于精准。贵州要决胜脱贫攻坚、同步全面小康，必须实施精准扶贫、精准脱贫，因人因地施策，提高扶贫实效。但如何精准识别贫困对象和如何精准帮扶是贵州在扶贫实践中所遭遇的最大难题，亟须用新的理念和方法加以解决。大数据是以容量大、类型多、存取速度快、应用价值高为主要特征的数据集合，既是一种海量的数据状态及其相应的数据处理技术，也是一种新的思维方式。把大数据技术运用到扶贫领域，就能从贫困信息数据库的大量数据中揭示出隐含的、先前未知的并有潜在价值的信息，为扶贫决策提供精准、有效、可靠的数据支持，实现对贫困人口的精准识别、精准帮扶和对扶贫模式的效率判定。实践证明，

利用大数据助推大扶贫，极大地提高了扶贫效率，加快了贵州决战脱贫攻坚的步伐。

二、实践

受区域整体贫困与民族地区发展滞后并存、经济建设落后与生态环境脆弱并存、人口素质偏低与公共服务滞后并存“三重矛盾”的制约，贵州一直是全国扶贫开发任务最重、难度最大的省份。截至2013年底，贵州仍有贫困县66个、贫困村9000个、贫困人口745万人，占全国的比重分别达7.8%、8.1%和9.3%；贫困发生率21.3%，高出全国平均水平12.8个百分点，在全国居第三位，仅低于西藏和甘肃。观念决定思路，思路定格出路。2014年以来，贵州准确把握大数据时代发展潮流，让大扶贫搭上大数据快车，在运用大数据推动大扶贫方面开展了三个阶段的探索和实践。

第一阶段：依托国家精准扶贫子系统和贵州“四看法”精准识别信息系统，运用大数据采集和全量分析技术，实现建档立卡信息化和贫困对象的精准识别。

贫困具有多维度、复杂性、动态性的特点。由于点多面广，长期以来贵州对贫困户特别是致贫原因的识别远未达到精准的程度。2014年，贵州按照“县为单位、规模控制、分级负责、精准识别、动态管理”的原则，依托国家精准扶贫子系统，把全省所有贫困村、贫困人口的劳动力、住房、种养殖、子女入学等情况录入信息管理平台，为每一户贫困人员建档立卡，建立动态化的贫困人口信息数据库。在识别手段上，贵州依托国家精准扶贫子系统，探索建立了“一看房、二看粮、三看劳动力强不强、四看家中有没有读书郎”的“四看法”精准识别信息系统。由于运用基于云计算、物联网的大数据全量分析技术，改变了传统依靠样本数据分析的局面，使扶贫对象的个人信息能够全面呈现出来，较好解决了扶贫对象虚报、重报、漏报等问题。通过多次排查，贵州最终精准识别出贫困村9000个、贫困人口623万人，摸清了全省贫困状况的底数，实现了贫困村、贫困户建档立卡全覆盖，做到了“户有本、村有册、乡（镇）有簿、县有档、省市有信息平台”，贫困人口识别精准度达98%，为脱贫攻坚奠定了坚实的基础。

第二阶段：依托贵州扶贫云，利用大数据清洗和处理技术，实现精准管理和精准施策。

利用大数据对扶贫对象进行精细化管理，为每个贫困户制定量化、可视、操作性强的具体扶贫措施，是实施精准扶贫的关键。2015年以来，贵州遵循“大数据手段+制度框架设计+精准管理”的思路，以建档立卡贫困户数据为基础，融合各有关部门的数据资源，开发建设了以脱贫指挥调度平台、项目资金监管平台、工作绩效评估平台、任务督查考核平台等平台为主要内容的扶贫云（见图12-1）。“扶贫云”平台融数据采集、数据分析、数据挖掘、数据管理、数据运用等功能为一体，实现了大数据对扶贫开发的精准管理、动态管理、科学管理，扶贫信息公开透明，构建了大数据支撑大扶贫的网络格局。

对扶贫对象实现动态管理。全省各级扶贫部门利用扶贫云系统生成的数据与民政、住建、工商、车管等部门数据进行对比和清洗，对全省493万贫困人口以及2014年脱贫的123万人和2015年脱贫的130万人口进行动态监测，避免了“富人继续戴穷帽”现象的出现，打牢了精准脱贫的信息基础。如遵义市利用精准扶贫云开展“回头看”，通过对2015年16.73万贫困户、55.83万贫困人口进行再识别，共清理有车、有房、有财政供养、有工商注册的“四有”人员32431户共计 99563 人。

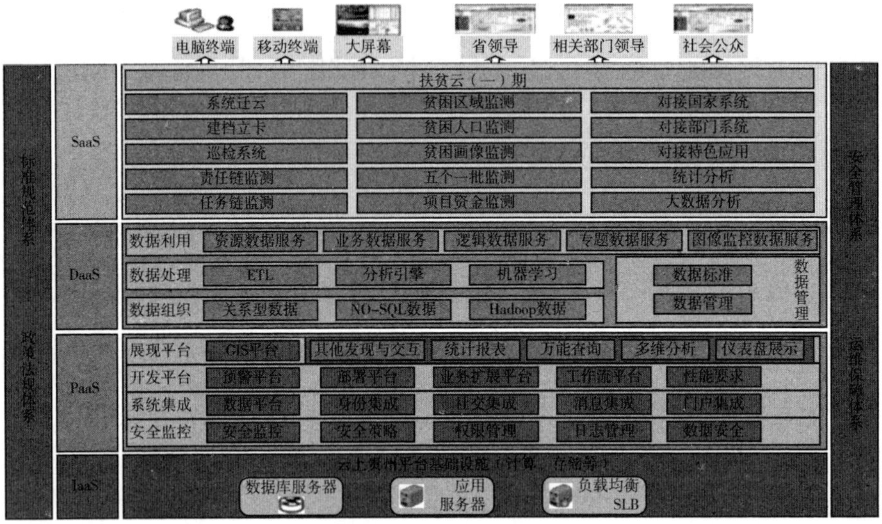

图12-1 贵州扶贫云图

对扶贫项目资金实现精准监管。省扶贫与财政部门共同利用扶贫项目资金管理平台，对 2015 年 50 亿元项目资金、15630 个到村扶贫项目资金从申报、评估、立项、审批、拨付、报账、实施、验收实行全程精准监管，确保资金跟着项目走、项目跟着贫困人口走、监督跟着资金走。如普安县利用精准扶贫云对 14244.13 万元项目资金进行监管，项目资金使用精准度达到 99%。

针对致贫原因精准施策。坚持扶贫云和国土资源数据相结合，开发出精准的全省贫困村分布图、贫困人口分布图、贫困户脱贫动态图、增减挂钩易地搬迁扶贫图、土地整治就地扶贫图、地质灾害治理扶贫图、扶贫成效考核图、脱贫目标任务图等八张脱贫攻坚作战电子地图，对全省贫困地区的易地搬迁、产业扶贫、社会保障、教育资助、医疗救助、生态补助等数据进行实时更新（见表 12-1），并通过数据处理实现了对贫困户异地搬迁、贫困地区地质灾害预警及治理、贫困户产业发展等方面的科学指导。目前，该系统已精准定位贫困户 151.57 万户，拥有贫困地区易地搬迁、产业扶贫等实时图片 141.37 万张。八张脱贫攻坚作战电子地图的开发利用，成功地破解了以往脱贫攻坚施策不精准的难题，为全省 493 万贫困人口量身打造了脱贫路线。

表12-1　贵州脱贫攻坚精准施策任务表　单位：人

市州	实际数	扶持到户到人			其中扶持到人		
		易地扶贫搬迁一批	产业和就业一批	社会保障兜底一批	教育资助一批	医疗救助一批	生态补助一批
合计	4931995	1304700	2047199	1580096	561718	601208	202100
贵阳市	14859	2042	512	12305	1799	8094	0
六盘水市	416500	56532	226519	133449	44881	45974	31500
遵义市	558300	145231	228509	184560	64129	128253	17300
安顺市	343069	78405	166005	98659	24147	30817	10400
铜仁市	583200	168339	191846	223015	88405	108363	8300
黔西南州	434059	171742	103703	158565	44270	36715	1500
毕节市	1154500	229280	583307	341913	133807	101414	85200
黔东南州	843200	267124	318657	257419	99314	82221	42000
黔南州	582900	185866	228092	168942	60693	58692	5900
贵安新区	1408	139	0	1269	273	395	0

第三阶段：依托农业云、农村电商、食品安全云平台，利用大数据分析和关联挖掘技术，打造“山地特色高效农业 + 电商扶贫 + 食品安全”三位一体产业扶贫模式。

产业扶贫是扶贫开发的根本大计，是贫困人口“真脱贫”的根本保障，也是检验扶贫措施取得实效的根本标准。2016 年以来，贵州坚持“扶产业就是扶根本”，依托得天独厚的生态资源优势，利用大数据助推山地特色高效农业发展、打造农村电商平台、确保舌尖上的安全，全力做好“产业扶贫”这篇大文章，不断增强贫困地区的“造血功能”，推动贫困地区和贫困群众走上“经济内生增长、自主脱贫致富”的可持续发展道路。2016年，贵州共实施产业扶贫项目2万个，73.4万贫困人口从中受益成功脱贫。

大数据助推贵州山地特色高效农业大发展。选准扶贫产业是产业扶贫的关键。要想选准扶贫产业，必须“认清自己”和“认清市场”。贵州利用大数据关联挖掘和分析技术，获取贫困地区气候、水质、土质等信息，科学分析市场供需变化和产品价格走势，为因地制宜选准扶贫主攻产业、促进特色优势产业裂变发展提供了数据支持。为推动扶贫产业发展，贵州围绕生态畜牧业、地道中药材、茶叶、食用菌、春夏秋冬四季反季节蔬菜、精品水果、冷水鱼养殖等特色优势产业，采用SaaS服务架构方式构建农业云。农业云把农田、耕地、种植、养殖、需求、供应、交易、出口、加工等数据进行了收集汇总，通过云计算分析后统一发布，帮助贫困户挖掘山地潜力，念好“山字经”，种好“摇钱树”，打好“特色牌”，使农业生产从“生产导向”向“消费导向”转变，推动了贵州山地特色高效农业大发展。目前，贵州形成了“东油西薯、南药北茶、中部蔬菜、面上干果牛羊”的扶贫产业格局，修文谷堡乡的猕猴桃、三都交梨乡的葡萄、纳雍厍东关乡的玛瑙红樱桃、沿河沙子镇的空心李、岑巩客楼镇的水蜜桃、荔波朝阳镇的蜜柚等特色农产品正成为农民脱贫增收的“利器”。

大数据助推“黔货出山”。扶贫产业发展的成败最终取决于市场这只无形之手。贵州把电商扶贫作为产业扶贫的重要一环，大力发展农村电子商务、加快发展智慧物流，着力培育各具特色的电商主体、高效快捷的物流企业，实现线上线下结合，运用大数据将城市居民的需求和农民的生产对接起来，使大山里独特的农产品价值显化，助推“黔货出山”。2016年以来，全省各地积极培育、大力发展农村电商市场主体，淘宝、京东、苏宁、居无忧、农村e邮等电商企业陆续进驻贵州，贵州电商云、淘宝贵州馆、京东贵州馆、“那家网”、“家有购物”、中国网络菜市场、“黔邮乡情”等平台相继建成，极大地促进了农产品销售，提升了“贵州山珍”品牌影响力。如借助京东商城、苏宁易购、黔邮乡情、贵州电商云等电商平台，剑河县滞销的3.7万羽土鸡全部销售完，“滞销鸡”变“畅销鸡”，同时提升了“剑河小香鸡”知名度，打响了“剑河小香鸡”品牌。截至2016年底，贵州已建成贫困地区电商运营中心66个，开设农村网点10000多个，电商年交易规模由2014年的342亿元增长到510亿元，年均增长16.01%；电商成长指数位居中国第1位。

大数据确保舌尖上的安全。在全国率先建成了首个省级“食品安全云”，实现了实验室信息管理系统、技术社区、大众门户、企业门户、监管平台、手机应用等平台数据互通，通过云计算、云存储等技术汇聚分散在政府部门、检测机构、企业等环节互相分割的数据。目前汇集了农产品生产、食品加工、流通、餐饮等环节的检测监测数据，共有2万多家食品生产经营企业、3万余条食品信息、近4000万个数据，实现了食品质量追溯和标识的数据化、信息化。消费者可以下载“食安测”手机应用软件，通过互联网和移动互联网终端，随时调取企业自检、企业送检和政府抽检的食品安全检验报告，为消费者提供食品产地、成分、营养等信息和个性化服务，帮助消费者选择放心食品与营养食品，大幅提高了农特产品的知名度，促进了销售量的提升。如修文县猕猴桃通过种植、采收、仓储、分拣、运输和销售等全产业链大数据物联网追溯系统的建设，凭借高品质和不断提升的市场竞争力，收获了中国香港、中国台湾、俄罗斯、日本等地的订单，走出大山、走向世界。

三、启示

大数据助推大扶贫，加快了贵州脱贫攻坚的步伐，取得了较好成效。2014 ~ 2016 年，共减少贫困人口 420.8 万人，占全国减少贫困人口数量的 10.75%；贫困发生率下降了 7.4 个百分点，快于全国 4.7 个百分点（见表 12–2）。农村常住居民人均可支配收入从 2013 年 5650 元上升到 2016 年的 8090 元，年均增长 12.71%，增速位居全国前列。实践证明，大数据助推大扶贫是加快贫困人口脱贫致富的有效途径，也是后发地区弯道取直、后发赶超的成功之路。

表12-2 2014 ~ 2016年贵州贫困人口减少及贫困发生率与全国比较

年度	全国		贵州	
	贫困人口减少（万人）	贫困发生率（%）	贫困人口减少（万人）	贫困发生率（%）
2014	1232	7.20	170	18.00
2015	1442	5.70	130	14.00
2016	1240	4.50	120.8	10.60

（一）坚持新理念引领新发展，是大数据助推大扶贫取得成功的基础

明大势才能谋大事。到 2020 年全面建成小康社会，是当前党和国家的中心任务，更是贫困地区各项工作的重中之重。作为全国最贫穷、脱贫攻坚任务最重的贵州，需要因势而谋、因势而动、因势而进才能有新作为，而新作为需要有新理念。在脱贫攻坚实践中，以新理念引领新发展，坚持变中求新、新中求进、进中突破，才能破解难题、增强动力、厚植优势，推动脱贫攻坚任务如期完成。

长期以来，贵州精力、财力没少投，扶贫效果却不甚理想，究其原因，主要是采用漫灌方式，扶贫没有扶到点子上。“创新”是新时

期推动经济社会发展的新理念，贵州正是基于“创新”新理念，将大数据引入大扶贫，运用大数据实现精准扶贫，也才有了今天举世瞩目的阶段性成果。可以说，没有新理念的引领，就不会有大数据助推大扶贫的成功实践。

（二）坚持新技术促进新发展，是大数据助推大扶贫取得成功的关键

当前，以信息技术、生物技术、新材料技术、新能源技术、海洋技术及空间技术等现代高科技成果为依托的新技术，正在以其无所不及的触角及超乎想象的巨大威力深刻地影响着人类的生存状态与发展前景。新技术的出现和发展，推动了传统产业部门的改造，促进了社会生产力的发展，带来了人类生活方式的变化，还引发了人的观念和思维方式的更新。

近年来，现代信息技术已经成为人类经济社会发展中不可或缺的基本要素，现代信息技术与经济社会的交汇融合引发了数据迅猛增长，数据已逐渐发展成为国家现代化治理体系的基础性战略资源。大数据助推大扶贫之所以能够成功，正是贵州坚持创新驱动发展，在扶贫领域大胆引进大数据、云计算、“互联网+”等新技术的结果。没有大数据的引进及运用过程中的不断创新，就不会有今天的成功。

（三）坚持政府主导社会参与，是大数据助推大扶贫取得成功的保障

“得民心者得天下，重民生者安天下。”这是被古今中外的历史和现实反复证明了的真理。关注民生、重视民生、改善民生是政府义不容辞的责任。扶贫是当前我国最大的民生项目。既为民生项目，政

府就应当承担起责无旁贷的主体和主导责任。广泛动员社会力量共同参与扶贫开发，是我国扶贫开发事业的成功经验，是中国特色扶贫开发道路的重要特征。

李克强总理在2016年数博会暨中国大数据产业峰会开幕式的演讲中，将贵州发展大数据称为“无中生有”，让“无”生了“有”。贵州发展大数据并将大数据引入脱贫攻坚，是大数据概念在中国兴起时，由政府这只看得见的手，顺应大数据时代潮流，开始的一场自上而下的尝试。没有政府的主导就没有贵州大数据，也不会有贵州的大数据助推大扶贫。在大数据助推大扶贫过程中，没有政府的引导，就不会有大数据企业的广泛参与，也不会有大数据助推扶贫产业发展的众多成果。

回望来路，贵州运用互联网的思维、大数据的技术、数字经济的意识助推扶贫开发，脱贫攻坚成绩世人瞩目；前瞻未来，贵州脱贫攻坚依然面临任务艰巨紧迫的形势。但只要我们牢记嘱托、不忘初心，充分运用大数据等现代技术，坚定地走大数据支撑大扶贫之路，驰而不息，善作善成，就一定能够在2020年底之前消除贫困，与全国同步建成全面小康社会，实现共同富裕，完成中国共产党人的使命担当。

执笔人：徐东良

专题报告十三

中国基础设施发展的理论分析

一、引言

进入 21 世纪，中国城市化进程加速，城市化率从 2000 年的 36.22% 上升到 2014 年的 54.77%，每年有一千多万人口从农村转移到城市；与此同时，城市基础设施建设突飞猛进，城市面貌焕然一新，以至于国外游客常常会赞叹中国城市宏大的建筑、先进的基础设施和现代化风格。从价值量上看，Arcadis 发布的《全球建筑资产财富指数 2015 年报》（Global Built Asset Wealth Index 2015）报告，截至 2014 年，中国建筑资产存量达到 47.6 万亿美元，超过了美国的 36.80 亿美元，排名世界第一。这份报告还指出，中国自 2000 年以来的建筑资产累计投资达到 33 万亿美元，超过同期所有其他经济体的总和[①]。从实物量看，《钢铁年鉴 2014》报告：中国 2013 年钢铁产量是美国同期的 9.46

① https://www.arcadis.com/media/5/E/6/%7B5E69E0DE-1B61-4608-A2E9-9FE45A405D95%7D9385_Global%20Built%20Asset%20Wealth%20Index%202015%20WEB%2032pp.pdf.

倍[①]；盖茨笔记（Gates Notes）记录，2011 ~ 2013年三年水泥消耗量比美国在整个20世纪的消耗量还要多出46.6%[②]。这样看，宣称中国拥有良好的城市基础设施是有事实基础的。

本报告试图解释尚处于城市化进程中的中国为什么拥有良好的基础设施。与本报告主题相同的研究有张军等（2007），他们将中国拥有良好的基础设施的原因解释为“中国式分权”，他们认为以经济增长指标为标尺的官员晋升锦标赛（promotion tournament）激励着中国的地方官员“为增长而竞争”。由于基础设施是最容易度量的“标尺”，因此，地方官员以极大的热情投资基础设施。不过，我们认为，尽管“中国式分权”对地方政府投资基础设施产生了正确的激励，但是如果没有配套资金支持，那么，地方政府将无法完成投资。从国外情况看，联邦体制中的地方官员，在选民的压力下，同样有动机改善基础设施，问题是他们缺乏足够的资金，使之达到与中国相同的水准。因此，我们认为“中国式分权”不是解释中国为什么拥有良好基础设施的关键因素，至少不是唯一因素。在本报告中，我们提出，中国之所以拥有良好基础设施是因为地方政府实施了“土地财政”。2000年以后，急剧膨胀的国有土地出让收入和土地抵押融资为政府主导城市化注入强大的财力[③]，使得地方政府能够快速整体推进开发区和新城区建设以及旧城再造。这是中国的城市基础设施不仅还清历史欠账，还超前建设了市政道路、轨道交通、地下管廊、高速公路、机场、桥梁、产业园区和行政中心的原因。

---

① 根据世界钢协（world steel association）出版的《钢铁年鉴2014》（Steel Statistical Yearbook 2014），2013年，中国粗钢产量82199.02万吨，美国钢铁的产销量是8687.8万吨。

② 数据来源：https://www.gatesnotes.com/Books/Making-the-Modern-World。

③ 美国等西方国家使用税收、上级政府转移支付和市政债券支付城市基础设施投资支出，上级政府转移支付实际是上级政府的税收，地方政府发行的市政债券也需要用税收偿还。因此，税收是美国等西方基础设施融资的主要资金来源。

所谓“土地财政”是学术界对地方政府的国有土地使用权出让收入和相关土地使用权抵押融资的称呼。在中国财政管理体制中，土地财政收入是全额纳入预算管理的地方政府性基金收入，扣除成本性支出之后，土地出让收入的纯收益只能用于城市建设支出。在本报告中，土地财政是指地方政府征用农地，通过低价出让工业用地、改善基础设施，引导产业聚集，通过高价出让商住用地，补偿征地、城市基础设施建设和集聚要素的支出。

本报告将根据亨利·乔治定理（Henry George Theorem，HGT），证明在政府主导城市化中，农地转用增值等于城市基础建设投资支出是实现人均收入最大化的一阶必要条件，并由此推论，土地财政没有剥夺农民的土地财产收益，它以促进帕累托最优的方式界定产权。如果基础设施建设是经济发展中的一个至关重要的条件（Barro，1990；Gramlich，1994），那么，本报告在理论上的一个可能的边际贡献是在中国式分权理论框架下，将中国经济奇迹解释为“把地方政府发展经济的融资方式搞对”。

本报告的余下内容安排如下：第二部分是研究背景，介绍中国的经济体制、土地管理制度和土地财政历史沿革；第三部分是理论基础，评介相关文献；第四部分是理论模型，证明在中国式分权体制中，土地财政是亨利·乔治定理在现实世界里的成功应用；第五部分回应了学术界对土地财政的批评；最后是本报告的结论和政策建议。

二、研究背景

（一）中国的经济体制

中国经济体制的特征是政治集权下的经济分权，学术界称之为“中国式分权”。“中国式分权”不同于联邦制之处是：政治权力和各级地方主官的人事任免权集中于上一级政府直至中央政府；不同于计划经济之处是：各级政府培育市场、依靠市场，而不是否定市场；同时，地方政府被赋予独立发展经济的职责。在中央对地方官员的政绩考核指标中，经济增长、税收、基础设施建设等相对硬性的指标占了相当大的权重。这被称为“官员晋升锦标赛”，它塑造了中国地方官员特别具有“企业家精神”的特质。Xu（2011）总结道，中国经济体制的成功之外在于，强势的中央向地方各级官员提供了正确的激励。Liand Zhou（2005）的经验分析结果证实中国地方政府确实存在为晋升而进行 GDP 竞争的行为。

（二）中国的土地管理制度

现行的土地管理制度的特点是地权分置：农民集体拥有农业用地的所有权，但没有将农业用地转为城市建设用地的权利；城市土地只能由国家所有。法律从城市国有土地所有权中分离出国有土地使用权，通过国有土地使用权出让和转让制度实现土地资源的市场化配置[①]。由于法律规定非农建设只能使用国有土地，“农民集体所有的土地的使用权不得出让、转让或者出租用于非农业建设”[②]，因此，新增城市建设用地只能由政府将集体土地依法征收为国有土地，再以招、拍、

① 根据1990年《中华人民共和国城镇国有土地使用权出让和转让暂行条例》，土地使用权出让是指国家以土地所有者的身份将在一定年限内的土地使用权让与土地使用者，并由土地使用者向国家支付土地使用权出让金的行为。土地使用权转让是指土地使用者将土地使用权再转移，包括出售、交换和赠与等行为。

② 引自1998年《中华人民共和国土地管理法》第六十三条。

挂等形式向用地单位出让国有土地使用权[①]，由后者进行开发或流转。我们称这一土地管理制度为“农民集体土地的非农开发权国有制度”。这一制度导致农地转用增值归属于地方政府，由此产生土地财政收入。

（三）土地财政的历史沿革

土地财政是从1980年创建深圳经济特区开始的[②]。创建之初，深圳是一个贫穷落后、人口不足3万的边陲小镇，缺少资金，拓荒者想到了“以地生财”的办法——与港商合作开发，将所获得的土地使用费和开发利润投入城市建设。这使得“昔日杂草丛生的罗湖小区，很快变成了高楼林立的商业、金融中心”[③]。时任广东省经济特区管理委员会主任兼深圳市委第一书记、市长的吴南生同志这样评价罗湖小区建设：“不花国家的投资，建设一个现代化城市，深圳经济特区的这一实践，是深圳对全国的又一个贡献。建成罗湖小区，是深圳特区的决定性战役，没有这一仗就没有今天的深圳。”[④]

在理论上，如何在坚持社会主义公有制的同时实现土地的商品化

---

① 1994年《中华人民共和国城市房地产管理法》第八条规定：“城市规划区内的集体所有的土地，经依法征用转为国有土地后，该幅国有土地的使用权方可有偿出让。”1998年《中华人民共和国土地管理法》第四十三条规定：“单位和个人进行建设，需要使用土地的，必须依法申请使用国有土地。”第六十三条规定：“农民集体所有的土地的使用权不得出让、转让或者出租于非农建设。”

② 有文献认为“土地财政”是地方政府在分税制改革后的“无奈之举”。分税制改革导致“财权上置中央，事权下移地方”，地方政府面临“财权与事权不匹配”的局面，不得不推行土地财政——通过“掠夺之手”剥夺农民和市民——弥补财政收支缺口。我们认为，以1994年开始的分税制改革作为土地财政形成的原因，无法解释1980年就存在的土地财政，也无法解释1994～1999年地方政府的土地财政依赖率的大幅下降的事实。对此的实证研究参见范子英（2015），王智波和徐佳（2017）。

③ 引自卜凡中：《我们房地产这些年》，浙江大学出版2010年版。“攀登新的高度——土地有偿使用制度改革30年历程”，中国中央政府门户网，http://www.gov.cn/gzdt/2008-12/19/content_1182391.htm。

④ 资料来源：吴南生：“我去办，要杀头就杀我，第Ⅱ部分：罗湖风波”，《改革开放30年口述史（1978～2008）》，广州数字图书馆，http://www.gzlib.gov.cn/ztOralHistory/16348.jhtml。

经营和市场化配置是当时理论界和实务界面对的一个难题。攻克这一难题的历史性突破是1987年深圳和上海试点在城市土地国有制不变的情况下，依据所有权和使用权相分离原则，有偿出让国有土地使用权①。紧接着，1988年，全国人大对《宪法》和《土地管理法》相关条款进行了修订②。1990年国务院发布《城镇国有土地使用权出让和转让暂行条例》。这标志着"土地财政"制度在全国范围内建立起来。

然而，《集体土地使用权转让暂行条例》没有随之出台③，1994年《城市房地产管理法》和1998年《土地管理法》还一改初衷，禁止集体土地使用权出让、转让或者出租于非农建设。发生这一变故与20世纪80年代后期到90年代初，集体土地使用权转让实践有关。在这一时期，"房地产开发商、用地单位和农民集体组织自行谈判征地、购地"，导致政府基础设施投资所产生的土地增值为房地产开发商获得，政府的城市建设资金入不敷出，难以为继。以珠海为例，"1980～1986年，珠海市政府投入市区市政建设、基础设施和土地开发的资金共30多亿元（含外债）。但是政府通过房地产公司交税和上缴利润仅回收2556.6万元。"④为解决城市建设资金不足问题，

---

① 按深圳志史办王硕的报告，十三大以后，深圳市委和市政府参照香港等地的做法和经验，向中央提交了《关于选若干点试行土地使用权有价转让的建议》。1987年7月，国务院主要领导批复，同意深圳、上海、天津、广州等城市纳入第一批试点城市。来源：王硕，"1987～1994年深圳特区的发展历程"，《中国沿海城市的对外开放》，中国共产党党史网，http://www.zgdsw.org.cn/BIG5/218994/219014/index.html。

② 1988年4月，全国人大通过宪法修正案，删除了《宪法》第十条第四款中"禁止土地出租"的规定，在坚持"任何组织或者个人不得侵占、买卖、出租或者以其他形式非法转让土地"的同时，增加了"土地的使用权可以依照法律的规定转让"。同年12月，全国人大常委会根据宪法修正案通过了关于修改《土地管理法》的决定，在《土地管理法》中删除了"买卖、出租或者以其他形式非法转让土地的，没收非法所得"的内容，增加规定"国有土地和集体所有的土地的使用权可以依法转让"，并授权国务院制定具体办法。

③ 1988年《土地管理法》修订案授权国务院制定《集体土地使用权转让暂行条例》。

④ 引自珠海市国土局："实施土地管理'五个统一'的体制提高土地资源开发利用的效益"，《中国人口资源与环境》，1992年第1期，第68～70页。

珠海市政府1991年6月建立了政府完全垄断土地一级市场的“五统一”体制，即土地由政府统一规划、统一征用、统一开发、统一出让和统一管理。1991年、1992年和1994年，中央三次在全国范围推广珠海经验[①]。与之相关，1994年出台的《城市房地产管理法》明确规定政府是城市土地一级市场唯一合法卖方，从而，在法律层面上确立了“集体土地的非农开发权国有”制度。这标志着与土地财政配套的法律制度已经完备。

（四）学术界对土地财政的评价

学术界普遍对“土地财政”持否定的态度。数千篇文章指出“土地财政”的弊端有：①剥夺农民的土地增值收益（蒋省三等，2010）；②抬高房价，损害了购房者福利（Li and Wu，2009）；③导致区域“竞次”（race to the bottom），对经济、民生、社会乃至环保方面产生负面影响（陶然等，2009）；④不具备可持续性（王文剑、覃成林，2008；贾康、刘薇，2012）；⑤通过土地抵押融资累积了地方政府的债务风险（陈明，2010）。

地方官员和学术界对土地财政的评价截然相反。厦门市规划局局长赵燕菁撰文称，“基于土地一级市场垄断的土地财政是中国特有的城市化道路的核心，中国经济的高速发展很大程度上就是建立在土地财政的基础上。没有土地财政，就没有近年来的基础设施建设，也就没有地方政府大规模补贴地方工业。几乎所有大型工业项目，背后都有地方政府的大规模补贴，而补贴绝大部分来自于土地财政”[②]。他

① 引自茹晴：《梁广大珠海为官16年》，中国经济出版社2001年版。

② 见“厦门规划局局长赵燕菁：放弃土地财政是自毁长城”，第一财经日报，2010年09月02日。

对学术界的批评回应道："不要轻言放弃一个在实践中已经被证明是成功的经济制度。现在一边倒地否定土地财政，是十分危险的。"

理论界与实务界分歧远未弥合，因而，有人据此将土地财政称为"臭豆腐"——闻起来很臭，吃起来很香。我们认为，赵燕菁对土地财政功能的解释接近事实，但是没有揭示土地财政的本质，因此，无法化解学术界对土地财政弊端的批评。本报告试图根据亨利·乔治定理（HGT）规范地证明土地财政是使用者付费，它将导致帕累托有效，从而为土地财政建立一个坚实的理论基础。

三、理论基础与命题提出

城市基础设施是典型的地方公共物品（local public good），在一定范围内具有非排他性和非竞争性。学术界对如何有效率地为地方公共产品融资积累了丰硕的成果。

微观经济学认为，在给定个人偏好条件下，个人的边际效用与市场价格相等时，交换达到一般均衡。私人产品按照统一的价格出售，消费者通过数量调整来使价格与边际效用相等；公共产品的不可分性导致所有的消费者必须消费相同数量，由于人们偏好的不同，在相同数量上边际效用不同，因而，公共产品不存在帕累托最优的市场解。Musgrave（1939）指出，非竞争性和非排他性导致的搭便车行为致使政府无法按偏好征收不同的税收，从而，征税为公共产品融资是无效率的。Samuelson（1954）从理论上证明在公共产品的支出水平上不存在"市场解"，他说，"分散的价格体系不能确定集体消费的最优水平"，因而，"有必要尝试其他类型的投票机制或信号传递方式"。Samuelson 关于使用投票机制解决公共产品供给的帕累托有效性的想法遭到阿罗不可能定理的质疑。Stiglitz（1984）总结公共产品供给存在的三个基本问题：一是显示问题，居民对公共产品的支付往往有谎报偏好的动机；二是社会选择问题，即阿罗不可能定理；三是公共产品的管理，居民为选择合适的公共管理者而获取信息的积极性和公共管理者提供公共产品的积极性，要么没有，要么不完全。因而，与私人部门相比，公共部门没有实现资源的最优配置。在宏观经济学领域，Barro（1990）、Barro and Sala–I–Martin（1992）指出通过税收筹资来建设公共基础设施是无效率的，当资本被征税时，经济增长会下降。

一个颇具影响的解决方案由 Tiebout（1956）提出。他认为如果居民能够在社区之间迁移，那么，对于地方公共产品而言，存在市场解。居民通过“用脚投票”显示出偏好，社区竞争类似于厂商竞争，将导致资源的有效配置。Stiglitz（1984）指出 Tiebout 模型缺乏现实性。如果居民的偏好是异质的，Tiebout 模型要求社区的数量与居民类型数量一样多，以至于公共产品实质上变成了私人产品，才会导致帕累托最优。Banzhaf and Walsh（2008）提供的经验证据表明由环境质量导致“用脚投票”机制是存在的，但是却没有证据表明居民的迁移是因为公共产品的差异。Tiebout 模型的根本缺陷在于忽略考虑空间因素。在“用脚投票”的空间模型中，如果社区在公共产品、政府效率、工作机会或者税收等方面存在任何差异都将因人口集聚而资本化在土地价值中。那么，除非对集聚所产生的级差地价征收充公性质的税收，并以此支付政府所提供的公共服务，否则，Tiebout 模型仍然是无效率的。当然，沿着这一逻辑，Tiebout 模型就转化为亨利·乔治定理（HGT）。

HGT 被称为地方公共产品融资的“黄金规则”，由 Stiglitz（1977）

和 Arnott and Stiglitz（1979）首先提出并命名[①]。他们认为，如果经济活动在空间上的集中是由地方公共物品引起的，并且城市人口规模是最优的，那么，总级差地租等于公共支出。这时，对总级差地租征收充公性税收为公共产品融资，就可以实现帕累托最优。在他们的模型中，最优的城市规模可以由总地租等于公共物品的支出来刻画。本报告将 Stiglitz（1977）和 Arnott and Stiglitz（1979）证明的 HGT 称为 HGT 第一定理，它关注的是公共产品的消费领域。HGT 第二定理由 Mirrlees（1972）、Starrett（1974）和 Flatters et al.（1974）提出[②]，他们关注生产领域的规模报酬递增，认为集聚与规模报酬递增有关，核心内容是在均衡——最优城市系统中，每一个城市的产品和劳动力按它们的竞争水平定价时，总级差地租正好补偿生产活动中所产生的损失。近期，Fu（2005）发展了一个动态 HGT。Kawano（2012）研究了城市转型中的动态 HGT。Behrens and Murata（2009）在垄断竞争环境中讨论了 HGT 的有效性。Behrens、Kanemoto 和 Murata（2015）证明了 HGT 在次优环境中的有效性。

在本报告中，我们试图证明中国的土地财政是 HGT 的应用实例。我们借鉴 Mirrlees（1972）和 Arnott and Stiglitz（1979）的建模思路，证明在中国特定情形，即居民由于进入城市时间不同而具有不同效用水平；地方政府主导城市化的目标是追求人均收入最大化而不是福利

---

① 我们有必要指出HGT与19世纪的经济学家亨利·乔治（Henry George）提出的单一税（single tax）理论的区别。亨利·乔治本人主张“Value capture”——社会发展和公众活动所带来的土地增值，应由政府获得供全社会使用，他认为对地租征收一个充公性质的税收，足以废除其他所有的税收，此即单一税制理论。其依据是：①由地主获得土地增值是不公平的，单一税可以有效地改善公平；②对城市级差地价征收充公性税收是无扭曲的，不会阻碍资源配置。亨利·乔治没有预见到HGT。在HGT里，对级差地租征收充公性税收用于支付地方公共产品供给是帕累托最优的必要条件。因此，是为了达到帕累托最优，对土地“涨价归公”，而不是因为公平或“涨价归公”不影响资源配置才对土地转用增值征收充公性税收。

② 这三篇文章并没有使用HGT定理命名自己的发现。

最大化的情形中，农地转用增值等于政府对基础设施的投资仍是空间一般均衡的必要条件。

四、证明

（一）居民的行为

假设城市呈环状，工作区集中在圆心，生活区环绕工作区，城市外围是农地。城市由同质居民个体组成。个体的工资为 m。假设个体使用公共交通作为通勤工具，f 是个体花费在通勤上的非货币性的体力、时间和拥挤产生的各种不舒适。令 t 为距市中心的距离，对任意给定的 t，个体的效用 u 是消费 z、土地居住面积 s 的增函数，是通勤 f 的减函数。对于给定的 z、s 和 f，u 是 t 的减函数。当城市居民的效用水平大于保留效用即 $u \geq \overline{u}$ 体持续进入城市。在上述假设下，如果同质个体是在不同时点进入城市，那么，先进入城市的个体会选择离工作区更近的地点居住，而后进入城市工作的个体不得不在更远的地点住居，他们因此会承受更多的通勤成本。同质的个体由于进城先后不同而效用水平不同，这一情形符合中国城市的现实。

我们以 $c \cdot f$ 示通勤成本的货币价值，c 折算系数。代表性个体的最优问题可表示如下：

$$\max_{z,s,t} u(\mathrm{z(t),s(t),f(t)})$$

$$s.t. \quad z(t)+R(t)s(t)=m+cf(t) \qquad (13\text{-}1)$$

$$u \geq \overline{u}$$

构造 Lagrange 函数，由 Karush-Kuhn-Tucker 条件可解出

$$u_z = \lambda \qquad (13\text{-}2)$$

$$u_s = \lambda R(t) \quad (13-3)$$

$$R(t) = u_s / u_z \quad (13-4)$$

$$c = -u_f / u_z \quad (13-5)$$

式中，下标表示偏导数，λ grange 乘子，表示收入的边际效用。

（二）迁移均衡与城市均衡

假设经济体的生产只使用劳动，设城市人口为 N，城市生产函数为 $Y(N)$ 按 Starrett（1974）和 Fujita and Thisse（2002）的证明，在空间均衡中，工资等于边际产量，即 $dY/dN = Y'(N) = m(N)$ 城市存在集聚效应 $m_N > 0$ 不存在集聚效应，令个体在农村的收入为 y

当个体由农村进入城市，他的收入增量为 $Y'(N) - y$ 农村土地租金和通勤成本为零，则 $R(t)$ 市居住用地和农村农业用地的级差地租。在人口可迁移的条件下，若个体从农村迁移到城市，效用增加，那么，更多居民将进入城市。在迁移均衡时，迁徙者从收入增加得到的好处必然被居住成本和通勤成本上升所抵消，即

$$Y'(N) - y = R(t)s(t) + cf(t) \quad (13-6)$$

个体迁移处于均衡意味着城市体系也处于均衡。这时，没有人能从农村迁移到城市或从一个城市迁移到另一个城市获得更高的效用；同时，城市也不能从规模报酬递增中获得福利的改善。

（三）官员“经营城市”

一般而言，个体感受到的通勤成本 $f(t)$ 城市基础设施 P 负相关。在晋升竞赛中，地方官员们以人均收入最大作为目标，通过增加基础设施（如修建立交桥、快速路和轨道交通等），减少通勤成本，引导人口流向城市，直到集聚效应使得城市人均产出实现最大化。

（四）城市人口规模与城市生产

设$\tilde{t}$的边界，则

$N=\int_0^{\tilde{t}} 2\pi t/s(t)dt$存在规模经济效应，城市生产函数有如下特征：

$$Y'(N) \gtreqless Y(N)/N \text{ 果 } N \lesseqgtr N^* \qquad (13\text{–}7)$$

设 $D(t)$ 表示相对人口密度梯度，单位化 $D(t)$ 得 $\int_0^{\tilde{t}} D(t)2\pi tdt=1$设所有城市居民消费的 z 和城市基础设施 P 全部由城市生产提供，即

$$Y(N)=\int_0^{\tilde{t}} z(t)ND(t)2\pi tdt+P \qquad (13\text{–}8)$$

（五）人均产出最大化的一阶必要条件

由生产函数一阶必要条件可知，$Y'(N)=Y(N)/N$ 均产出实现最大值。将式（13–8）代入$Y'(N)=Y(N)/N$

$$\frac{d}{dN}\left[\int_0^{\tilde{t}} z(t)ND(t)2\pi tdt+P\right]=\frac{1}{N}\left[\int_0^{\tilde{t}} z(t)ND(t)2\pi tdt+P\right] \qquad (13\text{–}9)$$

化简，得

$$\int_0^{\tilde{t}} \frac{dz(t)}{dN}ND(t)2\pi tdt=\frac{1}{N}P \qquad (13\text{–}10)$$

其中$dz(t)/dN$在 t 处，N 的一个无穷小的增加所带来的 z 的增量。如前所述，人均收入最大时，通勤成本产生的负效用被城市基础设施改善所消解；同时，当城市规模处于均衡时，个体效用不受城市人口变化的影响，这意味着

$$u_z\frac{dz(t)}{dN}+u_s\frac{ds(t)}{dN}=0 \qquad (13\text{–}11)$$

将式（13–11）和式（13–4）代入式（13–10），消去$1/N$

$$P=\int_0^{\tilde{t}} R(t)2\pi tdt \qquad (13\text{–}12)$$

式（13–12）表明，人均产出最大化的必要条件等价于基础设施

投资支出等于总级差地租。因此，在城市体系均衡时，对总级差地租（即农地转用收益）征收充公性质的税并将用于基础设施将是人均 GDP 最大化的必要条件。

至此，我们证明了亨利·乔治定理的中国现实版，在晋升竞赛激励下，地方政府通过增加基础设施投资引导城市人口增加，当人均收入达到最大化目标时，农地转用增值等于基础设施支出。

五、对批评的回应

（一）土地财政剥夺了农民土地财产权吗

农地转用增值归属于地方政府（土地财政）没有剥夺了农民土地财产权。农民集体土地之所以可以转为城市商住用地，是因为人口流入城市；人口之所以流入城市是因为政府集聚了要素。按 HGT，当城市体系均衡时，农地转用增值用于支付城市基础设施投资之后没有剩余。因此，即使农民有能力自主城市化——自主投资基础设施，集聚产业和人口，农民所获得的土地转用收益并不比政府给予的征地补偿高。

应该强调的是，归属于政府的土地使用权出让收入只能限于农地转用增值部分，而农地本身的价值必须归属于农民。也就是说，土地财政必须建立在对失地农民公平补偿和妥善安置的基础之上。所谓公平补偿是指按土地的农业机会成本足额补偿给农民并保证农民福利的不因征地而受损失。如果补偿水平低于土地农业机会成本或者农民因失地而丧失经济来源，那么，土地财政就侵犯农民的土地财产权。

另外，如果农民不愿意接受政府征地条件，那么，政府应该保障农民的土地耕作权。在农民没有违背契约——变更土地的农业用途的条件下，政府也应该遵守契约，不应强行征地。毕竟，尊重公民个人的合法权益是法治社会应该遵守的规则。

（二）土地财政损害了购房者的利益吗

对这个问题，我们从两个方面看：①从形成机制上看，土地财政不是税收，没有强制性，它是以人口流入城市和居民购买住房为前提。如果土地财政损害了居民或购房者的福利，那么，人口不流入城市或者居民不购买住房，就没有土地财政。②从资金来源和使用去向上看，土地财政的支付者是住房购买者，土地财政的净收入也只能被用于城市建设支出，使购房者受益。因而，土地财政是使用者付费，它不会损害购房者的利益。

（三）土地财政会导致地方政府债务危机吗

在土地财政实施过程中，地方政府的融资平台会以土地使用权为抵押，从银行取得借款[①]。如果地方政府或银行，两方中的任何一方是硬预算约束，那么，按 HGT，土地财政收入能够恰好抵偿城市建设融资产生的土地抵押贷款，土地财政不会导致地方债务危机。然而，目前无论是地方政府还是商业银行都有软约束的问题。在晋升竞赛中，地方政府的投资冲动无法遏制。在这样的情况下，不论是否实施土地财政，中国都存在过度投资导致债务担负过重的风险[②]。

① 为规避“地方政府不得借款”的法律规定，政府往往通过组建融资平台公司，以土地为担保标的物或者明确以土地出让收入作为还款来源向银行取得贷款。

② 当前，中央政府应对地方政府隐性债务风险的对策是使用行政手段禁止地方政府通过融资平台向银行举借土地抵押贷款。资料来源：财政部2016年2月下发《关于规范土地储备和资金管理等相关问题的通知》。

（四）土地财政会导致“竞次”吗

有学者指出在“中国式分权”的体制中，官员陷于“为增长而竞争”的囚徒困境。其纳什均衡策略是不顾及一切与增长无关的问题。因而，地方政府会减少对地区经济增长无直接贡献“非经济性公共物品”的供给（傅勇，2010）；放松环境规制标准和劳动保护标准（Tung and Cho，2001）。结果，“中国式分权”将导致区域“竞次”（race to the bottom）的发展模式（陶然、陆曦、苏福兵、汪晖，2009）。

我们认为，土地财政能够克服“中国式分权”导致的“竞次”。因为土地财政成功实施的关键在于土地增值，而土地增值离不开经济繁荣、环境宜居和公共服务设施的健全。在土地财政发展模式下，城市化、工业化以及官员晋升竞赛中产生的所有外部性效应都将资本化在土地价格之中，从而，内生化在土地财政之中。因此，土地财政不会导致“竞次”。倒是放弃土地财政，出现“竞次”的可能性更大。

（五）土地财政的不可持续性

从收支途径来看，土地财政不可持续，但是，它不需要持续。当城市化完成之后，城市不再需要大规模的农地转用，同时，也不再有需要大规模城市基础设施投资支出。届时，中国的地方政府由发展型政府向服务型政府转型，其融资模式也应该由土地财政向房产税转型。通过房产税为城市化完成之后的基础设施更新改造融资还产生了一个额外的好处——衔接国有土地使用权期满后的续期问题。

（六）为什么现阶段不应该使用房产税取代土地财政

简单说，因为土地财政是使用者付费，而房产税不是，因此，使用房产税取代土地财政为城市建设融资将导致无谓损失。具体如下：

以土地财政为城市建设融资是使购房者在享受城市化的边际收益的同时承担城市化的边际成本；以房产税为城市建设融资则是由全体城市居民按住房价值支付购房者（新进入城市人口）所产生的成本（由新增城市基础设施需求来衡量），它将导致大城市人口的过度膨胀和与之对应的大城市对中小城市和农村的资源（包括人力资源和金融资本）的过度抽取。图 13-1 更进一步解释使用土地财政为城市建设融资与使用房产税为城市建设融资的差异。

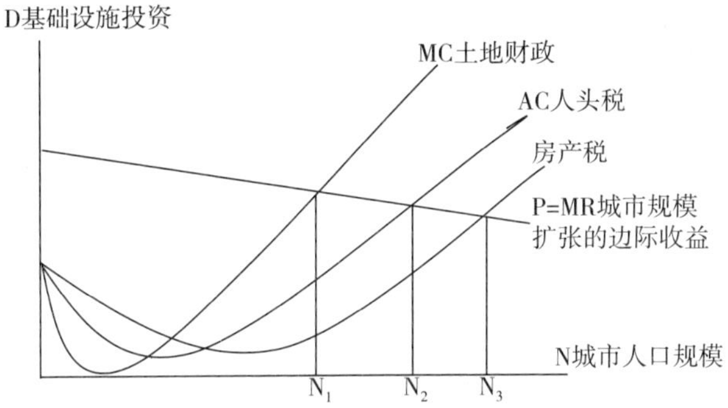

图13-1　使用土地财政为城市建设融资与使用房产税为城市建设融资的差异

注：横坐标N是表示城市人口规模，纵坐标D表示城市基础设施建设数量。P是购房者愿意对基础设施支付的价格，MR曲线表示购房者对基础设施的边际收益。蒂伯特均衡（Tiebout，1956）会让购房者实现P=MR。P=MR曲线向下倾斜表示在给定基础设施水平下，购房者的边际收益与他所愿意支付的价格随城市规模的扩大而减少。MC曲线表示城市建设的边际成本，向右上倾斜是由于城市建设中的规模不经济（如高架桥的成本高于交叉路口），MC同时表示使用“土地财政”为城市建设融资模式。AC曲线表示城市基础设施建设的人均成本，同时表示使用人头税为城市建设融资模式。虚线表示以房产税为城建融资模式下新增住房承担的城建成本，它低于AC曲线的原因是新增住房往往在城郊，单位土地价格低于城区地价，因而，购房者通过缴纳房产税所承担的城市建设成本小于市民的平均成本。

六、结论与政策建议

本报告提出中国之所以拥有良好的城市基础设施是因为实施了土地财政。地方政府一方面通过投资基础设施，提升城市集聚水平，实现人均收入最大化；另一方面通过获得农地转用增值，支付城市基础设施建设成本，实现财政收支平衡。本报告证明：当城市人均收入达到最大化时，农地转用增值收入等于基础设施投资，因此，政府实施土地财政将是城市化进程处于帕累托最优的必要条件。由此，本报告推论：土地财政明晰了产权，节省了交易成本，且没有侵犯农民的土地财产权。

土地财政是使用者付费，它源于购房者对国有土地使用权的购买，将用于城市基础设施投资，使购房者受益的事实。但是房产税不是使用者付费，在城市化进程尚未结束时使用房产税为城市建设融资将导致无谓损失。土地财政以要素集聚为前提，城市化、工业化过程中产生的外部效应都将资本化于商住用地的价值之中，因而，不会衍生出地方政府"竞次"。

当然，本报告的结论"实施土地财政是保证城市化处于帕累托最优的必要条件"是在一定假设条件下得出的，其中两个关键假设的现实性需要引起特别关注。一是土地财政只能来自农地转用增值，农地的机会成本是农民长久生计来源，必须留给农民。二是政府和银行必须受到硬约束。软约束会导致地方政府过度投资和债务负担过重，从而产生债务风险。

执笔人：王智波（华南师范大学）

参考文献

[1] 卜凡中. 我们房地产这些年. 杭州：浙江大学出版，2010

[2] 陈明. 土地财政的多重风险及其政治阐释. 经济体制改革，2010（5）

[3] 傅勇. 财政分权、政府治理与非经济性公共物品供给. 经济研究，2010（8）

[4] 贾俊雪. 政府间财政收支责任安排与地方公共服务均等化：实证研究. 科技与经济，2011（12）

[5] 蒋省三，刘守英，李青. 中国土地政策改革：政策演进与地方实施. 上海：上海三联书店，2010

[6] 茹晴. 梁广大珠海为官16年. 北京：中国经济出版社，2001

[7] 陶然，陆曦，苏福兵，汪晖. 地区竞争格局演变下的中国转轨：财政激励和发展模式反思. 经济研究，2009（7）

[8] 王文剑，覃成林. 地方政府行为与财政分权增长效应的地区性差异. 管理世界，2008（1）

[9] 王智波，徐佳. 分税制是如何影响房价的？. 世界经济文汇，2018（1）

[10] 张军，高远，傅勇，张弘. 中国为什么拥有了良好的基础设施？. 经济研究，2007（3）

[11] 赵燕菁. 厦门规划局局长赵燕菁：放弃土地财政是自毁长城. 第一财经日报，2010-09-02

[12] 珠海市国土局. 实施土地管理"五个统一"的体制提高土地资源开发利用的效益. 中国人口资源与环境，1992（1）

[13] Arnott，Richard J & Stiglitz，Joseph E，1979，"Aggregate Land Rents，Expenditure on Public Goods，and Optimal City Size"，The Quarterly Journal of Economics，Vol.93（4），pp.471-500.

[14] Banzhaf，H.Spencer and Randall P.Walsh，2008，"Do People Vote with Their Feet? An Empirical Test of Tiebout".American Economic Review，Vol.98（3），pp.843-63.

[15] Barro，R.J.，1990，"Government spending in a simple model of endogenous growth".Journal of Political Economy，Vol.98（5），pp.103-125.

[16] Behrens，K.and Y.Murata，2009，"City size and the Henry George Theorem under monopolistic competition"，Journal of Urban Economics Vol.65，pp.228 - 235.

[17] Behrens，K.，Kanemoto，Y.，Murata，Y.，2015，"The Henry George Theorem in a second-best world"，Journal of Urban Economics，Vol.85，pp.34-51.

[18] Flatters，F.，J.V.Henderson and P.Mieszkowski，1974，"Public goods，efficiency，and regional fiscal equalization"，Journal of Public Economics，Vol.3，pp.99 - 112.

[19] Fu，S.，2005，"Essays on urban agglomeration economies".Ph.D.thesis，Boston College.

[20] Fujita，M.and J.F.Thisse 2002，"Economics of agglomeration：cities，industrial location and regional growth".Cambridge，MA：Cambridge university press

[21] Gramlich，E.M.，1994，"Infrastructure investment：a review essay"，Journal of Economic Literature，Vol.32，pp.1176-1196.

[22] Kawano，M.，2012."Henry George Theorem in a Dynamic Framework Without Accumulation of Public Goods".KwanseiGakuin University School of Economics Discussion Paper 92.

[23] LI Yong-le，WU Qun 2009."Land Market Development and the Farmland Conversion for Non-agricultural Use：Assessment and Calculation Based on Inter-provincial Panel Data"，China Land Science 2009，23（11）45-49

[24] Li, Hongbin & Zhou, Li-An, 2005. "Political turnover and economic performance: the incentive role of personnel control in China, " Journal of Public Economics, Elsevier, vol.89 (9-10), pages 1743-1762, September.

[25] Mirrlees J.A., 1972. "The Optimum Town", The Swedish Journal of Economics, Vol.74, No.1, pp.114-135.

[26] Musgrave, Richard A. (1939), "The Voluntary Exchange", Theory of Public Economy[J], Quarterly Journal of Economics 53, pp.213-237.

[27] Samuelson, Paul (1954), "The Pure Theory of Public Expenditure", Review of Economics and Statistics 36, 1954, pp.387-89

[28] Starrett, D. (1974) "Principles of optimal location in a large homogeneous area", Journal of Economic Theory 9, 418-48

[29] Stiglitz, J.E. "The Theory of Local Public Goods Twenty-five Years After Tiebout: A Perspective." Local Provision of Public Services: The Tiebout Model after Twenty-five Years, Academic Press, (1983), pp.17-53.

[30] Stiglitz, J.E. (1977) "The theory of local public goods".In: Feldstein, M.S.and R.P.Inman (eds.) The Economics of Public Services.MacMillan, London, pp.274 - 333.

[31] Tiebout, C.M. (1956) "A pure theory of local expenditures", The Journal of Political Economy, Volume 64, Issue 5 (OCL, 1956), 416-424.

[32] Xu, Chenggang.2011. "The Fundamental Institutions of China' s Reforms and Development." Journal of Economic Literature, 49 (4): 1076-1151.

专题报告十四

“择优”兼“折衷”：中国公共服务政策的决策机制

一、问题提出与文献综述

中国的现代化转型是世界上的一次重大事件。国家治理中面临的一个重要挑战是其治理规模以及由此产生的治理负荷。治理规模所带来的问题包括：第一，区域性差异、多民族的文化差异、经济发展不平衡、地理气候资源在区域上的分布差异等增加了治理的困难。这种差异可以概括为“一个国家、四个世界”（胡鞍钢，2006），即一个国家包含了类似于发达国家的第一世界到最贫穷落后的第四世界。第二，随着快速的城市化过程以及国家政权向基层的延伸，国家机构承担的公共品提供责任越来越多（周雪光，2013）。这些构成了制定公共政策的基本前提。在中央集权的单一制下，决策机制如何能够减轻治理规模的负荷？其实践经验亟须学界的研究总结。

传统的决策模式体现为“择优”决策。在这一模式中，国家作为单一的计算者被简化为“理性人”，政府行为被视为理性计算的结果。然而，择优模式受到了“有限理性”决策模式和“渐进决策”模式的挑战。完全理性人离现实相对遥远。人是处于完全理性与完全非理性之间的不完全理性，因为人只具备有限知识，也不可能掌握决策所需要的所有信息，因此，决策过程只能是一个满意决策，在有限的备选方案中选择一个相对满意的（西蒙，1988）。决策也不是一个一蹴而就的过程，而是一个持续、有限、渐进的过程，即一个“头痛医头、脚痛医脚”的过程，为防止激烈的变革，政策应随机应变。“在政治上切实可行的政策只是与现行政策逐渐的或稍为不同的政策。与现行政策大不相同的政策难免失败”（林德布洛姆，1988）。

中国的决策模式区别于传统的“择优”模式，一些学者提出了“折衷”（或“共识”）模式。具体可以分为两种视角。第一，决策是正式组织间的共识。改革开放之后，为调动地方的积极性，中央陆续向地方政府下放了行政权和部分财政权。与此同时，中国实行“党管干部”“下管一级”的干部管理制度，下级政府的干部人事权仍然控制在上级政府。通过其所掌控的人事任免权，各级地方政府建立了可以有效激励、引导下级政府完成上级政府部署的各项指标的控制机制。经济管理与政治控制的分权程度不同，这导致府际关系呈现出“不对称的分权”或“中国特色的联邦主义”（Montinola，Qian &Weingast，1995），这是中国府际关系的典型特征。国家权力机关之间、政府部门之间的利益冲突是决策过程中最根本的冲突。正式组织之间呈现“权威碎片化”的特征，因此，这些组织消弥利益分歧、达成共识对于政策制定和执行意义重大（Lampton，1987；Lieberthal&Oksenberg，1988）。另有学者从中央与地方的互动关系来解释共识的达成，如基于“中央—地方”互动的视角来研究中国的政策试点模式（王绍光，2008；刘培伟，2010）。在中国式政策制定的核心有一个中央与地方的互动机制，中央自上而下决定政策试验的目标，而地方政府作为试点来试验不同的政策工具，地方有效的政策工具被有机地融合到中央主导的政策制定过程中（韩博天，2008）。

第二，政策是决策参与者之间的共识。陈玲（2006）把“共识”概念引入了中国政策制定过程，她提出“中国政策过程的一个重要特征是对‘共识’的目标诉求”。其后，陈玲、赵静和薛澜（2010）通过研究医改政策的制定过程提出，“由于我国的政治体制和公共决策机制未能提供一个允许所有方案和意见公开竞争、择优的政策舞台，因此，政策参与者之间能否取得共识实际上是决定政策能否出台的唯一标准”。这种视角下，决策过程更多被视为一种政策参与者如政府与政府之外的公众媒体、专家学者等达成“共识”的结果。此后，王绍光、樊鹏（2013）通过对新医改决策的研究提出，“‘中国式共识型决策’模式有两大支柱，它首先是致力于探索如何实现更大的包容性与参与性，其次致力于将不同的政策偏好‘集结’起来，通过政治系统的整体协作实现有效决策”。这一观点把政府视为单一主体，其决策模式具有“开门”与“磨合”的两大特点，强调政府与各个社会群体之间的互动。

上述研究分别呈现出现实的一部分面相，因而构成了本研究的基础。但是，如果深入观察中国的公共服务政策制定过程，就会发现理论与现实存在着两个方面的差距：一是从政策制定过程而言，政策制定过程是一个循环过程，“择优”和“折衷”是政策制定不同阶段的重点；二是从决策主体而言，政府并非铁板一块的单一主体，不管在哪一个阶段，真正参与决策、发挥作用的其实是政府内的各类正式组织。社会力量大多是通过正式组织的渠道参与到决策过程中，而且，不同阶段，参与政策制定的主体也不同，主体间互动对政策的影响也不同。研究者必须能够走进行政管理的真实世界，从政策运行的具体程序入手，探寻其间的因果联系。

本报告将探究公共服务政策制定的机制。之所以把政策范畴限于公共服务，是因为公共服务政策与经济政策存在如下重要区别。第一，政策发动机制不同。公共服务政策的目标是满足公众的公共需求，然而，当下中国公众与社会组织缺乏理性有效的公共需求表达途径。地方政府为了增加财政收入，会竞相推动经济政策的创新，而公共服务政策属于财政支出型政策，这与地方官员追逐短期利益的动机往往背道而驰。因此，公共服务政策的决策过程具有一定的特殊性。第二，政策创新的激励机制不同。财政体制集权化与公共服务供给主体地方化之间存在冲突，这导致公共服务政策更多是由行政部门推行的，资金、资源等主要存在于“条线”（或称“系统”），而地方政府才是公共服务的供给主体。地方政府的职能定位与公众对公共服务的需求不相一致，在地方社会经济发展规划中，经济发展是影响地方官员政绩的“硬指标”，而公共服务往往是“软指标”（Brødsgaard，2002），为了获得政治晋升，地方政府官员会积极推动地方经济的发展，展开 GDP“锦标赛”（周黎安，2007），但往往选择性地履行公共服务职能。因此，公共服务政策创新需要不同的激励机制。第三，政策一统性的要求不同。经济发展的目标是效率，地方政府间正常的经济竞争不可避免，中央政府只是要遏制地方政府间恶性的经济竞争，避免严重的地方保护主义和重复建设即可。然而，向全社会成员提供均等的基本公共服务是现代政府的基本职责。因此，两种政策对一统性的要求不同。这就要求公共服务的政策创新可以更好地扩散。

本报告观点是：转型中国的公共服务政策制定过程兼有“择优”与“折衷”两个特点，前者关注备选方案的选择，而后者关注最终方案的产生。报告的结构安排如下：第二部分对公共文化服务体系建设进行案例描述，第三部分对公共文化服务政策的循环制定过程进行分析，第四、第五部分则重点分析政策制定中的“择优”与“折衷”阶段，最后一部分提出结论，并对未来需进一步研究的问题进行简短讨论。

二、案例简介

之所以选择公共文化服务建设作为案例，有其下几个方面的原因：第一，案例的典型性与重要性。当前中国政府具有五大基本职能，而公共政策的研究大多集中于经济领域，涉及公共服务领域的研究较少，仅有的一些研究也聚焦于医改政策。而公共文化服务是公共服务的重要内容之一，也是国家治理的重要部分。第二，案例的完整性。自 2005 年中央启动公共文化服务的政策议程，到 2016 年 12 月 25 日《公共文化服务保障法》出台，漫长的 11 年时间可以完整呈现政府间、部门间及条块间的博弈过程以及政策制定的模式。第三，资料的可得性。笔者长期关注并参与这一领域的政策过程，积累了丰富的研究资料，可以将观察到的信息形成比较完整的图景，从中寻找规律，以增进对政策过程的理解。

本研究采用单案例研究方法，试图客观呈现公共服务政策形成过程中的因果机理。当前政策扩散的大量研究主要采用事件史的分析方法（马亮，2012；朱旭峰，2015；吴建南、张攀、刘张立，2014），这一方法可以宏观展现政策扩散的长远趋势，而单案例研究法可以弥补事件史分析法无法呈现微观因果机理的不足。相关资料采集方法如下：一是通过整理法规、政策、文件、报告、总结、领导人发言等，还原政策制定过程；二是通过对政策制定过程的观察和对参与决策的相关行政部门的官员、地方政府官员的访谈，了解政策制定的背景并获得政府间互动的一手资料。

改革开放之初，中国经济迅猛发展，经济实力不断增强。近三十年过去，公众的精神文化需求日益提上日程。自2005年至今，公共文化服务体系建设按照时间顺序大致可以分为四个阶段。

（一）第一阶段

党中央提出了大政方针，而中央政府提出了较为明确具体的政策目标，启动了政策议程。2005年10月，党的十六届五中全会提出：加大政府对文化事业的投入，逐步形成覆盖全社会的比较完备的公共文化服务体系。2006年10月党的十六届六中全会提出“加快建立覆盖全社会的公共文化服务体系”。2006年9月，《国家“十一五”时期文化发展规划纲要》，专辟一章阐述了公共文化服务体系的内容，具体阐述了“构建现代公共文化服务体系”这一政策目标。2007年8月，中共中央办公厅、国务院办公厅发布了《关于加强公共文化服务体系的若干意见》，提出了发展公共文化服务体系建设的具体要求。

（二）第二阶段

明确政策目标之后，协调推进制定统一的公共文化服务体系专项规划、体系标准以及重大政策的“主导单位”或“牵头部门”是文化部。而文化部由社文司负责具体工作（2012年6月，原来的文化部社会文化司更名为公共文化司）。2010年，文化部、财政部印发了《关于开展国家公共文化服务体系示范区（项目）创建工作的通知》，文化部办公厅印发了《创建国家公共文化服务体系示范区（项目）过程管理几项规定》（暂行）的通知”，拉开了公共文化服务体系示范区建设的大幕。各地级市往往会成立一个相应的领导结构和工作机构，以市政府主要负责人为组长，市委、市政府分管文化的领导为副组长，市直有关部门和各县、区（市）主要领导为成员的创建领导小组，该领导小组办公室设在市文体局。各县、区（市）也会设立相应的领导结构和工作机构。

中央财政拨付每个公共文化服务示范区创建补助经费，其标准为：东部为400万元、中部为800万元、西部为1200万元。项目由文化部负责评审，财政部负责发放。文化部《创建国家公共文化服务体系示范区（项目）过程管理几项规定》（暂行）要求，规定这些经费的用途、分配原则，即“引导和激励地方加大基层文化投入，进一步支持地方公共文化服务体系建设，可用于地方开展基层群众文化活动、保护优秀传统民间文化、发展农村特色文化、培训基层文化队伍、整合公共文化资源以及创建示范区的组织管理、新闻宣传、制度设计等方面的支出”。

（三）第三阶段

自2011年起至今，文化部、财政部已经评审并确定了三批公共文化服务示范区和示范项目。2011年4月确定并公布了第一批创建公共文化服务示范区和示范项目，共有28个地级市、47个项目入围；2013年11月，第二批示范区和示范项目公布，共有32个城市入围；2015年5月，第三批共有30个城市、54个项目入围。由于一批次示范区评审每省只评出1个地级市，因此，省政府一般会给予该市相应的配套资金作为奖励，支持示范区创建工作。在专项资金的激励下，各地方政府利用社企合作、设立文化基金会、为文化类社会组织搭建平台等形式，鼓励企业、事业单位、社会团体和个人等社会力量参与到公共文化服务的供给过程中来。中央行政机关用少量资金撬动了大笔经费。例如，报告显示“第一批国家公共文化示范项目中央财政4550万元补助资金撬动了47个创建示范项目所在地的财政资金投入超过30亿元”。

与此同时，文化部建立了国家公共文化服务体系建设专家库，每年由专家组织制度设计的评审，评审公开进行，参与评审的各地方政府团队都可以旁听。评审过程中，专家团队会进行提问与点评。这对于旁听的地方政府则是学习过程。每一省或每一市负责公共文化服务体系建设的团队逐渐成形，他们建立相关的微信群，交流经验，互相学习。各地方政府在建设公共文化服务体系方面的行为出现趋同，一系列的地方性法规相继出台，如2011年的《广东省公共文化服务促进条例》、2012年的《上海市社区公共文化服务规定》、2012年的《江苏省农村公共文化服务管理办法》、2015年的《湖北省公共文化服务促进法》、2015年的《江苏省公共文化服务促进条例》。

（四）第四阶段

中央政策陆续出台。2013年十八届三中全会的《中共中央关于全面深化改革若干重大问题的决定》部署“构建现代公共文化服务体系”。2014年10月，党的十八届四中全会通过了《中共中央关于依法治国若干重大问题的决定》，将文化立法作为重要的立法领域之一予以专门强调，明确提出建立健全坚持社会主义先进文化方向，遵循文化发展规律，有利于激发文化创造活力，保障人民基本文化权利的文化法律制度。2015年，中共中央办公厅、国务院办公厅印发《关于加快构建现代公共文化服务体系的意见》和《国家基本公共文化服务指导标准》作为公共文化服务体系的制度框架。

法律、法规是公共政策成熟之后相对制度化的结果。2014年，《公共文化服务保障法》被列入 2015 年全国人大常委会立法计划，立法过程开始启动。2016 年 4 月，第十二届全国人大常委会第二十次会议初次审议了《公共文化服务保障法（草案）》，2016 年 5 月 5 日，中国人大网公布《中华人民共和国公共文化服务保障法（草案）》，公开向社会公众征求意见，12 月 25 日，全国人大常委会表决通过该法。这是国内公共文化服务领域第一部基本法。

三、政策的循环制定过程

西方国家在“依法行政”的前提下，在法律法规没有颁布之前，政府不能采取行政措施。而中国体现为地方的行政试验在前，中央的抽象立法在后。在公共文化服务政策制定过程中，可以观察到一个政策循环过程：中央启动政策议程—中央行政机关设立政策激励—地方政府政策创新—地方政府政策趋同—中央政策方案的选择—中央行政机关间的协商共识—制定政策和颁布法规—政策解释和执行—讨论政策执行的效果。每一个阶段的参与主体都不同，对政策制定的影响也不同（见图 14–1）。

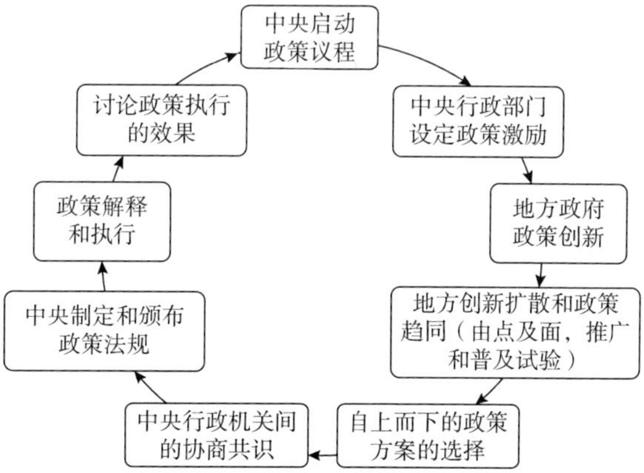

图14-1 政策的循环制定过程

（一）中央启动政策议程

中央提出宏观的政策目标——“未来需要做什么？”所谓议程是指“对政府官员以及与其密切相关的政治外人员在任何时间认真关注的问题进行编目”（约翰·金登，2004）。早期的政治理论家称之为“看门”，即如何使一些问题真正成为政府焦点。政策议程一般分为系统议程（也称公众议程）和政府议程。实践中，不同层级政府与政府不同部门对政策发起有不同偏好，地方政府是各类经济发展政策的发起者，如兴办乡镇企业。因此，“政策试点”是经济领域政策“分级制试验”的第一步（韩博天，2008）。

公共服务政策与此不同，由党中央从宏观上启动政策议程，此后，中央政府提出具体的行政执行方案，然后，才有地方政府的“政策试点”。本案例中，党的十六届五中全会、六中全会提出公共文化服务体系建设的大政方针，然后中央政府通过“十一五规划纲要”把党的领导转变成具体的政策目标。其中的原因在于公共服务需求来自于社会和公众，但是，民众利益诉求缺乏进入政策议程途径。各地方政府可能在公共服务供给方式上提出零星创新试验，以缓解地方资源的稀缺程度，却没有动力去启动一项公共服务的供给。只有超脱于地方利益的中央才可能启动公共服务议程。“中央集权制国家的中央政府一般会比联邦制或分权化国家的中央政府更深地参与提供服务的事务”（克里斯托弗·波利特等，2003：37）。与同时期的其他发展中国家相比，中国有一个很强大的国家结构，可以作出非常“强硬的决定”（杜赞奇，2009）。

启动政策议程后，首先要建立政策协调机制，以实现资源的共享共建。在中央层面，如果一项目工作涉及多个部门，各部门就会被纳入一个领导小组或协调小组，而相关文件的发布都需要相关单位领导实行“会签”制度。领导小组或协调小组需要一个“主导单位”或“牵头部门”。“牵头部门”的选择在一定程度上反映了中央政府的政策意向。因为一项政策由不同的政府部门牵头，其政策从设计理念到执行机制，往往会有很大的差别，甚至会南辕北辙（段伟红，2012）。公共文化服务涉及25个中央行政部门，而文化部是主要牵头部门。

（二）中央行政机关设定政策激励

中央政府相关职能部门提出政策激励——“选择谁来做？”按照文化部的工作机制，其职能依靠系统，即省市县的文化部门来落实。如何使“条”的工作得到“块”的重视？这是条块互动的关键问题。“条条”的问题主要体现在政策执行过程中的失真性上（贺东航、孔繁斌，2011）。在地方社会经济发展规划中，经济发展是影响地方官员政绩的“硬指标”，而公共服务往往是“软指标”（Brødsgaard，2002），为了获得政治晋升，地方政府官员会积极推动地方经济的发展，展开GDP“锦标赛”（周黎安，2007）。与经济发展或社会管理相比，文化职能相对不被重视。而且，行政部门无法像中央政府那样直接影响地方政府官员的升迁，因此，“条线”职能无法直接纳入“锦标赛”式的官员晋升体系，难以得到地方官员的重视并产生效果。公共文化服务这一“条”的工作只有转化成“块”即地方政府的中心工作，才可能在地方政府的多元目标中脱颖而出。因此，行政部门必须设计出合理有效的激励机制，否则地方政府的行为就会与政策目标背道而驰。示范区和示范项目评审的制度设计使条块之间走向了良性互动。

第一，政治激励。示范区建设的申报主体必须是某一地级市（区）人民政府（含省直辖的县级人民政府），而示范项目的申报主体以地级市（区）文化管理部门（含省直辖的县级文化管理部门）为主。选择以地级市为申报主体，有两个优势。一方面，一级地方政府才有能力协调公共文化服务与其他工作的优先关系，统筹安排本地区的公共文化服务体系建设。这一制度设计引导地方政府配合中央部门的发展目标，加强中央部门在地方公共服务方面的控制权。另一方面，文化部与省级政府处于同一行政级别，并不存在领导—服从关系，而且省级政府管理范围过大，更重视宏观调控，县乡两级政府的统筹能力又太弱，而地级市既容易受到中央行政机关的控制，又是公共服务的主要供给者，因此，被选择为公共服务政策创新的主体。通过“条”设定的、以市为主体的示范区和示范项目评审，系统的工作得到地方政府的重视。

第二，财政激励。如果一项政策试验“不能立即给地方精英带来好处，用试验推动改革的机会就会微乎其微，这尤其体现在提供社会产品和公共产品方面”（刘培伟，2010）。文化部以财政激励的形式来推动地方政府公共文化服务的建设。在评审为示范区或示范项目之后，中央财政的专项资金就通过“条”到达了“块”。地方政府在经济领域的政策创新既受到扩大地方财政收入的驱动，也受到自上而下的政治激励，然而，公共服务既需要财政支出，也并非“显性政绩”，因此，公共服务政策创新必须要有自上而下的激励机制。而专项资金给了地方政府较大激励。文化部通过示范区和示范项目的评审，配之以专项资金，加强了专门化，专款专用，专职专责，促进地方重视文化系统工作，改变了地方工作的优先序。同时，中央行政机关通过验收工作实现对创建的过程管理，地方政府通过迎接验收、验收反馈了解中央行政机关的政策意图。验收工作分为制度设计研究、过程管理、群众满意度调查、实地检查验收、集中评议五个环节进行。通过验收，中央部门加强了对地方行为的控制与影响。

（三）地方政府的政策创新

地方政府的政策创新提供了适应性的制度设计——“怎样才能把事情做好？”政策创新的意义就在于政府采纳了一项“对于自己来说是新的”（Walker，1969）政策或项目。在公共政策的制定过程中，如果一级地方政府把一项工作当作大事来抓，这项工作就会取得明显绩效。条块协同促进了地方的政策创新。在申报示范区的过程中，因为规定“每批每省申报创建示范区候选名额不超过2个”（实践中，每批每省大多只有一个市成为示范区），所以，同一省内十多个地级市在申报示范区时会展开竞争，各地自行探索、竞相创新政策工具，这是“块”内的竞争。这种“争先式”竞争导致了政府创新政策工具的多样化（Zhu，2014）。

政策创新既需要考虑整个地区的制度创新，也要考虑制度创新的某些热点、难点问题。示范区和示范项目分别解决上述两个问题。一方面，示范区建设着眼于在某一地方“如何形成网络健全、结构合理、发展均衡、运行有效、惠及全民的公共文化服务体系”，立足于某一地方政府公共文化服务整体的制度设计。每一个地级市在申报创建示范区时，要进行制度设计，通过制度设计解决本地公共文化服务供给中出现的主要问题。另一方面，示范项目则着眼于“公共文化服务体系某一方面、某一构成要素具有创新性、带动性、导向性、科学性的项目”加以培育，力求重点突破，为完善公共文化服务体系的构成要素、组成方面提供实践示范和制度建设经验，以点带面整体推进公共文化服务体系建设。通过示范区的整体制度设计和示范项目的重点突破，各地方政府赋予公共文化服务体系以政策内容、政策工具。地方政府的创新与实践充实了公共文化服务体系的制度与设计。

（四）地方政府的创新扩散

政策创新之后，地方政府进入创新扩散阶段——“地方政府的政策为何变得相似？”创新扩散是指“创新在不同的组织、地区间传播的过程”，这对公共部门非常重要（Rashman & Hartley，1991）。“块”的工作表现为“碎片化权威”或政策执行中的“孤岛”现象（贺东航、孔繁斌，2011）。如何克服这种“孤岛”现象，“条”内竞争发挥了至关重要的作用。“块”内竞争促进了政策创新出现，而“条”内竞争导致创新扩散。政策创新是“求异”，创新扩散是“趋同”。

申报成功后，文化部把示范区和示范项目分为东、中、西三大类进行验收排名。地方政府面临着“条”内竞争。“条”与“块”竞争的效果大相径庭，“块”内竞争会阻碍创新共享，而“条”内竞争会促进创新共享。经过中央行政机关的评估，一些政策创新得到认可，经“条”的协调统筹、经验总结和宣传动员，这些政策创新在系统内得到传播，一些政策创新被其他地方政府学习、模仿。政策“学习”的基本内涵则是指政策制定者在观察其他政府的创新后根据自身的需求决定是否采纳某项政策的过程（Boehmke& Witmer，2004；Shipan&Volden，2008）。政策创新开始“由点及面”推广与普及。地方经济恶性竞争会造成“地方保护主义”和重复建设，影响资源的有效配置，而公共服务创新的共享会促进公共价值，导致“水涨船高”的福利探底。地方政府的政策逐渐呈现趋同。政府购买服务、资源共建共享、社会力量参与等成为公共文化服务领域的热词。

（五）中央选择政策方案

地方政策创新经过检验与实践后成为中央立法或决策中的创新部分——“今后应该如何做？”决策舞台上不存在利益截然对立的多

个备选方案的冲突，而是一个已经综合各地创新经验的整体方案，以供中央权力机关、行政机关等进行讨论。在公共文化服务示范区建设过程中，最为特殊的政策扩散发生于自下而上的过程中。一些有活力、可推广的基层经验和地方创新自下而上被纳入国家层面的政策制定。决策者为了提高政策的适应性，把地方政府试验的行政措施进行抽象梳理总结，有选择地整合进供讨论的政策文本。所以，这些政策在协商讨论之初，已经包容了各地方政府的差异性和多元性。而后续的任务是针对这个整体方案的各个要素达成共识。

（六）中央行政机关间的协商共识

中央行政机关之间、行政机关和立法机关等如何审议协商——“相关部门是否都同意这么做？”西方的立法是各民意代表充分协商的结果。中国的政策制定过程中可能介入的主体包括：中央和地方政府及部门、专家以及其他利益相关者。因此，对政策的共识应该既包括政府层级、部门之间的共识，也包括政府与社会之间的共识。后者是特定的政策，尤其是涉及相关利益分歧的政策如环境保护政策等的必然要求。然而，现实中，政府之外的利益相关者更多是通过政府部门的渠道参加到政策制定过程中。公众即使数量巨大，如果没有高度理性的有组织的表达，也不可能影响政策制定的实质过程。地方政府在最后的协商过程，也不再具有话语权。能够参与协商过程的只是一些有影响力的、关键的正式组织，主要是公共文化服务协调小组涉及的25家相关部门与单位，主要包括文化部、广播电视总局、财政部、发展和改革委等行政机关和全国总工会、全国妇联、团中央等群团组织。

向全社会成员提供均等的基本公共服务是现代政府的基本职责。参与协商的政府部门和单位或承担资源拨付责任，或承担政策执行责任，或承担监督管理责任，因此，这些机构需要针对政策方案中设定的责权利关系进行协商。在立法过程中，由于政策目标明确，政策风险程度小，主要争议集中于整体方案中某一要素的多种备选方案的选择与确定上。例如：哪些部门应履行哪些支出责任？财政支出的标准如何确定？哪些部门是服务保障部门？哪些部门可以获得公共服务的财政资金？这些部门各自的责权利是什么？为了达成共识，这些部门与单位需要立足于本机构的利益对政策文本内容进行审阅与协商。这一阶段，并不存在不同备选方案的竞争，唯一的目标是针对既有方案进行协商，并且达成共识。

中央的政策制定和颁布以后，就面临着政策解释与政策执行、政策评估等过程，这属于常规的政策过程，本报告不再多探讨。政策制定是一个循环过程，在评估过程中出现的问题，会通过下一次的政策制定予以纠正。

四、择优：政策方案的产生

案例中的决策过程由多个阶段构成，最为重要的两个功能是方案产生和方案确定。方案产生意味着要从多种可能方案中选择备选方案，充实法律的草案，包含了政策循环制定过程中的第一、第二、第三、第四阶段。方案确定意味着就同一方案获得一致认同，包含了第五、第六阶段。前者的重点是“择优”，后者的重点是“折衷”。

政策试验是避免正式政策引起重大动荡的重要机制。在联邦制国家，州是联邦的“民主实验室”，此外，还会通过小范围的政策探索来进行政策试验。而中国的公共服务政策中，地方政府是服务的供给主体，是政策试验的重要主体，因此，“择优”过程更多体现为中央与地方间的互动。方案产生过程涉及两类互动。一是条块互动。中央是一个笼统的说法，在一定程度上掩盖了中央政府与行政部门之间的分殊。行政部门中，经济管理部门与公共服务部门的权责分配、资源配置、工作方式等也存在巨大差异。中国行政体制中存在的一个突出矛盾是“条块分割”与“条块冲突”。承担公共服务职能的行政部门的政策目标与各层级地方政府的发展目标并不一致。职能部门如何向地方政府部署工作，并引导地方政府进行政策创新，这是“条块互动”的重要内容。二是地方政府间的互动。地方政府间的竞争、模仿与学习导致各地政策创新的出现和政策内容的趋同，使大国制定一统性的政策成为可能。

（一）“择优”的原因

之所以在方案产生阶段要“择优”，是因为中国的公共服务政策面临着特殊问题。一是中国地域广阔，地区差异性大，每个地方政府拥有植根于当地社会文化脉络的“地方知识”。中央行政机关负责公共服务的支出责任，承担资金、资源等，而地方政府承担着服务供给责任。因此，地方政府的创新经验可以为政策方案提供来源。二是中国是一个中央集权的国家，在中央的权威性与地方的灵活性之间需要获得平衡。税收、财政转移支付只能解决公共服务的一部分支出资金，还要强调把社会资本、社会力量吸纳进来，而与社会资本、社会力量形成合作关系依赖于地方政府的灵活性。三是中央政府可以通过求全择优避免错误。各个地方政府的试验是备选方案最重要的来源。地方“政策试点”的功能不是“试错”，而是“试对”，即提供更多方案，充实备选方案，从而减少中央政府可能出现错误的概率。

（二）“择优”的策略

择优决策模式面临的最大问题是决策者的“有限理性”和认识的局限性。为了克服这一困难，政策备选方案必须“面广”，政策参与者必须“数多”，中央与地方之间必须“互动频繁”。因此，越多地方支持的备选方案、在越多地方试验成功的备选方案、经过上下来去反复论证讨论的备选方案，越有可能入选。中央行政机关采用了一系列策略来达到这一效果。

第一，增加政策参与主体。中央行政机关在制定政策时主动吸收地方政府的政策创新，只要不违反中央的大政方针，地方可以因地制宜地试验。中央行政机关通过设定横向竞争，把大量地方政府引入政策制定过程，集思广益。横向竞争的激励机制分为两种。一方面，财政激励体现为“项目制”的形式。项目制本来是财政领域自上而下配置资源的一种机制，但是，现在更是成为各条线自上而下部署任务、推进工作的一种形式（周飞舟，2012）。中央各部门向其下属部门下达的专项资金，多带有公共服务和民生工程的性质。围绕着项目申请、项目管理、评估项目展开的项目制，渐渐成为新的国家治理体制（渠敬东，2012）。项目制区别于传统意义上的科层制，专项资金指定了专门用途，是所谓遥“戴帽子”资金，以严格实现资金分配。财政激励手段的效果与财政体制的集权化程度紧密相关。另一方面，荣誉鼓励也是中央行政机关的有效控制工具。在同一批申报成功的示范区内，中央政府把它分成东、中、西部三类地区，每一个类别内部进行排名、竞争。验收分为合格、不合格，还有排名，为了能在验收中获得靠前的排名，各地方领导人会督促本地的示范区创建工作。

第二，扩大政策试验范围。政策试验的方法有示范区建设，通过地方的“试对”而非试错，寻找备选方案。示范区建设往往延续一段时间，开始时在一些地方出现的政策创新，在后期则“由点及面”地推广，由此，扩大政策试验的范围，增加政策的可行性。“在上下分治的治理体制内，容许地方官在各自地区探索执政办法和调节集权程度，容许地方官与民众在许多重大利益问题上讨价还价……”（曹正汉，2011）在本案例中，文化部设定制度创新与项目创新两种竞争形式，引导政策创新方向。示范区和示范项目分别解决制度创新和项目创新的问题。

第三，增加中央与地方的互动频率。这种互动往往有多种形式，多个来回：中央到地方的调研，对不同示范区进行观察，做个案研究，然后对不同地方经验进行比较，中央主持地方经验总结。地方的非官方表达渠道，地方政府通过交流活动把创新向上传达，“上下来去”（宁骚，2012）的讨论、交流等等。

（三）“择优”的效果

第一，政策方案的多元化。在政策扩散理论中，“竞争”往往发生在相邻政府或具有相近政治、经济、文化特征的政府之间，或是为了取得一定的竞争优势，或是为了防止因政策的劣势而带来居民或资源的流失（Berry & Berry，1990；Braun &Gilardi，2006）。经济竞争主要是“块内的竞争”。本案例中，公共服务政策创新的竞争既有“块”的竞争，也有“条”的竞争。在实践中，地方政府在中央政策议程中增加了地方富有生命力的、有效的知识需求，同时，补充了中央抽象的顶层设计难以顾及的细节。一些适应现实的地方经验逐渐获得了真正的生命力。

第二，政策学习的趋同。在中央政府给定的政策框架内，地方政府“块”内竞争使各地方充分发挥智慧的潜力，政策创新多元化。政策创新为中央宣示性的、预测性的政策议程求解，也使中央的政策目标得以细化、充实和完善。另一方面，“条”内的模仿、学习又使各地的政策出现趋同，各地方间的差异性被模糊，为中央出台一统性政策提供了基础。在创新与趋同两者中，创新是手段，趋同是目的。趋同的实质是在不断地“试对”过程中为中央政策求解，正是在趋同的过程中，一些能够适应地区差异性的政策创新被中央采纳。实践也证明，真正能够得到落实的政策恰恰是那些妥协性、原则性的政策。

第三，决策参与的开放性。决策过程中的公众参与发生在社会力量与地方政府的互动上，而全国人大向公众公开征求意见，往往会因为公众缺乏有组织的表达而效果有限。公共服务政策创新主要集中于公共服务提供者和使用者之间的关系变化（Hartley，2005）。公共服务供给可以由提供者与生产者合作完成（萨瓦斯，2002）。政府（提供者）和企业、社会组织（生产者）携手合作，通过多种多样的制度安排为公民提供物品和服务。本案例中，各地方政府创新的热点主要围绕着公共服务的供给机制，如政府购买服务、社会力量参与、捐赠和众筹等展开，以有效解决地方政府资源不足的困难。社会力量通过参与地方政策创新实践，从而参与到决策过程中来。

五、“折衷”：政策方案的确定

由于公共文化服务政策立足于建立政府的保障责任，公民更多是受益者，因此，政府与社会间的冲突并不会成为根本问题。在方案确定过程中，真正能够参与讨论、达成共识的其实是相关的中央行政部门。

（一）"折衷"的原因

之所以中央行政机关要就最终方案形成一致认同，原因在于：第一，中央集权的单一制国家要求法律具有统一性、权威性，能够克服各地差异，适用于全国各地。公共文化服务供给的特点是中央行政机关控制各种资源如财政资金、项目、编制等，而具体的公共服务的保障责任又分散在各个行政部门，如文化部负责图书馆、博物馆、文化馆等，而新闻出版署负责农家书屋等。为了与法律形成一致意见，需要相关行政部门达成共识。因此，"折衷"具有一定的必要性。

第二，政府科层制的特点是重要影响因素。能否参与"折衷"方案的形成与组织在科层制中的角色有关。在单一制国家中，各级政府都属于庞大的科层制体系，上下级政府有着直接隶属关系，但是，同级的地方政府间没有直接行政关系，而中央行政机关与地方政府之间也没有直接领导关系。在政策制定过程中，关键的正式组织之间的互动"内嵌"于这一科层制体系。中央行政机关与省级政府处于同一级别，而且部分省级一把手同时兼任中央政治局委员，在政治序列里高于中央行政机关领导，因此，如果省级政府为政策执行主体，改革的争议与反对的声音就会比较大，一些政策可能影响地方政府的利益而难以出台。如20世纪90年代初的分税制改革，就曾经因为部分省级领导的反对而搁置。本案例中，示范区一般是地级市政府，虽然地方政府也可以选择性执行或者讨价还价，但是不可能在与中央的互动中产生争议。

（二）"折衷"的规则

由于缺乏明确的决策机制和协调规则，方案确定过程中的协商具有以下几个特点。第一，各部门的发言权与其在政府序列中的位置有关。一方面，这些部门通常处于同一行政级别上，并不存在上下级关系，因此，难以用科层制中的等级原则来规范或约束彼此。但是，这些部门在政府序列中的位置是不同的。一些行政部门掌握着对其他部门分配资源的权力，如发展和改革委、财政部、人保部等。而另一些部门属于专业职能部门，需要从控制资源的部门中获得资源，然后再在条线中分配。因此，凡是涉及资源分配，如需要增加财政支出、人力资源或项目，第一类部门往往具有最终发言权。

第二，第二类部门对于扩大或增进本部门利益的条文都有建议权。任何一个组织都有最大化本部门利益的冲动，希望获得政策红利，在政策出台时分得一杯羹。公共服务政策往往涉及财政转移支付对不同区域间的平衡，财税政策对不同群体的补助，也涉及财政支出责任。而这些资金往往分散在条线部门中。例如哪些部门可以获得公共文化服务的财政资金？哪些机构的哪些设施属于公共文化设施？每一个部门都可以行使建议权，但是，建议能否成为政策取决于第一类部门的认可。

第三，第二类部门对于影响本部门利益的条文都有否决权。因为最终方案需要经过各个部门的“圈阅”，每个部门都可以发表意见与建议，所以，每一个部门都可以否决危及本部门利益的条文。由于各个部门处于同一行政级别，遇上利益冲突的条文，任何一个行政部门就危及本部门利益的条文提出否决权，其他部门无法对此提出相反的意见。

（三）“折衷”的效果

西方国家通过议会的“多数决”来确定最终方案。然而，“阿罗不可能性定理”提出，不可能存在着一种社会选择机制，能够满足社会中所有个体的偏好（肯尼思·阿罗，1987）。因此，民主并不是简单的“少数服务多数”，符合社会中所有人最优选择的政策是不存在的，妥协具有一定必要性。在本案例中，党中央启动了政策议程，中央政府把政策目标列入规划纲要，其后，全国人大常委会又制定相应立法计划，因此，政策结果是预设的。只不过，政策制定的过程和内容可能会有变化。在各中央行政机关协商过程中，“折衷”的结果并非最优结果，而是各方都能够接受的次优结果。政策呈现出以下效果。

第一，政策目标更中庸。“服务保障”强调的是“政府主导”，即对政府财政支出责任方面提出各种约束性条件，要求政府给予人财物等保障。公共服务保障的关键要素是人、财、物的保障，如果没有相应的政策工具保障，这项政策就会落空。以资金保障为例，用于保障财政投入的政策工具有多种：一是用于公共服务的财政拨款的增长比例应当高于财政经常性收入的增长比例；二是按核定标准拨付；三是要求事权与财权相匹配等。例如，《教育法》就采用了第一种，“国务院和地方各级人民政府用于实施义务教育财政拨款的增长比例应当高于财政经常性收入的增长比例，保证按照在校学生人数平均的义务教育费用逐步增长，保证教职工工资和学生人均公用经费逐步增长”。然而，任何一种资金保障形式只有获得财政部门的同意后，才有可能成为政策。而财政部门在资金安排的先后顺序上要综合考虑全局，即依据各财政支出在国家治理中的重要性统筹安排。一些人认为，最终实现的政策目标并非“服务保障”而是“服务促进”，即更多地鼓励、引导、呼吁，包括对政府对社会资金的吸纳。然而，从另一个角度看，政策虽然不是最优结果，却是各方主体都能够接受的次优结果，因此为后续的执行奠定了基础。

第二，政策内容更抽象。政策需要获得各部门一致共识才可能通过，凡是存在内容争议的地方，则要原则化、模糊化处理。因此，参与谈判的行政部门与单位越多、相关利益分歧越大，政策方案就倾向于越抽象。法律是一种持续、稳定、制度化的公共政策。一些人批评中国的法律太过抽象、原则。但是，这种抽象性恰恰给了各地方灵活执行的空间，各地会依据实际情况制定细则。

六、讨论与结论

通过公共文化服务建设这一案例，本报告探寻了公共政策制定过程中的“择优”与“折衷”。前者要提供更多政策方案选择，后者要就一个整体方案达成共识；前者要广开言路，后者要平衡资源分配。本报告得出以下结论。第一，转型中国的公共服务政策制定过程兼有“择优”与“折衷”两个特点，前者关注备选方案的选择，而后者则关注最终方案的形成。第二，在我国特殊的行政体制下，条块互动推动了公共服务的备选方案的“择优”，而行政部门之间的妥协促进了政策的“折衷”。第三，“择优”使备选方案吸收了地方的创新经验，而“折衷”模糊了政策目标，使其具有一定的抽象性。

由于涉及条块的资源分配，公共服务政策具有一定的特殊性。以下几个方面仍然需进一步研究。第一，公共服务政策与经济领域政策的根本不同在于，公共服务必须回应公众的价值观、利益与需求。然而，不管“择优”还是“折衷”阶段，公共需求都缺乏有效、通畅的表达渠道。公共文化服务遵循的不是“服务的逻辑”而是“行政的逻辑”（吴理财，2011）。因此，如何让公众以组织化的形式理性、有序地参与政策制定过程？第二，地方政府的政策创新动力源于获得一定的资源聚集，在其他地方政府无法得到资源的情况下，政策创新、扩散是否还能类似效果？因此，公共服务政策的“择优”既依赖于条块体系，又易受制于这一体系。基于上述理由，政策如何反映公共需求、寻求其他有效的激励机制等将是今后的研究方向。

执笔人：吕　芳（中国政法大学）

参考文献

[1] ［美］查尔斯·林德布洛姆. 决策过程. 竺乾威，胡君芳译. 上海：上海译文出版社，1988

[2] 陈玲，赵静，薛澜. 择优还是折衷？——转型期中国政策过程的一个解释框架和共识决策模式. 管理世界，2010（8）

[3] 陈玲. 官僚体系与协商网络. 公共管理评论，2006（5）

[4] 曹正汉. 中国上下分治的治理体制及其稳定机制. 社会学研究，2011（1）

[5] 段伟红. 技术官僚的“谱系”、“派系”与“部系”——对西方“中国高层政治研究”相关文献的批判性重建. 清华大学学报（哲学社会科学版），2012（3）

[6] 韩博天. 中国经济腾飞中的分级制政策试验. 开放时代，2008（5）

[7] 韩博天. 通过试验制定政策：中国独具特色的经验. 当代中国史研究，2010（3）

[8] 贺东航，孔繁斌. 公共政策执行的中国经验. 中国社会科学，2011（5）

[9] 杜赞奇，程美宝. 从历史和比较的观点看中国改革. 开放时代，2009（8）

[10] 胡鞍钢. 中国人类发展的地区差距和不协调：历史视角下的“一个国家，四个世界”. 经济学季刊，2006（2）

[11] 梁治平. 立法何为？——对《劳动合同法》的几点观察. 书屋，2008（6）

[12] 刘培伟. 基于中国选择性控制的试验——中国改革“实践”机制的一种新解释. 开放时代，2010（4）

[13] 刘伟. 政策试点：发生机制与内在逻辑——基于我国公共部门绩效管理政策的案例研究. 中国行政管理，2015（5）

[14] 马亮. 府际关系与政府创新扩散：一个文献综述. 甘肃行政学院学报，2011（6）

[15] 马亮. 公安微博的扩散研究：中国地级市的实证研究. 甘肃行政学院学报，2012（6）

[16] 梅赐琪. 政策试点的特征：基于《人民日报》1992～2003年试点报道的研究. 公共行政评论，2015（3）

[17] 宁骚. 中国公共政策为什么会成功? . 新视野，2012（1）

[18] 渠敬东. 项目制：一种新的国家治理体制. 中国社会科学，2012（5）

[19] 王绍光. 学习机制与适应能力：中国农村合作医疗体制变迁的启示. 中国社会科学，2008（6）

[20] 王绍光，樊鹏. 政策研究群体与政策制定——以新医改为例. 政治学研究，2011（2）

[21] 吴建南，张攀，刘张立. “效能建设”十年扩散：面向中国省份的事件史分析. 中国行政管理，2014（1）

[22] 吴理财. 公共文化服务的运作逻辑与后果. 江淮论坛，2011（4）

[23] ［美］西蒙. 管理行为. 杨砾，韩春立，徐立译. 北京：北京经济学院出版社，1988

[24] 赵强. 制度压力如何影响地方政府公共服务创新的扩散——以城市网格化管理为例. 公共行政评论. 2015（3）

[25] 周飞舟. 财政资金的专项化及其问题：兼论“项目治国”. 社会，2012（1）

[26] 周黎安. 晋升博弈中政府官员的激励与合作——兼论我国地方保护主义和重复建设问题长期存在的原因. 经济研究，2004（6）

[27] 周黎安. 中国地方官员的晋升锦标赛研究. 经济研究，2007（7）

[28] 朱旭峰，张友浪. 新型审批制度在中国城市的兴起. 管理世界，2015（10）

[29] Berry，F.S.& Berry，W.D.，1990. “State Lottery Adoptions as Policy Innovations：An Event HistoryAnalysis.” The American Political Science Review，Vol.2，pp.395-415.

[30] Boehmke，F.J.，& Witmer，R.，2004. “Disentangling Diffusion：The Effects of Social Learning and Economic Competition on State Policy Innovation and Expansion.” Political Research Quarterly，Vol.1，pp.39-51.

[31] Brødsgaard，K.E.，2002.Institutional Reform and the Bianzhi System in China.The China Quarterly，Vol.170（6），pp.361—386.

[32] Braun，D.，&Gilardi，F.，2006. “Taking ‘Galton's Problem Seriously Towards a Theory of Policy Diffusion.” Journal of Theoretical Politics，Vol.3，pp.298-322.

[33] Gray，V.，1973. “Innovation in the States：A Diffusion Study.” The American Political Science Review，Vol.4，pp.1174-1185.

[34] Hartley J.，2005.Innovation in Governance and Public Services：Past and Present，Public Money & Management，Vol.1，pp.27-34.

[35] Karch，A.，2006. “National Intervention and the Diffusion of Policy Innovations.” American Politics Research，Vol.4，pp.403-426.

——2007. “Emerging Issues and Future Directions in State Policy Diffusion Research.” State Politics & Policy Quarterly，Vol.1，pp.54-80.

——2012. “Vertical Diffusion and the Policy-Making Process: The Politics of Embryonic Stem Cell Research.” Political Research Quarterly, Vol.65（1）, pp.48–61.

[36] Lieberthal, K.G.1992.One Introduction: The “FragmentedAuthoritarianism” Model and its Limitations.in Kenneth Lieberthal, DavidLampton（Eds.）.Bureaucracy, Politics, and Decision Making in Post-Mao China.Berkeley: University of California Press, pp.1–30.

[37] Lindblom, C.E., 1979. “Still Muddling, Not Yet Through, ” Public Administration Review, Vol.39（6）, pp.517–526.

[38] Liu, W., & Li, W., 2016. “Divergence and Convergence in the Diffusion of Performance Management in China.” Public Performance & Management Review, Vol.3, pp.630–654.

[39] Lucas, A., 1983. “Public Policy Diffusion Research: Integrating Analytic Paradigms.” Science Communication, Vol.3, pp.379–408.

[40] Makse, T.&Volden, C., 2011. “The Role of Policy Attributes in the Diffusion of Innovations.” The Journal of Politics, Vol.1, pp.108–124.

[41] Marsh D.&Sharman J.C., 2009. “Policy Diffusion and Policy Transfer.” Policy Studies, Vol.3, pp.269–288.

[42] Meyer, J.W., & Rowan, B., 1977. “Institutionalized Organizations: Formal Structure as Myth and Ceremony.” American Journal of Sociology, 2: 340–363.

[43] Mintrom, M., 1997. “Policy Entrepreneurs and the Diffusion of Innovation.” American Journal ofPolitical Science, Vol.3, pp.738–770.

[44] Montinola, G., Qian Y.& Weingast B.R., 1995. “Federalism, Chinese Style: The Political Basis for Economic Success in China.” World Politics .Vol.48（1）, pp.50–81.

[45] Nathan, A., 1973.A Factionalism Model for CCP Politics.China Quarterly, Vol.53, pp.34–66.

[46] HeidenN.V.D.&Strebel, F., 2012.What about non-diffusion? The effect of competitiveness in policy-comparative diffusion research.Policy Sciences, Vol.45（4）, pp.345–358.

[47] Rashman, L.& Hartley, J.（2002）, Leading and learning? Knowledge transfer in the Beacon Council Scheme.Public Administration, Vol.80, pp.523 - 542.

[48] Richard M.W.&Claudia N.A.& Frances S.B., 2011. “Exploring the Diffusion of Innovation Among High and Low Innovative Localities: A Test of the Berry and Berry Model.” Public Management Review, Vol.1, pp.95–125.

[49] Simmons, B.A.& Elkins, Z., 2004. “The Globalization of Liberalization: Policy Diffusion in the International Economy.” The American Political Science Review, Vol.1, pp.171–189.

[50] Shipan, C.R.&Volden, C., 2008. “The Mechanisms of Policy Diffusion.” American Journal ofPolitical Science, Vol.4, pp.840–857.

[51] Volden, C., 2006. "States as Policy Laboratories: Experimenting with the Children's Health Insurance Program." American Journal of Political Science, Vol.2, pp.294–312.

[52] Walker, J.L., 1969. "The Diffusion of Innovations Among the American States." The American Political Science Review, Vol.3, pp.880–899.

[53] Walker, R., Jeanes, E.& Rowlands, R., 2002.Measuring innovation: Applying the literature-based innovation output indicator to public services.Public Administration, Vol.80, pp.201 – 214.

[54] Zhu, X., 2014. "Mandate versus Championship: Vertical Government Intervention and Diffusion of Innovation in Public Services in Authoritarian China." Public Management Review, Vol.1, pp.117–139.

专题报告十五

“性价比”与出口增长：中国出口奇迹的新解读

一、引言

中国作为世界上最大的发展中国家，“中国制造”在国际市场中取得的巨大成就自然引起国内外学者的特别关注，他们把这一现象称为“中国出口奇迹”（Thomas 等，1999；施炳展和冼国明，2012；张杰等，2014）。早期的文献认为中国出口产品具有价格优势，即中国出口同类产品的价格明显较低于其他国家（Xu，2007；Schott，2008）。这类文献在产品同质性的隐含假设下，认为价格优势是中国出口增长的动力源泉。但如果认为中国出口产品仅在于价格竞争，未能达到“质量门槛”（韩会朝和徐康宁，2014），这显然与中国出口市场主要为欧美等发达经济体的现实不符。近些年，新新贸易理论逐渐兴起，该理论认为企业不仅在生产率上具有异质性，在产品质量上也存在异质性，一些学者开始尝试从产品质量的视角探索中国出口增长的原因。李小平等（2015）研究发现中国典型行业的出口质量呈上升趋势，出口质量的提升是中国出口增长的重要原因。目前由于中国出口产品质量的测算方法和样本选取的不同，测算结果也不尽一致，但鲜有证据表明中国出口产品质量得到了大幅提升进而能在国际市场中“以质取胜”。显然，中国出口质量的现实状况不足以支撑出口贸易的强劲增长。那么，随着国内要素成本的节节攀升，依靠价格竞争的粗放式出口模式将难以为继，出口质量又仍与发达国家存在明显差距（施炳展，2013），为何中国出口贸易还能持续增长？基于上述分析我们推测，中国出口增长的动力可能包括价格和质量两方面因素，仅从其中某一方面分析都可能存在一定局限性，难以真实揭示产生中国出口奇迹的原因。因此，需要同时考虑价格和质量以寻求一种更具解释力的研究思路，进而为出口部门的行为决策以及政府的贸易政策取向提供合理的建议。

在充分借鉴已有文献的基础上，本报告综合考虑价格和质量两种因素，尝试引入“性价比”的研究视角来解读中国出口奇迹。可能的边际贡献在于：第一，在质量异质性模型的基础上，从“性价比”的视角分析出口增长的原因，进一步拓展了现有相关文献；第二，构建并测度中国制造业行业的“性价比”指数，通过结构分解发现“性价比”水平在结构上是动态调整的，进而揭示制造业在价格优势渐进弱化，在出口质量与发达国家存在差距的情况下，出口仍能持续增长的原因；第三，为出口贸易转型的“优质优价”策略提供了事实依据，指出“优质优价”并非意味着绝对的“高质高价”，而应该是在保持“性价比”优势的前提下合理地提升出口质量和出口价格，进而实现出口规模和出口效益的双赢。

本报告剩余部分安排如下：第二部分为文献综述；第三部分是理论分析；第四部分测度“性价比”指数；第五部分为计量分析；第六部分为结构性分解分析；最后是研究结论及启示。

二、文献综述

国内外学者从不同视角探讨了中国出口增长的原因，这些文献可以大致归纳为两大类。第一类文献侧重于分析供给层面的因素对中国出口增长的影响，主要包括：外资（Lemoine，2000）、先进设备和中间品的进口（Feng 等，2012；张杰等，2014）、贸易优惠政策和贸易自由化（Wang 和 Wei，2008）及补贴（Richard，2006）等。这类文献为我们理解中国出口贸易的快速增长提供了多维度的研究视角和有益借鉴，但没有考虑国外需求因素对中国出口增长的贡献。第二类文献结合国外需求因素，强调中国出口产品满足国外消费需求对中国出口增长的贡献，其主要包括两方面的研究。一是从产品价格角度分析中国出口增长的原因。中国出口产品的价格相对较低，在国际市场中更容易满足国外消费者的需求，价格优势是中国出口增长的主要原因（Xu，2007；Schott，2008）。二是从产品差异（产品技术复杂度和产品质量）的角度探寻中国出口增长的原因。施炳展和冼国明（2012）从国外消费者“技术复杂度偏好”的视角解读中国出口奇迹，研究发现中国出口产品技术复杂度的提高和国外“技术复杂度偏好”的提升共同促进了中国的出口扩张。此外，一些学者开始关注产品质量对国出口贸易的影响（Fajgelbaum 等，2011；Cagé 和 Rouzet，2015）。国内学者施炳展（2013）分析了产品质量与中国企业的出口行为及出口持续时间的关系；李小平等（2015）则从出口质量提升满足国外需求的视角，对中国典型行业进行经验分析，他们认为行业出口质量的提升是中国出口增长的重要原因。

相比第一类文献，第二类文献纳入了国外需求因素，进一步拓宽了研究视角，有助于更为全面地揭示中国出口增长的原因，但也存在一定局限性：其一，价格视角的研究忽略了产品的垂直差异特征，而产品的市场需求同时取决于价格和产品差异两个方面（Hotelling，1929）；其二，出口技术复杂度提高主要反映产品间的贸易结构优化，因此，“技术复杂度偏好”更适合解释中国出口商品结构的变化；其三，如前所述，不管单纯地从价格因素还是质量因素来分析中国出口奇迹，都难以找到符合中国实际情况的强有力解释。基于以上分析，我们发现相比于供给层面因素的分析，结合国外需求因素的研究更具有解释力，但后者在考虑国外需求因素时仅分析了价格和质量的某一方面，鲜有文献把两种因素结合起来分析出口增长的原因。本报告正是基于这样的出发点，试图从“性价比”的视角来解读中国出口奇迹。

三、“性价比”影响出口的理论分析

本部分我们借鉴 Hallak 和 Sivadasan（2013）的理论框架[①]，通过需求分析引入“性价比”，并在供给层面假设企业同时具有异质的生产效率和质量生产能力。异质的生产效率主要决定企业的可变成本从而影响产品价格，异质的质量生产能力主要决定企业的固定成本从而影响产品质量。在此基础上分析“性价比”对出口的影响。

① 与Khandelwal等（2013）等其他质量异质性模型类似，Hallak和Sivadasan（2013）模型也假设消费者效用、企业的可变成本和固定成本均受到产品质量的影响，但该模型的主要区别在于其引入了其他模型均忽略的质量生产能力，从而把企业异质性的维度从一维（生产率异质）拓展到二维（生产效率和质量生产能力同时异质），企业的综合生产率由生产效率和质量生产能力共同决定。

（一）需求分析及“性价比”的引入

参照 Hallak 和 Sivadasan（2013）与 Khandelwal 等（2013）的质量异质性模型，我们假设代表性消费者的常替代弹性（CES）效用函数如下：

$$U=\left\{\int_{j\in\Omega}(\lambda_j q_j)^{\frac{\sigma-1}{\sigma}}dj\right\}^{\frac{\sigma}{\sigma-1}} \tag{15-1}$$

其中，λ_j 表示产品 j 的质量；q_j 表示消费者对产品 j 的需求量；Ω 代表消费者可能的购买商品集；$\sigma>1$，代表产品间的替代弹性。在消费者的最优选择下，产品 j 的消费量满足：

$$q_j=\frac{\lambda_j^{\sigma-1}}{p_j^{\sigma}}W_j \tag{15-2}$$

其中，p_j 代表产品 j 的价格；$W_j=\frac{E}{P}+I_j^x\tau(\lambda_j)^{1-\sigma}\frac{E^*}{P^*}$，反映的是产品 j 在国内外市场的综合潜在需求，E 代表国内市场的总支出，P 为与 CES 函数对应的价格指数，I_j^x 取值为 1（或 0），表示产品 j 存在（或不存在）出口贸易，τ 代表可调节国外市场需求的固定贸易成本，变量上方的“*”号代表该变量反映国外情况。

式（15–2）可以理解为：考虑质量异质性后，产品的需求决定于产品质量和产品价格的比值，即“性价比”（施炳展，2013）；消费者对产品“性价比”进行比较后形成的“心理价格”最终决定消费者的购买行为（韩会朝和徐康宁，2014）。现有文献并没有对“性价比”作出严格的界定，孟捷和冯金华（2015）从政治经济学的角度作出解释：“性价比”可以定义为产品的使用价值和个别价值的比率，产品在“性价比”上的差异影响消费者的需求。可以看出，虽然学者们各自从不同的角度解释"性价比"，但是他们反映的基本内涵是一致的，即产品质量越好，价格越低，产品的需求就越多。为便于量化研究，又不失一般意义，我们参照施炳展（2013）的理解把"性价比"定义为产品质量与产品价格的比值：

$$\chi_j = \lambda_j / p_j \quad (15\text{-}3)$$

其中，χ_j代表产品 j 的"性价比"水平，反映质量和价格对产品需求的综合影响[①]。一般来说，低价格的产品往往其质量水平也较低，并不一定具有较高的竞争力；而高质量的产品其价格水平也相对较高，产品的竞争力可能会被较高的价格所"稀释"（施炳展，2013）。对于消费者而言，价格的高或低是相对其所获得的质量水平来判断的，由此，"低质低价"或"高质高价"本身并不直接意味着"性价比"的高或低。"性价比"衡量的是质量与价格之间的相对关系，消费者会根据产品的"性价比"水平来作出购买决策。这正是本报告研究"性价比"的意义所在。

（二）"性价比"的决定及其对出口的影响

在 Hallak 和 Sivadasan（2013）的模型中，企业的异质性表现为生产效率和质量生产能力的双重异质，企业的固定成本和边际成本不仅受到产品质量的影响，而且还分别决定于质量生产能力和生产效率。由此，固定成本（F）和边际成本（MC）分别为：

① 需要说明的是，Khandelwal等（2013）与Fan等（2015）均给出了"质量调整后价格"，这一指标与本报告中的"性价比"互为倒数关系，但二者代表的经济含义具有一定差异。前者反映企业的边际生产成本中剔除质量因素后的部分，而后者可以理解为消费者支付单位价格所获得的效用水平；此外，Khandelwal等（2013）与Fan等（2015）在可观测的价格中剥离了质量，从而得到"质量调整后价格"，但并未进一步分析"质量调整后价格"与产品需求及企业出口行为之间的关系，本报告在这些文献的基础上进行拓展研究。作者感谢匿名审稿人的建议。

$$F = F_0 + \frac{f}{\xi}\lambda^a \tag{15-4}$$

$$MC = \frac{\kappa}{\varphi}\lambda^b \tag{15-5}$$

其中，ξ、φ 分别表示异质性的质量生产能力和生产效率，a 和 b 分别代表固定成本和边际成本的质量弹性，F_0、f、κ 均为常数。式（15–4）和式（15–5）反映出，质量生产能力 ξ 越高，企业的固定成本越低，其生产产品的质量越高；生产效率 φ 越高，企业的可变成本越低，其产品的价格越低（施炳展，2013）。因此，ξ 和 φ 共同决定了企业生产产品的“性价比”水平。下面我们通过最优化求解来分析“性价比”对出口的影响。

结合式（15–2）–（15–4），可得到企业的利润函数为：

$$\pi = \frac{1}{\sigma}\left(\frac{\lambda_j}{p_j}\right)^{\sigma-1} W_j - F_j - I_j^x f_x = \frac{1}{\sigma}\chi_j^{\sigma-1} W_j - F_j - I_j^x f_x \tag{15-6}$$

其中，f_x 代表固定贸易成本。在封闭经济条件下，企业实现利润最大化时，其产品的质量和价格分别满足：

$$\lambda_d = \left[\frac{1-b}{a}\left(\frac{\sigma-1}{\sigma}\right)^{\sigma}\left(\frac{\varphi}{\kappa}\right)^{\sigma-1}\frac{\xi}{f}\frac{E}{P}\right]^{\frac{1}{a'}} \tag{15-7}$$

$$p_d = \left(\frac{\sigma-1}{\sigma}\right)^{\frac{(\sigma-1)-a+b}{a'}}\left(\frac{\kappa}{\varphi}\right)^{\frac{a-(\sigma-1)}{a'}}\left(\frac{1-b}{a}\frac{\xi}{f}\frac{E}{P}\right)^{\frac{b}{a'}} \tag{15-8}$$

其中，下标 d 表示封闭经济情景，$a'=a-(1-b)(\sigma-1)$。由式（15–7）和式（15–8）可得到企业的最优“性价比”水平：

$$\chi_d = \left(\frac{\sigma-1}{\sigma}\right)^{\frac{a-b+1}{a'}}\left(\frac{\varphi}{\kappa}\right)^{\frac{a}{a'}}\left(\frac{1-b}{a}\frac{\xi}{f}\frac{E}{P}\right)^{\frac{1-b}{a'}} \tag{15-9}$$

那么，企业在最优“性价比”水平时的利润为：

$$\pi_d = \frac{1}{\sigma}\frac{a'}{a}\chi_d{}^{\sigma-1}\frac{E}{P} - F_0 \qquad (15\text{–}10)$$

式（15–10）暗含的经济意义在于：产品的“性价比”水平决定了其生产企业的利润空间，进而影响该企业的市场行为；只要市场利润 $\pi_d \geq 0$，企业就会选择进入市场，否则将退出。把封闭经济放松到开放经济，可以得到类似的结论：当产品的“性价比”提高到一定水平，使得企业在国外市场获得的利润大于或等于国内市场时，该企业就有机会选择从事出口贸易。

基于以上分析可以看出，产品“性价比”水平的提高会促使企业从事出口贸易。将这一结论推广到行业层面，我们提出本报告的研究假设：如果一个行业的“性价比”水平提高，则该行业中就会有更多的企业选择从事出口贸易，进而拉动该行业的出口增长；反之，则会抑制该行业的出口增长。下面，本报告将测度行业层面的“性价比”指数，并利用中国制造业的贸易数据对“性价比”的出口增长拉动作用进行经验分析。

四、“性价比”指数的测度

（一）“性价比”指数的测度模型

借鉴 Hallak 和 Schott（2011）的研究思路，非纯净价格指数（Impure Price Index，IPI）可被分解为出口质量指数和纯净价格指数（Pure Price Index，PPI）。而考虑到 Hallak 和 Schott（2011）的质量估计模型可能存在因基准国选择而导致的估计偏误问题，本报告在其基础上进行改进。设定中国（c）与 K 个贸易伙伴开展对外贸易，相应地，中国相对于 K 个贸易伙伴在 s 行业上的非纯净价格指数、纯净价格指数和出口质量指数分别标记为 P_s^{cK}、$\tilde{P}_s^{cK}$、λ_s^{cK} ①，三者之间的关系满足：$P_s^{cK}=\lambda_s^{cK}\tilde{P}_s^{cK}$。再结合式（15-3），我们构建行业“性价比”指数如下：

$$\chi_s^{cK}=\frac{\lambda_s^{cK}}{P_s^{cK}} \tag{15-11}$$

我们参照 Hallak 和 Schott（2011）的方法来估计中国制造业的行业出口质量指数，以进一步计算出行业“性价比”指数。根据 Hallak 和 Schott（2011）的论证，一国某一行业的净贸易额超过该国总净贸易额中该行业净支出比例的部分占总净支出的比重，可以近似地表示为该行业纯净价格指数的对数线性函数，即

$$\frac{T_{st}^{cK}-r_sT_t^c}{E_t^c}=\beta_0+\gamma_s\ln\widetilde{P}_{st}^{cK}+r_s\tau_{st}^{cK}+\iota_{st} \tag{15-12}$$

其中，T_s^{cK}、T_t^c 分别是指在 t 年中国对 K 个贸易伙伴的 s 行业净贸易额和中国的总净贸易额，r_s 是指在 t 年中国 s 行业的净支出比例，E_t^c 是指中国在 t 年的总净支出，τ_s^{cK} 表示中国与 K 个贸易伙伴之间的贸易成本，ι_{st} 代表误差项。进一步地，根据 $P_s^{cK}=\lambda_s^{cK}\tilde{P}_s^{cK}$，我们得到质量估计方程如下：

$$\widetilde{T}_{st}^{cK}=\beta_0+\gamma_s\ln\hat{P}_{st}^{cK}-\gamma_s\ln\lambda_{st}^{cK}+u_{st} \tag{15-13}$$

其中，$\widetilde{T}_{st}^{cK}=(T_{st}^{cK}-r_sT_t^c)/E_t^c-r_s\tau_{st}^{cK}$，$\hat{P}_{st}^{cK}$ 为非纯净价值指数的估计值②。需要注意的是，式（15-13）中可能存在较为明显的内生性问题：由于出口质量与出口价格往往相关，即 λ_{st}^{cK} 与 P_{st}^{cK} 之间存在相关性，进而 λ_{st}^{cK} 与残差项 u_{st}（其中包含了 P_{st}^{cK} 的估计误差）之间可能相关。我们借鉴 Hallak 和 Schott（2011）的线性趋势方法来控制以上内生性

① 相较于Hallak和Schott（2011）选取某一基准国设定指数测算出口质量，本报告选择多个贸易伙伴作为参照国设定指数，能够更为精确地反映中国制造业的出口质量水平。

② 变量上方标记“ ^ ”符号表示为该变量的估计值，下同。

问题。按照该方法，出口质量指数可表示为：

$$\ln \lambda_{st}^{cK} = \alpha_{0s}^{cK} + \alpha_{1s}^{cK} t + \varepsilon_{st} \tag{15-14}$$

其中，α_{0s}^{cK}、$\alpha_{1s}^{cK} t$ 分别表示行业固定效应和时间趋势，ε_{st} 代表偏离时间趋势的随机误差。将式（15–14）代入式（15–13），得到最终的质量估计方程：

$$\widetilde{T}_{st}^{cK} = \beta_0 + \gamma_s \ln \hat{P}_{st}^{cK} - \mu_{0s}^{cK} - \mu_{1s}^{cK} t + \upsilon_{st} \tag{15-15}$$

其中，$\mu_{0s}^{cK} = \gamma_s \alpha_{0s}^{cK}$，$\mu_{1s}^{cK} = \gamma_s \alpha_{1s}^{cK}$，$\upsilon_{st} = u_{st} - \gamma_s \varepsilon_{st}$。然而，出口质量受到的冲击往往会同时引起 IPI 的变动，也就是说，在式（15–15）中，$\hat{P}_{st}^{cK}$ 与误差项 υ_{st}（其中包含的 ε_{st}）可能相关。为控制这种内生性，以往文献选取真实有效汇率作为 $\hat{P}_{st}^{cK}$ 的工具变量（Hallak 和 Schott，2011；李小平等，2015）。这些文献选取的真实有效汇率是由 EIU（Economist Intelligence Unit）、世界银行及国际货币基金组织等机构提供的基于国家层面加总的真实有效汇率。而 Goldberg（2004）、徐建炜和田丰（2013）的研究发现，用基于国家层面加总的真实有效汇率来考察行业或企业层面的问题时，通常会因加总谬误而影响分析结果的可靠性。因此，参照谢靖和廖涵（2017）的做法，我们选取行业层面的真实有效汇率作为 $\hat{P}_{st}^{cK}$ 的工具变量对式（15–15）进行 IV 估计，再根据式（15–14）可得到 s 行业出口质量指数的估计值：

$$\ln \hat{\lambda}_{st}^{cK} = -(\hat{\mu}_{0s}^{cK} + \hat{\mu}_{1s}^{cK} t) / \hat{\gamma}_s \tag{15-16}$$

进一步可以测算出 s 行业的“性价比”指数：

$$\hat{\chi}_{st}^{cK} = \frac{\hat{\lambda}_{st}^{cK}}{\hat{P}_{st}^{cK}} \tag{15-17}$$

（二）变量、数据与测算结果

1. 变量设定与数据说明

本部分选取中国制造业在 1996 ~ 2009 年期间与 28 个 OECD 国家（以下简称“OECD”）① 的贸易数据，作为估计行业“性价比”指数的样本数据。参照行业分类的一般做法，本报告进一步整合中国《国民经济行业分类》（2002）和联合国《国际标准产业分类》（ISIC Rev.3），把制造业细分为 15 个行业，并在 ISIC Rev.3 的 4 分位水平上确定每个行业的产品种类数量，构建年度—国家—行业—产品 4 维度的样本空间。

在被解释变量（ $\tilde{T}_{st}^{cK}$ ）中，T_{st}^{cK} 用中国 s 行业对 OECD 的总出口减去总进口得到；T_t^c 用中国对世界总出口减总进口得到；E_t^c 用中国 GDP 减去净出口额得到；E_{st}^c 用中国行业增加值减去该行业净出口额得到。考虑到 r_s 在时间上的稳定性，取其在样本期间的平均值。关于贸易成本 τ_{st}^{cK} 的计算，我们借鉴 Novy（2013）改进的引力模型，利用中国与 OECD 的双边贸易数据估计出中国与 OECD 在行业层面的贸易成本②。

根据 Hallak 和 Schott（2011）的论证，IPI 介于帕氏指数和拉氏指数之间，而费雪指数（Fisher Index）正是这两种指数的几何平均，可以调和帕氏指数和拉氏指数之间的矛盾（Weisstein，2011），因此本报告使用费雪指数来估计 IPI，具体计算公式为：

① 考虑到数据的可得性，此外选取的28个OECD国家为：奥地利、比利时、加拿大、捷克、丹麦、爱沙尼亚、芬兰、法国、德国、希腊、匈牙利、冰岛、以色列、意大利、日本、韩国、卢森堡、墨西哥、荷兰、挪威、葡萄牙、斯洛伐克、斯洛文尼亚、西班牙、瑞典、瑞士、英国和美国。在样本期间，这28个国家占中国制造业的出口比重为61%，表明参照国具有一定的代表性。

② 贸易成本的详细计算方法可参看Novy（2013）的研究。

$$\hat{P}_{st}^{cK} = \sqrt{\frac{\sum_z p_z^c q_z^c}{\sum_z p_z^K q_z^c} \times \frac{\sum_z p_z^c q_z^K}{\sum_z p_z^K q_z^K}} \qquad (15-18)$$

其中，z 为 s 行业代表性产品，p_z^c 和 q_z^c 分别表示中国 z 产品的出口价格和数量，p_z^K 和 q_z^K 分别表示 OECD 加权平均的 z 产品出口价格和数量，出口价格用出口额除以数量得到。

工具变量（行业真实有效汇率）采用徐建炜和田丰（2013）的方法进行测算，中国 s 行业的真实有效汇率为：

$$REER_{st}^c = \prod_{k=1}^{K} (\frac{ER_t^{ck}}{ER_0^{ck}} \times \frac{PI_{st}^c}{PI_{st}^k})^{\omega} \qquad (15-19)$$

其中，ER_0^{ck}、ER_t^{ck} 分别表示中国与 k 国在基年和 t 年的双边名义汇率；PI_{st}^c、PI_{st}^k 分别表示中国与 k 国的 s 行业价格指数；$\omega = \frac{X_{s,t-1}^{ck}}{\sum_k X_{s,t-1}^{ck}}$ 为测算 s 行业真实有效汇率的权重系数，用在 t-1 年中国 s 行业对 k 国的出口额（$X_{s,t-1}^{ck}$）占对 K 个样本国出口额总和的比重表示①。

以上变量主要涉及以下数据：第一类是贸易数据。中国和 OECD 产品层面的出口数据使用联合国 COMTRADE 数据库提供的 HS96 在 6 分位水平上的贸易数据；行业层面的进出口数据来自 OECD STAN 数据库提供的按照 ISIC Rev.3 标准分类的贸易数据。第二类是 GDP、行业增加值和行业总产出数据。中国 GDP 数据来自《中国统计年鉴》；中国行业增加值、行业总产出和 OECD 的行业总产出数据均来自 OECD 投入产出表。第三类是汇率和行业价格指数数据。双边名义汇率使用 OECD National Accounts 数据库提供的汇率数据；中国与

① 如果使用以当期出口权重计算的行业真实有效汇率作为行业IPI的工具变量，则估计方程（14-15）会由于逆向因果关系产生新的内生性问题。因此，我们采用Goldberg（2004）、徐建炜和田丰（2013）的建议，使用滞后1期的出口额作为权重测算行业真实有效汇率。

OECD 的行业价格指数分别用行业生产者价格指数和行业增加值的平减指数代表，相应数据分别来源于《中国城市（镇）生活与价格年鉴》和 OECD STAN 数据库；真实有效汇率和行业价格指数均选择 2000 年为基期。由于以上数据来自不同分类标准的数据库，需要调整和匹配后才能使用。因此，我们作如下处理：首先，利用联合国统计署网站公布的 HS96 与 ISIC Rev.3 之间的转换标准，把 HS6 分位编码分别对齐到 ISIC4 分位和 2 分位编码上，进而利用细分产品的出口价格和出口数量数据计算出各行业的费雪指数。其次，根据行业分类标准的对应方法，把《中国城市（镇）生活与价格年鉴》提供的中国行业价格指数从《国民经济行业分类》（2002）标准匹配到与 OECD 行业价格指数一致的 ISIC Rev.3 标准，以便于测算各行业的真实有效汇率。

2.“性价比”指数的测算结果

表 15–1 分别报告了对方程（15–15）使用最小二乘（OLS）法和工具变量（IV）法的估计结果。估计结果显示，两种估计方法得到的 $\ln\hat{P}_{st}^{cK}$ 系数方向均符合预期，但只有 IV 估计系数显著，并且第一阶段 F 值为 742.960（大于 10），说明所选工具变量是有效的。

表15-1　　出口质量的估计结果

	OLS	IV
$\ln\hat{P}_{st}^{cK}$	−0.0014 （−0.263）	−0.0294* （−2.302）
观测值	210	210
R^2	0.991	0.985
第一阶段F		742.960

注：括号内数值为t值或z值；*、**和***分别表示10%、5%和1%的显著性水平；限于篇幅，未报告固定效应和时间趋势的估计结果，备索。

基于表 15–1 的 IV 估计结果，把固定效应和时间趋势的估计值代入到式（15–16），可计算出各行业的出口质量指数。在此基础上，利用式（15–17）可测算出1996 ~ 2009年中国制造业行业的“性价比”指数[①]。根据测算结果，中国制造业的“性价比”水平在总体上稳步提升，但在行业结构上发展不均衡。

五、“性价比”影响出口的计量分析

（一）模型、变量与数据

1. 模型设定与变量说明

我们在式（15–2）和式（15–3）的基础上进行拓展，构建“性价比”水平变动影响中国制造业出口的计量模型：

$$import_{ist} = \beta_1 + \beta_2 \chi_{st} + \beta_3 GDP_{it} + \phi X + \rho_s + \nu_t + \zeta_{ist} \quad (15\text{–}20)$$

其中，$import_{ist}$代表i国在t年s行业上从中国的进口占该行业总进口的比重；χ_{st}是中国在t年s行业上的“性价比”指数；GDP_{it}是进口地i在t年的国内生产总值，代表该国的市场需求规模；X为若干控制变量；ρ_i代表行业固定效应，ν_t代表年份固定效应，分别反映行业间的差异和时间趋势的影响；ζ_{ist}为随机误差项。

在控制变量的选取上，本报告借鉴钱学锋和熊平（2010）、施炳展和冼国明（2012）及李小平等（2015）的做法，引入固定贸易成本、可变贸易成本、多边贸易阻力、对中国的出口比重、地理临近、区域贸易安排等变量。固定贸易成本用经济自由度指标（free）衡量[②]；可变贸易成本用双边贸易国之间的地理距离（dist）表示；相对多边贸易阻力（MERS）用各样本国的多边贸易阻力与中国相比得到[③]；一国

① 限于篇幅，未报告“性价比”指数的测算结果，备索。

② 我们用各样本国的经济自由度指标freei与中国经济自由度指标freec的比值衡量固定贸易成本，并取值为$\ln(1+free_i/free_c)$。

③ *MERS*的具体测算方法可详见钱学锋和熊平（2010）的研究。

对中国的出口比重（export）用该国对中国的出口额除以其出口总额计算；地理临近（cont）为虚拟变量，表示样本国与中国是否同属一个大洲；区域贸易安排用自由贸易协定（FTA）和亚太经合组织（APEC）两个虚拟变量来反映，分别表示样本国与中国在样本期间是否签订了自由贸易协定、样本国与中国是否同属亚太经合组织成员。

2. 数据来源

为规避零贸易现象的影响，本报告选取 1996 ~ 2009 年期间与中国在制造业上持续存在双边贸易的 90 个贸易伙伴作为进口地样本。进出口贸易数据来自 OECD STAN 数据库；GDP 数据来自世界银行 WDI 数据库；经济自由度指标取自 The Heritage Foundation 出版的 Index of Economic Freedom；地理距离数据来自 CEPII 的 Gravity 数据库；计算相对多边阻力所需的各国总产出数据来自 UN NAOCD 数据库，部分缺失数据由 WIOD 社会经济表补充，并用历年汇率把数据从本国货币单位转换到美元单位。在国家－行业－年份维度，共有 4 个观测值缺失，最终得到 18896 个观测值。

（二）基准回归分析

本部分将利用以上数据进行基准回归，分析“性价比”及其他因素对中国制造业出口增长的影响；同时，我们还对不同类型行业和不同类型进口地进行分组估计，以考察“性价比”对出口增长的影响在不同组别中的差异性。

1. 全样本估计

为避免多重共线性的干扰，我们采用逐步回归的方式进行全样本估计，估计结果列于表 15-2。表 15-2 第（1）列为不包含任何控制变量的普通最小二乘（OLS）回归，变量 χ 和 GDP 的回归系数均显著为正，说明“性价比”的提高和进口地市场需求的增强均在一定程度上促进了中国制造业的出口增长。而考虑到行业间的差异以及时间趋势的影响，我们从第（2）列开始控制行业固定效应和年份固定效应。变量 χ 和 GDP 的回归结果显著性均未发生改变，而 χ 的估计系数明显变小，表明忽略行业间差异和时间趋势会高估“性价比”对出口增长的影响。我们从第（3）~（6）列逐步引入其他控制变量，估计结果显示，变量 χ 的系数显著稳健为正，且波动幅度较小，基本维持在 0.0799 左右，说明“性价比”提高对中国制造业出口增长的拉动作用具有一定的稳定性。相比以往文献认为中国出口增长的原因在于价格优势或是质量提升，本报告的结论更具有一般性。如前所述，中国出口产品仅依靠低廉的价格难以被国外消费者广泛认可，因为消费者一般青睐的是“价廉”且“物美”的产品，产品质量也是影响出口的重要因素（李小平等，2015）。而中国出口产品质量仍与发达国家存在一定的差距（施炳展，2013），尚未形成出口质量比较优势。因此，中国制造业的出口增长中可能既有价格因素，也有质量因素的贡献。表 15-2 的估计结果初步验证了这一思路，即提高由价格和质量共同决定的“性价比”将显著促进中国制造业的出口增长。

此外，从控制变量的估计结果看，变量 export、free、dist、MERS、FTA 及 APEC 的系数均至少通过了 10% 水平上的显著性检验，且变量符号也均与理论预期一致。cont 的估计系数为负数且不显著，与预期不相符，说明地理临近并不是影响中国制造业出口的主要因素。其原因可能在于，中国与一些亚洲国家（或地区）之间，特别是与东盟成员之间，在要素禀赋和产业结构上具有很大的相似性，导致中国与其双边贸易的关系更多地表现为竞争性，因而地理临近对中国制造业的出口增长并未发挥出预期的积极作用。

表15-2　全样本的基准回归结果

	(1)	(2)	(3)	(4)	(5)	(6)
χ	0.15202***	0.0799***	0.0799***	0.0799***	0.0799***	0.0799***
	(9.143)	(3.946)	(3.946)	(3.946)	(3.946)	(3.946)
GDP	0.0057**	0.0040**	0.0023	0.0008	0.0057**	0.0061***
	(2.921)	(2.187)	(1.366)	(0.449)	(2.250)	(3.068)
export			0.4118***	0.3751***	0.3492***	0.2851***
			(7.563)	(6.664)	(6.996)	(6.750)
free				0.0613**	0.1110***	0.0609**
				(2.716)	(3.764)	(2.446)
dist				−0.0152*	−0.0187**	−0.0140*
				(−1.890)	(−2.432)	(−2.017)
MERS					0.0117***	0.0146***
					(3.744)	(4.614)
cont						−0.0045
						(−1.051)
FTA						0.0374***
						(5.245)
APEC						0.0233*
						(1.928)
常数项	−0.0760***	−0.0611***	−0.0582***	0.0403	−0.0170	−0.0339
	(−3.803)	(−3.828)	(−3.715)	(0.549)	(−0.203)	(−0.467)
行业固定效应	否	是	是	是	是	是
年份固定效应	否	是	是	是	是	是
观测值	18896	18896	18896	18896	18896	18896
R^2	0.265	0.382	0.469	0.476	0.482	0.504

注：#、*、**和***分别表示15%、10%、5%和1%的显著性水平；（ ）内数值为采用聚类稳健标准差得到的t值或z值，均聚类在行业—年份维度。表15-3和表15-5同。

2. 分行业类型估计

为考察“性价比”的出口拉动作用在不同类型行业上的差异，我们将制造业按照要素密集度分为劳动密集型、资本密集型和技术密集行业进行分组估计，3类行业的估计结果分别见表15-3第（1）~（3）列。从估计结果可以看出，在3类行业中核心变量 χ 的估计系数均显著为正，与全样本估计结果基本一致，说明“性价比”对制造业的出口拉动作用具有稳健性。将3类行业的估计结果对比来看，劳动密集型行业的估计系数相对较高，为0.1590；而资本密集型和技术密集型行业的估计系数相对较低，均低于0.0860。这一结果反映出“性价比”对制造业的出口拉动作用在劳动密集型行业表现较为突出，而在资本密集型和技术密集型行业的表现则相对较弱。

表15-3 分类型样本的基准回归结果

	（1）	（2）	（3）	（4）	（5）
	劳动密集型	资本密集型	技术密集型	中低收入进口地	高收入进口地
χ	0.1590***	0.0858#	0.0853***	0.0878***	0.0691***
	（17.353）	（1.864）	（5.584）	（3.376）	（5.027）
GDP	0.0110	0.0059**	0.0025	0.0096***	0.0118***
	（1.794）	（2.669）	（1.268）	（3.528）	（4.768）
控制变量	是	是	是	是	是
行业固定效应	是	是	是	是	是
年份固定效应	是	是	是	是	是
观测值	5040	7557	6299	10 916	7980
R^2	0.503	0.469	0.436	0.506	0.629

3. 分进口地区类型估计

根据世界银行2009年发布的收入分组标准，本报告按人均国民收入水平将90个样本国分为高收入国家和中低收入国家①，以检验“性价比”对制造业出口增长的拉动作用是否会因进口地经济发展水平的不同而产生差异。表15-3第（4）和第（5）列分别报告了对中低收入进口地和高收入进口地的回归结果。回归结果显示，核心变量 χ 的估计系数均在1%的水平上显著为正，反映出“性价比”的

① 依据世界银行2009年发布的数据，人均国民收入高于12195美元的为高收入地区，低于则为中等偏上收入地区、中等偏下收入地区及低收入地区。考虑到样本量的均衡性，本报告将后3组合并为中低收入地区组。

出口拉动作用对于不同经济发展水平的进口地具有普遍性；而从估计系数的大小看，也存在一定差异性，中低收入进口地的“性价比”系数（0.0878）大于高收入进口地的估计系数（0.0691），说明相较于高收入进口地而言，“性价比”对中国制造业的出口拉动作用在中低收入进口地的表现更为明显。这一结果符合需求相似理论（Linder，1961）。按照世界银行的人均国民收入分组标准，中国在样本期间处于低收入或中等偏下收入行列，因此，中国出口产品的属性（包括产品质量和价格）更容易满足中低收入进口地消费者的需求偏好；同时，也反映出高收入进口地受中国出口产品的影响相对更小。

（三）稳健性检验

以上基准回归结果初步验证了本报告的研究假设。然而，我们用28个OECD国家作为参照国测算出的行业“性价比”指数，来反映中国制造业相对90个贸易伙伴的“性价比”水平，存在一定的度量误差，进而可能会影响估计结果的可靠性；同时，模型中的内生性问题也可能导致估计偏误。因此，我们进行了如下稳健性检验。

1. 基于微观数据的稳健性检验

我们采用中国海关总署统计的2000 ~ 2006年HS8分位的微观贸易数据，考察“性价比”水平的变动对企业—产品层面出口贸易的影响。参照施炳展（2013）的做法，对基础数据（主要包括企业—产品—进口地—年份维度的出口值和出口量）进行删减处理，同时仅保留前文中的90个进口地样本，最后的样本量为8437 404个。

基于以上微观贸易数据，我们借鉴Khandelwal等（2013）、Fan等（2015）的方法，利用出口量对出口价格回归得到的残差值，估算出企业—产品—进口地—年份维度的出口质量[①]。在此基础上，计算出企业—产品—进口地—年份维度的“性价比”指数，进行固定效应回归，具体回归结果报告于表15-4[②]。表15-4结果显示，变量 χ 的回归系数仍然显著为正，这说明企业—产品层面的微观数据也支持了本报告的主要观点，即“性价比”提高对制造业的出口增长具有显著的促进作用。此外，从分组回归结果的比较看，劳动密集型行业 χ 的回归系数大于资本密集型行业和技术密集型行业；中低收入进口地大于高收入进口地，这一结果与基准回归相符，表明“性价比”的出口促进作用在不同类型样本中的差异性也较为稳健。

表15-4 基于微观数据的回归结果

	(1)	(2)	(3)	(4)	(5)	(6)
	全样本	劳动密集型行业	资本密集型行业	技术密集型行业	中低收入进口地	高收入进口地
χ	0.0020***	0.0041***	0.0007***	0.0024***	0.0040***	0.0017***
	(7.336)	(12.682)	(4.378)	(4.459)	(4.342)	(6.744)
GDP	0.2528***	0.2858***	0.2413***	0.2602***	0.1600***	0.3096***
	(366.429)	(208.005)	(182.182)	(261.128)	(101.724)	(345.366)
控制变量	是	是	是	是	是	是
企业固定效应	是	是	是	是	是	是
产品固定效应	是	是	是	是	是	是
年份固定效应	是	是	是	是	是	是
观测值	8417930	4203932	1836750	2354617	1983505	6416527
R^2	0.311	0.280	0.363	0.356	0.376	0.321

注：所有回归均聚类在企业—产品—进口地—年份维度，并剔除单一观测值（singleton observations）；其余说明同上。

① 具体测算方法参看Khandelwal等（2013）、Fan等（2015）；产品间的替代弹性取值为5。

② 考虑到样本数据为企业—产品—进口地—年份维度，在本部分回归中，被解释变量为在t年企业f向进口地i出口产品hs的贸易值，并取其对数；其余变量与基准回归模型一致。此外，根据Feenstra和Wei（2010）在HS2分位上的行业分类方法，将所有HS6分位产品分别归类到劳动密集型行业、资本密集型行业和技术密集型行业。

2. 考虑内生性

本报告计量模型的核心解释变量与被解释变量之间可能存在着反向因果关系：一个行业的出口贸易发展越快，该行业出口企业间的竞争程度也越大，进而有利于该行业“性价比”水平的提升。因此，需要寻找一个合适的工具变量来处理模型中可能存在的内生性问题。借鉴 Hallak 和 Schott（2011）的思路，以行业层面的真实有效汇率作为行业“性价比”指数的工具变量。原因在于：其一，真实有效汇率的波动会影响纯净价格指数（Hallak 和 Schott，2011），而纯净价格指数与本报告的“性价比”指数互为倒数关系，因此真实有效汇率与“性价比”指数存在相关性；其二，在理论上，真实有效汇率是一国与所有贸易伙伴双边汇率的加权平均值，与某一贸易伙伴从该国的进口比重没有显著的直接关系[①]，因此可认为真实有效汇率满足工具变量的外生性要求。

基于以上分析，我们以真实有效汇率作为工具变量进行两阶段最小二乘（TSLS）回归，具体结果见表 15-5[②]。在分析回归结果之前，首先根据第一阶段回归的 3 个统计量来检验所选工具变量的有效性，Kleibergen-Paap rk LM 统计量均在 1% 的显著水平上拒绝“工具变量识别不足”的原假设；Kleibergen-Paap Wald rk F 统计量和 Minimum eigenvalue 统计量（大于 10）均拒绝“存在弱工具变量”的原假设。因此，本报告所选工具变量均是有效的。从 TSLS 回归结果可以看出，变量 χ 的回归系数仍均在 1% 的水平上显著为正，这说明在控制内生性后，

① 为进一步降低工具变量与被解释变量之间的相关性，我们将真实有效汇率从行业—年份维度（REERst）拓展至国家—行业—年份维度（REERist），REERit,s是指使用中国与除i地区以外的其余样本之间的双边汇率加权计算的行业真实有效汇率，进而，每一个被解释变量importit,s均对应一个与其无直接关系的工具变量。

② 限于篇幅，未报告第一阶段的回归结果，备索。

“性价比”提高对制造业出口增长的促进作用依然显著，分组回归结果也是如此。

表15-5 **TSLS回归结果**

	（1）	（2）	（3）	（4）	（5）	（6）
	全样本	劳动密集型行业	资本密集型行业	技术密集型行业	中低收入进口地	高收入进口地
χ	0.0607***	0.1672***	0.1046***	0.0928***	0.1761***	0.1134***
	（6.162）	（39.653）	（13.967）	（14.797）	（42.060）	（8.530）
GDP	0.0062***	0.0106***	0.0058***	0.0024***	0.0105***	0.0110***
	（11.224）	（6.933）	（6.692）	（3.529）	（9.557）	（13.048）
控制变量	是	是	是	是	是	是
行业固定效应	是	是	是	是	是	是
年份固定效应	是	是	是	是	是	是
Kleibergen–Paap rk LM	352.823***	526.698***	431.941***	628.612***	203.720***	149.670***
Kleibergen–Paap Wald rk F	444.859***	623.527***	856.392***	3757.979***	256.674***	188.831***
Minimum eigenvalue	703.540	465.824	324.808	6490.960	405.868	298.289
观测值	18896	5040	7557	6299	10916	7980
R^2	0.3628	0.4745	0.2819	0.3709	0.2642	0.5374

六、结构性分解分析

为进一步分析“性价比”及其他因素的变化对出口增长的动态影响，了解各因素对制造业出口增长的贡献程度，同时考察制造业“性价比”提高的主要来源因素及其在结构上的动态变化，我们分别对中国制造业的出口增长及“性价比”的变化进行结构性分解。

（一）出口增长的结构性分解

我们对进口地从中国进口的比重、中国制造业“性价比”指数以及进口地 GDP 取对数并进行差分[①]，构建如下分解方程：

$$\sum_i w_{is}\Delta \ln import_{is} = \Delta \ln \chi_s + \sum_i w_{is}\Delta \ln GDP_{is} + \Delta others \qquad (15\text{–}21)$$

其中，w_{is} 为权重，用样本期间在 s 行业上 i 国从中国的进口额占所有样本国从中国的进口总额的平均比重衡量。式（15–21）等号左边为所有样本从中国进口比重的平均变化（反映中国出口增长的动态情况）；等号右边第一项反映中国制造业“性价比”指数的变化，第二项为所有样本国 GDP 的平均变化（反映进口地市场需求规模的变动情况），第三项为其他因素的变化。

表 15–6 的分解结果显示，“性价比”和进口地市场规模的变动对各行业的出口增长均作出了积极贡献，这正是由于中国出口产品“性价比”的提高恰好满足了不断扩大的国外市场需求，成就了中国制造业的出口奇迹。通过对比不同行业的分解结果发现，“性价比”对出口增长的贡献程度在各行业中是不同的。其中，在纺织、服装、皮革及鞋类制造业、其他机械及设备制造业、电气、光学设备制造业及其他制造业，“性价比”提高对出口增长的贡献较大，均在 29% 以上；而在木材加工制造业、造纸、印刷、出版业、非金属矿物制品业、汽车、挂车及半挂车制造业及其他运输设备制造业，“性价比”提高对出口增长的贡献较小，均低于 10%，这些行业的出口增长主要依赖于其他因素的贡献。

① 为避免经济波动的影响，差分的基期值选取为各变量在1996~1999年的均值，终期值选取为各变量在2006~2009年的均值。

表15-6 进口地从中国进口占比变动的结构性分解（%）

行业	进口比重变化	“性价比”变化	进口地市场规模变化	其他因素变化	“性价比”变化的比重	进口地市场规模变化的比重
食品、饮料、烟草制造业	52.96	6.94	48.16	-2.13	13.10	90.93
纺织、服装、皮革及鞋类制造业	74.33	21.76	50.38	2.19	29.28	67.78
木材加工制造业	132.15	3.28	52.29	76.59	2.48	39.57
造纸、印刷、出版业	174.26	17.30	54.50	102.47	9.93	31.27
焦炭、炼油、核燃料制造业	43.06	5.15	53.38	-15.47	11.96	123.98
化学品及化学制品业	97.32	18.45	60.42	18.44	18.96	62.09
橡胶、塑料制品业	101.91	11.67	56.45	33.80	11.45	55.39
非金属矿物制品业	123.75	7.54	61.84	54.37	6.09	49.97
基础金属制造业	161.73	31.11	68.83	61.79	19.23	42.56
压延金属制品业	124.75	15.20	60.42	49.13	12.18	48.43
其他机械及设备制造业	164.11	49.01	61.28	53.82	29.86	37.34
电气、光学设备制造业	141.44	116.62	53.47	-28.65	82.45	37.80
汽车、挂车及半挂车制造业	282.28	12.45	61.95	207.89	4.41	21.95
其他运输设备制造业	137.39	4.02	59.78	73.59	2.93	43.51
其他制造业	63.04	21.74	51.45	-10.14	34.48	81.61

注：“性价比”变化的比重等于“性价比”变化/进口比重变化，反映“性价比”的变动对出口增长的贡献情况；进口地市场规模变化的比重等于进口地市场规模变化/进口比重变化，反映进口地市场规模的变动对出口增长的贡献情况。

（二）“性价比”变动的结构性分解

通过以上回归分析和结构分解，我们发现中国制造业出口增长的一个重要因素就是“性价比”水平的提高，而“性价比”水平同时取决于质量和价格两个方面，为了解中国制造业“性价比”水平的提高主要来源于质量提升还是价格下降，我们用以上结构分解方法对“性价比”的变动从质量和价格两个方面进行分解，分解结果列于表15–7。

在表 15-7 中，“质量变化的比重”列反映各行业出口质量的变化对“性价比”提高的贡献情况。“价格变化的比重”列反映各行业出口价格的变化对“性价比”提高的贡献情况，为使该列数值的经济含义更为直观，我们对该列数值均乘以 -1。调整后的数值为正表示该行业出口价格的变化呈下降趋势，有利于该行业“性价比”的提高；为负则表示该行业出口价格的变化呈上升趋势，不利于“性价比”的提高。

为便于更清晰地梳理各行业“性价比”提高的主要来源因素，我们将“性价比”提高分为两种类型：价格型和质量型。前者是指“性价比”的提高主要通过降低出口价格实现，包括两种情况：一是出口价格和出口质量同时降低，但出口价格降低的幅度更大；二是出口价格降低而出口质量提升，但出口价格降低的幅度大于出口质量提升的幅度。后者是指“性价比”的提高主要通过提升出口质量实现，也包括两种情况：一是出口质量和出口价格同时提升，但出口质量提升的幅度更大；二是出口质量提升而出口价格降低，但出口质量提升的幅度大于出口价格降低的幅度[①]。对照表 15-7 中质量因素和价格因素对“性价比”提高的贡献程度，发现符合价格型“性价比”提高的仅有食品、饮料、烟草制造业和化学品及化学制品业 2 个行业，并且都是该类型的第一种情况（价格和质量同时降低）；其余 13 个行业均符合质量型“性价比”提高，其中，有 11 个行业为该类型的第一种情况（质量和价格同时提升），有 2 个行业为质量提升而价格下降。因此，综合来看，中国制造业出口“性价比”的提高主要来源于出口质量的

① 严格来说，价格型“性价比”提高还包括价格降低而质量不变的情况，质量型“性价比”提高还包括质量提升而价格变的情况。而实际中价格与质量往往是同时变动的，故我们并未考虑这两种情况。

提升，仅有少数行业依赖于价格竞争。从质量因素和价格因素的变化趋势上看，中国制造业大多数行业的出口质量和出口价格在同时提升，而“性价比”水平依然保持上升趋势，反映出制造业“性价比”在结构上正在从价格竞争型向质量竞争型演进。以上结论揭示出，“性价比”水平在结构上是动态调整的，虽然在样本期内制造业出口产品仍具有价格优势（IPI 指数小于 1），但出口价格的上升使得价格优势逐渐被削弱，而不断提升的出口质量恰好起到了弥补作用，并带动“性价比”水平进一步提高，这就解释了在价格优势不断弱化而出口质量与发达国家尚存在差距的情况下（施炳展，2013），制造业出口仍能持续增长的原因。这是以往文献从单一的价格或质量方面分析难以捕捉到的。

表15-7　中国制造业“性价比”水平变动的结构性分解（%）

行业	“性价比”变化	质量变化	价格变化	质量变化的比重	价格变化的比重
食品、饮料、烟草制造业	6.94	−0.27	−7.15	−3.89	103.09
纺织、服装、皮革及鞋类制造业	21.76	38.44	16.82	176.62	−77.29
木材加工制造业	3.28	66.67	61.05	2034.63	−1863.23
造纸、印刷、出版业	17.30	13.78	−3.24	79.65	18.75
焦炭、炼油、核燃料制造业	5.15	15.61	15.09	303.24	−293.19
化学品及化学制品业	18.45	−23.71	−41.65	−128.48	225.71
橡胶、塑料制品业	11.67	13.27	1.47	113.65	−12.56
非金属矿物制品业	7.54	22.21	16.12	294.46	−213.67
基础金属制造业	31.11	58.50	28.03	188.08	−90.11
压延金属制品业	15.20	26.87	11.60	176.79	−76.29
其他机械及设备制造业	49.01	88.44	37.96	180.46	−77.45
电气、光学设备制造业	116.62	168.37	50.28	144.38	−43.12
汽车、挂车及半挂车制造业	12.45	13.10	0.63	105.21	−5.10
其他运输设备制造业	4.02	3.16	−0.73	78.66	18.18
其他制造业	21.74	51.36	34.71	236.30	−159.67

七、结论及启示

在现有研究成果的基础上，本报告从“性价比”的视角解释了中国出口增长的原因。借鉴质量异质性模型，我们构建了“性价比”影响出口的理论框架，同时采用 Hallak 和 Schott（2011）的方法测度了 1996 ~ 2009 年中国制造业的出口质量指数和“性价比”指数，利用中国与 90 个贸易伙伴的双边贸易数据，检验了“性价比”变动对出口增长的影响。结果显示，“性价比”水平的提高显著促进了中国制造业的出口增长，且在不同类型行业和不同类型进口地中呈现一定的差异性。此外，我们还对制造业的出口增长和“性价比”变动进行了结构分解，结果发现，“性价比”与进口地需求规模的变动对各行业的出口增长均作出了积极贡献，说明正是由于中国出口产品的“性价比”提高恰好满足了不断扩大的国外市场需求，成就了中国制造业的出口奇迹；“性价比”在结构上的动态调整，解释了在价格优势渐进弱化而出口质量与发达国家尚存在差距的情况下，制造业出口仍能持续增长的原因。

本研究还具有重要的政策启示：①“性价比”是影响出口的重要因素，出口行业应该根据自身优势条件针对不同的出口市场选择合理的出口质量及相应的出口价格，以提高出口产品的“性价比”水平，进一步扩大出口规模。②制造业“性价比”在结构上正在从依靠价格竞争向依靠质量提升转变，这一演进趋势符合中国出口贸易转型的“优质优价”战略。因此，伴随“要素红利”的逐渐衰减，出口部门应更多关注技术创新，政府也应为其提供必要的技术创新条件（李春顶，2010），利用“创新红利”进一步推动出口产品“性价比”的提高向质量型发展。③我们还应该注意到，“优质优价”的出口战略并非意味着绝对的“高质高价”，而应该是在保持“性价比”优势的前提下，合理地提升出口质量和出口价格，进而实现出口规模和出口效益的双赢。

执笔人：廖 涵（中南财经政治大学）
谢 靖（中南财经政治大学）

参考文献

[1] 韩会朝，徐康宁. 中国产品出口“质量门槛”假说及其检验. 中国工业经济，2014（4）

[2] 李春顶. 中国出口企业是否存在“生产率悖论”：基于中国制造业企业数据的检验. 世界经济，2017（7）

[3] 李小平，周记顺，卢现祥，胡久凯. 出口的“质”影响了出口的“量”吗？. 经济研究，2015（8）

[4] 孟捷，冯金华. 部门内企业的代谢竞争与价值规律的实现形式——一个演化马克思主义的解释. 经济研究，2015（1）

[5] 钱学锋，熊平. 中国出口增长的二元边际及其因素决定. 经济研究，2010（1）

[6] 施炳展. 中国企业出口产品质量异质性：测度与事实. 经济学（季刊），2013（4）

[7] 施炳展，冼国明. 技术复杂度偏好与中国出口增长——基于扩展引力模型的分析. 南方经济，2012（8）

[8] 谢靖，廖涵. 技术创新视角下环境规制对出口质量的影响研究——基于制造业动态面板数据的实证分析. 中国软科学2017（8）

[9] 徐建炜，田丰. 中国行业层面实际有效汇率测算：2000～2009. 世界经济，2013（5）

[10] 张杰，郑文平，陈志远，王雨剑. 进口是否引致了出口：中国出口奇迹的微观解读. 世界经济，2014（6）

[11] Cagé，J.and Rouzet，D. “Improving ‘National Brands’：Reputation for Quality and Export Promotion Strategies.” Journal of International Economics，2015，95（2），pp.274–290.

[12] Fajgelbaum，P.；Grossman，G.M.and Helpman，E. “Income Distribution，Product Quality，and International Trade.” Journal of Political Economy，2011，119（4），pp.721–765.

[13] Fan，H.；Li，Y.A.and Yeaple，S.R. “Trade Liberalization，Quality，and Export Price.” The Review of Economics and Statistics，2015，97（5），pp.1033–1051.

[14] Feng, L.; Li, Z.Y.and Swenson, D.L. “The Connection between Imported Intermediate Inputs and Exports: Evidence from Chinese Firms.” NBER Working Paper, NO.18260, 2012.

[15] Feenstra, R.C.and Wei, S.J.China's Growing Role in World Trade.University of Chicago Press, 2010.

[16] Goldberg, L.S. “Industry-Specific Exchange Rates for the United States.” Economic Policy Review, 2004, 10 (1), pp.1-16.

[17] Hallak, J.C.and Sivadasan, J. “Product and Process Productivity: Implications for Quality Choice and Conditional Exporter Premia.” Journal of International Economics, 2013, 91 (1), pp.53-67.

[18] Hallak, J.C.and Schott, P.K. “Estimating Cross-Country Differences in Product Quality.” Quarterly Journal of Economics, 2011, 126 (1), pp.417-474.

[19] Hotelling, H. “Stability in Competition.” The Economic Journal, 1929, 39 (153), pp.41-57.

[20] Khandelwal, A.K.; Schott, P.K.and Wei, S.J. “Trade Liberalization and Embedded Institutional Reform: Evidence from Chinese Exporters.” American Economic Review, 2013, 103 (6), pp.2169-2195.

[21] Lemoine, F. “FDI and the Opening up of China's Economy.” CEPII Research Center Working Papers, NO.11, 2000.

[22] Linder, S.B. “An Essay on Trade and Transformation.” Journal of Political Economy, 1961, 1, pp.171-172.

[23] Novy, D. “Gravity Redux: Measuring International Trade Costs with Panel Data.” Economic Inquiry, 2013, 51 (1), pp.101-121.

[24] Richard, S.E. “China's Exports, Subsidies to State-Owned Enterprises and the WTO.” China Economic Review, 2006, 17 (1), pp.1-13.

[25] Schott, P.K. “The Relative Sophistication of Chinese Export.” Economic Policy, 2008, 23 (1), pp.5-49.

[26] Thomas, C.; Noel, T.and Zhu, W.China's Export Miracle: Origins, Results and Prospects. London: Macmillan Press, 1999.

[27] Wang, Z.and Wei, S.J. “The Chinese Export Bundles: Patterns, Puzzles and Possible Explanations.” ICRIER, Macroeconomics Working Paper, NO.226, 2008.

[28] Weisstein, E.W. “Fisher Index.” From MathWorld--A Wolfram Web Resource, 2011.

[29] Xu, B. “Measuring China's Export Sophistication.” China Europe International Business School, manuscript, 2007.

专题报告十六

中国跨越中等收入陷阱：基于新发展理念视角

一、引言

改革开放以来，中国经济保持了近四十年的高速增长，从世界第十大经济体跃升为世界第二大经济体，从世界第二十九位货物进出口国成为世界第一大贸易体①，人均国民总收入从220美元（1980年）上升至8690美元（2017年），从低人类发展水平（HDI为0.423）上升到高人类发展水平（0.727）②，是世界经济发展史上的奇迹。随着2008年全球金融危机的影响，中国经济发展进入了新阶段。“十二五”以来，随着经济结构调整的深入，原有增长模式所隐含的各种矛盾逐步凸显，“稳增长”的压力逐渐显现。针对中国经济增长在现阶段的下行，对于中国未来的增长预期，国内外均出现各种悲观论调。特别是中国经济增长速度能否保持一个中高速增长的态势，这已经成为中

① 国家统计局编：《中国统计摘要2015》，中国统计出版社2015年版。

② 根据联合国开发计划署数据库，1980年中国人类发展指数为0.423，属于低人类发展水平；1990年中国为0.501，开始进入中人类发展水平；到2015年上升为0.727，已经属于高人类发展水平的国家（UNDP：《2014年人类发展报告》表2；《2015年人类发展报告》表2）。

国能否顺利跨越“中等收入陷阱”的关键。

“十三五”时期，中国不仅要完成2020年全面建成小康社会的目标，同时也正经历着经济结构的深刻调整、经济增长方式的深刻转变，能否在这一时期仍然保持中高速的增长对我国未来能否顺利跨越中等收入阶段至关重要。更为重要的是，党的十九大报告明确了到2050年全面建成社会主义现代化国家的两阶段战：从2020年到2035年，在全面建成小康社会的基础上，基本实现社会主义现代化；从2035年到2050年，在基本实现现代化的基础上，把我国建成富强、民主、文明、和谐、美丽的社会主义现代化强国。由此，能否在这一时期成功跨越中等收入陷阱，不仅是我国进入高收入国家的基础，更是能否全面建成社会主义现代化国家的基础。对此，习近平总书记已经给出了明确的回答:“对中国而言,中等收入陷阱过是肯定要过去的，关键是什么时候迈过去、迈过去以后如何更好向前发展。我们有信心在改革发展稳定之间，以及稳增长、调结构、惠民生、促改革之间找到平衡点，使中国经济行稳致远。”

那么中国如何才能成功地跨越中等收入陷阱，党的十八届五中全会给出了清晰的路线图，提出了“创新、协调、绿色、开放、共享”五大发展新理念。党的十九大报告进一步提出，新发展理念是新时代坚持和发展中国特色社会主义基本方略的指导思想，其目标是在经济发展进入新常态的发展阶段，转变发展方式，提升发展质量，以适应中国由高速增长阶段向高质量发展阶段转型，不断减少发展的不平衡和不充分问题。

本专题尝试回答如下几个重要问题：中国是否能够跨越中等收入陷阱？如果能够跨越，什么时候可以跨越中等收入阶段？通过什么途径，采用什么办法才能够成功跨越中等收入陷阱？保证跨越中等收入陷阱的关键性的政治保障是什么？遵循什么样的发展道路才能使中国经济巨轮行稳致远？

不同于西方经济学的分析框架，本专题提出一个基于政治经济学的分析框架，通过对中等收入发展阶段的特征进行剖析，特别是针对跨越中等收入陷阱的五大挑战，即全要素生产率挑战、城镇化挑战、生态环境挑战、被动依附型挑战和不平等挑战，提出应当以五大发展为基础的新发展理念为指导，妥善消除发展过程中各种束缚和阻碍社会生产力发展的制约因素，避开各种可能存在的陷阱，才能有效消除经济发展过程中的各种系统性风险。同时，我们认为中国成功跨越中等收入陷阱的最大保障是政治稳定，通过不断全面深化改革，不断推进国家治理体系与治理能力现代化，全面提升发展质量，为实现全面建成社会主义现代化社会的战略目标奠定基础。

二、中国可以跨越中等收入陷阱

世界银行在2007年发表的《东亚复兴：关于经济增长的观点》报告中首次提出“中等收入陷阱”这个概念，但是，对此概念并没有进行明确阐述。2012年，世界银行再次针对“中等收入陷阱”的问题，发表了题为《避免中等收入增长陷阱》。该报告认为从世界范围来看，处于中等收入发展阶段的国家有可能会发生经济增长率下滑、停滞甚至衰退的现象，从而不能成功到达高收入阶段，世界银行就把这个现象称为“中等收入陷阱”。对于中等收入国家，世界银行给出两种标准。第一个标准是绝对收入标准，即按照Atlas方法统计的各国人均国民总收入（人均GNI）（Atlas方法是按照汇率对各国的人均GNI进行估算）。2017年人均GNI水平位于1006 ~ 12235美元（Atlas方法，类似于汇率法）区间的国家或地区被列为中等收入国家或经济体。按照这种方法，我国在 1990 年为 330 美元，属于低收入水平，到 2000 年达到 940 美元，从低收入阶段进入下中等收入阶段，实现了第一次跨越；2010 年达到 4340 美元，从下中等收入阶段进入上中等收入阶段，实现了第二次跨越，到 2017 年又提高至 8690 美元。这两次跨越都是建立在中国经济增长速度自 1978 年以来保持在 9% 左右的高速增长下取得的。相对于巴西人均 GDP 的大起大落，中国实现稳定增长，2017 年中国人均 GDP 按照汇率法超过巴西（见图 16–1）。

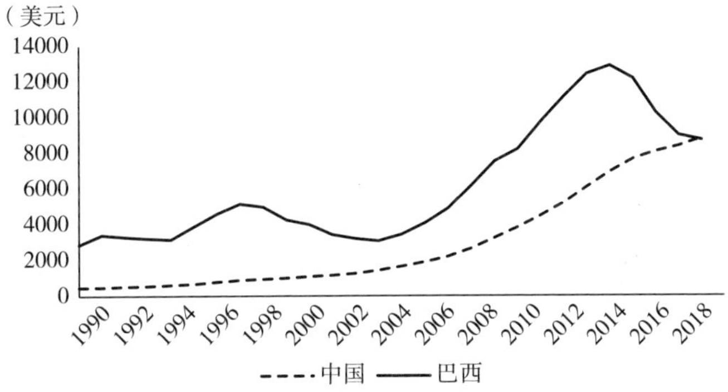

图16-1　中国和巴西人均GDP（1990 ~ 2017）

注：人均GDP按汇率法（Atlas）计算。
数据来源：世界银行数据库。

“十二五”时期以来，受到国际金融危机的外部冲击以及全球经济增长低迷的影响，我国经济增速放缓，尤其是近年来，随着我国经济进入新常态，经济增长速度相对于 21 世纪以来 10% 左右的高速增长有所下降，但是依然保持了 7% 左右的增长速度[①]。从我国发展的基本因素来看，人力资本的不断提升，保持了较高的储蓄率，特别是创新能力不断增强，尽管中国经济总量已经超过 10 万亿美元规模，

① 2015年GDP比上年增长6.9%，国家统计局，2016年1月19日。

未来中国经济仍具有较高的增长潜力。基于此，在未来十年人均 GNI 实际年均增长率达到 6% 以上是有把握的，也是有保障的[①]。这里，我们从两个标准做预测分析。

第一个预测按照绝对收入标准。如果未来十年人均 GNI 以 6% 的平均增长率，2023 年人均 GNI（2017 年水平）将达到 12327 美元，超过 2017 年高收入国家门槛值（12235 美元）；如果未来十年人均 GNI 以 5% 的平均增长率，2025 年人均 GNI（2017 年水平）将达到 12839 美元，也超过 2017 年高收入国家门槛值。

第二个预测按照相对收入标准。这个标准是指各个国家人均 GDP（PPP，即购买力平价）相对于美国人均 GDP 的比率。世界银行 2012 年的《避免中等收入增长陷阱》报告就是依据这个标准对陷入“中等收入国家”进行分类。其中，人均 GDP 低于美国人均 GDP 水平 5% 的为低收入国家，高于 40% 的为高收入国家。该报告基于各国在 1960 ~ 2008 年期间相对于美国人均 GDP 相对变化进行了统计。报告发现，在 1960 年被认为的 101 个中等收入国家中，1960 ~ 2008 年期间，只有 13 个国家成功跨越“中等收入陷阱”。从相对收入的算法来看，中国人均 GDP（PPP）相对于美国从 1990 年的 4%，到 2000 年达到 8%，2017 年又进一步上升至 28%。与此不同的是巴西自 1990 年以来始终在 25% ~ 30% 之间徘徊（见图 16–2）。如果未来中国人均 GDP 超过美国人均 GDP 大约 5 个百分点，中国在 2025 年的人均 GDP 超过美国的 40%，实现跨越中等收入陷阱。

---

① 世界银行《全球经济展望2016》预计2016年中国经济增长率为6.7%；国际货币基金组织《世界经济展望2016》预计2016年中国经济增长率为6.3%；“十三五”规划关于2020年人均收入翻一番的要求，人均GDP的增长率应该为6.65%；2016年3月5日，李克强总理在《政府工作报告》中提出，2016年国内生产总值增长预期目标为6.5%~7%。

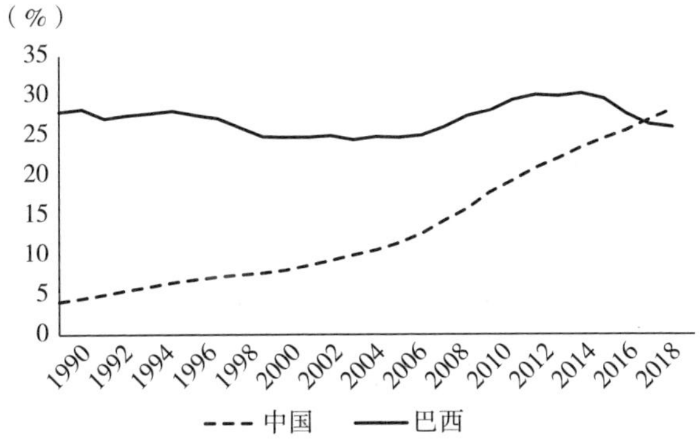

图16-2　中国和巴西人均GDP相对于美国水平（1990～2017）

注：相对于美国人均GDP（PPP）（2011年不变价格计算）。
数据来源：世界银行数据库。

因此，无论是绝对收入标准还是相对收入标准，中国人均收入水平2025年达到高收入国家水平是大概率事件，中国成功地跨越中等收入陷阱是大势所趋。以上分析表明，正如习近平总书记所言："中等收入陷阱中国肯定要过去"。从现在到2025年正是中国从上中等收入阶段迈向高收入阶段的关键时期。正如世界银行基于各国发展实践所提供的"中等收入陷阱"的理论和统计事实，的确是一个真命题，但是对中国而言，陷入中等收入陷阱就是一个伪命题。当然，更为关键的是中国如何才能成功地跨越中等收入陷阱。

三、党中央对中等收入陷阱的认识和应对

既然"中等收入陷阱"对中国而言是个伪命题，那么为什么我们还要研究"中等收入陷阱"呢？客观地讲，中等收入阶段是一个国家经济发展比较特殊的阶段，既要面对经济增长方式的转型，同时也要面对伴随着经济发展方式转变带来的社会转型，经济发展与其他领域发展之间的关系不仅更加紧密，而且更加复杂。特别是在中上等收入

发展阶段，能否成功应对各种发展挑战，决定了能否有效利用发展机遇，创造发展新动力。可以说，在这一阶段，发展面临多种可能性，也存在着多重发展陷阱。对此党中央具有清醒的认识，提出了一系列正确的发展理念，并采取了有效的应对措施。

早在21世纪初，当我国进入下中等收入阶段时，党中央就已经清醒意识到有两种不同的可能性，也就有两种不同的发展前途。2004年2月，温家宝总理在省部级主要干部专题研讨班上明确指出："我国人均国内生产总值已达1000美元，按既定的部署和现行汇率计算，到2020年将达到3000美元。这是整个现代化进程中一个非常关键的阶段，也是经济社会结构将发生深刻变化的重要阶段。许多国家的发展进程表明，在这一阶段，有可能出现两种发展结果：一种是搞得好，经济社会继续向前发展，顺利实现工业化、现代化；另一种是搞得不好，往往出现贫富悬殊、失业人口增多、城乡和地区差距拉大、社会矛盾加剧、生态环境恶化等问题，导致经济社会发展长期徘徊不前，甚至出现社会动荡和倒退。"为此，党中央及时提出以人为本的"科学发展观"，坚持全面、协调、可持续发展，坚持统筹兼顾，处理各种矛盾和问题，避免了后一种可能性，也争取了第一种可能性。到2017年，中国人均GNI（现价美元）已经达到了8690美元，即使按照不变价格计算，也达到了4500美元左右，提前实现了2020年的目标，顺利地跨入了上中等收入阶段。

随着我国进入上中等收入阶段，习近平总书记在党的十八届五中全会进一步指出："我们必须清醒看到，如期全面建成小康社会，既具有充分条件，也面临艰巨任务，前进道路并不平坦，诸多矛盾叠加、风险隐患增多的挑战依然严峻复杂。如果应对不好，或者发生系统性风险、犯颠覆性错误，就会延误甚至中断全面建成小康社会进程。"

为此，党的十八届五中全会正式提出要坚持新发展理念，即创新、协调、绿色、开放、共享发展理念。这正是针对我国经济发展进入新常态所面临中等收入阶段性的突出矛盾和深层次挑战做出的战略部署。新发展理念成为中国顺利跨入高收入阶段的战略思维。李克强总理所作的2016年《政府工作报告》把跨越“中等收入陷阱”作为“十三五”时期国家发展的战略目标。

由此可知，当中国进入中等收入阶段之后，遇到的最大挑战是中等收入陷阱。对此，党中央高度关注、战略谋划、科学布局、破解难题。2002年党中央十分明确地提出了全面建设惠及十几亿人口的小康社会这一核心目标，先是准确地识别中等收入陷阱，为此制定了“十一五”规划；后是明确提出避免中等收入陷阱，为此制定了“十二五”规划；进而战略布局跨越中等收入陷阱，为此制定了“十三五”规划，确保中国从下中等收入进入上中等收入，进而成功地走向高收入并实现共同富裕。

四、如何破解中等收入阶段的五大挑战

在中等收入阶段，各个国家由于发展起点、资源禀赋、发展路径、外部挑战等因素的差异，的确存在着在中等收入阶段发展绩效的差异，甚至落入发展停滞的状态[①]。借鉴各国的发展实践，并结合中国经济发展实际情况，我们认为至少有五个重大挑战：全要素生产率挑战、城镇化挑战、生态环境挑战、依附型挑战和不平等挑战。

那么如何破解这五大挑战，进而跨越中等收入阶段？显然，从理

① 2015年11月9日，中共中央政治局常委、国务院总理李克强主持召开座谈会，就当前经济形势听取专家和企业负责人的意见建议。李克强说，“十三五”的核心目标是全面建成小康社会，但我们面临着世界经济短期难以走出低迷、国内长期积累的结构性矛盾日渐突出和跨越“中等收入陷阱”等多重挑战。

论上看，西方经济学教科书没给我们提供现成的答案；从实践上看，也没有哪个国家给我们提供了现成的经验和参照的路径，只能立足中国道路的实践。改革开放以来，中国并没有固守某种发展理论，而是把发展实践立足于不同历史时期的客观国情，坚持了解放生产力、发展生产力的政治经济学基本理论，把尊重和鼓励地方发展创新实践与中央宏观布局统筹结合起来，逐步探索形成并不断丰富了有中国特色的政治经济学理论体系。党的十八大以来，党中央逐步形成了“五位一体”的总体布局和“四个全面”的战略布局，通过贯彻新发展理念引领新常态。新发展理念直面中国处在中高收入发展阶段所面临的上述五大挑战，提出破解思路、破解途径。在党的十九大报告中，习近平总书记进一步明确了“发展是解决我国一切问题的基础和关键，发展必须是科学发展，必须坚定不移贯彻创新、协调、绿色、开放、共享的发展理念”。

（一）坚持创新发展，应对全要素生产率挑战

胡鞍钢、周绍杰（2014）指出，全要素生产率的长期性增长是经济增长率的关键，也是中等收入国家上升到高收入国家的主要驱动力[①]。Eichengreen et al（2011，2013）强调，由经济结构转变与创新带来的经济发展方式的转变，其核心在于提高全要素生产率对经济增长的贡献，这也是成功跨越中等收入陷阱的必要条件[②]。对于中等收入国家而言，中等收入阶段是经济发展方式转变的关键时期，着力点

---

① 胡鞍钢、周绍杰：“中国正在跨越‘中等收入陷阱’，向高收入进军”，《国情报告》，2014，专刊第14期。

② Eichengreen，B.，Park，D.，& Shin，K.（2011）. When fast growing economies slow down：international evidence and implications for the People’s Republic of China. Asian Development Bank Economics Working Paper Series，（262）.Eichengreen，B.，Park，D.，& Shin，K.（2013）. Growth slowdowns redux：New evidence on the middle-income trap（No. w18673）. National bureau of economic research.

在于转换经济发展动力。实证研究表明，如果全要素生产率相对于美国的水平不能提升，甚至有所下降，就会陷入全要素生产率增长停滞。我们对 1960 年处于中等收入水平国家进行了实证研究，依据这些国家在 2010 年是否跨越中等收入阶段划分为三组，包括跨越中等收入阶段的国家、依然留在中等收入阶段的国家、落入低收入阶段的国家，然后计算三组国家的全要素生产率相对于美国差距缩小的情况（见图 16–3）。我们发现，只有跨越中等收入阶段的国家才呈现出全要素生产率的追赶，即全要素生产率相对水平的提升。没有跨过中等收入阶段的国家，都不同程度地出现了全要素生产率相对水平的下降，甚至停滞。

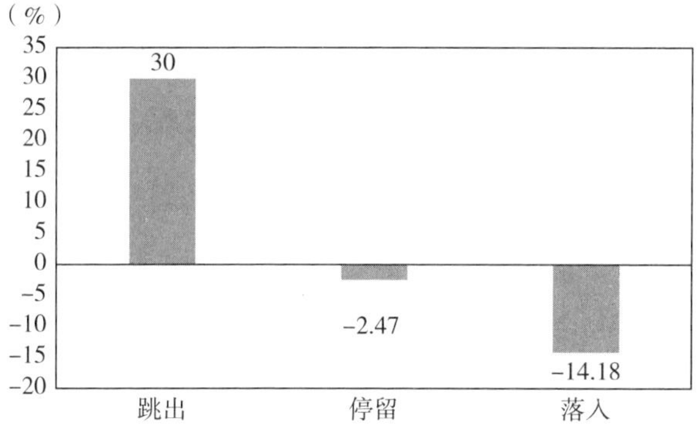

图16-3　中等收入国家全要素生产率平均变动情况（1960 ~ 2010年）

注：跳出中等收入陷阱的国家和地区有11个，停留在中等收入阶段的国家和地区有35个，落入低收入阶段的国家和地区有11个。

数据来源：UNIDO数据库。

提高全要素生产率的关键是从以要素投入型为主的经济增长方式转变成为以创新驱动为主，坚持创新发展，挖掘新的发展动力，推动经济保持中高速增长、迈向中高端水平。当前，我国经济发展进入新常态，引领新常态的关键就在于创新发展，以适应经济结构优化和增长动力转换的客观要求。其中，动力转换最为关键，决定着速度变化和结构优化的进程和质量。这就需要培育发展新动力、拓展发展新空间、深入实施创新驱动发展战略、大力推进农业现代化、构建产业新体系、构建发展新体制、创新和完善宏观调控体系，保持我国经济高效发展。

总体来说，我国具备了实施创新发展战略的基础。中国的科技实力与美国的相对差距显著缩小，我国研发经费投入总量连续超过英国、法国、德国和日本，成为仅次于美国的世界第二大科技投入国，占全球研发投入比重从 2010 年的 11.65% 上升至 2014 年的 18.01%，预计在 2020 年前后就会超过美国。当然科技实力不等同于科技水平，不过，中国的科技水平也在迅速提高，与美国的相对差距在不断缩小。经济合作与发展组织（OECD）发布的《2015 科学技术与工业记分板》调查报告，2003 ~ 2012 年期间，全球发表的科研论文数量每年递增约 8%，美国累计增长 50%，而中国则足足增长了 3 倍。自然出版集团发布的《转型中的中国科研白皮书》（2015 年 11 月 25 日）指出，中国已经是全球自然指数（Nature Index）第二大贡献国，显示了高水平的科研实力。虽然，中国与西方国家在一些领域的高水平科研产出方面也有差距，但是中国的创新能力正在从追随者到并驾齐驱者，并有望成为世界科技创新的引领者。

"十三五"规划明确提出了强化创新引领作用，为发展注入强大动力的基本思路。明确提出到 2020 年，研究与试验发展经费投入强度从 2015 年的 2.1% 提高至 2.5%，全社会研发经费支出从 1.42 万亿元增加至 2.32 万亿元，5 年累计投资 11.22 万亿元，相当于"十二五"时期总支出（5.80 万亿）的 1.93 倍。"十三五"时期将启动科技创新 2030 重大项目 6 项①，重大工程 9 项②，为 2030 年中国科技发展超前谋划、重点部署。建设一批高水平的国家科学中心和技术创新中心，

① 航空发动机及燃气轮机、深海空间站、量子通信与量子计算机、脑科学与类脑研究、国家网络空间安全、深空探测及空间飞行器在轨服务与维护系统。

② 种业自主创新、煤炭清洁高效利用、智能电网、天地一体化信息系统、大数据、智能制造和机器人、重点新材料研发及应用、京津冀环境综合治理、健康保障。

其中北京、上海成为具有全球影响力的创新中心。每万人口发明专利拥有量[①]从2015年的6.3件提高至2020年的12件，全国发明专利拥有量从119万件提高至168万件。随着科技创新水平的提高，各类新兴产业将继续快速增长，并不断提升传统产业的技术水平。

（二）坚持协调发展，应对城镇化挑战

中等收入国家在向高收入国家进发的过程中，一个重要驱动因素就是城镇化，这也是由城乡二元结构转变的过程决定的。如果城镇化发展与经济发展形成良性互动，城镇化率的提升有利于转移剩余农业劳动力，带来劳动力配置结构的优化，促进经济增长；与此同时，经济发展也会创造更多的非农就业机会，进而带动城镇化发展。然而，过度城镇化会造成城镇承载经济发展能力的弱化，带来就业压力、城市基础设施配套不足、环境污染、城市治理低效等一系列“城市病”问题，出现大规模的城市平民窟[②]，如同城市的伤疤，并随着城市人口的增加越来越大，例如印度孟买的百万贫民窟、巴西里约热内卢的数十万贫民窟等，最终导致“有城镇化提升、无经济增长”的情况发生，陷入城镇化与经济发展的悖论中。这种情况在拉美国家体现得比较充分，也是我们要尽量避免的。

中国正在推进“以人为核心”的新型城镇化。2015年我国的城镇化率为56.1%[③]，与世界平均水平相当，但是，户籍人口城镇化率只有39.9%，不仅远低于发达国家80%的平均水平，也低于人均收入与

① 每万人发明专利拥有量是指每万人拥有经国内外知识产权行政部门授权且在有效期内的发明专利件数，是衡量一个国家或地区科研产出质量和市场应用水平的综合指标。

② 联合国将贫民窟定义为最恶劣的住房条件、最不卫生的环境、犯罪率和吸毒盛行的穷人避难所。

③ 数据来源：国家统计局，2016年1月19日。

我国相近的发展中国家60%的平均水平。因此，中国城镇化的核心问题是要解决“一市两制”的问题，加快农业转移人口市民化。为此，国家“十三五”规划纲要首次明确提出，到2020年户籍人口城镇化率要达到45%。这就意味着，全国户籍人口从2015年5.48亿人上升至2020年的6.39亿人，增加9100万人，年均增加1820万人。这就需要统筹推进户籍制度改革，全面实施居住证暂行条例，使转移人口能够“安居乐业”，逐步覆盖全部未落户城市的常住人口，以保证他们在居住地享有义务教育、公共就业服务、公共卫生服务等国家规定的基本公共服务，实现“一市一制”，推动更多的转移人口、外来人口融入城市，享有城市化的红利。大力推进新农村建设与新型城镇化建设同步发展，提高乡村规划水平，加强农村基础设施的发展和公共服务的覆盖率和保障水平，完善“三农”发展的投入机制，不断缩小城乡发展差距，包括收入差距、消费差距、教育差距、健康差距以及其他公共服务差距。更进一步，协调发展也包括区域协调发展，这需要完善区域发展总体战略，切实落实主体功能区战略，实现人口、经济与资源承载能力相适应的发展格局，这是个大格局。构建区域间协调发展机制，通过推进“一路一带”、京津冀经济区以及长江经济带建设，促进区域间错位发展、协调发展、共赢发展，为区域发展创造新空间。

（三）坚持绿色发展，化解生态环境挑战

近现代西方国家的发展，实际上走的是一条“先污染、后治理”的发展路径，虽然最终摆脱了经济发展与生态环境之间的恶性循环，但是这条老路的代价是高昂的。而对于众多发展中国家而言，经济发展与生态环境保护陷入恶性循环的事例并不鲜见。总体来说，我国是

一个人口众多、资源有限的国家，生态脆弱区域占据相当大的国土空间。2006 年，国家环保总局首次对外发布的《中国生态保护》白皮书显示，中国生态环境脆弱区占国土面积 60% 以上。此外，随着城镇化、工业化的发展，环境问题也成为城镇化发展质量的重要衡量指标之一，事关人们的健康与福祉。从这个意义上讲，绿色发展是生态环境安全的保障。从长期来看，“先污染、后治理”的发展模式不仅不具有经济上的合理性，同时也为经济的可持续发展带来了沉重的负担。Bardhan&Udry(1999)的实证研究也表明，并不存在随着一国收入提高，环境得到自动改善的机制[①]。因此，尽管发达国家的经济发展与环境状况呈现出所谓的“库兹涅兹曲线”，但是，并没有充足的理由表明，后发国家也必须遵循这种模式。以牺牲环境为代价的发展模式极有可能使得发展中国家陷入生态环境与经济发展的恶性循环。

改革开放以来，随着我国经济的高速发展，生态环境状况持续恶化，环境压力已经成为影响我国经济发展最大的制约因素之一。这是因为中国的工业化、城镇化、基础设施现代化都属于压缩式类型，进而形成了大规模的压缩式的生态环境问题。为此中国政府先是提出了可持续发展战略，而后创新性地提出了绿色发展理念，应对生态环境的巨大挑战。“九五”计划提出可持续发展战略以避免走上“吃祖宗饭、断子孙路”“先污染、后治理”的路子[②]。“十五”计划首次提出主要污染物排放总量减少目标，但是没有完成目标。“十一五”规划，首次将能源消耗强度和主要污染物排放总量减少作为约束性指标，共有 7 项绿色发展指标，实有 8 项指标，占实有指标总数的 40%，如

① Bardhan，P.，&Udry，C.（1999）. Development microeconomics. Oxford University Press，USA.

② 1995年江泽民指出，必须切实保护资源和环境，不仅要安排好当前的发展，还要为子孙后代着想，决不能吃祖宗饭、断子孙路，决不能走浪费资源和先污染、后治理的路子。《江泽民文选》第一卷，人民出版社2006年版第446页。

期完成，初步遏制了环境恶化趋势，基本实现了党的十四届五中全会提出的目标："到 2010 年基本改变生态环境恶化的状况，城乡环境有比较明显的改善。""十二五"规划提出 8 项绿色发展指标，实有 12 项指标，占实有指标总数的 42.9%，均已完成，根本扭转了生态环境不断恶化的趋势。"十三五"规划首次提出了生态环境治理总体改善的核心目标，涉及了 10 项绿色发展指标，实有指标 16 项，占实有指标总数的 48.5%，同时提出了改善生态环境的 7 大任务：加快建设主体功能区、推进资源节约集约利用、加大环境综合治理力度、加强生态保护修复、积极应对全球气候变化、健全生态安全保障机制、发展绿色环保产业。中国应对生态环境挑战的关键之处是推动生产函数中资源环境要素配置的变迁，从资源环境密集型生产函数向绿色技术密集型生产函数转变。中国实行绿色发展正是对生态环境挑战的回应，通过坚持绿色发展，注重解决人与自然和谐问题，建设天蓝、地绿、水清的美丽中国。这就要求进一步完善主体功能区布局和生态安全屏障，提高能源资源开发利用效率，有效控制能源和水资源消耗、建设用地、碳排放总量，减少主要污染物排放总量。同时，生产方式和生活方式向绿色、低碳方向迅速转变，在全社会推行生态文明主流价值观，使得生态文明建设水平与全面建成小康社会相得益彰。

（四）坚持开放发展，避免被动型、依附型的国际分工地位

国际经验表明，成功跨越"中等收入陷阱"的国家都是自主性开放型经济体。对于中等收入国家，经济发展水平实现对发达国家的追赶在客观上也要建立在充分参与经济全球化的基础上，不断调整自身在经济全球化进程中的定位，构筑自身在全球竞争中的新优势。历史上，由于未能有效参与经济全球化而落入中等收入陷阱的国家也不少

见。两个例子特别具有代表性。其一，拉美国家出于保护本国产业发展的目的，不顾本国经济发展的实际，曾经普遍实行进口替代的贸易政策，从消极的角度应对经济全球化，脱离国际产业分工体系，导致要素配置不符合比较优势的基本原则，造成生产成本的增高，国际收支恶化，最终不可避免地陷入中等收入陷阱之中。其二，1997 年金融危机之前的东南亚国家，普遍以过度依赖国际资本的方式参与全球经济形成，造成过度依赖经济全球化，在没有充分形成自身的产业竞争优势的条件下，过早地开放资本市场，最终导致短期国际资本大规模撤离、本币大幅度贬值，爆发金融危机，并进一步演变为经济危机。上述情况都是被动型、依附型参与经济全球化的典型案例。2018 年以来，美国对中国发起了贸易战，这也再次提醒我们，中国必须构建更高水平的对外开放格局，提升自身的自主创新能力，赢得对外开放的主动性。

对于中国而言，以主动型、自主型参与经济全球化的关键在于完善对外开放新布局，培育我国参与和引领国际经济合作和竞争的新优势。总体来说，中国的对外开放战略获得极大的成功，成为中国经济增长的外部动力。我国已成为世界第二大经济体和第一大贸易体，商品出口额占世界比重从 1992 年的 2.24% 上升到 2014 年的 12.37%。然而，也应当看到中国参与经济全球化正面临新的挑战。首先，随着国内劳动力成本的上升，基于劳动密集型的出口产品竞争力正在受到挑战，中国对外出口竞争力迫切需要通过提高基于创新所产生的新的竞争力。其次，国际金融危机通过影响我国的外部需求传导到国内，迫切需要我国提高应对外部冲击的能力。最后，未来中国参与经济全球化迫切需要提高中国参与全球治理能力，这包括在全球气候变化治理、国际宏观经济政策协调、参与各种类型的区域经济发展组织，既要量力而行，也要有所作为，积极构筑国际发展新机制（例如，“一路一带”建设、亚洲基础设施开发银行等）。这些开放挑战本身也蕴含着开放机遇，但是处理不好也会陷于被动。

总体来说，中国具备了应对外部冲击和风险能力，与被动型、依附型的经济全球化参与模式相反，中国更具有自主性，独立性，也更具开放性。首先，中国有 3 万亿多美元的外汇储备，这使得中国不会发生类似于部分欧洲国家所经历的主权债务危机。其次，中国已经具有数量可观的世界级企业，2000 年中国进入世界五百强的企业数为 9 家，2015 年增加到 106 家，其中大陆 94 家，位居世界第二位，这也成为中国应对外部危机的重要保障之一。再次，中国已经开展了大规模的对外直接投资，而且相当一部分投资是资源类项目，为未来的中国经济发展提供了资源保障。最后，在经历了 1997 年亚洲金融危机和 2008 年全球金融危机之后，中国已经从中积累了丰富的应对外部冲击的经验。开放发展明确了未来中国全方位参与经济全球化和全球治理的战略，为我国经济发展创造新机遇，同时也为“南方国家”的崛起提供示范和创造机遇，必将对世界经济产生长久性的深远的影响。中国的开放发展也为构筑面向未来的新型的国际政治经济新秩序做出贡献，避免陷入“守成大国和新兴大国必将发生冲突的‘修昔底德陷阱’”[①]，这正是习近平所强调的“共赢主义”。

（五）坚持共享发展，应对不平等挑战

国际经验表明，过高的收入不平等对处于中等收入阶段的经济体

① 中国国家主席习近平在达沃斯世界经济论坛接受专访时表示：针对中国迅速崛起后，必将与美国、日本等旧霸权国家发生冲突的担忧，他反驳说，我们都应该努力避免陷入“修昔底德陷阱”（Thucydides’s trap），强国只能追求霸权的主张不适用于中国，中国没有实施这种行动的基因。美国《赫芬顿邮报》子报《世界邮报》创刊号，2014年1月22日。

的经济发展是一个实质性的威胁，导致收入分配状况恶化和经济增长停滞，经济结构调整乏力，进而陷入经济增长停滞和不平等状况难以改善的恶性循环。例如，作为拉美国家的典型代表，阿根廷的基尼系数从 1986 年的 0.428 上升到 2002 年的 0.538[①]，在陷落中等收入陷阱的同时，收入不平等状况持续恶化。

改革开放以来，中国经历了前所未有的高速经济增长和城乡居民人均收入增长，与此同时也伴随着收入差距的扩大。根据世界银行和国家统计局提供的数据表明，在改革初期至 2008 年，我国的居民收入基尼系数不断上升，于 2008 年达到高峰，为 0.491，而后开始下降，到 2015 年降至 0.462，但在世界上仍属较高不平等国家。根据美国中央情报局（CIA）的统计，中国的基尼系数在 144 个国家中排列从第 23 位下降至第 28 位[②]。我们估计 2020 年基尼系数将下降至 0.45 左右，在世界的排位下降至第 45 位，但收入分配状况仍不容乐观。城镇居民人均可支配收入与农村居民人均纯收入的相对差距，从 1990 年的 2.20 倍上升至 2009 年的 3.33 倍，达到高峰，之后逐渐缩小至 2015 年的 2.90 倍，若按城乡居民人均可支配收入口径，从 2013 年的 2.81 倍减少至 2015 年的 2.73 倍[③]。这表明，我国城乡居民收入差距已呈现缩小趋势，我们估计 2020 年城乡居民人均可支配收入差距可下降至 2.3 倍左右。按世界银行提供的国际贫困线（人均日支出低于 1.25 美元）人口，从 1990 年的 6.94 亿人下降至 2014 年的 4000 万人，预计在 2020 年之前将全部消除；按人均日支出低于 2 美元的贫困线人口，

① 数据来源：世界银行数据库。

② 数据来源：The World Factbook. https：//www.cia.gov/library/publications/resources/the-world-factbook/rankorder/2172rank.html。

③ 数据来源：《中国统计摘要2015》，中国统计出版社2015年版，第57、59页；2015年数据系国家统计局，《2015年国民经济和社会发展统计公报》，2016年2月29日。

从 1990 年的 9.645 亿，减少至 2014 年的 1.80 亿人，预计到 2020 年将减少至不足 3000 万人；按中国政府的国家贫困线（人均年收入为 2300 元，2010 年不变价格），从 2010 年的 16567 万人减少至 2015 年的 5575 万人，到 2020 年之前将全部消除。总之，无论按照哪一类贫困线标准来看，中国花了 42 年时间（1978 ~ 2020 年）从世界最大规模的绝对贫困社会转变为世界最大规模的小康社会，这是跨越中等收入陷阱的根本途径。

2020 年之后，中国将进入消减相对贫困阶段，这包括城乡低保困难人群、丧失或缺乏劳动能力人群等，即使占总人口约 10% 也仍将有 1.4 亿人左右需要帮助兜底。因此，共享发展正是对不平等挑战的回应，只有做到发展成果由人民共享，才能朝着共同富裕方向稳步推进，实现全面建成“共富社会”。总而言之，中国要在今后成功地跨越中等收入陷阱，就是要以五大发展理念为引导，按照国家“十三五”规划纲要的设计，破解这一阶段的五大挑战，从而到 2020 年实现全面建成小康社会的目标。

五、稳定的政治环境是跨越中等收入陷阱的基础

中等收入阶段，是各种经济变量变动最剧烈的时期，也是政治结构和社会结构发生急剧变化和重新组合的时期。如何避免中等收入陷阱，看起来是一个经济问题，但是其背后却是其他非经济因素，特别是政治因素发挥作用。稳定的社会制度与政治环境，是最重要的公益性产品，其本身就是跨越中等收入陷阱的最重要的前提条件。

经济增长不一定带来社会稳定，而社会稳定却是经济增长的前提条件。对此，中国政府很早就认识到了稳定的政治环境的重要作用。

早在 1989 年 2 月，邓小平在会见美国总统布什时就明确提出“压倒一切的是稳定”。受 20 世纪 90 年代末的政治风波的影响，中国经济增长率曾在 1989 ~ 1990 年期间跌至 4% 左右，不稳定对于经济增长的负面冲击极大。此后，中国再次进入社会稳定期，经济增长也随之进入高速增长轨道。1995 年 9 月，江泽民同志在讨论如何正确处理社会主义现代化建设中的十二个重大关系时，就将改革、发展、稳定的关系作为第一大关系，再次强调了没有稳定的政治和社会环境，一切无从谈起，多么好的规划、方案都将无法实现。最后明确提出，从整体上把握改革、发展、稳定之间的内在关系，做到相互协调、相互促进。做到在政治和社会稳定中推进改革和发展，在改革和发展的进程中实现政治和社会长期稳定。这既是中国经济发展的成功经验，也是避免陷入“西方民主误区”的深刻教训，与苏联和整个东欧经济转型形成了鲜明的对比。1996 年世界银行《1996 年世界发展报告：从计划到市场》分析了 28 个经济转型国家，只有中国和越南避免了经济负增长，保持了持续的高增长。而其他 26 个转型国家，出现了 V 型、L 型和持续下降型。由此可知，一个国家的发展能否持续、是否成功，取决于多种因素，但最关键的仍然是政治因素，“天下大治”是最大的国家公益性产品。跨越中等收入陷阱最大的困难不是经济上的，而是政治上的；不仅是具体政策上的调整，更是发展观念上的转变。

正是因为充分地认识到这两种不同的可能性，党中央在不同发展阶段，不断丰富发展理念，为避免陷入中等收入陷阱提供了政治保障。其中，2003 年时任中共中央总书记胡锦涛同志提出了科学发展观，强调“以人为本”的发展理念，提出“统筹城乡发展、统筹区域发展、统筹经济社会发展、统筹人与自然和谐发展、统筹国内发展和对外开放”等“五大统筹”，成为全面推进各项事业发展的方法论，保障中国成功地从下中等收入国家迈入上中等收入国家。在此基础上，习近平总书记提出了一系列治国理政的新理念、新思想、新战略，尤其是新发展理念为中国迈向高收入阶段提供指导思想和基本途径。

六、总结性评论

避免中等收入陷阱最重要前提是避免在政治上犯“颠覆性错误”，关键是构筑稳定的政治环境和社会环境，实现“天下大治”，这也是最大的国家公益性产品。中国共产党作为执政党，必须承担起这一重大历史责任。在执政能力上，要构筑国家治理体系和治理能力的现代化，不断完善适合中国国情、面向世界、面向未来的国家治理体系；在发展理念上，就是要贯彻实施五大发展理念，有效应对上述五大挑战，进而实现中等收入阶段的有效跨越。如果说因为国际金融危机的爆发，“十二五”的主题是避免中等收入陷阱，那么“十三五”的主题就为跨越中等收入陷阱夯实发展基础，为“十四五”期间进入高收入国家做准备。从根本上说，实现跨越中等收入陷阱在于坚定不移地走中国道路，完善国家治理体系和提高国家治理能力，转变经济发展方式，把国家发展建立在创新、协调、绿色、开放、共享的发展模式上。也许，不到十年以后，当我们重新审视中等收入陷阱时，就极可能发现“中等收入陷阱”对中国而言只是当前发展阶段所面临的各种重大挑战的一种警示。

总体而言，如果中国能够顺利跨越中等收入陷阱，这将对世界发展是一个极大贡献。在这个跨越的过程中，中国也必将进一步经历一系列的经济社会发展结构的深刻转变，也必然要求在推进各项改革事业的过程中保障政治稳定、培育和发挥制度优势，有效化解重大挑战，防范社会不稳定、规避政治发展误区、避免经济增长停滞。可以预期，在新发展理念的指引下，中国将于2020年如期完成全面建成小康社会的目标，进而在2025年前后成功跨越“中等收入陷阱”，进入共同富裕的高收入阶段，为2035年实现基本实现社会主义现代化以及2050年建成富强、民主、文明、和谐、美丽的社会主义现代化强国的发展目标奠定基础。

执笔人：胡鞍钢（清华大学）　任　皓（清华大学）
鲁钰锋（清华大学）　周绍杰（清华大学）

参考文献

[1] Angang，H.2015 Embracing China's“New Normal”.Foreign Affairs，94（3），8-12.

[2] 胡鞍钢，周绍杰.中国正在跨越“中等收入陷阱”，向高收入进军.国情报告，2014（专14）

[3] Eichengreen，B.，Park，D.，& Shin，K.When fast growing economies slow down：international evidence and implications for the People's Republic of China.Asian Development Bank Economics Working Paper Series，2011，（262）.

[4] Eichengreen，B.，Park，D.，& Shin，K.2013 Growth slowdowns redux：New evidence on the middle-income trap（No.w18673）.National bureau of economic research.

[5] 胡鞍钢. 广东发展模式转型与金融危机应对. 国情报告，2008（35）

[6] Bardhan，P.，&Udry，C. Development microeconomics. Oxford University Press，USA. 1999.

[7] 邓小平. 邓小平文选（第三卷）. 北京人民出版社，1993

[8] 胡鞍钢. 天下大治是最大公益产品. 人民日报（，2013-3-6）

[9] 江泽民. 江泽民文选（第一卷）. 北京人民出版社，2006

[10] 习近平. 在党的十八届五中全会第二次全体会议上的讲话（节选）. 求实，2016（1）

[11] 李克强. 政府工作报告——二零一六年三月五日在第十二届全国人民代表大会第四次会议上，2016

[12] 中华人民共和国国民经济和社会发展第十三个五年规划纲要，2016

[13] 世界银行1996年世界发展报告：从计划到市场，北京：中国财政经济出版社，1996。

专题报告十七

行政生态视角下非洲国家复制中国发展模式可行性分析

西方学界普遍认为西方发展模式是发展中国家实现现代化的最佳发展模式。但是诸多西方学者刻意忽视了三种重要情况：①大部分西方国家在现代化初期曾对其他国家或地区进行殖民、掠夺，发展中国家不可能重复这一做法；②西方学界所推崇的西方发展模式在当前运行过程中暴露出诸多问题；③诸多发展中国家效仿西方发展模式并未实现长期、稳定发展。这三种情况的存在表明西方发展模式并不完美，也不具有普适性，即西方发展模式并非普遍适用于所有发展中国家。从非洲国家的情况来看，获得独立之后采用西方发展模式的诸多非洲国家并未实现长期、稳定发展，并未演进为发达国家。这些非洲国家采用西方发展模式引致诸多问题，这是西方发展模式非普适的具体表现。

亨廷顿在《变化社会中的政治秩序》一书中指出："现代性产生稳定性，现代化却产生不稳定性"（亨廷顿，1989）。根据亨廷顿的见解：西方国家的现代性已经非常明显，其民主模式的政治稳定性也就较高；发展中国家的现代性较弱，这些国家尚处于现代化进程之中，当这些国家的制度完善速度慢于现代化速度之时，变乱随之出现。美国行政学家里格斯认为，西方国家是衍射型社会，绝大部分发展中国家则是棱柱型社会。将这两位学者的观点加以演化可以发现西方发展模式不适用于非洲国家的根本成因：棱柱型社会的非洲国家采用了适用于衍射型社会的当代西方发展模式。

棱柱型社会的非洲国家为了成为发达国家，采用了适用于衍射型社会的（当代）西方发展模式。（当代）西方发展模式适应的是衍射型社会，（当代）西方发展模式运用于棱柱型社会的非洲国家之时，势必表现出“不适症状”，诸多非洲国家的经济不稳定发展及这些国家中出现的变乱即这种“不适症状”最直观展现。这一情况如图 17–1 所示。

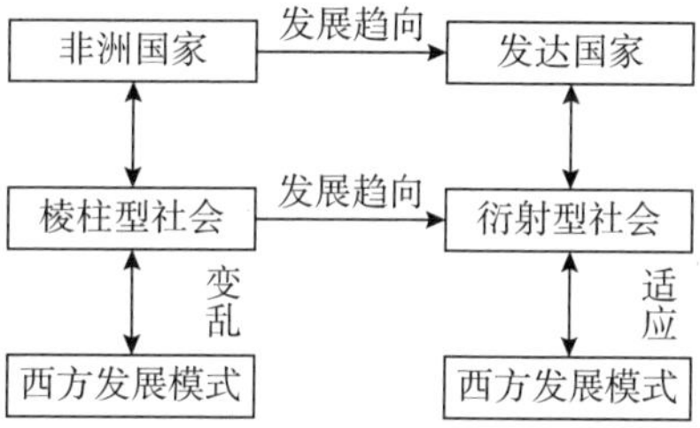

图17-1　西方发展模式不适用于非洲国家的解释图

效仿西方发展模式引致诸多问题之后，非洲国家最佳选择是向当前发展速度极快、前景最好的中国学习，展开这种学习之前，必须探究这些非洲国家复制中国发展模式的可行性。这种可行性的探究可以基于多种视角，相对而言，行政生态学视角更为全面，因此，本研究基于行政生态学视角对非洲国家复制中国发展模式的可行性展开分析。从国内外研究成果来看，尚无学者基于行政生态学的视角探究中国发展模式并分析非洲国家复制这一模式的可行性。由此可见：基于行政生态学视角探究非洲国家复制中国发展模式的可行性具有重要意义。

一、行政生态学视角下的中国发展模式

从历史视角来看，当代中国发展模式的宏观框架始建于新中国成立初期，各组成部分的完善则起始于改革开放之时，并在近年逐步构建完成。从行政生态学视角来看，新中国成立至今，中国在经济要素、社会要素、沟通网络、符号系统和政治架构等五方面都获得长足发展，由棱柱型社会演进为衍射型社会。这些发展具体表现在以下方面。

（一）经济要素：经济结构由“集市—有限市场”型演进为“市场—企业”型

改革开放之前，计划经济在中国占据绝对主导地位，绝大部分企业是公有制企业，各企业根据计划生产产品，这一情况的存在并不意味着中国不存在市场——计划经济体制下，依照计划生产出的产品必须在市场中展开交易（尽管通常是凭票供应）。这一时期中国的经济结构是典型的“集市—有限市场”型。改革开放之后，计划经济体制逐渐转型为市场经济体制，多种性质的企业快速发展，经济结构由“集市—有限市场”型演进为“市场—企业”型，但国家依然掌控着国民经济命脉，这一情况的存在有助于保持中国共产党及政府对国民经济的控制、引导，使中国发展模式不至于偏离正确发展方向。

（二）社会要素：裙带关系的影响力日益下降

新中国成立初期至改革开放之前这一时期，裙带关系在中国党政系统中的影响力较小；改革开放初期，裙带关系在中国党政系统中的影响力有所上升，由此导致中国廉洁政治生态有所恶化；中共十八大以来，在以习近平同志为核心的党中央的领导下，中国有效地全面展

开反腐进程，裙带关系在中国党政系统中的影响力显著变小，为中国发展模式效能的进一步提升创造了有利条件。

（三）沟通网络：沟通渠道效能日益提升

受地理因素、历史因素等影响，中国不同地区之间（地域、风俗等）的差异极大，不同区域之间展开有效沟通的难度较大。新中国成立至今，随着中国基础设施（公路网、铁路网和机场等）及通信设施建设进程的稳步推进，沟通渠道效能得到稳步提升，中央政府的政策及命令等能够快速、有效地在地方实施，地方政府面临的诸多问题能够快速、有效地向中央政府上报，不同地区之间的交流效能也得到显著提升，为中国的快速发展创造了有利条件。

（四）符号系统：官本位文化的影响力日益变小

曾经在封建王朝时代对中国有重要影响的官本位文化实际上在新中国成立之后依然有一定影响，如：改革开放初期，某些地方政府领导者在利益方面表现为借助官位谋取利益，在行政运作过程中表现为唯上是从，在价值取向方面表现为以当官为追求，在社会地位方面表现为以是否为官、官职大小评价标准。近年，随着中国现代化进程的推进、中国发展模式的不断完善，官本位文化的影响力日益变小，为中国党政系统运作效能的提升创造了有利条件。

（五）政治架构：制度短板日益减少

新中国成立初期，中国在效仿苏联体制的基础上结合自身情况构建了执政状态下的党政系统，这一系统的制度短板在 20 世纪 60 年代开始凸显，这一情况一直延续到 20 世纪 80 年代末。20 世纪 90 年代至今，中国党政系统的制度短板日益减少（如领导人终身制的废除），为中国综合国力的增强创造了条件，并助推了中国发展模式的完善。

二、非洲国家复制中国发展模式面临的困难

从行政生态学视角来看，非洲国家是棱柱型社会，基于衍射型社会产生的当代西方发展模式并不适用于棱柱型社会。具体而言，诸多非洲国家在获得独立之后采用了西方发展模式，这一做法存在一个明显问题：从行政生态学的视角来看，非洲国家是典型的棱柱型社会，西方国家则是衍射型社会，在衍射型社会中得到完善、运行状况良好的西方发展模式难以与棱柱型社会相适应。这是非洲很多国家在获得独立之后多次出现变乱的重要原因，也是非洲诸多国家在复制中国发展模式过程中必定面临很多困难的重要原因。除政治体制方面的问题之外，其他方面的问题也导致非洲诸多国家在复制中国发展模式过程中必定面临很多困难。

（一）非洲国家的经济结构呈现为“集市—有限市场”型

“集市—有限市场”型经济结构的存在使大部分非洲国家在现代化进程之中面临诸多问题，如：经济发展缓慢，贫富分化严重，失业率偏高，工业化进程缓慢，长期依靠原材料出口。这种经济情况极难为非洲国家复制中国发展模式提供坚实的经济基础。

政治、社会、宗教和个人地位等因素对经济结构的改进具有非常重要的影响，但最为重要的是中央政府及领导人改进经济结构的举措能否得到有效实施。非洲钟摆型政权的领导人或中央政府较难有效地实施经济政策以改进经济结构，原因主要在于：这些领导人或中

央政府通常只拥有专制权力（despotic power），未拥有“基础权力”（infrastructural power）（Mann，1986）。非洲沦为殖民地之前，大部分地方由各部落控制或各家族的族长控制，沦为殖民地之后，殖民者在大部分地方实行间接统治，这些地区事实上由殖民者选中的酋长控制，这种情况一直延续到这些地区获得独立之后。非洲诸多殖民地获得独立之后新建立的中央政府常常发现所制定的政策、发表的命令难以在基层得到有效实施，也就难以有效实施经济政策以改进经济结构并基于这一点推进经济发展。这一情况可以在撒哈拉以南非洲与东亚的人均 GDP 对比（1960 ~ 2011 年）中得到证实，见图 17-2。

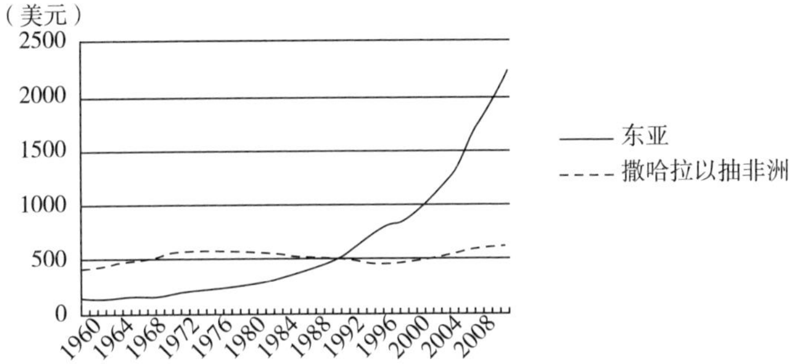

图17-2　撒哈拉以南非洲与东亚的人均GDP对比（1960 ~ 2011年）

资料来源：福山（2015）。

从图 17-2 中可以看出：第一，20 世纪 60 年代至 80 年代，东亚的人均 GDP 一直低于撒哈拉以南非洲，20 世纪 90 年代至 2011 年，东亚的人均 GDP 一直高于撒哈拉以南非洲而且两者之间的差距不断扩大。第二，东亚的人均 GDP 呈现长期增长态势，撒哈拉以南非洲人均 GDP 则呈现上下波动态势，而且 20 世纪 70 年代末及 2011 年之前数年撒哈拉以南非洲人均 GDP 的增长主要得益于原材料（主要是石油）价格的上涨，而非因为撒哈拉以南非洲各国在实现经济结构优化的基础上推进了经济发展。

从撒哈拉以南非洲与东亚的人均GDP对比（1960 ~ 2011年）可以看出：撒哈拉以南非洲国家在获得独立之后并未有效地对其“集市—有限市场”型经济结构加以改进。

中国现行发展模式是中国在现代化过程中逐渐构建起来的，这种发展模式的经济要素现阶段呈现为“市场—企业”型的经济结构，这一经济结构与绝大部分非洲国家的经济结构（“集市—有限市场”型）存在明显区别，而且，非洲国家的这种经济结构与曾经存在于中国的“集市—有限市场”型经济结构也存在明显区别——非洲国家的“集市—有限市场”型经济结构更为“原始”，即更接近行政生态学中所述传统型社会的经济结构；中国的“集市—有限市场”型经济结构则相对“先进”，即更接近行政生态学中所述衍射型社会的经济结构。

大部分非洲国家经济结构呈现为“集市—有限市场”型与非洲大部分地区的历史直接相关：非洲绝大部分地区沦为殖民地之前尚未发展出中央集权制国家，国内不存在统一市场甚至范围较大的区域性市场；众多部落、村庄和家族等的存在导致非洲的社群包含大量相互排斥的社会文化单位（BerrySara，1993），这些社会文化单位之中的语言、习惯和结构等常常存在较大差异，这些差异的存在给非洲很多地区带来统一市场带来诸多阻滞；欧洲对非洲进行殖民之时并非强力植入专制政权，而是实行“间接统治”，如：英国殖民者在北尼日利亚挑选一些酋长组成“领导集体”，这一“领导集体”接受以殖民官或专员为首的极少数白人的监管，由此形成北尼日利亚的穆斯林酋邦领导体制（Karen E. Fields，1985）。这些酋长可能会致力于发展自己统治范围内市场的形成但不会致力于推进这一地区形成统一市场，在尼日利亚获得独立之后，这些酋长中的很大一部分在新建立的国家之中继续担任地方领导人，他们依照获得独立之前形成的“传统”进行统治/

管理，并不会积极致力于北尼日利亚统一市场甚至整个尼日利亚统一市场的形成。基于北尼日利亚与非洲其他地区及尼日利亚其他地区的比较可以看出：作为“间接统治”的诞生地及长期实行地，北尼日利亚各酋长长期遵循传统，并未致力于改进经济结构，导致这一地区成为尼日利亚最为贫穷、民众受教育水平最低的地区（福山，2015）。

（二）社会要素方面，家族利益和裙带关系在非洲国家的影响很大

政府官员能否得到任命或升迁，更多地取决于家庭、社会背景而非能力和才干（竺乾威，2008）。这是这些非洲国家存在明显重叠性的表现——尽管存在现代的组织和机构，但是在这些国家的很多地区，家族、宗教和特权阶层的影响力远远高于现代的组织和机构，这与当代中国（专指新中国成立至今）的情况明显不同。这些现象实质上是存在于绝大部分非洲国家的传统政治文化的表现，这种政治文化引致一些问题，如：一方面，这种文化的存在导致阶层流动性较差，下层民众难以在不同阶层之中实现上升，当其感觉现存体制阻滞其升迁之时，极有可能会联合其他对现存体制不满的民众开展一些影响体制稳定性的活动，因而增加了这些非洲国家复制中国发展模式可能面临的阻力。另一方面，随着现代化进程的不断推进，传统政治文化的影响力逐渐变小，具体表现为家族、宗教和特权阶层的影响力不断变小，特权阶层甚至会逐渐消失，与这一进程相伴的是新的社会阶层不断出现，这一情况表明这些国家的社会分层尚不稳定。新出现的社会阶层都会有各自的诉求，当这些诉求未能得到重视或满足之时，国内出现危机的可能性会提高，增加了复制中国发展模式过程中出现各类问题的可能性。

家族利益和裙带关系的影响力很强导致很多非洲国家的政府在推进现代化（包括政治、经济和社会等领域的现代化）的进程之中难以破解“诺斯悖论”：经济增长的关键要素是国家的存在，但某些情况下经济衰退的根源是国家的存在。从中国的情况来看，周王朝到清王朝的每次改朝换代，新兴王朝都因反对旧王朝的腐败而兴，都因自身的腐败而亡（田夫，2001）。这一规律同样存在于一些非洲国家的发展过程中：在文官政府执政初期或军政府执政初期，为了稳固统治，这些政权通常会较为克制自己的行为（尤其是贪腐行为），并尽力采取一些措施致力于推进经济增长。在统治较为稳定之后，这些政府的危机意识及对自身的克制力随之下降，这些情况的出现引致贪腐行为增多、经济开始衰退或增速变慢。在这种情境之中，试图推翻这些政府的力量逐渐增大、推翻这些政府的机会逐渐增多，这些国家的政治体制出现变更的可能性随之变大。换言之，这些国家出现变乱的可能性随之变大，难以为复制中国发展模式创造良好环境。

（三）诸多非洲国家的社会沟通网络效能较低

与绝大部分非洲国家相比，当代中国之中，不同地区之间的差异显得不那么明显，且不同地区对统一的国家的认同度较高，社会沟通网络的效能较高。大部分非洲国家不同地区之间的差异十分明显，且不同地区对统一的国家的认同度较低，这些情况的出现与非洲国家人口密度极低直接相关。1900 年之时中国的人口密度是 45.6 人 / 平方千米，日本的人口密度是 118 人 / 平方千米。与这两个国家相比，撒哈拉以南非洲的人口密度显得非常低，仅为 4.4 人 / 平方千米（HerbstJeffrey，2000）。而且非洲的自然环境决定了大部分地方的交通极为不便，如：撒哈拉沙漠和热带雨林地区，在现代文明进入之前，不同区域之间的人、物交流面临极大困难。这两种情况的存在致使非洲绝大部分地方在沦为殖民地之前尚未发展出国家层次的强大社会。这些区域沦为殖民地之后，社会沟通网络的效能并未得到显著提升。这些区域获得独立之后，绝大部分新独立的国家内部存在民族、语言、宗教、习俗等差异极大的地区，这些地区通常由西方殖民者强制整合为同一个国家，不同地区对统一的国家的认同度较低，而且实现社会、心理等层面上的统一会面临很多困难，提升社会沟通网络效能的难度也很大——不同民族之间进行有效沟通的难度较大，使用不同语言的群体之间实现有效沟通的难度较大，信仰不同宗教的群体之间实现高度信任并良好沟通的难度较大，拥有不同习俗的群体之间进行良好沟通的难度也较大。

非洲国家内部存在的这一现象导致这些国家面临一些难以解决的问题，如：中央政府的政令难以有效推行到各地区，从而难以树立起应有的权威并有效地控制地方政府；不同地区、不同族群之间的沟通不畅，容易因各种误解引发地区冲突、族群冲突；族群分化严重，社会被严重撕裂，政党为了获得执政机会，其政策往往日益极端化（仅代表某一个或某几个大型利益集团的利益），提升了国内出现变乱的可能性，增加了复制中国发展模式的难度。

族群分化严重、沟通网络效能较低等情况所引致的一个明显后果是：这些国家内部的“横切分裂”效能较低——crosscutting cleavages，社会中的成员属于一个以上的团体，在与其他团体中的成员出现冲突之时，他们发现相互之间某些方面的政治立场是一致的，因而降低了冲突程度（罗金斯，2001），容易引致“政治极化”现象。另一个严重后果是：为政治骗局的生成提供了有利环境。第三个严重后果是：为个人崇拜、极权主义的生成提供了有利条件。第四个严重后果是：为极权主义的生成提供了有利条件。这些情况的存在均导致诸多非洲国家复制中国发展模式之时面临诸多困难。

（四）符号系统方面，诸多非洲国家的形式主义十分明显

从统治者个人方面来看，这一点主要表现于一些非洲国家领导者的“人格主义”。非洲钟摆型政权的新家族制的两大特征是：大规模挪用国家资源以强化对总统的支持；人格主义。人格主义主要表现于：非洲国家获得独立之后，绝大部分国家选择总统制为其政治体制，而且这些国家的总统都是男性，这些总统之中的很大一部分试图把自己打扮成具有某种神秘力量或个人能力明显强于常人的“强者”，或试图借助非洲的一些传统（如：对酋长的效忠，家族式统治等）巩固自己的统治。与这种形式主义相伴的是这些总统通常会在国家获得独立前后组织或参加某一政党，以实现总统职位的获得或巩固，但是他们组织或参加的政党明显受到他们个人（及其家族、朋友或合作者）的影响，政党的组织程度、纪律性明显低于欧洲、亚洲的（意识形态色彩明显的）政党。受这一情况影响，这些总统借助共同掌控政权的“新家族”获得极大权威，立法和司法部门对总统权力的限制力较低。这些情况共同催生了一些结果：总统任期较长，如加纳总统恩克鲁玛（Kwame Nkrumah）任职15年、乌干达总统穆赛韦尼（Yoweri Museveni）任职27年；总统权力存在扩张倾向，提高了这些总统退变为独裁者的可能性，如恩克鲁玛在执政后期实际上已经退变为独裁者；公共权力、国家自然资源被以总统为首的“新家族”掌控，引致贪腐横向、贫富差距扩大。这些结果都会助推这些国家政治体制的变更、增加复制中国发展模式的难度。

从国家层面来看，绝大部分非洲国家在某些时期存在民主选举制

度，但很多最高领导人都致力于在国内树立国民对自己的崇拜，这是这些国家存在明显形式主义的重要表现，即形式上的权力与实际生效的权力并非同一的，宪法、法律等未能有效地发挥应有效能。与这些国家相比，当代中国极少存在这种形式主义。这种形式主义会引致一些问题，如：宪法的效力较低，民选领导人未能有效掌控武装力量，致使军人干政频繁出现；法治程度较低，金钱政治盛行，社会各界对领导层、掌握政权的集团的监控力较弱，致使腐败现象频发。民主政治体制需要法律的保障，即以法制为基础，其一是指民主制度要用法律加以保护，其二是指民主所依赖的平等、自由原则蕴涵于法律之中（杨光斌，2007）。非洲某些国家的法制建设水平较低，未能为民主政治提供所需的保障，这是这些国家复制中国发展模式之时面临一些困难的重要原因。

（五）钟摆型政权的政治架构方面，社会—政治机构和经济机构效能较低

许多发展中国家内部缺乏制度性的结构安排，未能使其社会—政治机构和经济机构有效运转起来（海迪，2006）。这一情况可在图17-3中看出。

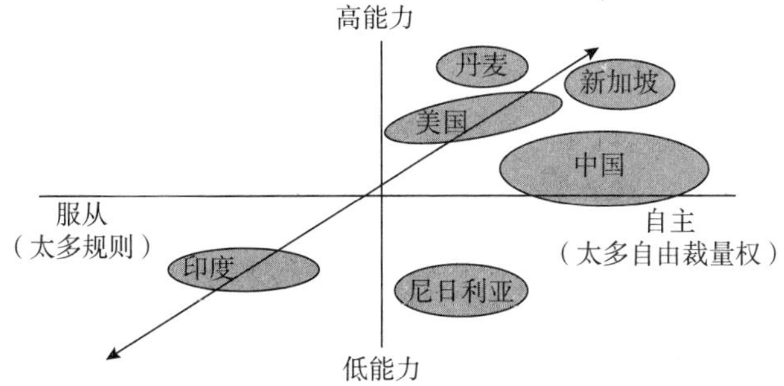

图17-3　自主性和能力的判定

资料来源：海迪，2006。

从图 17-3 中可以看出：尼日利亚政府的自主性（与“服从”相比）较为明显且能力较低，这一判断表明与丹麦、美国、新加坡和中国等国家相比，尼日利亚的社会—政治机构和经济机构效能较低，这一情况的存在是尼日利亚政治体制多次出现变更的重要原因。实际上，社会—政治机构和经济机构效能较低是诸多非洲国家复制中国发展模式的过程中会面临一些困难的重要原因。基于近年出现动荡的非洲国家的观察可以发现：这些国家社会—政治机构的效能较低通常表现为政治制度脆弱（如民主赤字的存在）、行政权力过大等，经济机构效能较低则主要表现为经济增长乏力、公共产品的供给根基薄弱。

社会—政治机构和经济机构效能较低会引致诸多问题，如：致使一些非洲国家难以有效地提供民众所需的安全、教育、交通、通信、饮用水等基本公共服务（阿尔蒙德，2014）。在这种情况下，非洲这些国家的民众对管制其的政权的支持度会受到明显影响。当文官政府供给这些基本公共服务出现严重困难之时，如果军方发动军事政变且承诺改善这些基本公共服务的供给，那么军方会获得很多民众的支持，这就提升了军事政变成功、专制体制取代民主体制的可能性。当这种情况出现之时，这些非洲国家的发展及复制中国发展模式会遇到严重阻滞。从经济层面来看，绝大部分非洲国家是城乡二元社会，而且农业在国民经济中占据主导地位。这些国家获得独立之后，绝大部分文官政府和军政府均努力推进工业化进程，这一举措有助于增强国力，但这一进程必然加剧城乡二元分化的程度，从而引致一个明显问题：农村的相对衰落。绝大多数情况下，一国工业化进程的推进必定带来农村的相对衰落。非洲国家的经济机构的效能较低之时，工业化的成果难以惠及广大农村，这就意味着发展成果主要由部分国民（主要是城市中的部分居民）甚至国家中的极少数集团占据，未能供国内大多数人共享。这些国家的军队主要由来自农村的居民组成，无论是文官政府还是军政府执政，但当发展成果未能惠及广大农村居民之时，军队成员会倾向于支持推翻政府，从而提升了出现变乱的可能性，也就增加了复制中国发展模式的过程中所面临的困难。

三、非洲国家复制中国发展模式的途径

非洲国家可以从外部和内部两个层面寻获复制中国发展模式的途径。

（一）非洲国家复制中国发展模式的外部层面途径

1. 降低（前）宗主国的负面影响并消除西方发展模式的“光环”

非洲一些国家获得独立之后依然明显受到（前）宗主国的影响，这种影响包含正面和负面影响，这些负面影响的存在会降低这些非洲国家的发展速度。西方发展模式近几十年在非洲国家的实践情况已经表明：西方发展模式不具有普适性。而且西方国家近年的发展情况表明：西方发展模式在其发源地的运行并非非常顺畅，西方各国需要根据国内情况的变化不断对其发展模式加以调整、完善。鉴于此，非洲国家有必要采取有效措施降低（前）宗主国的负面影响并消除西方发展模式的“光环”。为了实现这一目标，可以对中国的经验加以借鉴：新中国成立之初并未全盘照搬苏联模式，而是结合国内实际情况构建了一种具有中国特色的发展模式。

2. 降低西方国家对非洲国家进行干预的可能性

某些西方国家对一些非洲国家或明或暗的干预是这些非洲国家在发展过程中出现诸多问题的重要原因，鉴于此，有必要采取措施降低

西方国家对非洲国家进行干预的可能性，具体举措如：采用正确的、对非洲国家有利的外交策略，充分获得世界大国的支持，切不可过分偏重于发展与某一类大国的关系而损害另一些大国的利益，从而有效降低招致某些大国打击报复的风险；塑造有利于经济发展的国内环境，为吸引投资、推进经济发展创造条件，进而为国家实力的增强奠定基础；独立自主、自力更生，主要依靠本国力量推进国家建设进程，当国家整体实力明显增强之时，西方国家干预的可能性随之下降；针对具体情况采取不同举措及时、有效地消除国内矛盾，减少西方国家可加以利用的干预机会。

（二）非洲国家复制中国发展模式的内部层面途径

1. 推进国家经济发展并逐步改变“集市—有限市场”型经济结构

经济结构的改变（优化）须与经济发展同步——在没有实现经济发展的情况下极难改变经济结构。非洲国家须在优化经济发展环境的基础上充分利用国内外资源促进国民经济的发展，并逐步改变“集市—有限市场”型经济结构，具体举措如：不能因某一种产业（如能源出口）容易获利而长期、过度依赖这一产业，应该拥有长远目光，致力于实现经济结构的优化；须逐步强化中央政府的权力和权威，降低地方政府甚至基层组织在经济政策推行过程中产生的阻力；将民族建设视为国家建设过程中的重要任务，借助推行同一种语言、同一类风俗等的政策增加不同部族之间的共性，为经济发展及经济结构的优化创造有利条件。

2. 降低家族利益和裙带关系等的影响

家族利益和裙带关系的存在会导致非洲国家的很多资源掌控在某些家族或某些政治集团手中，这种非均衡性的存在会明显提升这些国家出现变乱的可能性，因此必须采取有效措施降低家族利益和裙带关系等的影响，具体举措如：修改或制定相关法律，严格禁止成立带有家族色彩、地域色彩的政治组织；制定并切实实施任职回避制度（包括任职回避、地域回避和公务回避），降低政治体制、经济体制运作过程中家族利益和裙带关系的出现率；依法严厉打击家族式、群体性腐败，对试图依靠血缘关系、裙带关系借助所掌控的公共权力谋取私利的人员形成威慑；对抵制家族利益和裙带关系对政治体制所产生的影响的人员和组织加以保护。

3. 提升社会沟通网络的效能

社会沟通网络的效能较低是某些非洲国家在发展过程中出现变乱的重要原因，如：在社会沟通网络效能较低的情况下，国内很多民众难以对国内发生的重大事件形成影响，某些试图夺取政权的军事领导人会依靠某一个或某几个族群对其的支持发动军事政变并在较短时间内成功夺取政权。因此非洲国家有必要提升社会沟通网络的效能，具体举措如：依靠本国力量并借助外援改善基础设施（尤其是改善不同地区之间交通状况及现代通信），为不同地区的政府、社会组织及民众等之间的有效交流创造条件；严厉惩处阻碍社会沟通网络发挥效能的行为主体，降低提升社会沟通网络效能过程中所遇阻力；在全国塑造同一种语言、同一类风俗，提升不同地区民众对整个国家以及其他地区民众的认同度，降低不同地区民众之间的排除程度；提倡不同族群之间的通婚，借助血缘关系加强不同部族之间的交流。

4. 消除符号系统方面的形式主义

符号系统方面的形式主义的存在会提升一些非洲国家在发展过程中出现变乱的可能性：民选领导人有可能利用符号系统方面的形式主义逐渐独裁并最终引致变乱，如恩克鲁玛担任加纳最高领导人之后在国内逐步强化对自己的崇拜并同时走向独裁（何莺，2007），实际上，在 1966 年 2 月的政变之前，加纳的政治体制已经由民主制退变为独裁制。为了降低非洲已经构建民主政治体制的国家再次出现变乱的风险，有必要采取措施消除符号系统方面的形式主义（尤其是防止个人崇拜的出现），具体举措如：强化法制建设，提升法律刚性，降低民选领导人随意改变法律或制定对其有利的法律的可能性；提升广大民众的受教育水平，消除这些民众盲目崇拜某些领导人的可能性；优化政治架构，对试图扩张权力的领导人形成有效限制。

5. 提升国家社会—政治机构和经济机构的效能

社会—政治机构和经济机构效能较低是某些非洲国家在发展过程中出现变乱的原因之一，如：社会—政治机构和经济机构效能较低之时，非洲国家因政府难以有效供给某些基本公共服务而出现变乱，复制中国发展模式面临的难度随之提升。因此非洲国家必须采取有效措施提升社会—政治机构和经济机构的效能，具体举措如：强化中央政府的权力及权威，为社会—政治机构和经济机构效能的提升奠定基础；加快这些国家的政治制度化完善速度，在这些国家之中实现政治制度化完善速度和民众政治参与水平的提升这两者之间的平衡；强化这些国家的法制建设，减少这些国家公职人员在政策执行过程中的自由裁量现象；完善相关制度，为社会资源、政治资源和经济资源在不同群体之间、不同地区之间较为平均分配创造条件。

四、结语

著名学者胡安·林兹（Juan Jose Linz）和艾弗德·史迪潘（Alfred Stepan）在《民主转型与巩固的问题》一书中指出，以下三个条件对民主的转型和巩固十分重要：①国家内部各领域的重要行动者在实现自己的目标的过程之中，未采取建立非民主政体或借助外部干涉等举措。②在政治运作过程之中，绝大部分民众认为民主的程序及制度是最佳选择，且他们不支持反体制的方案。③以家族、宗教、军队和特权阶层等为代表的权威政治遗产的运作不再超出宪法所限定的范围（Juan Jose Linz，Alfred Stepan，1996）。与这三个条件相联系，非洲国家复制中国发展模式需要从政治、经济、社会、文化等领域入手，不同国家所采取的措施会存在较大差异，即非洲国家复制中国发展模式的过程之中不存在一种具有普适性的举措，特定国家应该采取什么举措，需要展开专门的研究才能得出答案，这一任务有待后续研究者完成。

执笔人：曹冬英（中共福建省委党校）

参考文献

[1] [美]塞缪尔·P. 亨廷顿. 变化社会中的政治秩序. 北京：生活·读书·新知三联书店，1989

[2] Mann.The Sources of Social Power.Vol.I：A History of Power from the Beginning to AD 1760.New York：Cambridge University Press，1986：169–170.

[3] [美]法兰西斯·福山. 政治秩序与政治衰败：从工业革命到民主全球化. 桂林：广西师范大学出版社，2015

[4] Berry，Sara.No Condition Is Permanent：The Social Dynamics of Agrarian Change in Sub–Saharan Africa.Madison：University of Wisconsin Press，1993：27.

[5] Karen E.Fields.Revival and Rebellion in Colonial Central Africa.Princeton：Princeton University Press，1985：32.

[6] 竺乾威. 公共行政理论. 上海：复旦大学出版社，2008

[7] 田夫. 孙中山谈反腐败. 钟山风雨，2001（2）

[8] Herbst，Jeffrey. States and Power in Africa. Princeton：Princeton University Press，2000：15.

[9] [美]米切尔·罗金斯等. 政治科学. 华夏出版社，2001

[10] 杨光斌. 政治学导论. 北京：中国人民大学出版社，2007

[11] [美]费勒尔·海迪. 比较公共行政. 北京：中国人民大学出版社，2006

[12] [美]加里布埃尔·阿尔蒙德等. 当今比较政治学：世界视角. 北京：中国人民大学出版社，2014

[13] 何莺. 恩克鲁玛非洲社会主义思想研究——对加纳独立后发展道路的探索. 浙江师范大学硕士学位论文，2007

[14] Juan Jose Linz and Alfred Stepan，Problems of Democratic Transition and Consolidation Southern Europe，South American，and PostCommunist Europe，The John Hopkins University Press，1996，p.6.